Erdmute Heller/Hassouna Mosbahi

Hinter den Schleiern des Islam

Erdmute Heller
Hassouna Mosbahi

Hinter den Schleiern des Islam

Erotik und Sexualität
in der arabischen Kultur

Verlag C. H. Beck München

Die Deutsche Bibliothek – CIP-Einheitsaufnahme

Heller, Erdmute:
Hinter den Schleiern des Islam: Erotik und
Sexualität in der arabischen Kultur /
Erdmute Heller; Hassouna Mosbahi. – 2. Aufl. –
München: Beck, 1994
    ISBN 3 406 37607 X
NE: Mosbahi, Hassouna:

ISBN 3 406 37607 X

Zweite, durchgesehene Auflage 1994
© C. H. Beck'sche Verlagsbuchhandlung (Oscar Beck), München 1993
Satz: Fotosatz Janß, Pfungstadt
Druck und Bindung: Ebner Ulm
Gedruckt auf säurefreiem, aus chlorfrei gebleichtem
Zellstoff hergestelltem Papier
Printed in Germany

Inhalt

Vorwort

Von al-Dschahiz, dem genialen arabischen Prosaisten und Sittenschilderer, stammt der Spruch: „Verschafft den Kindern Zugang zum Wissen, ohne sie daran zu hindern, ihren Spielen nachzugehen!" Die Maxime des großen Humoristen und Enzyklopädisten am Hofe der Kalifen zu Bagdad haben wir uns zum Leitmotiv unserer Arbeit gemacht. Wir wollen unser Thema daher nicht mit wissenschaftlicher Strenge behandeln, sondern in einer Form, die für den interessierten Leser verständlich ist und ihn gleichzeitig in einen Kulturkreis einführt, dessen Weltbild den Rahmen unserer Betrachtung bildet. Im allgemeinen fehlt es dem deutschen Leser an der notwendigen Kenntnis der arabisch-islamischen Kultur und des Islam – einer Religion, die auf das kollektive und individuelle Bewußtsein der Muslime bis heute großen Einfluß hat: auf Politik, Gesellschaft und auf die private Lebenssphäre der Menschen ganz allgemein. In keinem Lebensbereich ist dieser Einfluß jedoch so übermächtig wie in der Beziehung zwischen den Geschlechtern, wie in ihrem Verständnis von Liebe, Erotik und Sexualität.

Die jüngste Entwicklung innerhalb der arabisch-islamischen Welt hat viele jahrhundertealte westliche Vorurteile und Mißverständnisse gegenüber der arabisch-islamischen Welt verstärkt. Die sex- und frauenfeindliche Haltung fundamentalistischer Fanatiker erweckt zudem den Eindruck, der Islam sei eine prüde Religion. Das Gegenteil ist der Fall. Die Sexualität steht – ganz anders als in der christlich-abendländischen Kultur – im Zentrum des islamischen Weltbildes als schöpferische Urkraft und Ausdruck universeller Harmonie. Der Islam negiert die Sexualität nicht im Sinne der jüdisch-christlichen Erbsünde, die den Menschen in Körper und Geist, Leib und Seele, Trieb und Vernunft trennt; er versucht vielmehr, die Libido im Interesse der kollektiven Ordnung zu „bändigen", in „gottgefällige" Bahnen zu lenken. In einem langen historischen Prozeß ging es ihm vor allem um die Überwachung weiblicher Sexualität innerhalb einer patriarchalisch strukturierten Gesellschaft.

Besonders in der nachkoranischen Theologie wurde die weibliche Sexualität als Bedrohung eben jener patriarchalischen Gesellschaftsordnung betrachtet. Weibliche Verführungskunst – *fitna* – ist im Arabischen gleichbedeutend mit Chaos, Unordnung, Revolte gegenüber Gott. Während das Christentum die Sexualität als solche verteufelte, dämonisierte der Islam die Frau als Trägerin der subversiven Macht des Geschlechtlichen und damit als Bedrohung der gottgewollten Ordnung. Hatte der Prophet

Mohammed sich noch in gewisser Weise bemüht, den Frauen „gerecht"
zu werden, so nahm die islamische Kultur schon unter den Nachfolgern
des Propheten – den Kalifen – immer extremere misogyne Züge an. Von
Omar, dem zweiten „rechtgeleiteten Kalifen" (634–644), ist der Ausspruch überliefert: „Nimm deine Zuflucht zu Gott vor den Übeln, welche die Frauen verursachen, und hüte dich selbst vor den Frömmsten
unter ihnen!"

Die Folgen dieser Dämonisierung des weiblichen Geschlechts sind bekannt: Die Frau wurde aus dem öffentlichen Leben verbannt, auf ihre
Rolle als Sexualobjekt und Gebärerin reduziert. Der Schleier wurde zum
Symbol der Abwesenheit des Weiblichen in einer patriarchalischen Gesellschaft, öffentlicher und privater Bereich wurden streng getrennt.

Niemand bezweifelt, daß es – um die griechische Kultur und Zivilisation zu begreifen – unerläßlich ist, Homer, Sappho, Sophokles, Platon
und Aristoteles zu lesen; daß man Racine, Rabelais und Molière kennen
muß, um die französische – Goethe, Kant und Schopenhauer, um die
deutsche Seele und geistige Kultur zu verstehen. Ebenso ist es notwendig,
die Texte der großen arabischen Klassiker – sowohl die Prosa wie die Poesie – zu studieren, um einen Einblick in die arabisch-islamische Kultur zu
gewinnen.

Bedauerlicherweise sind die meisten dieser Texte nicht ins Deutsche
übersetzt und daher nur den Orientalisten zugänglich. Und selbst in der
arabischen Welt werden die Werke berühmter Klassiker wie al-Dschahiz,
Abu Nuwas, al-Mutanabbi, Ibn al-Arabi und vieler anderer einem größeren Publikum vorenthalten. In manchen Ländern – wie etwa Saudiarabien – stehen sie, zusammen mit vielen Büchern zeitgenössischer Autoren, auf dem Index mit der Begründung, „die moralischen und religiösen
Prinzipien des Islam" würden durch Texte dieser Art beleidigt und verletzt. Es handelt sich dabei um Texte von großem ästhetischen Rang, von
einer Sprachgewalt und Freizügigkeit, die an manchen Stellen die einschlägigen Texte westlicher Provenienz – etwa eines Marquis de Sade –
und selbst die anzüglichsten Geschichten aus ‚Tausendundeiner-Nacht'
übertreffen – jenes faszinierenden Märchenbuchs arabischer Sprache, das
bei europäischen Lesern als das Meisterwerk erotischer Literatur schlechthin gilt.

Dieses Buch soll eine Einladung sein, die arabisch-islamische Kultur
und Geschichte durch den Spiegel ihrer facettenreichen erotisch-sexuellen
Vorstellungswelt und Literatur kennenzulernen. Da es nicht den Anspruch einer orientalistischen Fachpublikation erhebt und sich an ein all-
gemeines, kulturgeschichtlich interessiertes Publikum wendet, wurde auf
die wissenschaftliche Transkription der arabischen Namen und Wörter –
mit Ausnahme gewisser Termini und im Anmerkungsapparat – im Interesse der besseren Lesbarkeit des Textes verzichtet. Dies betrifft sowohl die

Kennzeichnung der im Deutschen nicht vorkommenden emphatischen oder gepreßten Laute, als auch des Stimmabsatzes am Wortanfang (z. B. ʿAli) oder in der Wortmitte (wie bei ʾA'ischa) und die Längenzeichen über den Vokalen (z. B. Hārūn oder Chadīdscha). Die von den Autoren gewählte Umschrift folgt also der phonetischen Methode (Dschahiliya für Ǧāhilīya).

Noch einige Anmerkungen zur Aussprache:

ch (Chadidscha) = wie „Bach"
dh (Qadhafi) = engl. „the"
dsch (Dschahiliya) = wie engl. „James"
gh (Ghazali) = weicher Kehllaut entsprechend dem hochdeutschen r (Rinde)
h (Mahdi) = rauhes h, kein Dehnlaut
q (Quraish) = gutturales K
th (Hadith) = wie engl. „think"
w (Walid) = wie engl. „word"
y, j (Yazid) = wie „Jakob"
z (Zawija) = wie „Sonntag"

Die Koranzitate sind nach der deutschen Übersetzung von Rudi Paret (Stuttgart 1979) wiedergegeben. Bei den im Haupttext in Klammern gesetzten Zahlen bezeichnet die erste Zahl die Sure, die zweite den Vers.

Zitate und Texte aus arabischen Quellen sind – soweit vorhanden – der entsprechenden deutschen Übersetzung entnommen (wie etwa bei al-Dschahiz, al-Ghazali, Ibn Hazm und al-Buchari). Soweit eine deutsche Übersetzung nicht vorliegt, wurden die Textstellen von den Autoren selbst aus dem Arabischen bzw. Französischen übersetzt.

Da die Vokalisierung arabischer Worte und Begriffe mehrere Möglichkeiten zuläßt (z. B. Mohammed oder Muhammad), findet der Leser gelegentlich unterschiedliche Schreibweisen zwischen Text und Zitat, da Zitate immer unverändert in der vom Verfasser gewählten Schreibweise übernommen wurden, die nicht immer identisch ist mit der Umschrift der Autoren.

Für die geduldige und verständnisvolle Begleitung unserer Arbeit und die Hilfe bei der Endfassung des Manuskripts sei den Lektoren des Beck-Verlags, Herrn Dr. Ernst-Peter Wieckenberg und Herrn Dr. Matthias Politycki, besonderer Dank.

München, im Februar 1993   Erdmute Heller
                                                   Hassouna Mosbahi

Einleitung

Die Geschichte hat es erwiesen: Wann immer der religiöse Fanatismus sich auszubreiten begann, waren die Literatur, die Kunst, die Gedankenfreiheit und die Frau bedroht. Niemals zuvor in der arabisch-islamischen Welt waren sie es mehr als heute. In fast allen arabischen Ländern breiten sich in unseren Tagen fundamentalistisch-islamistische Bewegungen aus. Verbale und physische Angriffe auf Schriftsteller, Künstler und – vor allem – auf Frauen sind an der Tagesordnung und nehmen immer schlimmere Formen an. Die islamische Welt von heute wird immer enger, immer beschränkter. Sie bietet für viele liberal gesinnte Menschen nicht mehr den geistigen Freiraum, in dem das Individuum sein eigenes Schicksal gestalten und seine Talente entfalten könnte.

Eine Reihe von Zwischenfällen und Ereignissen der letzten Jahre wirft ein bezeichnendes Licht auf die Atmosphäre der Einschüchterung und der Gewalt, die augenblicklich in den meisten muslimischen Ländern herrscht: Bis heute ist das Todesurteil Khomeinis gegen den Schriftsteller Salman Rushdie nicht aufgehoben. Als „Quelle des Bösen und Unreinen" – als Wesen, die zu den „satanischen Begierden" verführen – zogen auch die Frauen den Zorn der Mullahs auf sich. Sie werden wieder gezwungen, sich hinter dem Schleier oder in ihren vier Wänden zu verstecken. Unlängst kündigte der iranische Staatsanwalt Musawí Tabrizi an, von nun an seien alle Frauen, die sich weigerten, den Schleier zu tragen, mit dem Tod zu bestrafen.

Dem Todesurteil gegen Salman Rushdi waren bereits andere Attacken auf Schriftsteller und auf die Literatur vorangegangen. 1988 hatten die ägyptischen Muslimbrüder versucht, eine Neuauflage des berühmten Romans ‚Die Kinder unseres Viertels‘ von Nagib Mahfuz zu verhindern. Auch dieser Roman des 1988 mit dem Nobelpreis für Literatur ausgezeichneten Ägypters stellte ihrer Meinung nach eine „Verunglimpfung des Propheten" dar. Wenige Jahre zuvor, 1985, hatten die ägyptischen Islamisten die Verbrennung einer gerade erschienenen „ungesäuberten" Ausgabe von ‚Tausendundeine Nacht‘ gefordert. Sie bezeichneten das Meisterwerk der arabischen Literatur und Erzählkunst als ein „perverses Machwerk", als eine „Schande für den Islam und die Muslime." Zahlreiche Skandale über amouröse Beziehungen einflußreicher Minister zu berühmten Sängerinnen und Schauspielerinnen während der Nasser-Ära hatten die fundamentalistischen Zeloten veranlaßt, immer wieder im Freitagsgottesdienst zu verkünden, Schuld an der vernichtenden Niederlage der Araber

gegenüber den „Zionisten und den Ungläubigen" im Jahre 1967 seien die
Frauen gewesen.

Derartige Sottisen erinnern auf fatale Weise an ähnliche Beispiele aus
der Geschichte. Als das Nilwasser zu Beginn des 11. Jahrhunderts so stark
gesunken war, daß dem Land eine Hungersnot drohte, gab der Fatimiden-Kalif al-Hakim den Befehl, die Frauen einzusperren. Um seiner
Sache ganz sicher zu sein, wurde den Schuhmachern bei strenger Strafe
verboten, Frauenschuhe herzustellen. Viele Frauen, die sich nicht an das
Verbot gehalten hatten, wurden getötet. Auch 800 Jahre später kam es in
Ägypten zu einem Massaker an den Frauen. Nachdem die napoleoni-
schen Besatzungstruppen im Jahre 1806 abgezogen waren, wurden viele
Frauen umgebracht oder im Nil ertränkt – als hätten sie die Franzosen ins
Land gerufen.

In Saudiarabien war seit 1988 eine Tonbandkassette im Umlauf, die in
der ganzen arabischen Welt vertrieben wurde. Auf dieser Kassette riefen
arabische Islamisten dazu auf, „die liberalen, verwestlichten Intellektuellen, Kommunisten, Homosexuellen, Heuchler, Existenzialisten und
Feinde des Islam, die ihre Häresien in den verschiedensten Formen der Literatur propagierten, streng zu bestrafen". Zu den Adressaten dieser
Hetzkampagne gehörten – neben namhaften Schriftstellern und Dichtern
– Frauen aus verschiedenen arabischen Ländern, die Bücher über die Sexualität und die Situation der Frau in der islamischen Welt geschrieben
hatten. 1985 griffen die Fundamentalisten Tunesiens das im Jahr 1957 von
Staatspräsident Bourguiba erlassene Gesetz an, durch das die Polygamie
verboten worden war. Begründung: Dieses Gesetz sei dem islamischen
tunesischen Volk mit Gewalt aufgezwungen worden. Ein prominenter
Scheich schrieb dazu folgenden Kommentar: „Die Ungläubigen plädieren hartnäckig für die Befreiung der Frau. Das ist nicht weiter verwunderlich, denn alles, was sie wollen, ist die Auslöschung des Islam."[1] Ein
anderer fundamentalistischer Gesetzesgelehrter verstieg sich sogar zu der
Behauptung, der Ruf der Säkularisten nach Emanzipation der Frau sei
„ein amerikanisch-zionistisches Manöver, das die völlige Zerstörung der
islamischen Welt zum Ziel hat"[2]. Doch damit nicht genug: Das Ober-
haupt der tunesischen Fundamentalisten, Scheich Rached al-Ghannouchi,
appellierte an die jungen Tunesier, „sich vor den Gelüsten des Fleisches"
zu hüten, denn die Frau „entfremde den Mann seiner Religion und seiner
Liebe zu Gott und seinem Propheten"[3].

Nur durch energische Interventionen einiger demokratisch gesinnter
Persönlichkeiten des öffentlichen Lebens konnten zwei tunesische Intellektuelle, Salim Daula und Zíjad Krichen, im Jahre 1989 einem Gerichts-
verfahren entgehen, nachdem sie in der Wochenzeitschrift ‚Le Maghreb'
eine Folge erotischer Texte veröffentlicht hatten – Auszüge aus den
Werken berühmter arabischer Klassiker wie al-Dschahiz (779–869), Abu

'l-Faradsch al-Isfahani (879–967) und Omar Ibn Abi Rabia (geb. um 644, gest. 711 oder 721), dem berühmtesten Liebesdichter der Omajjadenzeit.

In der Einleitung zu dieser Serie hieß es:

„Die Sexualität, die von vielen bis heute als ein Tabu betrachtet wird, ist unserer Meinung nach eine der wichtigsten Erkenntnisquellen zum Verständnis der arabisch-muslimischen Kultur und Zivilisation. Die Texte, die wir in dieser Folge vorstellen und die wir unverändert aus den Werken unserer berühmten klassischen Schriftsteller und Dichter übernommen haben, sind der offenkundige Beweis dafür, daß unsere Kultur weit davon entfernt ist, in sich verschlossen oder gar frauenfeindlich zu sein, wie manche es behaupten."[4]

Die Islamisten waren konsterniert. Sie konterten auf folgende Weise:

„Jetzt haben sie ihr wahres Gesicht gezeigt, die getreuen Schüler ihrer orientalistischen Lehrer, die alle Spione sind. Sie wagen es, zu behaupten, daß unsere heilige Religion nur über die Geschlechtsteile der Frauen zu begreifen sei, als würde der Koran, die Worte unseres Propheten und der rechtgeleiteten Kalifen[5] etwa nicht genügen!"[6]

Das repressive Gespenst des islamischen Fundamentalismus wurde noch bedrohlicher, seitdem die ‚Front Islamique du Salut‘ (FIS) in Algerien die Kontrolle über die Moschee und große Teile der Bevölkerung übernommen hat – über jene verelendeten Massen, die Opfer einer über 30jährigen katastrophalen Politik in ihrem Lande sind. Wieder einmal werden die algerischen Frauen, die an der Seite der Männer mutig am Befreiungskampf gegen die französische Kolonialmacht teilgenommen haben, für die augenblickliche algerische Tragödie verantwortlich gemacht. Für die Fundamentalisten ist die schwere ökonomische Krise nur durch ein Mittel zu lösen: durch den Rückzug der Frau ins Haus. Dem Beispiel ihrer iranischen Brüder folgend, ließen auch sie den Worten bald Taten folgen und schickten Schlägertrupps auf die Straßen, um Frauen, die zur Arbeit oder zur Universität gingen, zu attackieren.

Auch viele Länder Europas mit starken muslimischen Immigranten-Gemeinden – wie etwa Deutschland, Frankreich und England – blieben vom Phänomen des Fundamentalismus nicht verschont. 1989 erregten sich die Gemüter in Frankreich über die „Schleierfrage". Dort und in vielen Ländern Europas verlassen arabische, türkische oder iranische Mädchen häufig ihr Elternhaus und suchen Schutz vor Unterdrückung.

Neben den Frauen sind es vor allem die Schriftsteller – Romanciers, Dichter und Essayisten –, auf die sich der Haß der Bärtigen richtet. Immer wieder werden sie mit der stereotypen Formel eingeschüchtert, mit ihrer Feder „gegen die islamische Moral und die Prinzipien des Islam" zu verstoßen. Worte wie „Wein", „umarmen", „Brust" und viele andere, die selbst im Koran vorkommen, werden als „unmoralisch" bezeichnet und fallen in Zeitungen und Magazinen der Zensur zum Opfer.

Angesichts dieser desolaten Situation muß man sich fragen: Wie ist diese Krise innerhalb der arabisch-islamischen Welt nach der großen Erneuerungsbewegung, der *Nahda* (Renaissance), zu erklären, die zu Beginn unseres Jahrhunderts in den meisten arabischen Ländern – nach Jahrhunderten der Stagnation – einen beachtlichen geistigen Aufschwung brachte? Der tunesische Soziologe Abdelwahab Bouhdiba – Autor einer bemerkenswerten Studie mit dem Titel ‚Die Sexualität im Islam‘[7] erklärt sie folgendermaßen: Die arabisch-islamische Welt lebt seit dem Untergang Bagdads im Mongolensturm von 1258 in einer ständigen Krise des Glaubens und des Bewußtseins. Jedesmal, wenn sich das kulturelle und intellektuelle Klima entspannt, ergreift ein Hauch von Freiheit, das Verlangen nach Veränderung und Erneuerung die Eliten wie die Massen. Doch sobald sich der Druck durch politische und ökonomische Krisen wieder verstärkt, wie es im Augenblick der Fall ist, kommt es zu einer gewaltsamen Rückkehr der konservativen Kräfte – ein Phänomen, das der arabisch-islamischen Kultur nach Meinung des Autors geradezu inhärent ist: „Hieraus erklärt sich jene Sehnsucht nach einer absoluten Ordnung, so wie sie im Koran durch Gottes eigenes Wort als ein universeller Logos für alle Zeiten offenbart wurde. Koran, *Hadith* und *Fiqh*[8] sind unveränderliche Größen dieser für alle Zeiten gültigen Ordnung. Sie ist in der muslimischen Ideologie das Modell, das Gott für seine Gemeinschaft geschaffen hat. Selbst wenn das Wort Gottes – *kalam Allah* – hic et nunc, also in einem bestimmten historischen Moment, herabgesandt wurde, so ist seine Botschaft von absoluter Gültigkeit und ewiger Dauer und kann keinem Wechsel, keiner Veränderung unterworfen sein. Dieses absolute Modell muß in seiner ursprünglichen Reinheit erhalten – oder wiederhergestellt werden [...]. Je weiter die Geschichte voranschreitet, desto weiter entfernen sich die Muslime von ihm und um so mehr weicht die kollektive Vorstellung von dieser absoluten Ordnung ab [...]. Weit davon entfernt, den Fortschritt mit sich zu bringen, ist die Geschichte [für die Fundamentalisten] ein Rückschritt, ein allmähliches Sichentfernen vom ursprünglichen Modell, das zwangsläufig immer mehr mit einem Glorienschein umgeben, idealisiert und mystifiziert wird. Geschichte, Prophetie, Legende und Mythos verschwimmen letzten Endes ineinander."[9]

In seinem Essay ‚Der entstellte Blick‘[10] führt der iranische Philosoph Daryush Shayegan diese Regression auf eine Mythologie des Ursprungs zurück und die daraus resultierende Unfähigkeit, die Probleme der „Moderne" zu bewältigen. Von diesem „entstellten Blick", den die Muslime im Hinblick auf die moderne Realität haben, rühren seiner Meinung nach die Blockierungen her, von denen sie paralysiert sind. Und der große syrisch-libanesische Dichter Adonis ist der Meinung, daß sich nur die kreativ Schaffenden aus den Fesseln dieser religiösen Gesellschaftsstruktur befreien und damit Werke von universeller Bedeutung schaffen können.

Auf die Frage, weshalb es besonders die Frau und das Wort sind, die heute von dieser rückwärtsgewandten Mythologisierung des Ursprungs bekämpft werden, mag die Entstehungsgeschichte des Islam und die Erfahrungswelt des Propheten Mohammed eine Antwort geben.

Bevor Mohammed – ein Sohn der Wüste aus dem mächtigen Stamm der Quraish – im Alter von 40 Jahren zum ersten Mal als Prophet auftrat, soll er als Kaufmann mit den Handelskarawanen viele Reisen auf der arabischen Halbinsel und in andere Länder unternommen haben. Auf diesen Reisen hatte er die alten orientalischen Mythologien kennengelernt, Berichte über das Leben der Propheten und Heiligen, über die Geschichte der untergegangenen Völker und Staaten und über die beiden großen Buch-Religionen: das Judentum und das Christentum. Auf diesen ausgedehnten Reisen wurde er auch mit der Mentalität der arabischen Stämme vertraut, die sich gegenseitig in ständigen Rachekriegen befehdeten. Sehr bald erkannte er die bemerkenswerte Rolle der Frauen und Dichter innerhalb der Stämme: Die Frau war Inbegriff des Stolzes, der Schönheit und der Sinnenfreude – gleichzeitig aber auch Ursache von Sittenlosigkeit und Korruption, die in vorislamischer Zeit auf der arabischen Halbinsel herrschten. Macht und Ehre der rivalisierenden Stämme repräsentierten die Dichter und die Krieger – die Feder und das Schwert. Nicht selten kam dem Dichter dabei sogar die wichtigere Rolle zu – oft entschied über Sieg und Niederlage nicht erst der tapferste Kämpfer, sondern bereits die gewandtere Rede, das bessere Gedicht, das die wilden Wüstensöhne zum Kampf antrieb: Das funkelnde Wort des Dichters wurde zum Synonym für das blitzende Schwert.

Die „Fürsten der Rede" – wie der persische Epiker Nizami (1141–1209) die Dichter nannte – trafen alljährlich an den Kreuzungspunkten des Karawanenhandels zu einem Wettbewerb zusammen. Die besten Gedichte wurden an der Mauer der damals noch heidnischen Kaaba aufgehängt. So berichtet es zumindest die Legende von den berühmten *Mu'allaqat,* den „Aufgehängten", einer Sammlung von sieben Oden aus vorislamischer Zeit.

Die Frauen und die Dichter nahmen daher vom ersten Augenblick an, da der Prophet Mohammed auf dem Berg Hira bei Mekka durch den Erzengel Gabriel die erste Botschaft Gottes empfing, bis zu seiner „Abschiedsrede" kurz vor seinem Tod einen wichtigen Platz in seinen Überlegungen und Befürchtungen ein. Die Suren des Koran, die sich mit den Frauen und den Dichtern befassen, zeigen sehr klar, welche Bedeutung er ihnen zumaß, als er sich anschickte, im Namen des Islam auf den Trümmern der heidnischen eine neue Gesellschaftsordnung zu errichten.

Die neue muslimische Gemeinschaft, die *Umma,* sollte von allen heidnischen Sitten und Gebräuchen aus der Zeit der *Dschahiliya,* der vorislamischen Epoche, gesäubert werden – vor allem durch eine neue Konzeption der Rolle der Frau. Aus dieser Absicht erklärt sich die große Zahl von Gesetzen und Vorschriften im Koran, die sich auf die Frau und ganz besonders auf die intime Beziehung zwischen den Geschlechtern beziehen.

Mit den Dichtern hingegen verfolgte der Prophet ein anderes Ziel. Da er sich des großen Einflusses bewußt war, den sie innerhalb der Stämme ausübten, versuchte er von Anfang an, die Macht des Wortes und die Magie der Sprache für sich alleine in Anspruch zu nehmen. Um das Prestige, das die Dichter genossen, zu brechen, sollte von nun an die schönste Sprache diejenige sein, die von Gott selbst verkündet wurde. Als höchste Form poetischen Ausdrucks galt fortan der Koran, und niemandem war es erlaubt, sich mit Gottes eigenem Wort zu messen.

Um sich die wortgewaltige Konkurrenz der Dichter vom Hals zu schaffen, mußten die gefährlichen Rivalen als Schwindler und Lügner disqualifiziert werden – wie es in vielen Suren des Koran dann auch geschah:

„Soll ich euch Kunde geben, auf wen die Satane herabkommen? Sie kommen auf jeden Schwindler und Sünder herab. Sie horchen (am Himmel, in der Absicht, sich höheres Wissen zu verschaffen). Und meistens lügen sie. Und den Dichtern (die ihrerseits von Satanen inspiriert sind) folgen diejenigen, die (vom rechten Weg) abgeirrt sind. Hast du denn nicht gesehen, daß sie in jedem *Wadi* [Flußbett] schwärmen, und daß sie sagen, was sie nicht tun?" (26, 221–226)

Wie Platon, so hat auch Mohammed die Dichter aus seinem Reich vertrieben. Damit verloren sie ihren traditionellen Auftrag, Sprecher eines Stammes zu sein. Aus politischen Gründen konnte der Prophet jedoch nicht ganz auf die Stimme mächtiger Barden verzichten, denn:

> Der Geheimnisschleier der Dichtung
> ist ein Abglanz vom Schleier der Prophetie.
> Im Heer der Großen sind sie angetreten:
> vorn die Propheten, gleich danach die Dichter.
> (Nizami)

So wurden die Dichter von Wortführern ihres Stammes zunächst zu Lobrednern des Propheten – später zu Liebedienern der Mächtigen ganz allgemein. Diejenigen, die sich in diese Rolle nicht fügten, wurden zu den ersten „Märtyrern" des Islam – Mohammed ließ am Anfang seiner Mission tatsächlich einige Dichter umbringen, die ihm gefährlich schienen.

Auf dem Hintergrund dieser historischen Situation in der Frühzeit des Islam nimmt es nicht wunder, daß die Fundamentalisten bei ihrer „Rückkehr zu den Quellen" – nämlich zu den Prinzipien des frühen Islam – vor allem die Frauen und die Dichter zum Ziel ihrer Angriffe machen: die Frauen als „Wurzel allen Übels" und als die schwächsten Kreaturen gegenüber der „Verderbnis der Ungläubigen"; die Dichter, weil sie nicht aufgehört haben, das „sakrosankte Wort Gottes" immer wieder herauszufordern und ihm zu trotzen.

I. Liebe, Erotik und Sexualität in der vorislamischen Zeit

> Habt ihr nicht gesehen, daß mich ihr Par-
> fum jedes Mal, wenn ich an ihre Tür
> klopfe, berauscht – selbst wenn sie sich gar
> nicht parfümiert hat!
>
> *Imru l-Qais* (gest. 542)

1. Über die Bedeutung des Begriffes *Dschahiliya*

Die islamischen Fundamentalisten gehen davon aus, daß der Islam – die wahre islamische Gesellschaft – von der Moderne verschlungen worden sei. Die Welt des 20. Jahrhunderts symbolisiert für sie einen Rückfall in die *Dschahiliya*, also in die historische Epoche vor der Verkündung des Islam durch den Propheten Mohammed. Mit dem Begriff *Dschahiliya* verbindet der gläubige Moslem die Vorstellung von barbarischen Sitten und heidnischer Wildheit, die erst durch den Islam gebändigt und in die Bahnen einer zivilisierten Kultur gebracht wurden. Die arabisch-islamische Welt von heute ist in ihren Augen so weit heruntergekommen, daß sie sich von Gott (Allah) und seinem Propheten abgewandt hat.

Wenn wir uns also ein Bild machen wollen über Liebe, Erotik und Sexualität im Islam, so müssen wir zunächst einmal erkunden, wie es um diese Dinge in der Zeit vor dem Islam stand – in der sogenannten „Zeit der Unwissenheit", in der die Frauen es nach den Worten des großen arabischen Historikers at-Tabari (838–923) „noch wagten, gewisse Teile ihres Körpers zu zeigen und sehr durchsichtige Kleider zu tragen"[1].

Für den Autor des berühmten Wörterbuches ‚Die Sprache der Araber‘, Ibn Mandur (1232–1311), bezeichnet das Wort *Dschahiliya* ein Zeitalter, in dem die Araber noch „in Arroganz und Sittenlosigkeit Gott, seinen Propheten und die Vorschriften der Religion mißachteten und nur sich selbst, ihre Familie und ihren Stamm verherrlichten"[2]. Der Altvater der Orientalistik, Ignaz Goldziher, betrachtete die *Dschahiliya* nicht so sehr als eine Zeit der „Unwissenheit", denn vielmehr als eine Epoche der Derbheit, der rohen ungeschlachten Sitten. Seiner Meinung nach lehnten die Araber der *Dschahiliya* nicht das Wissen ab – sie zogen einfach eine verwilderte, beduinische Lebensweise und ihre heidnischen Sitten vor.

Aus den meisten historischen und literarischen Werken, die sich mit dem Leben der Araber vor dem Islam beschäftigen, geht klar hervor, daß die Bewohner der Wüste schon damals über ein großes Wissen verfügten – sowohl über die alten Völker des Orients wie über die „Bücher" der Juden und der Christen. Der Handel stellte eine wichtige Quelle ihres Reichtums dar. Die ganze arabische Wüste wurde von großen Handelskarawanen durchzogen; schon damals spielten die Beduinen Arabiens eine beachtliche Rolle innerhalb des Welthandels. Da die Seefahrt im Roten Meer sehr gefährlich war – es gab nicht genügend Häfen, und der Golf wurde von den Feinden der Mittelmeerländer, den Persern, kontrolliert –, nahm der Handel über die Wüstenstraßen immer mehr zu und erlebte eine beachtliche Entwicklung zwischen Norden und Süden, Osten und Westen.

Diese ausgedehnte kommerzielle Aktivität ermöglichte den Arabern vielfältige Kontakte mit ihren Nachbarvölkern. Das Zentrum des Karawanenhandels war Mekka. Schon vor Mohammeds Geburt war dort die Idee lebendig, die in ständige innere Kriege verwickelten Stämme der arabischen Halbinsel in einem mächtigen Staat zu vereinen, der die Araber vor den kolonisatorischen Ambitionen der persischen und byzantinischen Rivalen bewahren sollte.

Taha Hussein, der große Denker und Erneuerer des 20. Jahrhunderts, wies darauf hin, daß der Koran selbst ein schlüssiger Beweis dafür sei, daß die Araber der vorislamischen Zeit weder ignorant noch arrogant gewesen seien. Für seine These fand er eine Reihe von überzeugenden Argumenten, vor allem das folgende: Der Koran wurde in dem damals auf der arabischen Halbinsel vorherrschenden Dialekt, dem Arabisch des Stammes der Quraish[3], geschrieben. Die Zeitgenossen Mohammeds konnten ihn nur verstehen, weil ihnen die metaphysischen, religiösen und politisch-sozialen Probleme jener Zeit vertraut waren. Die Botschaft des Islam wurde von den Zeitgenossen Mohammeds angenommen und leidenschaftlich verteidigt, weil sie eine Antwort auf die Herausforderung gab, vor der die damalige arabische Welt stand.[4]

In vielen Suren setzte sich der Koran mit den mächtigen und gefährlichen Feinden seiner Gemeinde – der *Umma* – auseinander: mit den Heiden, den Juden, den Christen, den persischen Magiern und Feueranbetern. Die Lektüre dieser Texte zeigt deutlich, daß die Araber damals bereits geistig reif waren für die Verkündigung des Islam als letzter der drei großen monotheistischen Religionen. Ein weiterer Beweis dafür ist die Biographie des Propheten selbst.

Mohammed war ein Sproß der Banu Hashim, einem angesehenen Clan aus dem Stamm der Quraish, der seinen Ursprung bis auf Adam zurückführte. Er wurde 570, im „Jahr des Elefanten", in Mekka geboren. Sein Vater war schon vor seiner Geburt gestorben, und auch seine Mutter Amina starb, als er noch ein Kind war. So wuchs er bei seinem Großvater, Abd al-Muttalib Ibn Hashim auf, dem es damals gelungen war, das Heer des Abraha al-Ashram abzuwehren, das aus dem Yemen angerückt war, um die Kaaba von Mekka – den privilegierten Ort der Pilgerfahrt der heidnischen Araber – zu zerstören. Dieses Ereignis hatte sich tief ins Gedächtnis des jungen Mohammed eingegraben, und später, als Prophet, widmete er ihm im Koran eine ganze Sure – die Sure 105, ‚Der Elefant‘:

„Im Namen des barmherzigen und gütigen Gottes. Hast du nicht gesehen, wie dein Herr (seinerzeit) mit den Leuten des Elefanten verfahren ist? Hat er nicht ihre List mißlingen lassen und Scharen von Vögeln über sie gesandt, die sie mit Steinen von Ton bewarfen, und (hat er) sie (dadurch nicht saft- und kraftlos) werden lassen wie ein abgefressenes Getreidefeld?"

Als begabtes, waches und einsam aufgewachsenes Kind hatte sich Mohammed schon früh mit der Geschichte der Heiligen und mit den Mythen, die man sich im damaligen Arabien erzählte, beschäftigt. Die jährliche Pilgerfahrt nach Mekka und die Verehrung des Schwarzen Steins – dieses grandiose heidnische Ritual, bei dem die Händler und Kaufleute aus der ganzen Region zusammentrafen – lenkte seine Aufmerksamkeit auf die verschiedenen Völker und Kulturen, erweckte seine Neugier und Phantasie. Unter den Pilgern waren auch viele Poeten, die alljährlich in Mekka um den Dichter-Lorbeer wetteiferten. Sie lehrten ihn die bei den Arabern so hoch geschätzte Kunst der zündenden Rede – eine Fertigkeit, die dem späteren Propheten zugute kommen sollte.

Nach dem Tod seines Großvaters kam der junge Mohammed in das Haus seines Onkels Abu Talib, des Führers einer Handelskarawane, den er häufig auf seinen Reisen begleitete. Nach seiner Heirat mit der wohlhabenden und angesehenen Kaufmannswitwe Chadidscha, mit der er über 20 Jahre in monogamer Ehe lebte, wurde er selbst unabhängiger Unternehmer im Dienste seiner Ehefrau. Auf seinen ausgedehnten Handelsreisen, die ihn angeblich bis nach Syrien, Palästina und in den Jemen geführt haben sollen, konnte er seine Kenntnisse über Geschichte, Kultur und Religion der Völker, durch deren Gebiete er kam, vertiefen. Von diesen Kenntnissen und Erfahrungen ist der Koran deutlich geprägt.

Mit der durch den Propheten Mohammed verkündeten Offenbarung war nicht nur eine neue Religion entstanden. Die objektiven Bedingungen jener Zeit verlangten vor allem nach einer staatlichen Ordnungsmacht. Aus einer religiösen Gemeinschaft wurde durch die Eroberung der ganzen arabischen Halbinsel bald ein Staatsgebilde, aus dem Propheten ein Feldherr und Staatsmann, und der „Islam" war fortan Religion und Staat – *din wa-daula* – zugleich. Das neue Glaubensreich Mohammeds dehnte sich rasch über die Arabische Halbinsel hinaus auf immer weitere Gebiete aus. Weniger als hundert Jahre nach seinem Tod erstreckte sich das Herrschaftsgebiet des Islam im Osten bis an die Grenzen Chinas, im Westen bis zu den Pyrenäen.

Aus dem Koran und den Aussprüchen des Propheten – dem *Hadith* – geht deutlich hervor, daß das Wort *Dschahiliya* nicht etwa Unwissenheit im Sinne allgemeiner Ignoranz, sondern das „Nicht-Wissen" um Gott bedeutete. Es bezieht sich auf jene heidnische Gesellschaft von Mekka, die Götzen aus Stein verehrte. Lange Zeit wurde Mohammed von eben dieser Gesellschaft – die ihre Handelsprivilegien durch den neuen Glauben bedroht sah – verhöhnt und schließlich zur Auswanderung, zur *Hidschra* nach Medina, gezwungen, wo er sich unter dem Druck seiner Widersacher erst zum Kriegsherrn und Staatsmann entwickelte.

Die Spannung zwischen den mekkanischen Quraish und dem Propheten erreichte ihren Höhepunkt in dem Augenblick, als Mohammed seinen Anhängern befahl, die steinernen Götzen – nämlich die Schutzgötter der Stadt – zu zerstören. Alle Biographen stimmen darin überein, daß Amru Ibn Hashim, einer der höchsten Würdenträger Mekkas, für Mohammed und seine Gefährten der Inbegriff dieser dem Götzendienst verschriebenen Gesellschaft war. Sie gaben ihm daher die Spottnamen Abu Lahab – Vater des Feuers, nämlich: Feueranbeter – und Abu Dschahl – Vater der Unwissenheit.[5]

Amru Ibn Hashim war für seine lustbetonte Lebensweise, seinen exzessiven Hang zu Frauen und Ausschweifungen aller Art bekannt. Bis zu seinem Tod – er fiel in der berühmten Schlacht von Badr im Kampf gegen Mohammeds Glaubenskrieger[6] – widersetzte er sich Mohammed und dem Islam heftig und versuchte den Propheten vor den Mekkanern lächerlich zu machen. Daß Mohammed in seinem Kampf gegen die halsstarrigen Mekkaner einmal sogar auch der Versuchung erlegen war, einen Kompromiß mit ihnen zu schließen, wirft ein bezeichnendes Licht darauf, wie schwierig es zur damaligen Zeit war, die arabische Gesellschaft zum Glauben an den Einen Gott – Allah – zu bekehren. Salman Rushdie, der durch den Imam Khomeini zum Tode verurteilte Autor der ‚Satanischen Verse', spielt mit dem Titel seines Romans auf diesen historischen Zwischenfall an:

Wirtschaft, Handel und Heiligenkult waren im damaligen Mekka aufs engste miteinander verbunden. Hauptattraktion der Handelsmetropole war die heidnische Kultstätte der Kaaba und die steinernen Heiligtümer der Schutzgötter der Stadt, des Hauptgottes Hubal und der drei weiblichen Gottheiten Allat (al-Lat), al-Ozza (al-Ussa) und Manat.

Um die Mekkaner für den Islam zu gewinnen, hatte Mohammed Amru Ibn Hashim angeboten, die drei Schutzgöttinnen Mekkas als „Fürbitterinnen" mit ins „Haus des Islam" zu übernehmen. Die Mekkaner waren über diesen plötzlichen Sinneswandel des Propheten hoch erfreut und zeigten sich bereit, sich von nun an dem Glauben an den einen Gott zu unterwerfen, Allat, al-Ozza und Manat also nur noch als „Töchter Allahs" zu verehren.

Doch der Prophet bereute seine Kompromißbereitschaft bald. Kurze Zeit später, so ist es überliefert, erschien ihm der Engel Gabriel mit folgender Botschaft: „Und sie (d. h. die Ungläubigen) hätten dich beinahe in Versuchung gebracht, von dem, was wir dir als Offenbarung eingegeben haben, abzuweichen, damit du gegen uns etwas anderes als den Koran aushecken würdest. Dann hätten sie dich zum Freund genommen! Wenn wir dich nicht gefestigt hätten, hättest du bei ihnen fast ein wenig Anlehnung gesucht." (17, 73)

Daraufhin habe der Prophet die entsprechenden Verse des Korans [„Was meint ihr denn von al-Lat und al-Ozza und Manat, der anderen, dritten? Sie sind die erhabenen Kraniche, ihre Fürsprache kann man erhoffen"] als „Einflüsterung des Teufels" bezeichnet und sie in mehreren Suren energisch widerrufen:

„Was meint ihr denn (wie es sich) mit al-Lat und al-Ussa (verhält), und weiter mit Manat; der dritten (dieser weiblichen Wesen) (w. und mit Manat, der dritten, anderen)? (Sind sie etwa als Töchter Gottes anzusprechen?) Sollen euch männliche Wesen zukommen, und Gott die weiblichen (die ihr Menschen für euch nicht haben wollt)? Das wäre eine ungerechte Verteilung. Das sind bloß Namen, die ihr und eure Väter aufgebracht habt, und wozu Gott keine Vollmacht herabgesandt hat. Sie (d. h. diejenigen, die derartige Wesen als göttlich verehren) gehen nur Vermutungen nach und dem, wonach (ihnen) der Sinn steht, wo doch die Rechtleitung von ihrem Herrn zu ihnen gekommen ist." (53, 19–23)

Die vom Teufel eingeflüsterten (satanischen) Verse sind heute in keiner Koran-Ausgabe mehr zu finden. Daß sie jemals existiert haben sollen, wird von den meisten islamischen Theologen bestritten. Doch Tabari hat in seinem 30bändigen Koran-Kommentar nachgewiesen, daß sie ursprünglich in der Sure 53 (‚Der Stern') hinter Vers 20 standen. – Die herablassende Empörung, mit der im oben zitierten Text des Koran das Ansinnen zurückgewiesen wird, Gott weibliche Attribute – und seien es nur Töchter! – beizumessen, deutete im übrigen bereits auf die misogynen Aspekte des Islam hin.

2. Der Sturz der Göttinnen

Die Zerstörung der heidnischen Gottheiten und die vom Islam geforderte Unterwerfung[7] unter den Einen Gott[8] markiert die Nahtstelle, die jene vorislamische Gesellschaft der *Dschahiliya* abgrenzt vom Zeitalter des Islam, das offiziell mit der Auswanderung des Propheten von Mekka nach Medina – der *Hidschra* (622) – begann, die unmittelbar nach dem Sturz der Göttinnen erfolgte.

Auch wenn es in der Vorstellungswelt der Araber in der *Dschahiliya* schon die Idee einer höheren Gottheit, eines über allen Göttern stehenden Schöpfergottes, *al-îlah* (wörtlich: der Gott), gegeben hatte, so waren die Beduinenstämme der arabischen Halbinsel in vorislamischer Zeit doch daran gewöhnt, sich an ihre eigenen, lokalen Götter zu wenden. Bäume, Brunnen und Berge gehörten zu den größten Seltenheiten in der Wüste, sie wurden daher häufig wie Götter verehrt. Jeder Stamm betete seine eigenen Götter und Göttinnen an.

Zu den meistverehrten Göttinnen der Araber gehörten die drei bereits erwähnten weiblichen Gottheiten Allat, al-Ozza und Manat. Allat – wörtlich: *die* Göttin – soll bei den hellenisierten Arabern dem Bild der Athene entsprochen haben, sie wird von Herodot als Aliat erwähnt. Al-Ozza – die „sehr Mächtige" – glich als weibliche Gestalt von außergewöhnlicher Schönheit dem Bild der Venus, und Manat war nach Meinung der meisten Historiker die Göttin des Schicksals und des Todes, die der babylonischen Mamnatu gleichkam.

Unzählige Mythen und Legenden ranken sich um den „Sturz der Göttinnen" Mekkas: Sie sind die ursprünglichsten Formen bildhafter Weltdeutung. Das gemeinsame Fabulieren und Erzählen grausamer Geschichten steht aber auch meist im Dienste der Bewältigung von Unruhe und Angst – wie etwa in der Geschichte, die Ibn al-Kalbi über die Zerstörung al-Ozzas durch einen Gesandten des Propheten Mohammed berichtet. Darin scheint sich bereits anzudeuten, welch repressive Gesetze die Frau treffen sollten, nachdem der Islam sich auf der Arabischen Halbinsel etabliert hatte:

Al-Ozza, „die Machtvolle", wurde im Tal von Haradh als dreistämmiger Weidenbaum verehrt. Nach der Überlieferung befahl Mohammed dem Chaled Ibn al-Walid, ihr Heiligtum und den Bereich der drei Weidenstämme zu zerstören. Dort angekommen, fällte Chaled den ersten, dann den zweiten Stamm. Als er sich daranmachte, den dritten abzuhacken, tauchte zähneknirschend eine schwarze, nackte Frau auf mit kämpferisch gesträubten Haaren und über dem Kopf verschränkten Händen. Hinter ihr schrie der Kustode des Heiligtums: „Ozza, sei standhaft! Steigt nicht herunter. Wirf ihn nieder, mach dich über ihn her! Verdammt sei der Schleier! Bewahre deine Hände frei!" Woraufhin sie Chaled ansprach: „Ozza, schwör deinem Glauben ab und gib dich nicht als Göttin aus. Ich sehe, daß Allah dich erniedrigt!" Dann hieb er auf sie ein, spaltete ihr den Kopf, tötete ihren Kustoden und schlug den dritten Stamm ab. Daraufhin kehrte er zurück, um dem Gesandten Gottes zu berichten, der daraufhin erklärte: „Das war al-Ozza. Niemals werden die Araber wieder eine andere Machtvolle haben. Ab heute wird man sie nicht mehr verehren!"[9]

Der Sieg des Islam bedeutete nicht nur die Unterwerfung des Menschen unter den einen, männlichen Gott, er hatte auch die sexuelle Unterwerfung des weiblichen Geschlechts unter das männliche zur Folge.

Für den tunesischen Schriftsteller Yussuf Saddik war die Zerstörung der „Mächtigen" ein symbolischer Mord an der übermächtigen Frau, das Ende ihrer Herrschaft. Saddik verweist auf zahlreiche Überlieferungen aus der *Dschahiliya*, die von der „Mächtigkeit" der Frau berichten, wie etwa der Mythos von az-Zabba. In seinem berühmten Werk ‚Geschichte der Propheten und Könige'¹⁰ gibt at-Tabari diese Legende folgendermaßen wieder:

„Az-Zabba – die Frau mit dem großen Penis – wurde auch Naila genannt. Ihre Armee bestand aus den Überlebenden der Amaliq, einem Geschlecht von Riesen, primitiven nomadisierenden Arabern, sowie aus den Männern des Stammes der Qodha'a. Az-Zabba hatte eine Schwester namens Zabiba. Seitdem sie ihre Herrschaft errichtet und konsolidiert hatte, plante sie einen Überfall auf Dschud Haima Ibn al-Abrash, den ‚kleinen Beschnittenen', um ihren Vater zu rächen. Ihre intelligente und gerissene Schwester Zabiba hatte ihr zuvor folgenden Rat gegeben: ‚Der Krieg ist ein wechselvolles Spiel, das voller Risiken steckt. Du hast mit Deinem Zapfen Deine Feinde immer in Schach gehalten und hast bis jetzt noch nicht das Unglück und die Feindschaft kennengelernt. Du wirst weder die Folgen voraussehen, noch das Schicksal ändern können.'

Az-Zabba nahm den Rat ihrer Schwester ernst und entschloß sich, den Weg der List, der Verschlagenheit und des schlauen Taktierens einzuschlagen. Sie schrieb an Dschud Haima und ließ ihn wissen, sie wolle sich ihm hingeben, indem sie ihm ihr Reich anbot und ihn einlud, sein Reich mit dem ihren zu vereinen. Sie gab vor, in der Herrschaft der Frauen nur noch Schwäche, Unfähigkeit in der Führung der Regierungsgeschäfte und ein schlechtes Zeichen zu erblicken. Dschud Haima war zunächst mißtrauisch, nahm aber das Angebot dann nach langem Zögern an. Sobald er vor ihr aufgetaucht war, entblößte sie ihr Geschlecht. Sie hatte die Haare zu Zöpfen geflochten und sagte: ‚Ist dies das Geschlecht einer Ehegattin, was du hier siehst?' Und sie fügte hinzu: ‚Man hat mir gesagt, daß das Blut der Könige ein heilsames Mittel sei, den Zorn zu besänftigen!'

Dann befahl sie ihm, sich auf ein Fell zu setzen, das Menschenopfern diente, ließ einen goldenen Becher bringen und gab ihm daraus Wein zu trinken, bis er völlig berauscht war. Dann befahl sie, man solle ihm die Venen aufschneiden und dabei sorgsam darauf achten, den Pokal so zu placieren, daß kein Tropfen Blut verlorengehe. Denn wenn ein Tropfen Blut das Gefäß verfehle, würde Dschud Haima gerächt werden. Doch die Arme des Opfers wurden immer schwächer, und einige Tropfen verfehlten den Pokal. Az-Zabba sagte: ‚Verschüttet nicht das Blut des Königs!' Dschud Haima antwortete: ‚Verachtet das Blut, das die Seinen verachteten' – eine Redewendung, die später zu einem berühmten Sprichwort werden sollte. Az-Zabba saugte den Rest seines Blutes aus. Doch bald sollte sie das gleiche Schicksal wie ihr Opfer ereilen. " At-Tabari fährt kühl und sachlich mit seinem grausamen Bericht fort:

„Ein Zwerg namens Qassim schlug dem Neffen Dschud Haimas, Amr Ibn Adi, eine List vor, um sich an az-Zabba zu rächen. Er verlangte von Amr, ihm die Nase abzuschneiden und sie blutig zu peitschen. Dann ging er zu az-Zabba und bat sie um ihren Schutz, indem er vorgab, das Opfer der Greueltaten des Amr zu sein. Der Zwerg schlich sich so bei az-Zabba ein und konnte ihr Vertrauen gewinnen. Nachdem er ihre Wachen in tiefen Schlaf versetzt hatte, ging er zurück zu Amr und überredete ihn, eine riesige Karawane mit kampferprobten, bewaffneten Männern zusammenzustellen. ,Sobald die Karawane in der Stadt angekommen sein wird‘, sagte Qassim, ,werde ich az-Zabba auffordern, herauszukommen, um die Reichtümer zu bewundern, die ich erworben habe. Auf diese Weise locke ich sie aus dem Labyrinth, das ihr Vater zwischen seinem Königspalast und ihrem Schloß graben ließ. Unsere Männer werden dann plötzlich auftauchen, die Wachen im Handstreich überrumpeln und diejenigen, die Widerstand leisten, töten.‘

Die List gelang, und Amr schnitt ihr den Rückweg ab zum Labyrinth. Als az-Zabba ihre Lage erkannte, saugte sie aus ihrem Ring ein Gift, das dort versteckt war, und rief: ,Ich werde von eigener Hand sterben und nicht von der Amrs!‘ Doch Amr trat ihr entgegen, schlug mit dem Schwert auf sie ein und tötete sie. “[11]

Legenden und Mythen wie diese lassen erkennen, welche Kämpfe es in der Zeit der *Dschahiliya* zwischen Mann und Frau gegeben hat. Auch in ,Tausendundeiner Nacht‘ wird das Thema später in mehreren Erzählungen wiederaufgenommen. Sie alle vermitteln das gleiche Frauenbild: Frauen von ungewöhnlicher Schönheit, ausgestattet mit diabolischer Macht, intelligent, listenreich, rachsüchtig, zynisch und grausam. Mehrere Suren des Koran beschreiben die Frau in gleicher Weise. Die Zerstörung al-Ozzas bedeutete nicht nur das Ende des Heidentums und der Götzenverehrung, den Tod des von den Männern als Symbol der Liebe, des Lebens und der Fruchtbarkeit verehrten Weibes, sondern gleichzeitig den endgültigen Sieg des Mannes über die Frau. Der alles Beherrschende ist von nun an der Mann, die Frau die Gehorchende und Dienende.

Im Koran wird der Frau zwar eine ganze Sure – eine der längsten – gewidmet. Doch Gott wendet sich nicht direkt, sondern über den Mann an die Frau, um die Spielregeln des sexuellen, familiären, sozialen und wirtschaftlichen Zusammenlebens festzulegen: „Die Männer stehen über den Frauen, weil Gott sie (von Natur vor diesen) ausgezeichnet hat und wegen der Ausgaben, die sie von ihrem Vermögen (als Morgengabe für die Frauen?) gemacht haben. Und die rechtschaffenen Frauen sind (Gott) demütig ergeben und geben acht auf das, was (den Außenstehenden) verborgen ist, weil Gott (darauf) acht gibt [...]. Und wenn ihr fürchtet, daß (irgendwelche) Frauen sich auflehnen, dann vermahnt sie, meidet sie im Ehebett und schlagt sie! Wenn sie euch (daraufhin wieder) gehorchen, dann unternehmt (weiter) nichts gegen sie! Gott ist erhaben und groß." (4, 34)

Mit dem Triumph des männlichen Gottes über die weiblichen Gottheiten der Araber war die Überlegenheit des Mannes und die Rolle der Frau in der islamischen Gesellschaft ein für allemal festgeschrieben. Denn Gottes Wort – *Kalam Allah* – gilt als unveränderlich und ewig. Mit den weiblichen Gottheiten wurden auch die Statuen des legendären Liebespaares Isaf und Naila aus dem Heiligtum der Kaaba verbannt – ein Akt von symbolischer Bedeutung für die neue Sexualmoral des Islam.

Symbolisierten Allat, al-Ozza und Manat die ,Mächtigkeit' der Frau, so erinnert die Legende von Isaf und Naila daran, wie unbefangen und frei die Einstellung zu Liebe und Sexualität bei den Arabern der vorislamischen Epoche war. – Isaf und Naila, zwei junge Liebende, waren aus dem Jemen gekommen, um die Pilgerfahrt nach Mekka zu vollziehen. Als sich die beiden in der Kaaba befanden, wurden sie vom Feuer der Leidenschaft ergriffen und liebten sich im Inneren des Heiligtums. Zur Strafe für ihr ungezügeltes Verlangen wurden sie in zwei Statuen verwandelt, die von den Quraish und vielen arabischen Stämmen als Gottheiten verehrt wurden. Während der Pilgerfahrt opferten sie regelmäßig einige Schafe zu Füßen des versteinerten Liebespaares.

In seinem Buch ,Die Ehe bei den Arabern der *Dschahiliya* und im Islam' berichtet Abd as-Salam at-Tarmanini[12], der Vollzug des Liebesaktes im Innern der Heiligen Stätten sei in vorislamischer Zeit nichts Ungewöhnliches gewesen. Manche Autoren gehen sogar davon aus, daß es eine religiöse Prostitution und eine Art „heidnischer Tempelpriesterinnen" wie in den alten Naturreligionen gab.

Von al-Buchari[13], einem der zuverlässigsten Gewährsleute, erfahren wir, es sei damals durchaus möglich gewesen, daß ein Mann, der sich ein intelligentes, schönes und mutiges Kind wünschte (und selbst diese Eigenschaften nicht besaß), seine Frau ganz einfach einem Manne mit solchen Qualitäten anbot, damit er sie schwängere. Umgekehrt konnte auch eine unverheiratete Frau sich einem Manne „anbieten", ohne dazu irgend jemanden um Rat oder Einverständnis zu bitten. At-Tabari und andere Historiker der klassischen Zeit berichten, daß Abdallah Ibn Abd al-Muttalib, der Vater des Propheten Mohammed, auf der Pilgerreise, die er zusammen mit seinem Vater unternahm, in der Nähe der Kaaba einer Frau begegnete, die ihm die Zukunft voraussagte. Als die junge Frau ein „ungewöhnliches Leuchten" in seinem Gesicht sah, bot sie sich ihm an mit den Worten: „Du erhältst so viele Kamele, wie für dich [bei der Pilgerfahrt] geschlachtet wurden, wenn du mir sogleich beiwohnst." Abdallah lehnte das Angebot jedoch ab und sagte: „Mein Vater ist bei mir, ich kann ihm nicht zuwiderhandeln noch mich von ihm trennen." Die beiden setzten ihren Weg fort und kamen zu Wahd Ibn Abd Manaf, einem angesehenen Aristokraten aus dem Stamme Quraish. „Dieser gab Abdallah seine Tochter Amina zur Frau, die damals unter den Quraish die edelste war. Sogleich vollzog Abdallah mit ihr die Ehe, und sie empfing den Gesandten Gottes."[14]

Nach dem Zeugnis mehrerer klassischer Historiker empfingen die Frauen dieser Region die durchziehenden Karawanen, um sich die Männer auszusuchen, die ihnen gefielen. Der große Linguist al-Maidani (gest. 1124) – Autor eines berühmten Buches über die arabischen Sprichwörter – erzählt folgende Geschichte:

Die Schwester eines gewissen Loqman Ibn Abd Ibn Iram, der innerhalb seines Stammes berühmt war für seinen Mut, seinen scharfen Verstand und seine Körperkraft, wurde mit einem ausgezehrten, ständig leidenden Mann verheiratet. Eines Tages bat sie ihre Schwägerin, ihr für eine Nacht das Bett ihres Bruders zu überlassen. Die Schwägerin willigte ein. Loqman, der völlig betrunken nach Hause kam, schlief mit seiner Schwester, ohne es zu bemerken. Später gebar sie einen Sohn und nannte ihn Loqman.

Al-Maidani berichtet außerdem von der Tochter einer angesehenen Familie, die sich einem gewissen Dschahir Ibn Thalit „angeboten" hatte – einem Mann, der für seine außergewöhnliche Schönheit bekannt war. Ihre Mutter wollte das Mädchen zurechtweisen, doch als sie Dschahir sah, rief sie aus: „Du hast recht, meine Tochter. Die Ehre bedeutet nichts, wenn es sich um einen Mann wie Dschahir handelt!"[15]

In Zeiten großer Trockenheit und Dürre war es auch üblich, daß die Frauen ihre Ehemänner verließen, um sich reichen Männern „anzubieten". Es kam auch vor, daß reiche Frauen sich anderen Männern „anboten", wenn sich die Beziehung zu ihren Ehemännern abgekühlt hatte. Viele Frauen hatten gleichzeitig mit mehreren Männern eine sexuelle Beziehung, lebten also in einer Art Polyandrie zusammen. Wurde die Frau schwanger und brachte ein Kind zur Welt, so suchte sie sich einen der Männer als Vater aus. Der „Auserwählte" galt von nun an als Vater und gab dem Kind seinen Namen.

Ein weit verbreiteter Brauch war es auch, daß die Männer bei Hochzeitsfesten ihre Schwestern und Töchter austauschten. Ein solcher Tausch konnte auch zwischen Ehepartnern vorgenommen werden: Beide Eheleute boten ihren Partnern (bzw. ihre Partnerin) einem anderen (bzw. einer anderen), meist einem sehr engen Freund oder einer Freundin, an – eine Sitte, die auch bei den Persern, den Eskimos, auf den Philippinen und bei verschiedenen Stämmen Angolas üblich war.

Es war nicht ungewöhnlich, daß Ehefrauen, deren Männer auf Reisen waren, sich unterdessen anderen Männern hingaben. Die Männer hatten daher die Gewohnheit, vor ihrer Abreise zwei Zweige vor ihrem Haus aufzuhängen. Waren die Zweige bei ihrer Rückkehr noch immer an ihrem Platz, so bedeutete dies, daß die Frau ihrem Ehemann treu geblieben war. Waren sie indessen entfernt worden, so gab die Frau ihrem Mann auf diese Weise zu verstehen, daß sie ihn verlassen bzw. verstoßen hat.

Aus den Berichten der frühen Historiker geht hervor, daß es vielfältige Formen des Zusammenlebens zwischen Mann und Frau gab. Diese eheähnlichen Verbindungen wurden häufig nur durch ein gegenseitiges Abkommen zwischen Mann und Frau geschlossen und unterstanden keinerlei juristischem bzw. sozialem Zeremoniell. Vor allem aber nicht einer ähnlich rigiden Überwachung. Die „Spielregeln" dieser Zweiergemeinschaften wichen daher von denen der erst durch den Islam institutionalisierten Ehe ab.

So konnten die Frauen beispielsweise ihre Ehemänner abweisen bzw. „entlassen", und zwar mit einer einfachen Geste – so wie es später im Islam die Männer mit der Formel *mutallaqa*, „du bist verstoßen", taten. Es genügte, daß die Frau das gemeinsame Zelt umdrehte, so daß der Eingang sich an der Rückseite des Zeltes befand. Auf diese Weise wurde dem Mann „mitgeteilt", daß er „entlassen" sei und das Zelt nicht mehr zu betreten habe. Lebte die Frau – was in der *Dschahiliya* üblich war – bei ihrem eigenen Stamm und war ihres Ehemannes überdrüssig, so trennte sie die eheliche Schlafstatt durch einen Vorhang zum Zeichen dafür, daß sie ihn „verstoßen" hatte.

Auch die Prostitution war damals weit verbreitet. Die Freudenmädchen waren meist Sklavinnen oder Frauen, die von weit her gekommen waren. Sie lebten in Zelten, vor denen sie eine rote Fahne hißten. Aus diesem Grund wurden sie auch „die Frauen mit der Fahne" genannt. In Mekka soll es eine berühmte Hure gegeben haben, die sich „die Prostituierte von Ukaz" nannte. Von ihr wird berichtet, sie habe gegen Bezahlung mit allen Männern geschlafen. Doch wenn der Mann ihr gefiel und gut im Bett war, gab sie ihm sein Geld zurück. Zu den vielen Geschichten, die aus der Zeit der *Dschahiliya* überliefert sind, gehört auch die einer Dirne namens Zulma aus dem Stamm der Hudail. Zulmas vierzigjährige Verdienste in ihrem Metier verschafften ihr die Ehre, in Maidanis Sprichwörtersammlung aufgenommen zu werden. Zulma, die ihre sexuellen Begierden in verschiedenen Lebensaltern auf unterschiedliche Weise zu befriedigen wußte, führte jahrelang auch selbst ein Bordell, und es heißt, daß es keine größere Kupplerin gab als sie. Als sie in die Jahre gekommen war, so wird berichtet, habe sie sich einen Ziegenbock gekauft und eine Ziege. Ihr größtes Vergnügen sei gewesen, den beiden bei der Paarung zuzuschauen. Auf die Frage, warum, soll sie geantwortet haben: „Ich liebe es, den Atem des Koitus zu hören."[16]

Der Islam hat mit all jenen – mehr oder weniger lockeren – Ehe- und Heiratsformen gebrochen. Spätere Historiographen fühlten sich bemüßigt, zu leugnen, daß es diese jemals gab. Die Tatsache jedoch, daß eine der vorislamischen Heiratsformen in der Frühzeit des Islam noch durchaus üblich war – und bis heute im schiitischen Islam praktiziert wird – führt derartige Behauptungen ad absurdum:

Die ersten Jahre nach der Verkündung des Islam waren eine Phase des Übergangs, in der viele Sitten und Gebräuche aus der Vergangenheit noch überdauerten. Zu diesen Gebräuchen gehörte die „Ehe auf Zeit", die auch als Genußehe – *mut'a* – bezeichnet wurde. Bei der *mut'a*-Ehe genügte es, daß beide Partner übereinkamen, für eine gewisse, nicht festgelegte Zeit zusammenzuleben.

Der Mann sagte zur Frau: „Ich werde für einige Zeit gegen eine gewisse Geldsumme Genuß mit dir haben." Nach Ablauf dieser Frist konnten die Partner ihr Abkommen verlängern oder sich trennen. Diese „Eheform", die nur auf sexuelle Befriedigung ausgerichtet war, wurde durch den Islam als „Komplizin der Prostitution" verdammt und verboten – wie alle freien Formen des Zusammenlebens zwischen den Geschlechtern, die der Frau das Recht auf sexuelle Selbstbestimmung zubilligten.

Wie al-Buchari berichtet, hatte der Prophet Mohammed diese vorislamische Sitte zunächst erlaubt – und zwar ohne Einschränkung: Der Gesandte Gottes sagte demnach: „Wenn ein Mann und eine Frau sich darauf verständigen, miteinander eine Zeitehe einzugehen, so soll ihre eheliche Gemeinschaft auf drei Tage befristet sein. Wenn sie ihre Beziehung danach fortsetzen wollen, können sie es tun. Und wenn sie sich trennen wollen, können sie auseinandergehen."[17]

Doch der Gewährsmann al-Bucharis – Salama Ibn al-Aqwa – ergänzte seinen Bericht folgendermaßen: „Ich weiß nicht, ob diese Weisung nur für uns während des Feldzugs damals galt oder für alle Menschen Gültigkeit hat."[18]

Es hat den Anschein, daß der Prophet Mohammed die Genuß-Ehe zunächst auf Ausnahmesituationen – wie etwa Reisen oder Feldzüge – beschränkte, sie jedoch später endgültig zurücknahm, wie zwei weitere Gewährsleute al-Bucharis berichten: „Ali sagte zu Ibn Abbas: ‚Der Prophet verbot die Zeitehe und den Genuß des Fleisches domestizierter Esel.'"[19]

Da Ali, der Schwiegersohn des Propheten und spätere Kalif, als notorischer Frauenfeind bekannt ist, muß man sich fragen, ob er bei dem von ihm zitierten Ausspruch des Propheten etwa unterschwellig einen Zusammenhang zwischen Frauen und Eseln herstellen wollte.

3. Die Liebe bei den vorislamischen Dichtern

Zwei Dinge waren es, die den Dichter der *Dschahiliya* – „Freund des Windes, der Sonne und der großen Entfernungen"[20] – vor allem anderen faszinierte: das Abenteuer und die Liebe. Im individuellen und im kollektiven Abenteuer fand der Dichter jener Zeit seine nobelste Selbstverwirklichung. In dieser ständigen Suche nach Abenteuer lag die große Herausforderung, die jener rauhe, nackte und feindliche Raum – die Wüste – für ihn bedeutete: Er lebte in der ständigen Bedrohung, in jedem Augenblick von den Dünen des wandernden Sandes ausgelöscht zu werden, zu verschwinden. Obwohl er sich nicht – wie später die Dichter des Islam – mit einem Weiterleben im Jenseits trösten konnte, warf er sich ohne den geringsten Anflug von Todesangst mit Körper und Seele in das Abenteuer. Der Tod im Staub der Schlachten, inmitten wiehernder Pferde, versetzte ihn in eine Ekstase, die man nur mit der Verzükkung der mystischen Dichter des Islam – der Sufis – vergleichen kann.

Das größte, sublimste Abenteuer war für die Poeten der *Dschahiliya* jedoch die Liebe. Nah oder fern, die Frau, die Geliebte war ihnen immer gegenwärtig – selbst dann, wenn die Schwerter in der Sonne funkelten und die Wüste von Todesschreien erfüllt war:

> Dein dacht ich, als die Lanze
> War zwischen uns im Schwung,
> Und jeder Schaft im Blute
> Verlangte Sättigung.
> Ich lüge nicht, beim Himmel,
> Ich weiß nicht, was von dir
> Mir zustieß, ist es Krankheit,
> Ist es Bezauberung?[21]

Ist die Frau dem Dichter nahe, so ist sie „schöner Körper", „Gazellenauge", „hüftlanges Haar", „zärtliches Liebesgeflüster unter dem schönen Mond", „ein Lächeln wie das Leuchten der Sterne am Morgen", Brüste, die man knetet wie das Brot, ein Becken ähnlich den Dünen des Sandes im Augenblick des Sonnenaufgangs, eine Oase, in der sich der Poet – des Kampfes und der ewigen Verfolgung müde – ausruht. In seiner Nähe gleicht die Frau der wunderbaren Roten Stute, die der Dichter in der Schlacht besteigt, oder dem sanften und leichtfüßigen Kamel, mit dem er die Wüste durchquert.

Oft rühmten sich die vorislamischen Krieger-Dichter, die Frauen der von ihnen getöteten Gegner „genossen" zu haben. Doch in den meisten Gedichten, und in den aus jener Zeit überlieferten Erzählungen und Legenden – den *achbar* – ist die Frau das leidenschaftlich geliebte Wesen, schön, selbstbewußt und stolz.

Die Frau zu erobern, bedeutet für den Dichter der *Dschahiliya*, die ganze Natur zu besitzen – das Murmeln der Quellen, den Duft der Blumen und der Gärten. Durch den Körper der Frau spürt er die Fruchtbarkeit der Erde, genießt er das Grün der Oasen, die Frische der klaren Quelle. Der weibliche Körper ist ihm „ein wahres Fest, ein Fest des Körpers, bei dem sich das Verlangen, die Lust und die Ekstase vereinen".[22]

Der Dichter, der diese überschwengliche Liebe zur Frau bzw. zum weiblichen Körper am eindringlichsten erlebt und dargestellt hat, war Imru l-Qais, der Mann der Qais (gest. um 540). Sein Leben glich – wie das der meisten vorislamischen Poeten – einer tragischen Legende. Er stammte aus dem „Königshaus der Kinda", wie die arabischen Chronisten den Herrschaftsbereich des südarabischen Stammes im westlichen Hadramaut nannten. Imru l-Qais führte ein an Liebesabenteuern reiches Wanderleben, daher sein Beiname *al-malik ad-dalil*, „der umherirrende König". Durch die Ermordung seines Vaters zur Blutrache verpflichtet, beschloß er, sich so lange der Liebe und des Alkohols zu enthalten, bis sein Vater gerächt sei.

Mit seinen Gefolgsleuten lieferte Imru l-Qais den Mördern seines Vaters immer wieder heftige Schlachten. Abgemagert bis auf die Knochen, ritt er von einer Wüste, von einem Tal, von einer wilden Gegend zur andern. Nach der wunderbaren Geschichte, die al-Isfahani in seinem berühmten ‚Buch der Lieder' über ihn erzählt[23], hatte der Dichter fast alle Länder der Region durchstreift: vom Jemen bis nach Persien, von Syrien und dem Irak bis in die Türkei. Doch sämtliche Länder schienen ihm feindlich gesinnt. Die Poesie und die Frauen waren das einzige, was ihn am Leben hielt. Er, der ewig Umherschweifende, empfand die Umrisse des weiblichen Körpers als die einzige weiche Linie, die sich in der Wüste abzeichnet; die ganze Schönheit des Universums war für ihn in einem einzigen Körper vereint . . .

> Doch nimmer macht, was mich betraf, der Frauen mich vergessen,
> Und der bedeckten Sänften Haus, in welchem sie gesessen,
> Den schlanken Tamarisken gleich von Bischa's Waldgehege,
> Als von Gomair nach Gadhwar dort sie waren auf dem Wege.

Ermüdet, mit blutendem Körper und gebrochenem Herzen starb er nach einer kurzen, stürmischen Liebesgeschichte mit der jungen Tochter des Kaisers Justinians (der ihn am Hof von Konstantinopel wohlwollend aufgenommen haben soll) durch ein vergiftetes „Ehrenkleid", das ihm – so will es die Legende – der erboste Vater gesandt hatte, nachdem ihm der Skandal zu Ohren gekommen war.

Ibn Qayyim al-Dschauziyya (1292–1350), einer der bekanntesten Rechtsgelehrten und Schriftsteller seiner Zeit, gibt über die tragische Lebensgeschichte des unglücklichen Dichters einen anderen Bericht, wobei er offensichtlich den Kaiser Heraklios mit dem byzantinischen Kaiser Justinian I. verwechselt:²⁴

„Als die Banu Asad Ibn Huzaima den Hudschr Ibn al-Harith, den Vater des Dichters Imru l-Qais, getötet hatten, suchte dieser unter den arabischen Stämmen Bundesgenossen für sich, fand aber niemanden, der ihn in seinen Bemühungen unterstützte. So kam es, daß er sich schließlich an den byzantinischen Kaiser Herakleios wandte. Er weilte bei ihm, wurde von ihm hochgeehrt und nahm an der kaiserlichen Tafelrunde teil. Der Kaiser bewunderte seine Schönheit und seinen Verstand. Er gab ihm sechshundert Prinzen und Gefolgsleute zu Ehrenbegleitern. Die Tochter des Kaisers warf ein Auge auf ihn und verliebte sich in ihn. Sie ließ ihm eine Botschaft zukommen, in der sie ihn bat, sich mit ihr zu treffen, bevor er den kaiserlichen Hof wieder verließ. Imru l-Qais aber entschuldigte sich und führte dafür viele Gründe auf. Unter anderem wollte er ihren Vater nicht treulos hintergehen. Immerhin hatte dieser ihm große Ehre erwiesen. So trat also Imru l-Qais die Rückreise in seine Heimat an. Die Tochter des Kaisers Herakleios jedoch sprach zu ihrem Vater: ,Was tust du dir da selbst an? Du machst Prinzen und Gefolgsleute des byzantinischen Kaisers zu Ehrenbegleitern des Königs der Araber? Wenn Imru l-Qais so handeln könnte, wie er wollte, so würde er gegen dich Krieg führen und die Herrschaft dir entreißen!'

Der Kaiser hörte auf die Einflüsterungen seiner Tochter. Er überreichte Imru l-Qais als Abschiedsgeschenk ein aus Goldfäden gewebtes Ehrenkleid, welches vergiftet war. Als Imru l-Qais dieses unterwegs anlegte, brannte es wie Feuer auf der Haut, und das Fleisch fiel in Fetzen herab. Wehmütig schaute er auf einen Berg in der Nähe und fragte, wie dieser Berg heiße. Man sagte ihm: ,Dieser Berg heißt Asib!'"²⁵

Am Fuße des Berges Asib sah Imru l-Qais das Grabmal einer in früherer Zeit dort verstorbenen fremden Fürstin. Ihr widmete er, bevor er starb, sein letztes Gedicht:

O Nachbarin, zu der das Schicksal her mich trieb!
Hier bleib' ich nun solang hier bleiben wird Asib.

O Nachbarin, wir sind hier beide Fremdlinge,
Und einem Fremdling ist der andre wert und lieb.

Imru l-Qais' wurde an der Seite der fremden Fürstin begraben, und nach der Sage sollen die Griechen ihm ein Standbild gesetzt haben, das der Kalif al-Mamun auf einem späteren Kriegszug selbst noch gesehen hat.

Die Poesie Imru l-Qais' erscheint wie ein heftiger Sturm: das Dröhnen des Donners, das Pfeifen des Windes, Blitze und Regenschauer fließen wild ineinander. Stets auf Rache aus und auf der Flucht vor dem Tod, will er durch den Körper der Frau sein Unglück und seine düsteren Ahnungen vergessen. Seine Liebespoesie ist gezeichnet von der Heftigkeit eines ver-

letzten Tieres. Selbst in der Beschreibung des Liebesspiels mit einer angebeteten Frau vermittelt uns Imru l'-Qais das Gefühl, es handele sich um
einen wilden Kampf, dessen Schlachtfeld der Körper der Frau ist. Eine
Frau zu lieben, bedeutet für ihn, sie zu besitzen, durch ihren Körper jene
Wollust zu erfahren, von der seine ganze Poesie geprägt ist. Diese Wollust
scheint dem verletzten, verängstigten und verfolgten Dichter eine kurze
Ruhepause zu geben, durch die er neue Kraft gewinnt, um seine Irrfahrt
durch die Wüste fortzusetzen.

Diese Verse richtete er an ,Die geliebte Hirr':

O Hareth Ben Amru, ich bin wie berauscht;
Der Mann überall ist vom Schicksal belauscht.

Auf Herzen der Männer macht Jagd mit dem Pfeil
Die Hirr, und entgangen ist Hodschor mit Heil.

Sie hat mit dem Pfeile das Herz mir versehrt
Am Morgen des Abschieds, ich war unbewehrt.

Da rollten die Thränen mir über die Wang',
Alswie aufgegangener Perlen ein Strang.

Die zarte, die weiche, die schmeidige nickt,
Wie Zweige von Myrobalanen geknickt.

Erschlaffend im Aufstehn und stockend im Wort;
Ihr Lächeln erschließt eine glänzende Pfort',

Als wäre der Wein, und von Wolken die Flut,
Und Hauch der Violen und Aloeglut

Gemischt um den frischen, den duftigen Zahn,
Zur Stunde, wann ansingt den Morgen der Hahn.

Ich habe die längste der Nächte durchwacht,
Und Furcht hat das Herze mir schaudern gemacht.

Doch als ich hinan kam, erstieg ich mein Glück,
Und ließ einen Theil des Gewandes zurück.

Es hat uns kein hämischer Laurer erspäht,
Und unser Geheimniß das Haus nicht verräth.
[…]
O kehrt sie am Abend, am Morgen zurück?
Und was geht dichs an, und was hoffst du für Glück?

Ob March oder Oschar ihr Zelt mag erbaun,
Und welches Gefild ihre Spuren mag schaun!

Ob unter den Rastenden rasten mag Hirr,
Ob fern mit den Ziehenden ziehn in der Irr!

Bei seinen leidenschaftlichen Liebesabenteuern setzte sich der Dichter den
größten Gefahren aus. In einer stürmischen Nacht schlich er an den
Wachen des feindlichen Stammes vorbei, deren Schwerter „wie Sterne

glänzten". Er vollzog den Liebesakt mit seiner Angebeteten, während ihr Ehemann neben ihr schnarchte. Dies verschaffte ihm das höchste Lustgefühl, denn die Gefahr, das Abenteuer und die Liebe gehörten für ihn untrennbar zusammen:

> Aufstieg ich zu ihr leise, als ihr Gesinde schlief,
> Wie aus dem Wasser Blasen aufsteigen nach und nach.

> Dich gebe Gott den Plündrern! rief sie: du schändest mich;
> O siehst du nicht die Plaudrer, die Laurer hundertfach?

> Ich sprach: bei Gott, ich weiche von hier und wanke nicht,
> Und ob man alle Glieder am Leibe mir zerbrach.

> Ich schwur bei Gott, und sorgte nicht, ob ich falsch ihr schwur:
> Sie schlafen alle, keiner ist mehr beim Feuer wach.

> Dann kamen wir zur Güte und weich ward unser Wort;
> Ich zähmte, bis sie nachgab, und o wie gab sie nach![26]

Es waren nicht nur die jungen und schönen Frauen, die ihn anzogen, sondern vor allem auch die Mütter, die verheirateten Frauen und selbst die Schwangeren. In einem seiner schönsten Gedichte rühmt er sich, mit einer Frau den Liebesakt vollzogen zu haben, während ihr Baby weinte. Um es zu beruhigen, reichte ihm die Frau ihre Brüste, während sie den Rest ihres Körpers ihrem Liebhaber überließ.

Zu den Dichtern, die aus Liebeskummer starben, gehört al-Murakkash al-Akbar (gest. 550). Schon als Kind hatte er sich in seine Cousine Asma verliebt. Als er zum Mann herangewachsen war, wagte er es, seinen Onkel um ihre Hand zu bitten. Dieser empfahl ihm, zuerst einmal seinen Mut und seine Fähigkeit, die Schwierigkeiten des Lebens zu meistern, unter Beweis zu stellen. Der junge Mann nahm den Rat seines Onkels an und machte sich auf, um sich dem Abenteuer des Lebens zu stellen. Während seiner Abwesenheit freilich verheiratete sein Onkel die geliebte Cousine mit einem reichen Mann aus einem Nachbarstamm.

Als al-Murakkash zurückgekehrt war, verheimlichten ihm seine Brüder die schlechte Nachricht und gaben vor, Asma sei während seiner Abwesenheit gestorben. Zum Beweis dafür brachten sie ihn zu einem noch frischen Grab, das in Wirklichkeit nichts anderes als die Knochen eines Lammes enthielt, das sie am Abend zuvor verspeist hatten. Zutiefst verwundet und betrübt verbrachte der Dichter Tage und Nächte am Grab der Geliebten – „den Tod in der Seele". Eines Tages entdeckten ihm dann ein paar Kinder, die in der Nähe spielten, die Wahrheit. Al-Murakkash brach auf, um seine Cousine zu suchen. Als er bei dem Stamm angekommen war, bei dem sie mit ihrem Ehemann lebte, verbarg er sich in einer Grotte und schickte ihr durch einen Schäfer ihren Verlobungsring. Asma erkannte den Ring auf den ersten Blick. In Begleitung ihres Mannes eilte sie zur Grotte. Kurze Zeit nach dieser Begegnung erlag al-Murakkash in den Armen Asmas seinem Liebeskummer.

Das gleiche Schicksal widerfuhr Abdallah Ibn al-Aghlan, einem weiteren Dichter der *Dschahiliya*. Abdallah, ein äußerst sensibler Lyriker, war mit Hind, einer schönen Frau aus seinem Stamm, verheiratet, die er abgöttisch liebte. Jedes seiner Gedichte war ihr gewidmet. Die große Liebe der beiden wurde allerdings durch Hinds Unfruchtbarkeit bedroht. Abdullahs Vater, seine Brüder und Verwandte bedrängten ihn, sich von seiner Frau scheiden zu lassen. Abdullah weigerte sich lange, doch die Drohungen der Verwandtschaft nahmen mit der Zeit immer schlimmere Formen an, und am Ende resignierte der Dichter. Kurz nach der Trennung bereute er jedoch seine Entscheidung zutiefst und versuchte mit allen Mitteln, seinen schweren Irrtum zu korrigieren. Doch es war zu spät. Die schöne Hind hatte sich inzwischen mit einem Mann aus einem anderen Stamm verheiratet: In einer seiner Geschichten über den unglücklichen Abdullah berichtet al-Isfahani, der Dichter habe sich – nachdem er lange in der Wüste herumgeirrt war und heiße Tränen vergossen hatte – entschlossen, sich auf die Suche nach der geliebten Frau zu machen. Als er vor ihrem Zelt ankam, erkannte ihn Hind sofort und warf sich ihm in die Arme. Wenige Augenblicke später starben beide eng umschlungen vor den Augen des Ehemannes.[27]

Derart überschwengliche Verehrung der Frau schien dem Propheten einer Vergöttlichung der Frau gleichzukommen. Die Glorifizierung der Liebe selbst war ihm eine Bedrohung der Einzigartigkeit Allahs, der keine Götter neben sich duldet. Also waren die Dichter gefährliche Leute, weil sie die Liebe und ihre leidenschaftlichen Gefühle über alle moralischen Werte stellten.

Doch nicht nur dies: Die Poeten der *Dschahiliya* waren auch Meister in der Kunst der geschliffenen Rede, Sprecher und Anführer der mächtigen Stämme, die durch Gottes eigenes Wort dem Islam unterworfen werden sollten. Der Koran sollte von nun an die einzige Quelle der Unterweisung und Erbauung sein, die einzig wahre Botschaft. Auch war Mohammed von manchen seiner Gegner verdächtigt worden, (nur) ein Wahrsager, ein Dichter zu sein: „Jedesmal, wenn man zu ihnen sagte: ‚Es gibt keinen Gott außer Gott‘, waren sie hochmütig und sagten: ‚Sollten wir etwa einem besessenen Dichter zuliebe unsere Götter aufgeben?‘" (37, 35–36). Um Mohammeds Berufung gegen diesen Verdacht zu verteidigen, mußte der Koran zwischen prophetischer und paganer Macht des Wortes streng unterscheiden. Die Dichter wurden als Verführer und Betrüger hingestellt, die nicht von Gott, sondern vom Satan „inspiriert" und von Dämonen „besessen" seien. Viele Suren des Korans spielen auf diesen Machtkampf zwischen Prophet und Poeten an:

„Er (d. h. der Koran) ist die Aussage eines vortrefflichen Gesandten,

nicht die eines Dichters [...]. (Er ist) auch nicht die Aussage eines Wahr-
sagers [...]" (69, 40–43).

„Euer Landsmann (d. h. Mohammed) ist nicht fehlgeleitet und befindet sich nicht im Irrtum. Und er spricht nicht aus (persönlicher) Neigung. Es (oder: Er, d. h. der Koran) ist nichts anderes als eine inspirierte
Offenbarung" (53, 1–4). Und in der Sure 52 – ‚Der Berg‘ – heißt es:
„Mahne nun (mit dem Koran)! Du bist ja dank der Gnade deines Herrn
weder ein Wahrsager noch besessen (wie die Ungläubigen behaupten).
Oder sie sagen: ‚(Er ist) ein Dichter [...]‘" (Vers 29).

Tatsächlich bekämpfte Mohammed die Dichter nicht nur mit dem –
göttlichen – Wort. Die Überlieferung berichtet von einigen Dichtern der
Frühzeit, die der Prophet umbringen ließ, bevor er sie dann später zu seinen Lobrednern degradierte.

Vor allem die Liebeslyrik der *Dschahiliya* schien ihm ein Werk des Satans zu sein, der sich durch derlei Verführungskünste zwischen Gott und
den Menschen stellte. Denn in der *Dschahiliya* war der Dichter unentwegt
mit seinen Gedanken bei der Geliebten – und nicht bei Gott. Ein kurzer
Blick, ein kleines Lächeln, ein Duft oder ihre Fußspur im Wüstensand
reichten aus, sein Herz in heißer Liebe zu entflammen. Diese Liebe war
ein unendliches Verlangen, ein nie gestillter Durst, ein Feuer, das nie er-
losch. Die meisten Poeten der *Dschahiliya* haben vor allem dieses unendliche Liebesverlangen besungen – in zarten Versen wie der unbekannte
Poet des folgenden Gedichts:

> O bist du stets mein letzter
> Gedank' in meinem Schlaf
> Und bist du auch der erste,
> Der mich im Wachen traf!
> Was soll ich mehr dir bieten
> Mein Leben und mein Blut,
> Zu deinem Schutz, und Liebe
> Wie lauter Wolkenflut. [28]

Doch der Bannstrahl der islamischen Moralgesetze traf auch diese uner-
reichbare, „platonische" Liebe, von der die vorislamische Poesie erfüllt
ist. Alles, was die Gefühlswelt des Menschen erregen konnte, wurde
streng reglementiert. So heißt es in einem *Hadith*: „Derjenige, der die Formen einer Frau betrachtet und dessen Blick durch ihre Kleider hindurch-
dringt bis zu dem Punkt, wo er die Form der Knochen unterscheiden
kann, wird nie den Duft des Paradieses riechen." [29]

Selbst eine alte Frau muß vermeiden, die Hand eines jungen Mannes zu
drücken, denn dies könnte sie erregen und Versuchungen erwecken; ein
Mann und eine Frau dürfen sich einander niemals ganz nackt zeigen, denn
„man ist nie völlig allein in der Welt, in der wir ständig von *Dschinnen*
[Dämonen] und Engeln umgeben sind". [30]

In einer populären Redensart drückt sich die Angst vor der verführerischen Macht der Frau noch deutlicher aus: „Wenn ein Mann und eine Frau
alleine zusammen sind, ist immer der Teufel mit im Bunde." Derartige
Obsessionen sind bis heute in der arabisch-islamischen Welt so stark verinnerlicht, daß es – selbst unter Intellektuellen – oft strikt vermieden
wird, mit einer Frau alleine in einem Zimmer zu sein.

Für den Propheten Mohammed kann bereits der Blick ein „Blitz des
Teufels" der Beginn der *zina* – der Unzucht – sein. „Denn die *zina* des
Auges ist der Blick, die *zina* der Zunge das Wort, die *zina* der Hand die
Berührung und die *zina* des Fußes ist, den Weg der Begierde einzuschla-
gen."[31]

Diese Vorschriften und Verbote machen deutlich, wie ängstlich der Islam bemüht war, die Abgrenzungen zwischen den Geschlechtern bis ins
kleinste Detail zu regeln, den Umgang der Geschlechter auf die „legale
Sexualität" zu reduzieren und außerhalb dieses Bereiches eine unüber-
windbare Mauer zwischen Mann und Frau zu errichten. Liebe, Erotik
und Sexualität standen von nun an unter dem Monopol der Ehe: „Als
Mohammed gesandt wurde, um die göttliche Wahrheit zu verkünden,
schaffte er die Bräuche aus vorislamischer Zeit ab. Es blieb nur die Art
von Heirat und Ehe, die heute üblich ist."[32]

Hatten die – eheähnlichen – Beziehungen der vorislamischen Zeit noch
Züge einer gewissen Freiheit in der sexuellen Selbstbestimmung der
Frau, so wurde die Ehe im Islam zum exemplarischen Ausdruck des
patriarchalischen Prinzips und führte zur absoluten Verfügungsgewalt des
einen Geschlechts über das andere, die dramatisch zu Gottes heiligem Willen erklärt wird. Hier steht die islamische Auffassung ganz in der christlich-abendländischen Tradition, zum Beispiel des Apostels Paulus, für
den die Freiheit des Christenmenschen gleichfalls nur für die Herren der
Schöpfung galt. Waren doch auch für ihn die Weiber nach dem Willen des
Herrn „untertan ihren Männern als dem Herrn. Denn der Mann ist des
Weibes Haupt, gleichwie auch Christus das Haupt ist der Gemeinde
[...]".[33]

II. Die Sexualität im Koran

„Sie haben mich isoliert,
um meiner leichter Herr zu werden –
isoliert, indem sie mich verheirateten [...]
Aber da sie mich lieben,
halte ich sie gefangen [...]
Auf die Dauer entscheidet die Gefangene
[...]"

Kateb Yacine: ‚Nedschma‘

Macht und Sexualität standen zu allen Zeiten, in allen Kulturen und Religionen in einem gespannten Verhältnis zueinander. Jedes Herrschaftssystem – ob profan oder sakral – entwickelte gegenüber der Urkraft der Sexualität spezifische Strategien: Verteufelung, Ausschließung, Verweigerung oder Maskierung. Der Islam löste dieses Problem durch Gefangennahme der Frau, die totale Überwachung der weiblichen Sexualität und deren ausschließliche Reduktion auf den Bereich der Ehe. Die sexuelle Macht der Frau schien eine Gefahr für die sich formierende islamische Gemeinschaft zu bedeuten. Weibliche Verführungskünste – *fitna* – und die ständige Anfechtung, der das männliche Geschlecht durch die Frau ausgesetzt war, beschworen angeblich Chaos, Unordnung und Revolte herauf. Sie mußte gebändigt werden durch „göttliches Gesetz", auf daß es nur noch eine Form der Sexualität gab, nämlich die matrimoniale.

Niemand wußte die Vorzüge der Ehe als Schutzschild gegen Unzucht und weibliche Verführungskunst überzeugender zu rühmen als der islamische Religionsphilosoph al-Ghazali (1058–1111), der uns unter seinem latinisierten Namen Algazal bekannt ist:

„Die Ehe ist ein Hilfsmittel für das Seelenheil [...]. Der Hochgebenedeite sagt: ‚Das Heiraten gehört zu meiner Sunna, wer also auf die Zugehörigkeit zu mir Wert legt, der halte sich an meine Sunna. Heiratet (also) und vermehrt euch, denn am Jüngsten Tag will ich vor den übrigen Völkern Staat machen mit euch [...].

Der zweite Vorteil der Ehe besteht darin, daß sie eine Schutzwehr gegen den Teufel ist, die Begehrlichkeit dämpft, die Gefahren des sinnlichen Triebes beseitigt, die unlauteren Blicke und die körperlichen Ausschweifungen hintanhält [...].‘ Die Ehe ist also dadurch, daß sie die seitens der Sinnlichkeit drohende Gefahr beseitigt, ein wichtiges Moment für die Religion bei jedem, der nicht mittellos oder impotent ist, also bei den allermeisten Menschen. Denn wenn die Sinnlichkeit übermächtig und nicht durch eine starke Gottesfurcht in Schranken gehalten wird, so führt sie zu Ausschweifungen. In diesem Sinne zitiert auch der Hochgebenedeite in einem seiner Aussprüche das Gotteswort [Sure 8, 74]: ‚Wenn ihr das nicht tut, so entsteht Unheil in der Welt und großes Verderben.‘ Wird aber einer durch die Gottesfurcht im Zaume gehalten, so wird es sein Bestreben sein, seine Glieder vor dem Nachgeben gegenüber der Sinnlichkeit zu bewahren, indem er seine Augen hütet und seinen Körper in Zucht hält.“[1]

„Da nun die Araber von Natur aus sehr sinnlich veranlagt sind“ – wie al-Ghazali uns versichert – und „auch die Frommen unter ihnen einen besonders starken Geschlechtsverkehr pflegten“, fährt er in seinem die Ehe preisenden Kommentar fort:

„Dagegen steht es nicht in seinem Willen, auch sein Inneres von bösen Einflüsterungen und Gedanken frei zu halten, sondern unaufhörlich zerrt an ihm die sinnliche Natur und stellt ihm geschlechtliche Dinge vor. Auch der Teufel läßt nicht ab, ihn in einem fort zu versuchen; selbst beim Gottesdienst stellt er ihm solches vor, so daß durch seine Seele geschlechtliche Dinge ziehen, wegen derer er sich vor dem gemeinsten Menschen schämen würde [...]. Nun schaut aber Gott auf das Herz des Menschen [...]. Deshalb sagt der gottselige Ibn ʼAbbas: ‚Die Vollendung der Gottseligkeit ist das Heiraten‘.“[2]

Von al-Dschunaid, dem berühmten Mystiker (gest. 910), weiß al-Ghazali zu berichten, daß er den Geschlechtsverkehr „wie Nahrung brauchte“. Im übrigen spricht auch der Koran in der Sure ‚Der Tisch‘ von der Sexualität wie von einer Nahrung, die der Mensch nicht als verboten betrachten soll (5, 87). Al-Ghazali zieht daraus folgenden Schluß:

„Die Frau ist also eigentlich eine Nahrung und ein Mittel, das Herz rein zu halten. Deshalb gab der Hochgebenedeite die Weisung, daß jeder, der ein fremdes Weib erblickt und Verlangen nach ihr trägt, seiner eigenen Frau beiwohnen solle; auf diese Weise werde er die Versuchung von sich los. Als einmal der hochgebenedeite Prophet ein fremdes Weib erblickte, ging er [...] zur Zainab[3] hinein und befriedigte sein Bedürfnis. Als der hochgebenedeite Prophet wieder herauskam, sagte er: ‚Wenn ein Weib kommt, so ist es, als ob ein Teufel käme. Wenn darum einer von euch ein Weib sieht und es gefällt ihm, so gehe er zu seinem Weibe, denn er wird bei ihr dasselbe finden wie bei jener.‘ [...]

So wird auch vom gottseligen Ibn Omar [...] erzählt, daß er, sobald das Fasten zu Ende war, den Beischlaf vollzog und dann erst aß, manchmal vollzog er ihn sogar noch vor dem Sonnenuntergangsgebet und nahm dann die Waschung vor. Das tat er, um das Herz für den Gottesdienst frei zu machen und um die Versuchung des Teufels zu beseitigen.

Es wird auch berichtet, daß er im (Fasten-)Monat Ramadan vor dem letzten Abendgebet dreien von seinen Sklavinnen beiwohnte. "[4] In dem Maße, in dem sich die junge Glaubensgemeinschaft des Propheten zu einer staatlichen Ordnungsmacht entwickelt hatte, trat der prophetische Charakter des Islam in den Hintergrund zugunsten des gesetzlichen. Auch Liebe und Sexualität stehen von nun an unter dem Gesetz Gottes, alle Formen der „freien Liebe" gelten als Unzucht – *zina*[5] – und werden streng bestraft. Jegliche Beziehung zwischen Mann und Frau, die außerhalb der Ehe stattfindet – der einzig legitimen Institution zum Vollzug des Geschlechtsverkehrs (*nikah*)[6] – wird in 27 Versen des Korans als „heidnisch" verurteilt und streng bestraft:[7] „Wenn eine Frau und ein Mann Unzucht begehen, so verabreicht ihnen 100 Peitschenhiebe!" (24, 2)

Auch die gleichgeschlechtliche Liebe gilt als schwerer Verstoß gegen die Ordnung der Welt, da Gott diejenigen verdammt, welche die „Seiten der Erde" vertauschen. Ihnen drohen schreckliche Strafen am Tag des Jüngsten Gerichts.

In seinem freimütigen – Dichtung und Wahrheit nicht immer streng unterscheidenden – Sittenspiegel ‚Über die Frauen' berichtet Ibn Qayyim al-Dschauziyya, der Gesandte Allahs habe folgenden Ausspruch getan: „O ihr Muslime! Hütet euch vor der Hurerei! Sechs Dinge sind damit verbunden, drei davon in der diesseitigen Welt, drei weitere im Jenseits. Was die Dinge im Diesseits anlangt, so sind sie: schwindender Glanz des Ansehens, ständige Armut und ein kurzes Leben. Was aber die drei Dinge im Jenseits betrifft, so sind sie: der Zorn Allahs – ewig dauere sein Lob! –, eine böse Abrechnung und ewige Verdammung im Höllenfeuer!"

„Wer Hurerei betreibt", so soll der Prophet ein andermal gesagt haben, „ist wie einer, der einen Götzen anbetet!" Und weiter berichtet Ibn al-Qayyim, was der Gesandte Allahs auf seiner Himmelsreise[8] erlebt hat: „Auf meiner nächtlichen Himmelsreise wurde ich zu einigen Geschöpfen Allahs gebracht. Unter ihnen befanden sich Frauen, die an den Brustwarzen aufgehängt waren; andere von ihnen waren an den Füßen, mit dem Kopf nach unten, aufgehängt. Sie schrien und brüllten fürchterlich. Da frage ich: ‚O Gabriel, wer sind diese Frauen?' Er antwortete: ‚Es sind Frauen, die gehurt, ihre Kinder getötet[9] und außereheliche Kinder geboren haben!'[10]

Die Ehe dagegen ist für den Muslim ein Quell der Tugend: „Wer von euch heiraten kann", sagt der Prophet, „der heirate. So bewahrt er am besten seine Augen vor unlauteren Blicken und seinen Körper vor Ausschweifung. Wer sich verheiratet, hat sein halbes (Seelen-)Heil gesichert, er beobachte nur Gottes Gebot in bezug auf die andere Hälfte."[11] Während sich die „Unzucht" im Verborgenen abspielt, wird die Ehe im vollen Licht des Tages vollzogen und findet die Zustimmung der Gemeinschaft unter Freudentrillern und Trommelwirbel, die jede muslimische Hochzeit begleiten.

Obwohl die Ehe im Islam kein „Sakrament" im christlichen Verständnis ist, verleiht ihr der Koran einen sakramentalen Charakter – und zwar ausschließlich im Hinblick auf ihre wichtigste Funktion, nämlich die Legalisierung bzw. Kanalisierung des Geschlechtstriebs nach dem Willen Gottes: „Wenn ein Ehemann seine Ehefrau betrachtet", heißt es in einem *Hadith* des Propheten, „so wirft Gott einen Blick der Barmherzigkeit auf sie. Wenn der Ehemann die Hand seiner Gattin nimmt und sie die seine, so entfernen sich die Sünden durch die Zwischenräume der Finger. Wenn er sich mit ihr vereinigt, so schweben die Engel um sie von der Erde bis zum Himmel, und die Wollust und das Verlangen haben die Schönheit der Berge."[12]

Die Sexualität wird also im Islam, gleichfalls im Gegensatz zum Christentum, nicht als sündhaft verteufelt. Der – legale – Geschlechtsakt gilt als gottgefälliges Werk, als Garant der göttlichen Ordnung, in ihm spiegelt sich der Schöpfungsakt wider. Geschlechtstrieb und Sexualität sind Gaben Gottes und werden – frei von jeglichem Anflug christlicher Verachtung für „das Fleisch" – als Teil der menschlichen Natur behandelt. Sie bedürfen daher auch nicht der Rechtfertigung durch die Fortpflanzung, wie al-Ghazali ausdrücklich betont:

„Freilich soll der Geschlechtstrieb nicht lediglich die Kindererzeugung erzwingen, sondern er ist auch in einer anderen Hinsicht eine weise Einrichtung. Die mit seiner Befriedigung verbundene Lust, mit der sich, wenn sie von Dauer wäre, keine andere vergleichen ließe, soll nämlich auf die im Paradies verheißenen Wonnen hindeuten. Denn es wäre nutzlos, einem eine Wonne in Aussicht zu stellen, die er niemals empfunden hat [...]. Die irdischen Vergnügungen sind daher auch insofern von Bedeutung, als sie das Verlangen nach dem dauernden Genuß derselben im Paradiese wecken und so einen Ansporn für den Dienst Gottes bilden."[13]

Nicht nur, um das Verlangen nach den nie endenden sexuellen Paradieseswonnen zu wecken, auch aus Gründen der „Staatsraison" sind Mann und Frau verpflichtet, sich in der Ehe Lust zu bereiten. Denn jedes sexuell unbefriedigte Mitglied der Gemeinschaft ist potentiell der Gefahr der *fitna* ausgesetzt – also der Chaos, Unordnung und Verwirrung stiftenden sexuellen Verführung. Nur durch die sexuelle Befriedigung im gesetzlichen Rahmen der Ehe gelangen die Gläubigen in den Zustand des „Geschützt-Seins" – *muhsan* –, was gleichzeitig „Ehe" und „Keuschheit" bedeutet.

Um vor allem den Mann vor der Gefahr der *zina* – des Ehebruchs und der Unzucht – zu schützen, muß die Ehefrau jederzeit sexuell zur Verfügung stehen, und „wenn ein Mann seine Frau auffordert, zu ihm ins Bett zu kommen, sie sich aber verweigert, so werden die Engel sie bis zum Morgengrauen verfluchen".[14] Aber auch der Mann ist verpflichtet, seine

Ehefrau sexuell zu befriedigen, denn eine unbefriedigte Frau ist in der Vorstellungswelt der Muslime gefährlicher als der Satan selbst. Die Theologen haben sich daher in unendlichen Disputen darüber den Kopf zerbrochen, wie oft ein Ehemann mit seiner Frau zu schlafen habe und wie lange man einer verheirateten Frau zumuten könne, ohne Geschlechtsverkehr zu sein. Al-Ghazali empfiehlt den Männern, „so oft wie möglich mit ihren Frauen geschlechtlich zu verkehren".

Und da al-Ghazali offensichtlich davon ausgeht, daß es unter Umständen vier Frauen sein können, die zu beschlafen sind, schlägt er vor: „Der Mann soll der Frau alle vier Nächte beiwohnen, das ist das richtige Maß [...]."[15]

Der moralische Wert der muslimischen Ehe wurde allerdings auf zweifache Weise unterminiert, wenn nicht völlig ausgehöhlt: durch die Polygamie und die Verstoßung.[16] Die Polygamie untergräbt jegliche emotionale Bindung zwischen den Eheleuten, und das Recht auf Verstoßung unterstreicht den „Warencharakter" der jederzeit „austauschbaren" Frau. Beide – Polygamie und Verstoßung – werden von den Betroffenen als Demütigung empfunden, als eine Erniedrigung der Frau und eine Reduzierung der Ehe auf ihre ausschließlich sexuelle Funktion – *nikah!*

Al-Ghazali, der den „Zeitgeist" seiner Epoche in allen Bereichen des öffentlichen und des privaten Lebens genau wiedergibt, bestätigt dies in verblüffend offener Weise:

„Mitunter lassen sich einige Menschen vollkommen von einer leidenschaftlichen Liebe (zu einer Frau) hinreißen. Sie sind wahnsinnig, im reinsten Sinne. Sie verneinen völlig den ursprünglichen Sinn und Zweck des Beischlafs; sie begeben sich hinsichtlich der Selbstbeherrschung auf das Niveau eines Tieres herab. Denn ein Mann, der leidenschaftlich liebt, sucht ja nicht einfach im Beischlaf Genuß, [...] mehr noch: Er läßt sich sogar zu der Annahme hinreißen, daß sein Verlangen nur durch ein bestimmtes Objekt gestillt werden kann. Ein Tier befriedigt seinen Sexualtrieb, wo immer sich ihm eine Möglichkeit bietet, während ein Mann, der liebt, seinem Verlangen nur mit seiner Liebsten nachgehen kann. So häuft er Undank auf Undank, Sklaverei auf Sklaverei. Er mobilisiert den Verstand, damit dieser seinem körperlichen Verlangen diene. Dabei wurde sein Verstand geschaffen, Befehle zu erteilen, denen das Verlangen sich zu beugen hat.

Was nun aber besonders sinnliche Naturen anbelangt, die nicht durch eine Frau allein befriedigt werden können, so dürfen und sollen diese noch weitere Frauen dazunehmen bis zu vier. Wenn ein solcher sie liebhaben und gut zu ihnen sein kann und sein Gemüt bei ihnen Befriedigung findet, so ist alles in Ordnung, wenn aber nicht, so ist ihm Abwechslung zu empfehlen.

Solcher, die drei oder vier Frauen hatten, gab es unter den Propheten-Genossen viele, und solcher, die wenigstens zwei Frauen hatten, unzählige. Der gottselige Ali war gewiß der größte Asket unter den Genossen des hochgebenedeiten Propheten, und doch besaß er vier Frauen und siebzehn Nebenfrauen.

Wo immer der Erreger eines Übels bekannt ist, muß die Behandlung ihm entsprechend angepaßt sein. Da es sich nun in unserem Falle um die Dämpfung der Sinnlichkeit handelt, so ist nach ihr auch die größere oder geringere Zahl der Frauen zu bemessen. "[17]

Während der Mann also durch die Institution der Polygamie und das Recht auf Verstoßung in der Ehe keinerlei Einschränkungen unterlag, wurde die Frau zur Gefangenen des Mannes, wie es der Prophet Mohammed in seinen letzten Stunden noch einmal deutlich ausgesprochen hat: „Was die Frauen betrifft, sie sind Gefangene *('awan)* in eurer Hand, [...] die ihr durch Gottesvertrag empfangen habt, deren Schoß euch durch Gottes Wort verstattet ist. "[18]

Al-Ghazali spielt auch immer wieder auf die absolute Gehorsamspflicht der Frau gegenüber dem Mann an – als wolle er damit dem Ausspruch des Propheten Nachdruck verleihen, in dem es heißt: „Wenn ich jemandem befehlen würde, sich vor einem anderen niederzuwerfen, so würde ich der Frau befehlen, sich vor dem Mann niederzuwerfen, soviel hat der Mann von der Frau zu beanspruchen. "[19]

Unser Gewährsmann weiß noch von einem anderen Ausspruch des Propheten zu berichten; einer jungen Frau, die heiraten wollte und sich daher bei ihm nach den Rechten des Ehemannes erkundigte, soll er gesagt haben: „Der Mann hat von der Frau folgendes zu beanspruchen: Wenn er sie begehrt, darf sie sich ihm nicht versagen, auch wenn sie auf dem Rükken eines Kamels säße. Ferner darf sie nichts aus dem Hause weggeben, außer mit seiner Erlaubnis; wenn sie es dennoch tut, so hat sie die Schuld dafür und er den Lohn [...]. Sie darf kein freiwilliges Fasten üben ohne seine Erlaubnis [...]. Ferner darf sie ohne seine Erlaubnis nicht ausgehen; wenn sie es dennoch tut, so verfluchen sie die Engel, bis sie zurückkehrt oder in sich geht. "[20]

In seinem Traktat über die Ehe faßt al-Ghazali die Pflichten der Frau gegenüber ihrem Ehemann folgendermaßen zusammen:

„Die Frau soll im Innern des Hauses bleiben und an ihrem Spinnrad sitzen, nicht viel auf das Dach steigen und sich dort umsehen. Mit den Nachbarn soll sie nicht viel reden und nur in dringenden Angelegenheiten sie besuchen. Sie soll stets ihren Mann im Sinne haben, mag er gegenwärtig oder abwesend sein, und in allen Dingen ihm Freude zu machen suchen; sie soll ihm die Treue halten, in bezug auf sie selbst und sein Vermögen. Sie soll das Haus nicht verlassen, außer mit seiner Erlaubnis, und wenn sie ausgeht, sich in abgetragene Kleider hüllen und wenig begangene Wege wählen, die Hauptstraßen und Märkte dagegen vermeiden. Auch soll sie darauf achten, daß kein Fremder ihre Stimme höre oder an

ihrem Äußeren sie erkenne; in keiner Sache darf sie sich an einen Freund
ihres Mannes wenden, vielmehr soll sie sich vor demjenigen, von dem sie
annimmt, daß er sie kenne oder den sie kennt, unkenntlich machen oder
ihm zu verstehen geben, daß sie notwendig etwas zu besorgen oder für
den Haushalt einzuholen habe [...]. Begehrt ein Freund ihres Mannes
Einlaß und der Mann ist nicht zu Hause, so soll sie ihn nicht nach seinem
Begehr fragen und sich in kein Gespräch mit ihm einlassen in peinlichster
Rücksichtnahme auf sich selbst und ihren Gatten [...]. Der Mann soll bei
ihr stets an erster Stelle stehen, dann erst sollen sie selbst und die Verwandten kommen. Auch soll sie bei sich auf peinliche Sauberkeit achten
und in jeder Hinsicht stets so beschaffen sein, daß der Mann sie genießen
kann, wenn er will [...]."²¹

Zu den Vorteilen der Ehe zählt für al-Ghazali – neben den bereits ge-
nannten – noch ein anderer, unschätzbarer Gesichtspunkt: „Der vierte
Nutzen der Ehe besteht darin, daß sie den Mann von den häuslichen Sorgen befreit, so daß er sich nicht abzugeben braucht mit Beschäftigungen
wie zu kochen, zu kehren, das Bett zu machen, die Gefäße zu reinigen
und sonst alles instand zu halten. Denn wenn jemand auch kein Bedürfnis
nach geschlechtlichem Verkehr hat, ist es für ihn doch schwer, zu Hause
allein auszukommen. Wenn er mit all den häuslichen Geschäften sich abgeben soll, so geht ihm dadurch der größte Teil seiner Zeit verloren und
er kommt nicht zum Studieren und zum Arbeiten. Eine tüchtige Frau, die
das Haus in Ordnung hält, ist also in diesem Sinne eine Hilfe für die Religion, während die verschiedenartigen Geschäfte den Geist ablenken und
beunruhigen und das Leben zur Qual machen. Deshalb sagt der gottselige
Abu Sulaiman al-Darani: ‚Eine rechtschaffene Frau ist keineswegs etwas
Weltliches, denn sie macht dich frei für das Überweltliche.' Und zwar bewirkt sie das einmal, indem sie den Haushalt besorgt, und zweitens,
indem sie die Sinnlichkeit befriedigt."²²

Al-Ghazali versäumt es natürlich nicht, seine Artgenossen auch auf die
Nachteile der Ehe hinzuweisen, z. B. auf die Schwierigkeit der „rechtmäßigen Beschaffung des Unterhalts", auf das Problem, die „Quälereien
und den Charakter" der Frauen auszuhalten, auf die Gefahr, „durch Frau
und Kind von religiösen Dingen abgezogen" zu werden ..., und warnt
die Männer vor ganz bestimmten Frauentypen, die man nicht heiraten
solle. Für den Fall weiblicher Widerspenstigkeit gibt er den Ehemännern
folgenden Rat:

„Der Mann soll in diesem Fall die Frau strafen und mit Gewalt zum Gehorsam zurückbringen. Und wenn sie das Gebetsuffizium unterläßt, so
soll er sie mit Gewalt zum Gebet zwingen. Er soll aber darauf achten, bei
der Bestrafung eine gewisse Abstufung einzuhalten, und zwar in der
Weise, daß er sie zunächst mahnt und warnt und ihr eine Strafe androht.
Hilft das nichts, so soll er ihr im Bett den Rücken zukehren oder über-

haupt alleine schlafen und, während er mit ihr zusammen im Hause bleibt, sie gänzlich meiden, einen Tag bis drei Tage lang. Fruchtet auch das nicht, so soll er sie schlagen, ohne sie zu schädigen – d. h., ihr zwar wehtun, aber nicht so, daß ihr ein Knochen gebrochen wird oder sie blutet; auch darf es sie nicht ins Gesicht schlagen, das ist verboten."[23]

Al-Ghazali kommt zu folgendem lapidaren Schluß: „Alles, was zu sagen ist, ist in dem Satz enthalten, daß die Heirat eine Art Sklaverei bedeutet und daß die Frau die Sklavin des Mannes ist. Deshalb hat sie ihm unbedingt und unter allen Umständen zu gehorchen in dem, was er von ihr verlangt, vorausgesetzt, daß es nichts Sündhaftes ist."[24]

Obwohl die meisten Ehefrauen des Propheten keine Jungfrauen waren, ist die Unberührtheit der Braut – bis heute – eine der wichtigsten Voraussetzungen der Ehe. Al-Ghazali sieht die Vorzüge der Jungfräulichkeit vor allem darin, daß die Frau die ersten Eindrücke der körperlichen Liebe von ihrem Ehemann gewinnt. Denn:

„Die Natur fühlt sich am wohlsten bei dem, woran sie von Anfang an gewöhnt ist. Umgekehrt kann es leicht vorkommen, daß einer Frau, die schon andere Männer kennengelernt und verschiedene Verhältnisse erprobt hat, irgendeine Eigenschaft mißfällt, die nicht mit dem, was sie gewohnt ist, übereinstimmt, so daß sie gegen den Gatten eine Abneigung faßt. Zweitens wird dieser Umstand der Frau in höherem Maße die Liebe des Mannes sichern, denn die Natur hat einen gewissen Widerwillen gegen eine solche, die schon ein anderer berührt hat, und sie empfindet den Gedanken daran als unangenehm. Indes sind die einen Naturen in dieser Hinsicht empfindlicher als die anderen."[25]

Was al-Ghazali in diesem Zusammenhang nur vage andeutet, wird von den arabisch-muslimischen Feministinnen als Hauptgrund für die bis in unsere Tage hinein von den Männern so kompromißlos geforderte Unberührtheit der Frau ins Feld geführt: die Angst des Machos vor dem Vergleich! Al-Hariri (1054–1122), der geistreiche Schriftsteller und Grammatiker aus Basra, brachte in einer seiner berühmten Maqamen die Sache auf den Punkt. Als sich sein Held Abu Said nach den Vorzügen der Jungfrauen vor den „jungen Frauen" erkundigt, bekommt er folgende Warnung auf den Weg:

O weh, kann deine Begierde locken
ein von fremdem Zahn angebissener Brocken;
eine abgeschüttelte Krume,
eine abgefallene Blume,
[...]
ihr Herz ist ein Schrein,
einen Mann tut sie aus und den anderen ein;
wie sie ist von dem einen geschieden,
wird sie beim andern nicht sein zufrieden;

ist sie reich an Vergleichen,
die ihr zum Nachteil gereichen;
sie wird um ihren ersten stöhnen,
um ihren zweiten zu verhöhnen;
und um den zweiten sich nicht grämen,
um den dritten zu nehmen.
[...]
Die Jungfrau ist wie in der Muschel die Perle,
wie im frischen Wasser die Schmerle,
das unberührte Ei im Neste,
die ungepflückte Frucht der Äste.
[...]
Sie ist die mängellose
unaufgeblätterte Rose;
der unbenagte Frühlingsstrauch,
der ungetrübte Morgenhauch;
eine unbeweidete Flur,
das Lamm vor der Schur;
ein neues Geschmeid,
ein ungetragenes Kleid;
ein Spiegel, vor dem sich niemand geschmückt,
und dem noch kein Bild ist eingedrückt,
[...]
Sie ist das unzugerittene Fohlen,
die noch nicht angeblasenen Kohlen,
[...]
Sie wird begehrlicher, je mehr du ihr gibst,
und gefährlicher, je mehr du sie liebst [...]."[26]

Ist die Polygamie und die Verstoßung bereits dazu angetan, emotionale Bindung zwischen den Ehepartnern zu verhindern, so hat sich der „eifersüchtige Gott der Muslime" noch etwas anderes ausgedacht, um Liebe und Zuneigung zwischen Mann und Frau zu unterbinden. Die marokkanische Soziologin Fatima Mernissi:

„Der Geschlechtsakt, der als ‚unrein' gilt, wird von Riten und Beschwörungen begleitet, die eine gefühlmäßige Distanz schaffen und die geschlechtliche Befriedigung auf seine elementarsten Funktionen reduziert: Orgasmus und Fortpflanzung. Während der nächtlichen Umarmung gibt sich der Mann vollständig den Liebkosungen seiner Partnerin hin; sie ist als Frau das Symbol der Unvernunft und der Unordnung, eine Schülerin des Teufels, eine anti-göttliche, anti-kulturelle Naturgewalt. So wird die Erregung zum Alptraum, der als Verlust der Selbstbeherrschung erlebt und bereits im Koran (113, 3) mit der hereinbrechenden Finsternis verglichen wird.

Um während der nächtlichen Umarmung eine vollständige Verschmelzung mit der Frau zu verhindern, ist ein Ritual vorgeschrieben: Der Mann muß sich beim Koitus die Gegenwart Allahs eindringlich ins Gedächtnis rufen. Außerdem macht die Religion räumliche Vorschriften: Die Eheleute dürfen den Kopf nicht in Richtung Mekka drehen. Ferner soll man bei der Beiwohnung nicht die Richtung Mekka einnehmen, aus Ehrfurcht vor der *qibla* – der Richtung nach Mekka. Mit dieser Regelung wird dem Antagonismus zwischen Allah und den Frauen symbolisch Ausdruck verliehen. Mekka, das ist die Richtung Gottes. Während des Geschlechtsakts wandelt der Gläubige nicht auf Allahs Wegen; daran muß er sich erinnern und Allahs Gegenwart anrufen."[27]

Wie dies zu geschehen hat, schildert al-Ghazali in gewohnter Genauigkeit:

„Es ist eine löbliche Sitte, die Beiwohnung mit der Anrufung des Namens Gottes zu beginnen, dann zu rezitieren: ,Sprich, Gott ist einer' (112, 1), sodann Allahu akbar [Gott ist größer] und la ilaha illa 'llah [es ist kein Gott außer Gott] [...]. Der Hochgebenedeite sagt: ,Wenn einer von euch seiner Frau beiwohnt und dabei spricht: ,Mein Gott, wende von mir den Teufel ab und wende den Teufel ab von dem, was du uns bescherst', so wird der Teufel dem Kind, das sie etwa bekommen, nichts schaden können [...]. Wenn die emissio seminis nahe ist, soll man innerlich, ohne die Lippen zu bewegen, sprechen: ,Gelobt sei Gott, der aus dem Wasser [Samen] den Menschen geschaffen' usw. [...] Von einem Traditionsgelehrten wird erzählt, daß er mit so lauter Stimme ,Allahu akbar' rief, daß es die Leute im Hause hörten.[...] Ferner soll der Mann sich selbst und seine Frau mit einem Gewande bedecken, so wie der hochgebenedeite Gottgesandte sein Haupt zu verhüllen, seine Stimme zu dämpfen und zur Frau zu sagen pflegte: Sei ganz still."[28]

Für die Hochzeitsnacht empfiehlt die Scharia – das islamische Gesetz – folgendes Gebet: „O Gott, ich bitte dich um das Gute in ihr und um ihre guten Neigungen, die du erschaffen, und ich nehme Zuflucht zu dir vor dem Bösen in ihr und vor den bösen Neigungen, die du erschaffen."[29]

Ganz im Sinne al-Ghazalis – der die Zahl der Frauen nach dem Grad der Sinnlichkeit zu bemessen empfiehlt – faßten bereits die Zeitgenossen Mohammeds den Text des Korans auf, ohne sich freilich auch des zweiten Satzes der Sure vier, Vers drei zu erinnern, in dem es heißt: „wenn ihr aber fürchtet, (so viele) nicht gerecht zu behandeln, dann (nur) eine, oder was ihr (an Sklavinnen) besitzt! So könnt ihr am ehesten vermeiden, unrecht zu tun". Daß eine solche gerechte, d. h. gleichmäßige Behandlung mehrerer Frauen gar nicht möglich ist, geht aus Vers 129 der vierten Sure ganz klar hervor, in der zumindest vor völliger Vernachlässigung – nämlich sexueller – gewarnt wird: „Und ihr werdet die Frauen (die ihr zur gleichen Zeit als Ehefrauen habt) nicht (wirklich) gerecht behandeln können, ihr mögt noch so sehr darauf aus sein. Aber vernachlässigt nicht (eine der Frauen) völlig, so daß ihr sie gleichsam in der Schwebe laßt!"

Offensichtlich hat sich al-Ghazali auch mit der Frage beschäftigt, ob denn Prophetentum und Ehe – bzw. ein intensives Liebesleben – miteinander zu vereinbaren sind. In der Gegenüberstellung vom asketischen Leben Jesu und dem erotischen Temperament des Propheten Mohammed kommt er zu folgendem Schluß:

„Fragt man aber, warum Jesus der Gebenedeite unverheiratet geblieben sei, wenn der Ehe der Vorzug gebührt, und warum andererseits, wenn die gänzliche Hingabe an den Dienst Gottes das Bessere ist, unser hochgebenedeiter Prophet so viele Frauen besessen habe, so lautet die Antwort: Das Beste ist, beides zu vereinigen, wenn es einer vermag, und wenn er die erforderliche Kraft und den hohen Schwung besitzt, so daß ihn nichts von Gott abwendig machen kann. Unser hochgebenedeiter Prophet nun hatte eine solche Kraft empfangen und vereinigte den Vorzug der Hingabe an Gott mit dem der Ehe. Trotz seiner neun Frauen ging er ganz im Dienste Gottes auf, und die Befriedigung der Sinnlichkeit in der Ehe war für ihn kein Hindernis, so wie die Befriedigung eines Bedürfnisses bei solchen, die mit weltlichen Geschäften sich abgeben, diese keineswegs in ihrem Geschäfte hindert; sie sind wohl äußerlich mit der Befriedigung des Bedürfnisses beschäftigt, aber ihre Gedanken sind ganz bei ihren Plänen und nicht abgewandt von ihren Interessen. Der hochgebenedeite Gottgesandte stand eben auf so hoher Stufe, daß ihn die Dinge dieser Welt nicht hinderten, innerlich in der Gegenwart Gottes d. A. zu stehen. Er empfing sogar eine Offenbarung, als er im Bette seiner Frau lag. Wie dürfte man aber diese hohe Stufe einem anderen zugestehen? Es ist doch nicht verwunderlich, daß von Veränderungen, welche die Meeresbuchten erleiden, der Ozean unberührt bleibt. Man darf daher auch keinen anderen mit ihm vergleichen wollen. Was aber Jesus den Gebenedeiten betrifft, so empfing er wohl Charakterstärke, aber weniger Kraft, und er übte für sich Entsagung. Vielleicht war er so veranlagt, daß ihn die Beschäftigung mit der Familie zu sehr mitgenommen hätte oder daß ihm dabei zu schwer geworden wäre, in erlaubter Weise den Unterhalt zu beschaffen, oder er vermochte die Ehe nicht mit der Hingabe an den Dienst Gottes zu vereinigen und wählte daher die Hingabe an den Dienst Gottes allein. Die Propheten kannten am besten ihre innere Veranlagung und wie es zu ihren Zeiten mit der Möglichkeit des ehrlichen Erwerbes und dem Charakter der Frauen bestellt war, sie kannten auch die Gefahren, die dem Verheirateten aus der Ehe erwachsen, und die Vorteile. Da nun aber die Verhältnisse so verschieden sind, daß in dem einen Fall das Heiraten das Bessere ist und im anderen die Unterlassung des Heiratens, so müssen wir dafür halten, daß die Propheten in jedem Fall für sich das Bessere erwählt haben."

Was die gleichmäßige Behandlung betrifft, so gibt al-Ghazali dazu folgenden Kommentar:

„Hat ein Mann mehrere Frauen, so muß er sie alle gleich halten, ohne eine von ihnen zu bevorzugen. Wenn er eine Reise antritt und eine von ihnen mitnehmen will, so soll er zwischen ihnen losen. So hielt es der hochgebenedeite Gottgesandte. Und wenn er eine Frau um eine Nacht beraubt, so hat er sie dafür durch eine andere Nacht zu entschädigen, und zwar ist diese Entschädigung für ihn Pflicht. Dabei muß er aber die Bestimmungen der Teilung kennen, deren Aufzählung hier zu weit führen würde.

Der hochgebenedeite Gottgesandte sagt: ‚Wenn jemand zwei Frauen hat und die eine vor der anderen bevorzugt – oder, nach einer anderen Lesart, sie nicht gleich behandelt –, der wird am jüngsten Tag mit schiefer Seite erscheinen.‘

Die gleichmäßige Behandlung hat sich zu erstrecken auf Unterhalt und nächtliches Beisammensein, was hingegen die Liebe und Beiwohnung betrifft, so hängen diese nicht vom Willen ab, gemäß dem Gotteswort (4, 128): ‚Ihr seid nicht imstande, eure Frauen gleich zu behandeln, auch wenn ihr den besten Willen habt‘, d. h., ihr könnt sie nicht gleichmäßig behandeln in bezug auf die natürliche sinnliche Zuneigung, von dieser hängt aber die Verschiedenheit quoad coitum ab. Der hochgebenedeite Prophet pflegte, was Unterhalt und das nächtliche Beisammensein anbetraf, seine Frauen in gleicher Weise zu behandeln und zu sagen: ‚Mein Gott, ich mühe mich redlich ab, zu tun, was in meinen Kräften steht, ich vermag aber nicht das zu leisten, was von dir und nicht von mir abhängt‘; er meinte damit die Liebe."[30] Der Prophet Mohammed spielte damit auf seine besondere Vorliebe für Aischa an. Wenn seine übrigen Frauen sich darüber beklagten, pflegte er zu sagen: „Laßt mich in Ruhe wegen der Aischa, denn, bei Gott, nur in ihren Decken und in denen keiner anderen von euch habe ich eine Offenbarung empfangen."

Die Frage, ob es sittlich vertretbar ist, mehrere Frauen zu haben, kam den Arabern jener Zeit nicht in den Sinn. Auch der Koran wirft diese Frage nicht auf. Daß dem Propheten Mohammed selbst die Fragwürdigkeit der Polygamie bewußt gewesen sein muß, macht eine Episode deutlich, von der die arabischen Quellen berichten:

Als Ali, der Vetter und Schwiegersohn Mohammeds – er war mit Fatima, der Tochter des Propheten, verheiratet – eine zweite Frau nehmen wollte, kam es zu folgendem Zwischenfall: Der Prophet bestieg mit zusammengezogenen Brauen und zornigem Blick die Kanzel der Moschee und verkündete mit strenger Stimme: „Nein, das erlaube ich nicht! Das gebe ich nicht zu! Ich würde das nur genehmigen, wenn Ali vorher meiner Tochter Fatima die Scheidung gibt. Denn Fatima ist ein Teil von mir! Es beunruhigt mich, was ihr Sorge macht! Es schmerzt mich, was ihr weh tut!"[31]

Ali, der spätere Kalif und Stammvater der Schiiten, mußte sich dem

Machtwort seines Schwiegervaters beugen. Wie der Prophet selbst, so heiratete auch Ali erst nach dem Tod Fatimas, seiner ersten Frau, weitere Frauen – und zwar bereits sieben Tage nach ihrem Tod.

An diesen beiden institutionalisierten Praktiken – der Polygamie und der Verstoßung – zeigt sich die Ambivalenz, von der die gesamte islamische Sexualmoral durchzogen ist; sie spiegelt sich auch wider in der Biographie des Propheten Mohammed selbst. Sein – zunächst monogames, später jedoch exzessiv polygames – Eheleben ist ein Beispiel für jene Phase des Übergangs von der selbstbestimmten Frau der *Dschahiliya* zur Gefangenen und Sklavin des Mannes. Fatima Mernissi bezeichnet Mohammed als „den letzten Araber, der von Frauen frei gewählt wurde", und er war vermutlich auch der letzte, der von einer Frau „verstoßen" wurde – beides Ereignisse, die in der vorislamischen Zeit an der Tagesordnung waren und erst durch den Islam verboten wurden. Die streitbare, den Fundamentalisten zutiefst verhaßte marokkanische Feministin zieht daraus folgenden Schluß:

„Die Botschaft des Islam, so schön sie auch sein mag, geht davon aus, daß die Menschheit nur aus Männern besteht. Die Frauen stehen außerhalb der Menschheit und sind sogar eine Bedrohung für sie [...]. Man meint, daß der Islam, besonders im Bereich der menschlichen Sexualität, einen bedeutenden Fortschritt erzielt habe. Promiskuität und Permissivität seien in der *Dschahiliya* die Merkmale einer noch nicht beherrschten Sexualität gewesen [...]. Wenn es stimmt, daß Promiskuität und Permissivität die Barbarei kennzeichnen, dann ist nur die weibliche Sexualität durch den Islam zivilisiert worden; denn die männliche ist promiskuitiv (durch die Existenz der Polygamie) und permissiv (durch die Existenz der Verstoßung)."[32]

III. Der Harem des Propheten

„Ihr Frauen des Propheten! [...] Wenn ihr
gottesfürchtig sein wollt [...] dann seid
nicht unterwürfig im Reden [...] sagt
(vielmehr nur) was sich geziemt. Und
bleibt in eurem Haus [...] putzt euch nicht
heraus, wie man das früher im Heidentum
zu tun pflegte."

Koran 33, 32f.

In seinem ersten Lebensabschnitt gab der Prophet Mohammed selbst ein
Beispiel für die hohe Wertschätzung des Islam für die Ehe. Die Biographen sind sich darüber einig, daß Mohammeds erste Ehe mit der wohlhabenden und einflußreichen Kaufmannswitwe Chadidscha sehr harmonisch war. Er war erst 25 Jahre alt, als sie, die Vierzigjährige, die bereits
zweimal verheiratet gewesen war, ihn zunächst als Handelsgehilfen in
ihre Dienste nahm. Beeindruckt von seinem Charakter und seiner Tüchtigkeit, bot sie ihm bald darauf die Ehe an. Mohammed nahm das Angebot der wesentlich älteren Frau an. Keiner seiner Biographen hat dem
Propheten bei dieser Entscheidung Berechnung unterstellt. Chadidscha
war nicht nur reich, sie war ganz offensichtlich eine ganz ungewöhnliche
Persönlichkeit. Ibn Ishaq, der erste Biograph Mohammeds[1], beschreibt
sie auf folgende Weise:

„Sie war eine Geschäftsfrau von Adel und Reichtum und dingte Männer, die für eine gewisse Profitbeteiligung mit ihren Waren Handel trieben. Die Quraish waren ja ein Handelsvolk. Als sie von Mohammeds
Ehrlichkeit, seiner Zuverlässigkeit und seinem edlen Charakter hörte,
schickte sie nach ihm und unterbreitete ihm den Vorschlag, als Händler
ihre Waren nach Syrien zu bringen. Sie bot ihm dafür mehr als jedem
anderen und stellte ihm noch einen ihrer Sklaven namens Maisara zur Verfügung."

Nachdem Mohammed von seiner ersten Handelsmission aus Syrien zurückgekehrt war, berichtete Maisara seiner Herrin wundersame Dinge,
die sich während der Reise ereignet hatten. Und Ibn Ishaq fährt fort:
„Nun war Chadidscha eine entschlossene, edle und kluge Frau mit allen
Eigenschaften, mit denen Gott sie hatte auszeichnen wollen. Auf Maisaras Worte hin schickte sie nach Mohammed und soll dann zu ihm gesagt

haben: ‚O Sohn meines Oheims, ich liebe dich aufgrund unserer gegenseitigen Verwandtschaft, deines hohen Ansehens in deiner Familie, deiner Redlichkeit, deines guten Charakters und deiner Ehrlichkeit.' Dann bot sie ihm selbst die Ehe an. Sie war damals unter den quraishitischen Frauen die edelste an Abstammung, die vornehmste und reichste, und jeder aus ihrer Sippe war, wenn nur irgend möglich, auf ihr Vermögen aus. Mohammed berichtete seinen Onkeln von Chadidschas Vorschlag, worauf sich sein Oheim Hamza Ibn Abd al-Muttalib zu Chadidschas Vater, Chuwailid Ibn Asad, begab und bei ihm für Mohammed um die Hand Chadidschas anhielt. Sie heirateten, und Mohammed gab ihr als Brautgabe zwanzig junge Kamele. Sie war seine erste Frau, und solange sie lebte, heiratete er keine andere. Sie gebar ihm alle seine Kinder mit Ausnahme Ibrahims [...]. Seine Söhne Qasim, Tahir und Tajjib starben alle noch in heidnischer Zeit, während seine Töchter den Islam erlebten, sich zum Glauben bekannten und mit dem Propheten die *Hidschra*, die Auswanderung nach Medina, mitmachten."[2]

Nach allem, was aus der Biographie des Propheten überliefert ist, kann man schließen, daß ihn eine große Liebe mit Chadidscha verband. Er war fasziniert von ihrem reifen Geist, ihrer Klugheit, Großmut und Lebenserfahrung. Es liegt nahe, daß Mohammed in Chadidscha auch die Mutter, die er im Alter von sechs Jahren verloren hatte, und die geliebte Amme, die ihn das Leben in der kargen Wüste gelehrt hatte, suchte und fand. In der ausschweifenden, sittenlosen und korrupten Gesellschaft seiner Zeit war Chadidscha für ihn eine sichere Zuflucht, „die Oase von Medina", die er als Kind in Begleitung seiner Mutter erlebt hatte. Er blieb Chadidscha, die um 619 – 10 Jahre nach seiner Berufung zum Propheten ungefähr 65jährig starb –, bis zu ihrem Tod treu und dachte niemals daran, eine zweite Frau zu nehmen – wie es in der mekkanischen Aristokratie damals üblich war. Später, als er der anerkannte Prophet und mächtigste Mann Arabiens war, umgeben von jungen und schönen Frauen, hat er seine erste Frau nie vergessen, die er „eines der edelsten Geschöpfe" nannte, „die Gott je erschuf". Der bekannte französische Orientalist Maxime Rodinson, der nach Meinung der Fachwelt die „modernste" Mohammed-Biographie geschrieben hat, beschreibt die Beziehung Mohammeds zu Chadidscha folgendermaßen:

„Es ist wenig wahrscheinlich, daß er für Chadidscha die sinnliche Leidenschaftlichkeit empfand, die ihm später, als er alterte, die jungen und begehrenswerten Frauen seines Harems einflößten. Aber er bewahrte ihr immer eine hohe Achtung, eine unwandelbare Zuneigung und eine durch nichts je getrübte Dankbarkeit. Sie war die beste Frau seiner ganzen Zeit, versicherte er. Im Paradies würde er mit ihr in einem Haus aus Schilfrohr in Ruhe und Stille leben. Er sprach oft von ihr nach ihrem Tode, und das erzürnte Aischa, die meistgeliebte seiner späteren Ehefrauen, die auf diese

Tote, die sie nie gekannt hatte, wie auf keinen anderen Menschen auf Erden eifersüchtig war."[3]

„Auf keine Frau des Gesandten" – so zitiert al-Buchari die junge Aischa[4] – „war ich so eifersüchtig wie auf Chadidscha. Denn er sprach sehr oft von ihr, er schwärmte von ihr! Und es ist offenbart worden, daß ihr im Paradies ein Schloß aus Gold und Edelsteinen als Lohn für ihre guten Taten gegeben wird."[5]

Als Aischa wieder einmal mit ihrer losen Zunge über Chadidscha herzog und bemerkte, Gott habe dem Propheten mit ihr (Aischa!) eine bessere Frau gegeben als die „zahnlose Alte", wies der Prophet sie mit folgenden Worten zurecht, die uns von Ibn Hanbal überliefert sind: „Er hat mir keine bessere gegeben. Sie hat an mich geglaubt, als niemand mir Glauben schenkte. Sie hat mich für wahrhaftig gehalten, als die Leute mich einen Lügner nannten. Sie hat mir mit ihrem Vermögen geholfen, als die Leute mir nichts gelassen hatten. Allah hat mir Kinder von ihr gegeben, während er mir von anderen Frauen keine gab."[6]

Chadidscha war tatsächlich die erste, die an ihn glaubte, ihn in seiner prophetischen Mission bestärkte und sich nicht von der Feindschaft und den Drohungen der um ihre Privilegien besorgten mekkanischen Noblen einschüchtern ließ. Während der Wochen, die seiner ersten Offenbarung vorausgingen, in denen er sich in völliges Schweigen hüllte und sich stundenlang in eine Höhle auf den Bergen Mekkas zurückzog, blieb sie ihm eine verständnisvolle, liebende Gefährtin. Als er am Tag der ersten Offenbarung bleich und verstört nach Hause kam und ihr berichtete, daß Gott durch den Engel Gabriel zu ihm gesprochen habe, zweifelte sie keinen Augenblick an der Echtheit seiner Mission. Bis zu ihrem Tod verteidigte sie ihn gegen seine Feinde und bestärkte ihn in seinem Kampf um die Unterwerfung der heidnischen Araber unter den Willen des einen Gottes.

Das nach Chadidschas Tod plötzlich entfesselte erotische Temperament Mohammeds spricht für die These Maxime Rodinsons, wonach der Prophet aus moralischen Gründen seiner ersten Frau zwar treu war – vielleicht gab es auch einen entsprechenden Ehevertrag zwischen den beiden –, wohl aber in dieser monogamen Beziehung gegen seine eigene Natur lebte und daher sexuell frustriert war. Dies um so mehr in einer Gesellschaft, in der nach dem Ausspruch des römischen Historiographen Marcellinus Ammianus „sich beide Geschlechter in unbeschreiblicher Raserei der Liebe hingaben".[7]

Die vielen Ehen, die der Prophet dann nach Chadidschas Tod einging – er soll insgesamt 11 Frauen geheiratet haben –, führten zu heftigen Kontroversen – nicht nur unter seinen engsten Gefährten, sondern auch innerhalb der jungen muslimischen Gemeinschaft selbst. Seine Feinde und Widersacher nützten dies aus, um Mohammed als „verbrecherischen Heuchler" zu diffamieren. Ihrer Meinung nach hatte er durch sein Verhalten das Bild eines Propheten, der sein Leben in frommer Askese verbringt und den Versuchungen des Fleisches widersteht, in den Schmutz gezogen. Wie immer in Augenblicken der Krise antwortete der Prophet auf diese Anfeindungen mit einer göttlichen Offenbarung, die in der Sure 33 mit dem Titel ‚Die Parteiungen‘ (Vers 50–52) niedergelegt ist:

„O Prophet! Wir erlauben dir deine Gattinnen, denen du ihren Lohn gegeben hast, die Sklavinnen aus der Kriegsbeute, die Gott dir zufallen ließ, die Töchter deines Onkels und deiner Tanten väterlicherseits und deines Onkels und deiner Tanten mütterlicherseits, die mit dir die *Hidschra* vollzogen haben, ferner eine jede gläubige Frau, wenn sie sich dem Propheten schenkt und der Prophet mit ihr eine Ehe eingehen will – dies alles als ein dir vor allen übrigen Gläubigen zustehendes Vorrecht. Wir wissen sehr wohl, was wir den anderen hinsichtlich ihrer Gattinnen und Sklavinnen auferlegt haben; doch du sollst dich nicht bedrängt fühlen. Gott ist verzeihend und barmherzig. Du darfst von diesen Frauen vertrösten, wen du willst, und aufnehmen, wen du willst. Wenn du später eine von denen begehrst, die du zunächst abgewiesen hattest, so soll dir auch das nicht zur Sünde gerechnet werden. Das bewirkt am ehesten, daß sie Zuversicht finden, nicht traurig sind und daß sie alle mit dem einverstanden sind, was du ihnen (als Morgengabe) gibst. [...] Hiernach allerdings sind dir die Frauen nicht mehr erlaubt, und auch ist es dir untersagt, sie gegen andere Ehefrauen einzutauschen, selbst wenn deren Schönheit dir gefallen sollte – abgesehen nur von deinen Sklavinnen. Gott beobachtet alles.“

Jedoch: „Quod licet Jovi, non licet bovi!“ War es dem Propheten „durch Gottes Weisheit und Milde“ erlaubt, eine unbegrenzte Zahl von Frauen zu heiraten oder aufzunehmen, so lautete die Anweisung, die auf göttlichen Ratschluß „für die anderen hinsichtlich ihrer Gattinnen und Sklavinnen“ erging: „Und wenn ihr fürchtet, in Sachen der (eurer Obhut anvertrauten weiblichen) Waisen nicht recht zu tun, dann heiratet, was euch an Frauen gut ansteht (oder beliebt), ein jeder zwei, drei oder vier. Wenn ihr aber fürchtet, (so viele) nicht gerecht zu behandeln, dann (nur) eine oder was ihr an Sklavinnen besitzt! So könnt ihr am ehesten vermeiden, unrecht zu tun.“ (4, 3)

Die meisten Geschichtsschreiber sind sich darüber einig, daß diese „Verordnung“ aus einer gegebenen historischen Situation entstand. Manche von ihnen gehen davon aus, daß sie nach der Schlacht von Ohod im Jahre 625 offenbart wurde, in der viele Muslime umgekommen waren. Sie hinterließen Waisen und Witwen, die oft von ihren Oheimen oder Vormündern schlecht behandelt wurden. Die Ehe dagegen – in welcher Form auch immer – und die damit verbundene Zugehörigkeit zu einem Familienclan, war die einzige Sicherheit für unmündige Mädchen und alleinstehende Frauen. Wie dem auch sei: Diese für die Stellung der Frau in der islamischen Gesellschaft so folgenschwere Koranstelle führte dazu, daß die Polygamie – d. h. das Recht des Mannes auf vier Ehefrauen – für alle Zeiten festgeschrieben wurde, mit allen für die Frau so entwürdigenden Konsequenzen. Sie gab Generationen von Theologen Anlaß zu den spitzfindigsten Interpretationen, die letzten Endes zu der allgemeinen Übereinkunft führten, daß der Mann eben andere sexuelle Bedürfnisse habe als die Frau.

„Moderne" islamische Theologen haben die durch den Islam legalisierte Polygamie häufig mit dem Hinweis zu entschuldigen versucht, in der vorislamischen Zeit hätten die Araber mit einer unbegrenzten Zahl von Frauen zusammengelebt. Man hätte – so argumentieren sie – diesen unzivilisierten Naturen nicht von heute auf morgen die Einehe aufzwingen können. Die Beschränkung auf vier Frauen bedeute daher einen sanften Übergang auf dem Weg zur Monogamie. Nach Ansicht Maxime Rodinsons ist dies ein ebenso typisches wie kindliches Beispiel islamischer Apologetik, die der historischen Realität völlig widerspricht. Denn:
„In Wirklichkeit ist es gar nicht sicher, daß die Polygamie in Arabien vor dem Islam so weit verbreitet war. Es läßt sich schlecht einsehen, inwiefern die Aufforderung, Sklavinnen zu nehmen, falls man mehreren Frauen gegenüber nicht gerecht sein zu können befürchtet, eine Annäherung an das angeblich moralische Ideal der Monogamie darstellen soll [...]."[8]
Andere Historiker und Theologen haben immer wieder hervorgehoben, die Mehrehe – und auch die zahlreichen Ehen des Propheten selbst – hätten vor allem dem Zweck gedient, die Stammes-Bande innerhalb der Gefolgschaft des Propheten zu festigen. Die meisten Ehen Mohammeds seien „politischer" Natur gewesen. Für diese These sprechen verschiedene Hinweise im Koran, z. B. das Verbot, „heidnische Frauen" zu heiraten, und die oben zitierte „Ausnahmeregelung" für den Propheten selbst, die ihm erlaubt, jede gläubige Frau zu heiraten bzw. ihr Unterhalt zu gewähren. Doch in der gleichen Sure klingt auch an, daß der Prophet den Reizen des weiblichen Geschlechts gegenüber überaus empfänglich war: „Hiernach allerdings sind dir die Frauen nicht mehr erlaubt, [...] selbst wenn deren Schönheit dir gefallen sollte [...]."
Kein Zweifel: Hinter den strikten Vorschriften, die das eheliche Zusammenleben regulieren, und der vehementen Unterdrückung jeglicher Form der freien Liebe versteckt sich ein Mann, dem seine sinnliche Erregbarkeit zu schaffen machte, nachdem er vom Propheten zum „Staatsmann" geworden war. Nach Chadidschas Tod hatte er sich zunächst mit zwei Frauen verheiratet: der wenig attraktiven 30jährigen Witwe Sauda Bint Zamaq und der Kind-Frau Aischa, die damals neun – nach manchen Historikern sogar erst sieben – Jahre alt war und bis zu seinem Tode die Meistgeliebte seines Harems blieb. Die Ehe mit der jungen Aischa wurde allerdings erst nach der *Hidschra* vollzogen. Laut al-Buchari soll der Pro-

phet Aischa sogar schon als sechsjähriges Mädchen geheiratet haben. Nach seiner Version „wurde sie im Alter von neun Jahren zu ihm gebracht und war neun Jahre lang bis zu seinem Tod seine Frau". [9] Aischa war schön, klug und intrigant. Sie spielte in den inneren Auseinandersetzungen um die Nachfolge des Propheten eine wichtige politische Rolle, ganz abgesehen von ihrer Rolle im ständig wachsenden Harem des Propheten selbst.

In seiner berühmten ‚Geschichte der Propheten und Könige' gibt at-Tabari die merkwürdige Geschichte dieser Eheschließung zwischen dem mittlerweile 50jährigen und der minderjährigen Aischa wieder. Demnach hatte der Prophet einen Boten zu seinem Gefährten Abu Bakr gesandt und um die Hand seiner Tochter angehalten. Die Mutter war einverstanden, doch Abu Bakr wies den Boten mit den Worten ab: „Sie ist doch noch ein Kind! Sag Mohammed, daß sie die Tochter seines Bruders ist!" Doch Mohammed schickte den Boten wieder zu Abu Bakr zurück mit dem Auftrag, ihm folgendes auszurichten: „Geh und sag Abu Bakr, daß er nur mein Bruder im Glauben ist wie ich der seine. Doch seine Tochter kann (trotzdem) meine Frau werden!" Nach langem Zögern willigte Abu Bakr ein. Daraufhin wusch die Mutter das Gesicht des Mädchens, das im Sand spielte und völlig ahnungslos war gegenüber dem Ereignis, das ihr eigenes Leben, das Leben des Propheten und die Geschichte des Islam ganz allgemein entscheidend prägen sollte. Dann wurde Aischa ins Haus des Propheten gebracht. Er saß auf einem großen Bett in Erwartung ihrer Ankunft. Er setzte das kleine Mädchen auf seine Knie und vollzog die Ehe mit ihr." [10]

Mohammeds vierte Frau war Hafsa, auch sie die Tochter eines engen Gefährten namens Omar Ibn al-Chattab, dem späteren zweiten Kalifen. Hafsa war außergewöhnlich schön und hatte ein hervorragendes Gedächtnis. Als die Zeitgenossen Mohammeds sich daranmachten, den Koran und die Aussprüche und Gewohnheiten des Propheten (*Hadith* und *Sunna*) schriftlich niederzulegen, war sie – zusammen mit Aischa – eine der wichtigsten Referenzen.

Die fünfte Ehe des Propheten hatte eher formellen Charakter, war ein Akt der Dankbarkeit. Die neue Ehefrau war die Witwe eines Muslims, der in einer der Schlachten des Propheten gegen die Quraish gefallen war. Die Biographen berichten einstimmig, daß Zainab Bint Chuzaima ein sehr feines, schüchternes Wesen war und daß ihr daher die Eifersucht ihrer Rivalinnen erspart geblieben sei.

Die nächste Ehefrau folgte auf Zainab Bint Chuzaima bereits nach einem Monat und löste hellen Aufruhr im Harem des Propheten aus. Umm Salma gehörte einer angesehenen Familie an. Ihr Mann hatte mit großem Mut an der Seite des Propheten gegen die Quraish gekämpft und wurde tödlich verletzt. Unmittelbar nach seinem Tod hielten die beiden Gefährten des Propheten, Abu Bakr und Omar Ibn al-Chattab, um die Hand der jungen Witwe an. Doch Umm Salma wies die beiden Freier kategorisch zurück. Der Prophet wartete ein wenig ab, um sich dann seinerseits als Ehemann anzutragen. Doch Umm Salma wies auch ihn höflich ab mit der Begründung, ihre Eifersucht hindere sie daran, mit anderen Frauen zusammenzuleben. Der Prophet legte ihr nahe zu beten, denn seiner Meinung nach konnte „nur das Gebet die Herzen von einer solchen Krankheit heilen". Nach langem Zögern willigte Umm Salma schließlich in die Ehe ein. Dies wiederum erweckte die Eifersucht Aischas und Hafsas, die gemeinsam gegen Umm Salma komplottierten, um ihr das Leben unerträglich zu machen.

Um sich vor den Ränken der beiden zu schützen, vermied die schöne Umm Salma jeden Kontakt zu ihnen und schloß sich an Fatima, die Tochter des Propheten, an. Diese Allianz zwischen Fatima und Umm Salma gegen Aischa und Hafsa nahm bereis jenen bitteren Kampf um die Macht voraus, der die Muslime nach dem Tod des Propheten spalten sollte.

Die Situation spitzte sich weiter zu, als Mohammed kurze Zeit später seinem Harem eine weitere Frau zuführte. Zainab Bint Dschahsh, eine Cousine des Propheten, war eine der schönsten Frauen Mekkas. Während seines Exils in Medina hatte er sie mit seinem Adoptivsohn Zaid Ibn Haritha, einem Sklaven, den er freigelassen hatte, verheiratet. Nach den Schilderungen der Biographen muß Zaid ein sehr häßlicher Mann von aufbrausendem Charakter gewesen sein. Sein einziges Verdienst war seine völlige Ergebenheit gegenüber dem Islam und seinem Herrn. Ohne den energischen Zuspruch des Propheten hätte Zainab nie eingewilligt, ihn zu heiraten.

Eines Tages begab sich der Prophet zum Hause Zaids. Nachdem er mehrmals um Einlaß gebeten und keine Antwort bekommen hatte, betrat er leise das scheinbar leere Haus. Dort überraschte er Zainab, die nur mit einem Hemd bekleidet war. Der Prophet wurde ganz bleich und stammelte: „Mein Gott, der du die Herzen dermaßen verwirrst, stärke das meine!" Dann zog er sich hastig zurück, in Liebe entflammt zu der schönen Zainab. Als Zaid durch seine Frau von dem Vorfall erfuhr, beschloß er, sich von ihr zu trennen, sie freizugeben. Damit brach die Krise, die schon zuvor im Hause des Propheten schwelte, offen aus und erfaßte die ganze Gemeinde der Gläubigen Medinas. Aischa war – unterstützt durch Hafsa – sogar so weit gegangen, die Ehe Mohammeds mit Zainab öffentlich für illegal zu erklären, da sie gegen das islamische Gesetz verstoße. Der Prophet war in arger Bedrängnis, denn das Verhältnis zu seinem Adoptivsohn galt nach islamischer Auffassung als ein verwandtschaftliches und schloß damit eine Ehe mit der „Frau des Sohnes" aus. Wie immer in kritischen Situationen zog sich der Prophet für einige Zeit zurück. Als er von seiner Klausur zurückkehrte, verkündete er den aufgebrachten Gläubigen Medinas folgende „Offenbarung", die einem Muslim die Ehe mit der Frau seines Adoptivsohns erlaubte:

„Und (damals) als du zu demjenigen, dem sowohl Gott als auch du Gnade erwiesen hattest (gemeint ist nämlich Zaid Ibn Haritha, der Freigelassenen Mohammeds) sagtest: ‚Behalte deine Gattin für dich und fürchte Gott!‘, und in dir geheimhieltest, was Gott (doch) offenkundig machen würde, und Angst vor den Menschen hattest, während du eher vor Gott Angst haben solltest! Als dann Zaid sein Geschäft mit ihr erledigt hatte (d. h. sich von ihr geschieden hatte), gaben wir sie dir zur Gattin, damit die Gläubigen sich (künftig) wegen (der Ehelichung) der Gattinnen ihrer Nennsöhne, wenn diese ihr Geschäft mit ihnen erledigt haben, nicht bedrückt fühlen sollten. Was Gott anordnet, wird (unweigerlich) ausgeführt." (33, 37)

Als der Prophet diese Sure verkündet hatte, soll Aischa gesagt haben: „Ich sehe gut, daß dein Gott dir selbst in Liebesaffären zu Hilfe eilt!"

Doch die „Affäre Zainab" sollte nicht die letzte sein, die öffentliches Ärgernis erregte und den Harem des Propheten in Harnisch versetzte. Der König von Ägypten hatte Mohammed eine Koptin namens Marja – „ein schönes Mädchen mit weißer Haut und lockigem Haar"[11] – zum Geschenk gemacht. Marja wurde Mohammeds Konkubine und schenkte ihm – nachdem seine Ehefrauen nur Mädchen zur Welt gebracht hatten, die bis auf Fatima alle bereits früh verstarben – einen Sohn, den er Ibrahim nannte. Mit diesem Sohn, der allerdings auch schon im Kindesalter starb, war ein lang ersehnter Wunsch des nun schon alternden Propheten in Erfüllung gegangen, und mit Marja, der schönen Koptin, verband ihn eine große Zuneigung. Dies führte zu weiteren Verwicklungen und Intrigen unter den Prophetenfrauen, wie Maxime Rodinson in seiner Mohammed-Biographie berichtet:

„Der Harem stellte Probleme. Um keine Eifersucht aufkommen zu lassen, verbrachte der Prophet die Nacht abwechslungsweise mit jeder seiner Frauen [von denen jede ihre eigene Hütte besaß]. Dies ist in Nachahmung des Propheten bei den Muselmanen zur Regel geworden, und ernsthafte Rechtsgelehrte haben Seiten und Seiten mit der Regelung dieser Rotation der ehelichen Gunst ausgefüllt, die Bedingungen vorgesehen und die Ausnahmen. Als Omars Tochter Hafsa eines Tages fortgegangen war, um ihren Vater zu besuchen, fühlte der Prophet sich gerade zum Schäkern aufgelegt. Er rief Marja herbei, und sie umschlangen sich in Hafsas Hütte. Hafsa kam verfrüht nach Hause und brach in Vorwürfe und Tränen aus: „In meiner Hütte, an meinem eigenen Tag und auf meinem eigenen Lager!" Dem Propheten war es sehr unangenehm, und er versprach ihr, nicht mehr mit Marja zu schlafen; dafür bat er sie nur, den anderen nichts zu verraten. Aber Hafsa konnte den Mund nicht halten. Sie vertraute sich Aischa an, mit der sie gemeinsam Front machte: eine auf

das Bündnis ihrer Väter Omar und Abu Bakr gegründete Freundschaft.
Aischa frohlockte. Wie der ganze übrige Harem haßte sie Marja, dieses
nichtswürdige Mädchen, dem es gelungen war, dem Propheten einen
Sohn zu schenken. Die beiden Frauen konnten ihren Triumph nicht für
sich behalten. Mohammed war entrüstet. Er hatte alles getan, was in seiner
Macht stand, um seine Frauen zu begütigen, er war so weit gegangen, die
nette, die fruchtbare, die hübsche Marja zu opfern [...]. Er beschloß, mindestens einen Monat mit Marja und nur mit ihr allein zu verbringen."[12]

Es gab einen großen Skandal, und bald ging das Gerücht in Medina
um, der Prophet habe seine Frauen verstoßen. Da viele dieser Ehen auch
politische Bedeutung hatten, befürchtete man schlimme Konsequenzen.
Aber Allah griff schließlich auch in diese folgenschwere Ehekrise ein und
entband seinen Propheten von seinem früheren Gelöbnis, sich von Marja
zu trennen:

„O Prophet! Warum erklärst du denn im Bestreben, deine Gattinnen
zufriedenzustellen, für verboten, was Gott dir erlaubt hat? Aber Gott ist
barmherzig und bereit zu vergeben. Gott hat für euch angeordnet, ihr
sollt eure (unbedachten?) Eide annullieren. Gott ist euer Schutzherr. Er ist
der, der Bescheid weiß und Weisheit besitzt. Und (damals) als der Prophet einer seiner Gattinnen etwas unter dem Siegel der Verschwiegenheit
anvertraute. Als sie es dann (trotzdem einer anderen) mitteilte und Gott
ihn darüber aufklärte, gab er es teils bekannt, teils ließ er es auf sich be-
ruhen [...]. Wenn ihr beiden (gemeint sind Aischa und Hafsa) euch (reu-
mütig) Gott wieder zuwendet (tut ihr gut daran) [...]. Wenn ihr jedoch
gegen den Propheten zusammensteht (und glaubt, euren Willen durchset-
zen zu können), werdet ihr nicht zum Ziel kommen. Gott ist ja sein
Schutzherr. [...] Wenn er euch entläßt, wird sein Herr ihm vielleicht Gattinnen zum Tausch geben, die besser sind als ihr [...]." (66, 1–5)

Das göttliche Machtwort mit der Drohung, verstoßen zu werden,
schüchterte die aufmüpfigen Ehefrauen schließlich ein, und sie hörten
auf, sich zu wehren. Marja wurde in einem anderen Stadtteil Medinas ein-
quartiert, um die streitbaren Rivalinnen zu trennen.[13]

Es war nicht das einzige Mal, daß Aischa dem Propheten das (Liebes-)
Spiel verdarb – sei es durch List oder Intrige. Die Überlieferung weiß von
einem anderen Fall zu berichten, als Aischa versuchte, eine neue Ehefrau,
Asma Bint an-Numan, aus dem Harem hinauszuekeln. Vor der Hochzeitsnacht hatte Aischa der Braut einen „heißen Tip" gegeben. Wenn sie
den Propheten befriedigen wolle, so müsse sie in dem Moment, in dem
er sich ihr nähere, die Worte sprechen: „Ich nehme meine Zuflucht vor dir
zu Gott!" Asma war naiv genug, den Rat Aischas zu befolgen. Der Prophet war entsetzt und schickte sie sofort wieder nach Hause. Asma indessen rächte sich auf ihre Weise, indem sie das Gerücht verbreitete, daß es
um die Manneskraft des Propheten schlecht bestellt sei.

Asma soll allerdings nicht die einzige Frau gewesen sein, die durch die Formel „Ich nehme Zuflucht vor dir zu Gott" den Vollzug der Ehe mit dem Propheten verhindert hat. Die Überlieferung berichtet von drei weiteren Ehen, die nicht „vollzogen" wurden, weil sich die Frauen widersetzten, indem sie dreimal die Formel „Ich nehme Zuflucht zu Gott" wiederholten. Daraufhin pflegte der Prophet das Gesicht mit dem Arm zu bedecken und das Ehebett umgehend zu verlassen mit den Worten: „Der Schutz sei dir gewährt." Auch er wiederholte diesen Satz dreimal und ließ anschließend die Frau zu ihrem Stamm zurückbringen.

Manche islamischen Chronisten haben versucht, auch in diesen drei Fällen eine Intrige der eifersüchtigen Frauen des Propheten als Ursache der „Verstoßung" zu unterstellen, was aber unwahrscheinlich ist. Viel näherliegend ist, daß es in jener Übergangsphase zwischen der *Dschahiliya* und der endgültigen Etablierung des Islam noch Umgangsformen zwischen den Geschlechtern gab, die auch der Frau das Recht auf sexuelle Selbstbestimmung zubilligten.

Was die eifersüchtige Aischa betrifft, so hatte sie noch mehrmals Gelegenheit, in Rage zu geraten, wenn eine neue Schönheit im Harem des Propheten auftauchte – wie etwa Dschowairija Bint al-Harith, Tochter des Häuptlings der Banu l-Mustaliq, die auf einem der Kriegszüge der Muslime (nebst zweitausend Kamelen, fünftausend Stück Kleinvieh und zweihundert Frauen) erbeutet worden war. Dschowairija war von so hinreißender Schönheit, daß der Prophet sie Thabit Ibn Qais – dem sie als Kriegsbeute zugefallen war – sofort abkaufte, nachdem sie in sein Haus gekommen war, um über ein Lösegeld zu verhandeln. Die listenreiche Aischa konnte in diesem Falle nicht mehr verhindern, was sie vom ersten Augenblick an hatte kommen sehen. Der Prophet war gerade in ihrem Zimmer, als Dschowairija eintrat, um mit ihm zu sprechen. Aischa soll später erzählt haben: „Bei Allah, kaum hatte ich sie auf der Schwelle meines Zimmers gesehen, als ich sie auch schon verabscheute. Ich wußte, daß er (der Prophet) sie so sehen würde, wie ich sie sah [...]."[14]

Die Halsband-Affäre oder „die lügnerische Beschuldigung"

Die schwerste Ehekrise, die der Prophet Mohammed zu bestehen hatte, ist als *Hadith al-Ifk* – die lügnerische Beschuldigung – in die Annalen der islamischen Geschichte eingegangen. Dieses Ereignis gab Historikern und Theologen einen unerschöpflichen Stoff für alle möglichen Deutungen. Jahrhundertelang ist – mit immer neuen Argumenten – über diesen Zwischenfall, der das Lager der Muslime spaltete, mehr Tinte geflossen als über manches ernsthafte theologische Problem. Jedes Mal, wenn das Eheleben des Propheten die Gemüter erhitzt, beziehen sich beide Parteien

– Fundamentalisten wie Säkularisten – auf dieses Ereignis. Ibn Ishaq gibt darüber folgenden Bericht, wobei er sich auf das Zeugnis mehrerer Informanten und auf Aischas eigene Darstellung stützte:

„Aischa erzählte: Immer, wenn der Prophet beabsichtigte, Medina zu verlassen, ließ er durch das Los entscheiden, welche seiner Frauen ihn begleiten durften. So tat er es auch vor dem Feldzug gegen die Banu Mustaliq. Das Los fiel auf mich, und der Prophet nahm mich mit. Die Frauen pflegten damals nur Kleinigkeiten zu essen, damit sie unterwegs nicht zu schwer waren. Wenn mein Kamel gesattelt wurde, saß ich gewöhnlich schon in der Kamelsänfte, dem *haudadsch*; dann kamen die Männer, faßten den *haudadsch* unten an, hoben ihn hoch, legten ihn dem Kamel auf den Rücken, banden ihn mit Stricken fest und zogen, das Kamel am Kopfe führend, los.

Nach dem Unternehmen gegen die Banu Mustaliq machte sich der Prophet wieder auf den Rückweg. In der Nähe von Medina ließ er eine Rast einlegen, und wir verbrachten dort einen Teil der Nacht. Als er wieder zum Aufbruch rufen ließ, begannen die Leute, sich fertigzumachen, und ich ging etwas abseits, um meine Notdurft zu verrichten. Am Hals trug ich eine meiner Onyxketten. Ohne daß ich es merkte, glitt diese, als ich mein Bedürfnis verrichtet hatte, mir vom Hals, und erst bei meiner Rückkehr zum Lagerplatz griff ich suchend nach ihr und vermißte sie. Obwohl man bereits mit dem Aufbruch begonnen hatte, kehrte ich nochmals an jene Stelle zurück und suchte die Kette, bis ich sie fand. Die Männer, die mir das Kamel sattelten, waren inzwischen nach Beendigung ihrer Arbeit zu meiner Lagerstelle gekommen, die ich gerade wieder verlassen hatte, und dachten, ich sei wie gewöhnlich wieder im *haudadsch*. In der festen Annahme, daß ich mich darin befände, hoben sie ihn auf das Kamel und zogen weiter. Ich aber fand bei meiner Rückkehr ins Lager keine Menschenseele mehr vor. Sie waren alle weg. Da wickelte ich mich in mein Gewand und legte mich hin, denn ich wußte ja, daß man gewiß zu mir zurückkommen werde, sobald man mich vermißte. Und, bei Gott, kaum hatte ich mich niedergelegt, da kam Safwan Ibn al-Mu'attal vom Stamme Sulaim vorbei. Aus irgendeinem Grund war er hinter dem Heer zurückgeblieben und hatte die Nacht nicht zusammen mit den anderen verbracht. Als er meine Gestalt erblickte, kam er heran und blieb bei mir stehen. Er hatte mich schon früher einmal gesehen, als wir noch nicht den Schleier tragen mußten. Als er mich erkannte, rief er aus: ‚Wir gehören Gott und kehren zu Ihm zurück! Die Frau des Propheten!‘ Und während ich in mein Gewand eingehüllt blieb, fuhr er fort: ‚Weshalb bist du zurückgeblieben? Gott erbarme dich deiner!‘

Ich antwortete nicht. Er holte sein Kamel, bat mich aufzusteigen und hielt sich dabei von mir fern. So stieg ich auf; er zog das Kamel am Kopf und machte sich eilends auf den Weg, um unsere Leute einzuholen. Aber, bei Gott, wir erreichten sie nicht, und ich wurde auch nicht vermißt, bis es Morgen wurde und sie haltmachten. Nachdem sie sich ausgeruht hatten, tauchte Safwan mit mir bei ihnen auf. Sogleich verbreiteten die Verleumder ihre Lügen über mich, und das ganze Heer geriet in Aufregung. Ich aber wußte, bei Gott, von alledem nichts."[15]

Die Nachricht von Aischas Abenteuer ging – wie es bei den arabischen Stämmen üblich war – wie ein Lauffeuer von Mund zu Mund: Aischa, die gerade 16 Jahre alt war, zusammen mit dem jungen und schönen Safwan allein in der Wüste – sie mußte seine Geliebte geworden sein! Es dauerte nicht lange, und die Affäre wurde zum Skandal, der den Propheten in ein entsetzliches Dilemma stürzte, hatten doch viele der Lästermäuler auf die Jugend Safwans und das fortgeschrittene Alter Mohammeds hämisch angespielt.

Aischa gab sich in den ersten Tagen, nachdem der Skandal offen ausgebrochen war, den Anschein einer völlig ahnungslosen jungen Frau, die nicht verstand, welcher Komplott gegen sie geschmiedet worden war. Erst als der Prophet anfing, sie zu meiden, versuchte sie, herauszufinden, was geschehen war und wessen man sie beschuldigte. Als man ihr von der Verdächtigung berichtete, brach sie in Tränen aus und flüchtete sich ins Haus ihres Vaters.

Es war vor allem Ali, der Vetter des Propheten und einer seiner fähigsten Generäle, der die Verleumdungskampagne gegen Aischa „inszenierte". Er legte dem Propheten nahe, sich von ihr zu trennen, da sie seine Ehre und die Ehre des Islam beschmutzt habe. Tagelang schloß sich der Prophet ein, um zu meditieren. Als ihm klar wurde, daß der „Skandal" sein Ansehen und seine Pläne bedrohte, zögerte er nicht länger, bestieg die Kanzel der Moschee, um diejenigen zurechtzuweisen, die „ihn und seine Frauen verunglimpften". Nachdem er seine Drohrede beendet hatte, begab er sich entschlossenen Schritts ins Haus der Eltern Aischas. Dort legte er sich nieder, schloß die Augen und verharrte eine ganze Stunde in dieser Position. Dann stand er auf und sagte, während er sich den Schweiß vom Gesicht wischte: „Deine Seele kann ruhig sein, Aischa. Gott hat dich unschuldig gesprochen!" Noch am selben Tag begab er sich wieder auf die Tribüne der Moschee und rezitierte mit ernster Stimme die folgenden Verse:

„Diejenigen, die die Lüge gegen Aischa vorgebracht haben, sind (nur?) eine (kleine?) Gruppe von euch. Ihr dürft nicht meinen, sie gereiche euch zum Nachteil. Sie gereicht euch vielmehr zum Vorteil. Jedem einzelnen von ihnen wird das angerechnet, was er an Sünde begangen hat. Und der Haupttäter hat eine gewaltige Strafe zu erwarten. Warum haben denn, als ihr davon hörtet, die gläubigen Männer und Frauen nicht ihrerseits (gleich) eine gute Meinung (von Aischa) gehabt und gesagt: ‚Das ist eine glatte Lüge'? Und warum haben sie (d. h. diejenigen, die die Lüge vorbrachten) nicht vier Zeugen (für die Wahrheit ihrer Aussage) beigebracht? Nachdem sie die (erforderlichen) vier Zeugen nicht beigebracht haben, gelten eben sie bei Gott als Lügner. [...] (Damals) als ihr es (d. h. das Gerücht) (leichtfertig) mit eurer Zunge aufgriffet und nur so obenhin etwas sagtet, [...] wovon ihr kein Wissen hattet, und es für unwichtig [...] hieltet, während es bei Gott schwer wiegt [...]. Warum habt ihr denn, als ihr davon hörtet, nicht gesagt: ,So etwas dürfen wir nicht aussprechen. Gepriesen seist du! Das ist eine gewaltige Verleumdung?' Gott ermahnt euch, nie wieder etwas Derartiges zu tun, wenn ihr gläubig seid." (24, 11–17)

So kam dieses Mal der Koran Aischa zu Hilfe! In Medina kehrte wieder Ruhe ein. Doch die „Halsband-Affäre" – wie manche Orientalisten den Vorfall nennen – war damit noch nicht zu Ende. Die in den oben zitierten Versen angedrohten Strafen wurden unmittelbar nach der Ansprache des Propheten an drei Personen vollzogen, unter denen sich auch ein Dichter befand, der Mohammed sehr nahe stand. Ali, der zu den vehementesten Gegnern Aischas gehörte, und einige andere Prophetengefährten wurden indessen vor der Auspeitschung verschont.

Wie schwierig es im Ernstfall ist, einen Delinquenten des Ehebruchs durch die Aussage von vier Zeugen zu überführen, zeigt im übrigen die höchst amüsante Geschichte, die al-Isfahani über al-Mughira Ibn Schu'ba (gest. 670), den Gouverneur von Basra und Kufa, berichtet, der als unersättlicher Don Juan bekannt war:

„Al-Mughira wurde durch Abu Bakra überrascht, als er es gerade mit einer Frau trieb. Der Skandal wurde dem Kalifen hinterbracht, der den Delinquenten zu sich nach Medina kommen ließ. Außerdem wurden Abu Bakra und zwei weitere Zeugen, die das Liebesspiel durch ein Fenster beobachtet hatten, vorgeladen. Einer nach dem anderen bestätigte, die schändliche Verfehlung al-Mughiras mit eigenen Augen gesehen zu haben. Auf die Frage des Kalifen, ob sie al-Mughira ,in die Frau eindringen gesehen hätten, wie der Schminkstift in den Schminkbehälter eindringt', antworteten alle Zeugen mit Ja. Damit wäre das Schicksal al-Mughiras – die Steinigung – besiegelt gewesen, hätte der Kalif nicht noch einen vierten Zeugen – Zijad – zu sich gerufen. Al-Mughira trat auf ihn zu und sagte:

,Oh Zijad, denke an Gott und wie du am Tag der Auferstehung vor ihn hintrittst. Gott, der Koran, der Prophet und der Beherrscher der Gläubigen verschonen mich, es sei denn, du gehst in deiner Aussage über das hinaus, was du wirklich gesehen hast. Lasse dich von dem üblen Anblick, den du gesehen hast, nicht dazu verleiten, mehr zu bezeugen als du wirklich bezeugen kannst. Bei Gott, selbst wenn du zwischen ihrem und meinem Körper gewesen wärst, hättest du nicht sehen können, wohin mein Glied bei ihr gegangen ist.'

Darauf antwortete Zijad mit Tränen in den Augen: ‚Oh Beherrscher der Gläubigen! Wenn ich bestätigen soll, worüber sich die anderen Zeugen sicher sind, so kann ich das nicht. Ich habe ein häßliches Zusammensein gesehen, habe ein rasches Atmen und Keuchen gehört und beobachtete, wie er auf ihr lag.‘[16] Auf die Frage des Kalifen, ob er gesehen habe, wie er sein Glied hineinsteckte ‚wie den Schminkstift in die Büchse‘, antwortete Zijad mit Nein. Daraufhin rief der Kalif aus: ‚Gott ist groß!‘ und ließ den anderen drei Zeugen achtzig Peitschenhiebe verabreichen. Al-Mughira aber blieb die Steinigung erspart.

Wie wir aus der Geschichte al-Mughiras sehen, hat die Schwierigkeit der „Beweislage" die harte Strafandrohung des Korans – die auf die „Halsband-Affäre" und Aischas Abenteuer in der Wüste zurückzuführen ist – glücklicherweise weitgehend aufgehoben. Doch kehren wir zurück zu unserer Geschichte.

Ob Aischa unschuldig war oder nicht, interessiert uns hier wenig. Interessant erscheint vielmehr etwas anderes: die latente Erotik, die dem Ereignis zugrunde liegt und die von den Chronisten und Theologen um jeden Preis unterschlagen wird. Mehr noch: Wenn sich die Muslime jahrhundertelang mit allen Details dieser Geschichte befaßt haben – und immer wieder befassen –, so nicht nur, um Aischa schuldig zu sprechen oder zu rehabilitieren. Was der abenteuerlichen Geschichte zwischen der jungen Frau des Propheten und dem schönen Jüngling inmitten der Wüste ihren außergewöhnlichen Reiz verleiht, ist dies: Die Geschichte Aischas und des jungen, schönen Safwan ist offensichtlich der Prototyp jener leidenschaftlichen Liebesgeschichten, in denen sich das Banale mit dem Mysteriösen, das Sündhafte mit dem Erhabenen vermischt – Geschichten, die seit eh und je nicht nur die Phantasie des Orientalen beflügelten.

Lassen wir also jeden moralisch-religiösen Aspekt der Geschichte beiseite und geben wir unserer Phantasie freien Lauf. Da ist eine schöne junge Frau von 16 Jahren, im Morgengrauen verläßt sie heimlich ihre Sänfte, um ihre Notdurft zu verrichten. Damit ist schon ein Signal gesetzt: Das Sakrale hat hier keinen Platz mehr. Aischa ist nicht mehr die beschützte Frau des Propheten, die streng bewacht wird, umgeben von Dienern, wie alle großen Damen. Sie wird zur Heldin einer Liebesgeschichte, selbst wenn diese gar nicht stattgefunden hat!

Aischa gleicht in diesem Moment all jenen Beduinen-Mädchen, die sich im Schutz der Dunkelheit aus dem Zelt schleichen, um ihre Bewacher – Vater, Bruder oder Ehemann – abzuschütteln und ihren Liebsten zu treffen, um jene Freiheit zurückzugewinnen, die von den strengen Regeln der Familie und des Stammes usurpiert worden ist. Die Sänfte, in der Aischa eingesperrt war, symbolisiert in ihrer beengenden Form all die strengen Auflagen und Gesetze, die der Prophet verkündet hatte. In-

dem sie ihr Gefängnis heimlich verläßt, scheint Aischa ihren stillen Pro-
test gegen diese Vorschriften und Gesetze auszudrücken. Ihr einsamer
Spaziergang ist ein Akt der Auflehnung gegen die Einsperrung, ein Zeichen für das brennende Verlangen, die verlorene Freiheit zurückzugewinnen.

Wie alle orientalischen Liebesgeschichten, so ist auch Aischas Abenteuer voller Rätsel und Peripetien. Das verlorene Halsband ist nicht nur
ein Vorwand, den Spaziergang auszudehen, es bereitet uns auch auf die
eigentliche erotische Phase der Geschichte vor. Als das Halsband gefunden
ist, hat das Heer bereits das Lager verlassen, und Aischa bleibt ganz allein
in der weiten Wüste zurück. Man erwartet, daß sie in Panik gerät, Angst
empfindet und vielleicht um Hilfe ruft. Doch nichts dergleichen. Sie legt
sich ganz ruhig im Schatten eines Baumes nieder und schläft ein – schläft
einfach ein, wie alle jene Protagonistinnen von Liebesgeschichten in der
Wüste, die ganz gelassen bleiben in der Gewißheit, daß der schöne Prinz
nicht lange auf sich warten lassen wird, um sie zu erretten.

Dann steht plötzlich Safwan Ibn al-Mu'attal vor ihr. Die erotische
Spannung erreicht ihren Höhepunkt. Aischa gleicht nun Zulaicha, der
Verführerin Yussufs, oder all den anderen jungen und schönen Frauen aus
‚Tausendundeiner Nacht‘, die vor ihren alten, strengen Ehemännern fliehen und versuchen, sich ihrer Schönheit und Jugend durch verbotene Beziehungen mit jungen und schönen Sklaven zu versichern. Aischa ist zwar
schön und kokett. Doch sie ist weder Zulaicha noch irgendeine andere –
sie ist die Frau des Propheten! Der Koran hat ihre Unschuld offenbart.
Niemand hat das Recht, sie zu verdächtigen. Um Aischa in die Pflicht (einer Propheten-Gattin) zu nehmen, verlieh Mohammed ihr – unmittelbar
nach der „Halband-Affäre" – den Ehrentitel „Mutter der Gläubigen". Auf
diese Weise war es dem Propheten gelungen, die rebellische Frau zu zähmen und sie wieder in die „Sänfte" zurückzuführen.

Mohammed liebte Aischa bis an sein Lebensende mehr als alle anderen
seiner Frauen. Wenn sie ihn in ihrer Eifersucht bedrängten, pflegte er zu
sagen: „Laßt mich in Ruhe wegen der Aischa, denn, bei Gott, nur in ihren
Decken und in denen keiner anderen von euch habe ich eine Offenbarung
empfangen."[17] Mit der Zeit schienen sich die Frauen Mohammeds jedoch
mit seiner Vorliebe für Aischa abgefunden zu haben. Al-Ghazali gibt folgenden Bericht von seinen letzten Tagen:

„Während seiner letzten Krankheit wurde er der Reihe nach jeden
Abend zu einer anderen getragen, so daß er bei jeder von ihnen die Nacht
verbrachte. Wenn er dann fragte: ‚Bei welcher werde ich morgen sein‘, so
verstand die Betreffende, daß er nach dem Tag der Aischa fragte, und
sagte: ‚Er fragt nur nach dem Tag der Aischa.‘ Da meinten die Frauen:
‚Wir gestatten dir, Gottgesandter, im Hause der Aischa zu bleiben, denn
es ist lästig für dich, dich jede Nacht herumtragen zu lassen.‘ ‚Seid ihr also

damit einverstanden?', fragte er. Als sie die Frage bejahten, befahl er, man möge ihn ins Haus der Aischa bringen."[18] Mohammed starb am 8. Juni 632 in Aischas Armen und wurde unter ihrem Haus begraben. Die damals 18jährige hielt auf den Propheten eine ergreifende, in Reimprosa abgefaßte Abschiedsrede in der Moschee. Sie war überdies intelligent genug, zu begreifen, daß sie ihre neue Rolle als „Mutter der Gläubigen" ernst zu nehmen hatte. Fast wie aus Trotz gegen die durch die „Halsband-Affäre" erlittene Schmach entwickelte sie eine ungeheure Kraft, um ihrer religiösen und politischen Verantwortung gerecht zu werden. Sie beschäftigte sich intensiv mit dem Koran und sammelte die Aussprüche des Propheten. Angeblich sollen von den 2000 *Hadithen*, die der Koran-Kommentator al-Buchari in seiner berühmten Sammlung zusammengestellt und herausgegeben hat, mindestens 200 von Aischa stammen. In ihren späteren Jahren sollte sie eine der wichtigsten Zeugen der Zeit werden, auf deren Aussagen sich Theologen, Biographen und Historiker stützten.

Doch die Wunde der damaligen Verletzung war nicht vernarbt. Gestärkt durch ihre Rolle als „Mutter der Gläubigen" beschloß Aischa – über 20 Jahre nach dem Tod des Propheten –, sich an Ali zu rächen, der ihr in der „Halsband-Affäre" so übel mitgespielt hatte. Sie verdächtigte ihn, an der Ermordung seines Vorgängers, des dritten Kalifen, Othman Ibn Affan, beteiligt gewesen zu sein, und stellte gemeinsam mit den Rivalen Alis – az-Zubair Ibn al-Awwam und Talha Ibn Abdallah – ein Heer gegen ihn auf. Von der Sänfte ihres Kamels aus – welche Symbolik! – leitete sie die Entscheidungsschlacht gegen die Armee Alis, die im Jahr 656 in der Nähe von Basra (im Kampf um die Nachfolge des Propheten) stattfand und als „Kamelschlacht" in die islamische Geschichte eingegangen ist. Das Heer Aischas wurde geschlagen, az-Zubair Ibn al-Awwam, Talha Ibn Abdallah und über tausend von Aischas Kriegern fanden den Tod. Der siegreiche Ali brachte seine Gegenspielerin in „ehrenhafter Gefangenschaft" zurück nach Medina.

Da der Prophet seinen Frauen verboten hatte, nach seinem Tod wieder zu heiraten, lebte Aischa, die Lebensvolle und Schöne, bis an ihr Ende als Witwe – eine *Sunna*, die bis heute auf den früh verwitweten Frauen in der islamischen Welt lastet. Während der Mann zu Lebzeiten und nach dem Tod seiner Ehefrau(en) jederzeit eine neue Frau heiraten kann, ist die Wiederverheiratung einer Witwe in der islamischen Gesellschaft – zumindest im ländlichen Milieu – nicht akzeptiert.

IV. Die ewige Verführerin

„Wenn ein Weib kommt, so ist
es, als ob ein Teufel käme [...]"
Ausspruch des Propheten

Die unterschwellige Erotik der „Halsband-Affäre" wird manifest in der
Sure ,Joseph' (,Yussuf') – einem alttestamentarischen Stoff, der im Koran
auf die Grundideen Mohammeds zugeschnitten und entsprechend „isla-
misiert" wurde. Die koranische Wiedergabe der Geschichte von Joseph
und Zulaicha, der Frau des Potiphar, ist eine der eindrucksvollsten Para-
beln auf die im Islam allgegenwärtige Urangst vor der Verführungskunst
der Frau, vor ihrer listenreichen Tücke und den verheerenden Folgen, die
dem Mann drohen, der dieser satanischen Versuchung erliegt. Es ist daher
äußerst aufschlußreich, den biblischen Bericht mit der koranischen Fassung zu vergleichen.

Schon zu Beginn der zwölften Sure ,Joseph' (Yussuf) wird angekün-
digt, daß es sich hier um die „schönste Geschichte" handelt. Sie beginnt
mit dem Traum Yussufs, „damals, als Yussuf zu seinem Vater sagte":
„,Vater! Ich habe im Traum elf Sterne und die Sonne und den Mond gesehen. Ich sah sie voller Ehrfurcht vor mir niederfallen.' Sein Vater sagte:
,Mein Sohn! Erzähle dein Traumgesicht nicht deinen Brüdern, sonst werden sie eine List gegen dich anwenden! Der Satan ist dem Menschen ein
ausgemachter Feind und immer bereit, Zwietracht zu stiften. So wie du
geträumt hast, wird dein Herr dich erwählen. Und er wird dich lehren,
Geschichten zu deuten [...]'" (12, 4–6).

Kein anderer Text des Korans wird von den Muslimen so sehr bewundert wie die Geschichte von Joseph. Der zwischen den Zeilen leise mit-
schwingende didaktische Unterton trifft den Nerv des Orientalen, der
– um die Geheimnisse des Lebens zu begreifen – das Märchen, die Fabel,
die phantastische Geschichte allen anderen Formen der Belehrung und Erbauung vorzieht. Bis heute rivalisiert der Imam mit dem Märchenerzäh-
ler, dem *Rawi* oder *Haki*, der – beispielsweise im marokkanischen Marrakesch – nach dem Freitagsgottesdienst hinter der Moschee seine Zuhörer
in den Bann seiner Fabulierkunst zieht.

Es gibt jedoch noch einen anderen Grund, weshalb die Sure ,Yussuf'
ihre muslimischen Leser so ungemein fasziniert. An keiner anderen Stelle
ist der Koran so erotisch wie hier. Die Geschichte selbst ist uns aus der

Bibel bekannt: Nach seiner Rettung aus dem Brunnen kommt Joseph nach Ägypten, wo ihn der Befehlshaber der pharaonischen Leibwache, Potiphar, in seine Dienste nimmt. Dessen Ehefrau ist sinnlich und schön, doch ihr mächtiger Ehemann kann sie sexuell nicht befriedigen und keine Kinder zeugen. Kein Wunder also, daß sie dem Reiz und der außergewöhnlichen Schönheit Josephs nicht widerstehen kann und versucht, ihn zu verführen; als ihr dies nicht gelingt, beschuldigt sie ihn, und der erzürnte Potiphar wirft Joseph unverzüglich ins Gefängnis. Doch folgen wir der Geschichte, wie sie der Koran erzählt:

„Und als er [Joseph] mannbar geworden war, gaben wir ihm Urteilsfähigkeit und Wissen. So vergelten wir denen, die fromm sind. Nun wollte die (Frau), in deren Haus er war, daß er sich ihr hingebe. Sie schloß die Türen ab und sagte: ‚Komm her!' Er sagte: ‚Da sei Gott vor! (Das darf nicht sein.) Mein Herr (und Besitzer) hat mich (in eurem Haus) gut aufgenommen. Den Frevlern wird es nicht wohl ergehen.' Sie hätte sich ja nun am liebsten mit ihm eingelassen. Und (auch) er hätte sich am liebsten mit ihr eingelassen. (Er hätte der Versuchung nicht widerstanden) wenn er nicht die Erleuchtung (oder: das Zeichen) seines Herrn gesehen hätte. So (aber griffen wir ein) um Böses und Abscheuliches von ihm abzuwenden. Er ist (einer) von unseren auserlesenen (?) (oder begnadeten?) Dienern. Und sie liefen beide (so schnell sie konnten) zur Tür (er, um zu entkommen; sie, um ihn am Entkommen zu hindern). Dabei zerriß sie ihm hinten das Hemd. Und sie fanden ihren Herrn (d. h. den Herrn der Frau) an der Tür (stehen). Die Frau (w. Sie) sagte: ‚Wer deiner Familie etwas Böses antun will, verdient nichts (anderes), als daß er gefangengesetzt oder empfindlich bestraft wird.' Joseph (w. Er) sagte: ‚Sie wollte, daß ich mich ihr hingebe.' Und einer aus der Familie legte (folgendermaßen) Zeugnis ab: ‚Wenn sein Hemd vorne zerrissen ist, sagt sie die Wahrheit, und er ist einer von denen, die lügen. Wenn es aber hinten zerrissen ist, lügt sie, und er ist einer von denen, die die Wahrheit sagen.' Als er (d. h. ihr Herr) nun sah, daß sein Hemd hinten zerrissen war, sagte er: ‚Das ist (wieder einmal) eine List von euch (Weibern). Ihr seid voller List und Tücke (w. Eure List ist gewaltig). Joseph! Laß davon ab! Und (du, Frau) bitte (Gott) um Vergebung für deine Schuld! Du hast dich versündigt.' Und (einige) Frauen in der Stadt sagten: ‚Die Frau des hochmögenden (Herrn) will von ihrem Burschen, daß er sich ihr hingebe. Sie ist ganz verliebt in ihn. Wie wir sehen, befindet sie sich offensichtlich im Irrtum. Als die Frau (w. sie) nun von ihrem hinterhältigen Gerede (w. von ihren Ränken) hörte, sandte sie zu ihnen (um sie zu sich einzuladen) und bereitete ihnen ein Gelage. Und sie gab einer jeden von ihnen ein (Obst)messer und sagte (zu Joseph): ‚Komm zu ihnen heraus!' Als sie ihn nun sahen, fanden sie ihn groß(artig), und sie schnitten sich (vor Staunen mit dem Messer) in die Hand und sagten: ‚Gott bewahre! Das ist kein Mensch. Das ist nichts (anderes) als ein edler Engel.' Sie sagte: ‚Das ist eben der, dessentwegen ihr mich getadelt habt. Ich wollte in der Tat von ihm, daß er sich mir hingebe. Doch er hat seine Unschuld behalten. Aber wenn er (weiterhin) nicht tut, was ich ihm befehle, wird er (unweigerlich) gefangengesetzt werden und zu denen gehören, die gering geachtet sind. Er sagte: ‚Herr! Gefangengesetzt zu werden ist mir lieber als das, wozu sie mich auffordern. Und wenn du die List der Weiber (w. ihre List) nicht von mir abwendest, bekomme ich Verlangen nach ihnen und bin ein Tor.' Da erhörte ihn sein Herr und wandte ihre List von ihm ab. Er ist der, der (alles) hört und weiß.

Hierauf, nachdem man die Zeichen (seiner berückenden Schönheit?) gesehen hatte, kam man auf den Gedanken, man müsse ihn eine Zeitlang gefangensetzen" (12, 22–35).

Während der Ehemann der biblischen Verführerin den Worten seines Weibes – „Der hebräische Knecht [...] kam zu mir herein, und wollte seinen Mutwillen mit mir treiben. Da ich aber ein Geschrei machte, ließ er sein Kleid bei mir und floh hinaus [...]" (1. Mose 39, 17) – ohne weiteres glaubte und Joseph ins Gefängnis warf, ließen sich die Leute um die koranische Zulaicha nicht so schnell von der Schuld Yussufs überzeugen. Die Tatsache, daß sein Hemd von hinten zerrissen war, erwies seine Unschuld und war ein flagranter Beweis für die List und die Tücke des Weibes ...

Während der biblische Joseph erst gar nicht in Versuchung kam und das Ansinnen des lüsternen Weibes kategorisch zurückwies, hätte Yussuf „sich am liebsten mit ihr eingelassen, wenn er nicht ein Zeichen seines Herrn gesehen hätte": „Wenn du nicht die List der Weiber von mir abwendest, bekomme ich Verlangen nach ihnen und bin ein Tor". Nur indem Gott die List des Weibes von Yussuf abwandte, konnte er der Versuchung widerstehen!

Doch obwohl Yussufs Unschuld bewiesen war, bringt man ihn ins Gefängnis – und zwar mit folgender Begründung: „Nachdem man die Zeichen seiner berückenden Schönheit gesehen hatte, kam man auf den Gedanken, man müsse ihn eine Zeitlang gefangensetzen". Yussuf teilt also wegen seiner verführerischen Schönheit das Schicksal der islamischen Frau, eine „Gefangene" zu sein! Seine Gefangennahme deutet gleichzeitig hin auf eine andere Gefahr, der sich der arabische Mann ständig ausgeliefert sah: der Liebe zu den „Bartlosen", den schönen Knaben, mit der wir uns in anderem Zusammenhang (s. Kap. XII) noch beschäftigen werden.

Die unwiderstehliche Macht der Schönheit ist ein immer wiederkehrendes Thema der orientalischen Literatur und des kulturellen Brauchtums. In den Beschreibungen der Frauengestalten ist selten von ihren charakterlichen Eigenschaften – außer der Tücke – die Rede, doch stets werden ihre körperlichen Vorzüge überschwenglich in allen Einzelheiten gepriesen. Die Anfälligkeit des orientalischen Menschen für körperliche

Schönheit drückt sich in der Sprache durch einen unermeßlichen Wortreichtum aus. Die Faszination durch die Schönheit kehrt sich jedoch – wie auch im Falle Yussufs – nicht selten um in Angst. Vom Kalifen Omar wird berichtet, er habe einige besonders schöne Menschen aus Medina vertreiben lassen, aus Angst, sie könnten durch ihre Schönheit Unordnung stiften. Menschen von außergewöhnlicher Schönheit – vor allem Knaben – werden im Persischen als *shahrasuh,* d. h. „die Stadt erschütternd", bezeichnet.

Doch der Koran verleiht der biblischen Geschichte – wie es der zweite Teil des Textes deutlich zeigt – noch eine ganz besonders pikante erotische Note, die in der Bibel nicht zu finden ist: Zuleicha ist nicht die einzige, die der Schönheit Yussufs nicht widerstehen kann. Die Versuchung ist nicht etwa individuell, sondern kollektiv. Um sich vor den Frauen der Stadt zu rechtfertigen und ihnen vor Augen zu führen, daß Yussuf wirklich unwiderstehlich ist, gibt Zulaicha ein großes Fest. Sie lädt die Frauen ein, serviert ihnen Orangen und gibt ihnen ein Obstmesser. Als Yussuf erscheint, „schneiden sie sich vor Staunen mit dem Messer in die Hand." Wenn man zwischen den Zeilen der Koran-Verse liest, die diesen Augenblick beschreiben, so liegt die Vermutung nahe, daß hier – wie Abdelwahab Bouhdiba es interpretiert – ein kollektiver Orgasmus angedeutet ist:

„Die Symbolik ist ziemlich transparent: die Orangen und das Messer sind Substitute eines von den Frauen ersehnten Liebesaktes, den Yussuf indessen verweigert, dessen bloßer Anblick die galante Gesellschaft kollektiv zum Orgasmus bringt. Die sexuelle Erregung wird hier vom göttlichen, engelgleichen Charakter Yussufs ausgelöst. Liebe und Prophetentum verschmelzen in eins. Die Schönheit ist Ausdruck der Heiligkeit. Es ist durchaus kein Zufall, daß die islamische Tradition immer die außergewöhnliche Schönheit Yussufs betont: ,Wenn er durch die Straßen Ägyptens ging', schreibt Razi, ,spiegelte sich der Glanz seines Gesichtes wider auf den Wänden wie das Sonnenlicht den Himmel erleuchtet'".¹

Kollektiv, nicht etwa individuell – so lehrt uns der Geschichte zweiter Teil – ist auch das beharrliche Streben der Frau, den Mann zu verführen, ihn von seinen eigentlichen Pflichten – vor allem aber von Gott! – abzulenken. Die im Koran wiedergegebene Schilderung der Geschichte Josephs ist aber auch der manifeste Ausdruck der Angst des muslimischen Mannes vor seiner eigenen Begierde. Er überträgt seine obsessive Sinnlichkeit auf das Objekt seines Begehrens, die Frau, deren verführerischen Macht er nicht widerstehen kann.

Bezeichnend für die „Moral" der Geschichte sind auch die Worte Yussufs, als der Bote des Königs kommt, um ihn aus dem Gefängnis zu befreien:

„Kehr zu deinem Herrn zurück und frag ihn, wie es mit den Frauen steht, die sich (seinerzeit) in die Hand geschnitten haben! Mein Herr weiß über ihre List Bescheid. Der König sagte (zu den Frauen): ‚Wie war das (damals) mit euch, als ihr wolltet, daß Joseph sich euch hingebe?‘ Sie sagten: ‚Gott bewahre! Wir können ihm nichts Böses zur Last legen.‘ Die Frau des hochmögenden (Herrn) sagte: ‚Jetzt ist die Wahrheit an den Tag gekommen. Ich wollte, daß er sich mir hingebe. Und er ist einer von denen, die die Wahrheit sagen.‘ (Joseph sagte): ‚Das (ist nunmehr klargelegt), damit er (d. h. ihr Herr) weiß, daß ich nicht im geheimen treulos gegen ihn gehandelt habe, und daß Gott die List derer, die Verrat üben, nicht zum Ziel bringt. Und ich behaupte nicht, daß ich unschuldig sei. Die (menschliche) Seele verlangt (nun einmal) gebieterisch nach dem Bösen, – soweit mein Herr sich nicht erbarmt. Er ist barmherzig und bereit zu vergeben" (12, 50–53).

In der koranischen Version der biblischen Legende wird Yussuf zum Idealbild und Symbol des frommen Muslims, der durch die Kraft seines Glaubens den verhängnisvollen Verführungskünsten der Frau – der *fitna* – widersteht, die Josephslegende selbst wird zur Parabel auf eines der wichtigsten Ziele des Propheten: die Bändigung der sexuellen Libertinage – vor allem der weiblichen – durch den Islam.

„Gott der Erhabene", so schreibt der andalusische Philosoph Ibn Hazm, „hat uns nur deshalb von Josef, dem Sohn des Jakob, und David, Isaias Sohn, den Gottgesandten erzählt, um uns zu lehren, daß wir unvollkommen sind und seines Schutzes bedürfen [...]. Wenn nun diese beiden [...] in das Meer des göttlichen Schutzes versenkt, in die Flut seines Beistandes getaucht, von seiner schirmenden Macht umgeben und durch seine Obhut gestärkt waren, so daß der Satan keinen Zugang zu ihnen besaß, noch seinen Einflüsterungen ein Weg zu ihnen offenstand, und sie es dennoch durch die ihnen anhaftende Veranlagung, durch die menschliche Natur und das angeborene Wesen [...] so weit brachten, wie uns Gott der Mächtige und Erhabene, in seiner Koranoffenbarung verkündet, wer könnte dann noch von sich behaupten, seine Triebe zu beherrschen und sie fest in der Gewalt zu haben, es sei denn kraft Gottes Macht und Stärke?"[2]

Nach Abdelwahab Bouhdiba spiegelt sich in jener Schilderung des Korans auch die „seltsame Unruhe, welche diese mysteriöse Anziehung zu einem unbekannten Wesen auslöst – eine Unruhe, die oft nur das Mysterium des Seins, der menschlichen Existenz selbst ist."[3] Zulaicha, diese verführerische, intrigante, lügnerische Frau, die überaus intelligent, aber durch und durch abgefeimt ist, entspricht genau dem Bild des weiblichen Wesens, vor dessen Bosheit und teuflischen Hexenkünsten die Gläubigen in unzähligen Aussprüchen des Propheten und seiner Gefährten gewarnt werden.

Dieses Bild vom teuflischen Wesen der Frau wurde von den Muslimen so stark verinnerlicht, daß es durch die Jahrhunderte hindurch selbst von den aufgeschlossensten Geistern weitergegeben wurde – bis nach Andalusien, wo Ibn Hazm im elften Jahrhundert in seinem berühmten Buch ‚Das Halsband der Taube' – eingedenk der warnenden Worte des Koran – schreibt:

„Denn wenn Gott, der Mächtige und Erhabene, nicht wüßte, wie fein die Frauen blinzeln, wenn sie sich bemühen, die Herzen mit Liebe zu sich zu erfüllen, und wie äußerst geschickt sie sind, wenn sie listig danach trachten, sich heiße Liebe zu erringen, so hätte er diesen höchst eigenartigen und tiefsinnigen Gedanken [vom teuflischen Wesen der Frau] nicht geoffenbart [...]. So habe ich auch ununterbrochen nach Weibergeschichten geforscht, um ihre Geheimnisse zu ergründen, und, Schweigen an mir gewohnt, haben sie mich in ihre Intimitäten eingeweiht. Wenn ich dadurch nicht auf Dinge aufmerksam machte, die man schamhaft verschweigt und vor denen man seine Zuflucht zu Gott nimmt, dann würde ich über ihre Aufgeschlossenheit und Gerissenheit im Bösen Erstaunliches anführen, was selbst kluge Menschen verblüffen würde".[4]

Yussuf und Zulaicha in der islamischen Literatur

Die Thematik der Josephslegende wurde zu einem der beliebtesten Topoi der Literatur. Die meisten Texte nehmen den moralisierenden Unterton der koranischen Legende und die ihr zugrundeliegende Botschaft auf, wonach der Mann vor den Tücken und Listen der Frau nur seine Zuflucht zu Gott nehmen kann – wie jener schöne Jüngling aus Cordoba, von dem uns ebenfalls Ibn Hazm al-Andalusi berichtet:

„Ich habe einmal einen jungen Cordovaner mit schönem Antlitz gesehen, der sich Gottes Dienst geweiht und der Welt entsagt hatte. Er hatte einen Bruder in Gott, mit dem er sehr vertraut war. Eines Nachts besuchte er ihn und beschloß, bei ihm zu übernachten. Nun ergab sich für den Hausherrn die Notwendigkeit einer Besorgung bei einem seiner Bekannten [...]. Infolgedessen erhob er sich, in der Absicht, schnell zurückzukehren, während der Jüngling mit der Frau des anderen in dessen Haus blieb. Diese war wunderhübsch und so jung wie der Gast. Der Hausherr blieb so lange fort, bis die Nachtwächter ihre Runden machten und er nicht mehr heimgehen konnte. Als sich die Frau darüber klar wurde, daß die Zeit verstrichen war und ihr Mann in jener Nacht nicht mehr kommen konnte, regte sich in ihrem Herzen Verlangen nach jenem Jüngling. Da zeigte sie sich ihm und wollte ihn verführen, indes kein Dritter bei ihnen weilte außer Gott, dem Mächtigen und Erhabenen. Er hatte nicht übel Lust, sich an ihr zu vergreifen. Dann kehrte ihm aber sein Verstand zurück, und er dachte an Gott, den Mächtigen und Erhabenen. Da legte er seinen Finger in die Lampe, bis er rot wurde, und sagte darauf: ‚O

Seele, koste dies! Was ist dies aber im Vergleich zum Höllenfeuer!' Der
Anblick versetzte die Frau in Schrecken. Dann drang sie von neuem in
ihn, und so erfaßte ihn die dem Menschen angeborene Begierde aber-
mals. Da tat er dasselbe wie zuvor. Als dann der Morgen graute, hatte das
Feuer seinen Zeigefinger vernichtet. Glaubst du, daß er dies über sich gebracht hätte, wenn ihn nicht ein Übermaß von Leidenschaft bedrängt
hätte, oder meinst du, Gott der Erhabene würde ihm eine solche Haltung
nicht anrechnen?"⁵

In seinem Sittenspiegel aus dem 14. Jahrhundert mit dem Titel ‚Über
die Frauen' erzählt Ibn Qayyim al-Dschauziyya, ein angesehener Rechtsgelehrter und Schriftsteller aus Damaskus, folgende Geschichte:

„Eines Tages inspizierte al-Hadschadsch Ibn Yussuf eines seiner Ge-
fängnisse. Man führte ihm einen Mann vor. Diesen fragte er: ‚Was hast du
verbrochen?' Er antwortete: ‚Allah möge dem Fürsten Heil geben. Ich
bin von der Nachtwache aufgegriffen worden. Aber ich will dir genau
erzählen, was mir widerfahren ist [...].

Ich hatte einmal einen treuen Freund. Den schickte der Emir, in dessen
Dienst er stand, nach Hurasan. Bald begann seine Frau, ohne daß ich es
zunächst bemerkte, mir ihre Liebe zuzuwenden [...]. Sie drang in mich,
sie zu beschlafen. Ich weigerte mich. Da sagte sie: ‚Bei Allah, wenn du es
nicht tust, werde ich laut schreien und sagen, daß du bei mir eingebro-
chen bist!' Als ich mich weiterhin weigerte, schrie sie tatsächlich laut um
Hilfe, und ich stürzte fluchtartig aus dem Haus. Lieber wollte ich sterben,
als den Freund schnöde verraten! Da ergriff mich die Nachtwache des
Emirs und warf mich in den Kerker [...]'".⁶

Ein noch schlimmeres Ende nahm die Geschichte des Abdallah Ibn
Yazid al-Hanafi, die gleichfalls von Ibn Qayyim al-Dschauziyya überliefert ist:

„Abdallah Ibn Yazid al-Hanafi war ein schwergewichtiger und beleib-
ter, aber trotzdem sehr eleganter Mann. Er heiratete eine reizende Frau,
der er in heftiger Liebe zugetan war. Abdallah Ibn Yazid gehörte jedoch
zu den Menschen, die bei jeder Gelegenheit von unbändiger Eifersucht ergriffen wurden [...]. Aus diesem Grund ließ er für sie weit draußen in der
Wüste einen eigenen Palast bauen, den er auch für sich zum Wohnsitz
erkor, um mit ihr unbehelligt von anderen Menschen zusammen zu sein.

Nach einiger Zeit geschah es, daß Amr Ibn Said al-Abdi während einer
Reise an diesem Palast vorüberkam [...]. Er ging also hin und begehrte
Einlaß. Da trat Abdallah Ibn Yazid, den er schon kannte, heraus und be-
grüßte ihn herzlich. Er ließ ihn absteigen und bereitete ihm ein gastliches
Mahl, bei dem natürlich ein alter Wein nicht fehlen durfte. Während sie so
zechten, kam die Frau aus ihrem Gemach heraus und erblickte Amr Ibn
Said, der ein schöner junger Mann war.

Als der Ehemann völlig betrunken war, ging die Frau freundlich auf

Amr Ibn Said zu, unterhielt sich mit ihm, bezeigte ihm allerlei Zärtlichkeiten und bat ihn schließlich, mit ihr zu schlafen. Er aber lehnte mit den Worten ab: ,Ich bin nicht solch ein Mensch, der einem Mann, von dem er gastfreundliche Aufnahme in seinem Haus gefunden hat, so etwas antun kann!' Dabei blieb er und lehnte alle Annäherungsversuche der Frau entschieden ab. Als Abdallah Ibn Yazid aus seinem Rausch aufgewacht war, sprach Amr Ibn Said diese Verse:

,Bei meinem Herrn!
Welch Weib mit zarter weißer Haut!
Schwankend ihre schlanke Hüfte!
Und sie bat mich, sie zu lieben,
doch ich widersetzt mich ihrem Werben!
Gewiß, ich bin kein keuscher Jüngling
und ganz und gar kein Kostverächter,
doch ich war Gast von ihrem Manne,
sollt ich ihn schmählich hintergehn?

Als Abdallah Ibn Yazid diese Verse vernommen hatte, wußte er sofort, was los war und was Amr Ibn Zaid damit sagen wollte. Als der Gast sich verabschiedet hatte und seines Weges gezogen war, rief Abdallah Ibn Yazid seine Frau zu sich. Er legte ihr einen Strick um den Hals und hängte sie an der Zimmerdecke auf. Sie wehrte sich zwar, doch es half ihr alles nichts! Abdallah Ibn Yazid aber zog die Lehre aus dieser Angelegenheit und war fortan überzeugt davon, daß Frauen keine Treue besäßen. Er gelobte, nie wieder eine Frau zu heiraten, kehrte dem Palast in der Wüste den Rücken und führte wieder an seinem alten Wohnsitz ein gottesfürchtiges Leben".[7]

Einer der berühmtesten Staatsmänner der islamischen Welt, der unter seinem Ehrentitel Nizamulmulk – „Ordnung des Reiches" – bekannte seldschukische Reichskanzler Abu Ali al-Hasan (1063–1092), warnt in seinem Buch über die Staatskunst, dem *Siyasatnama*, vor den „Verschleierten" mit einer ähnlich dramatischen Geschichte:

„Sudaba, die Gattin des Kaikawus, beherrschte diesen. Als Kaikawus einen (Boten) zu Rustam schickte mit der Aufforderung, er solle ihm den Siyawusch zusenden, da er sich nach ihm sehne, da schickte der Rustam den Siyawusch zu Kaikawus. Siyawusch, ein Sohn des Kaikawus, von Rustam auferzogen und mannbar geworden, war von Angesicht sehr schön. Sudaba sah ihn hinter einem Vorhang hervor. Sie ward ganz vernarrt in ihn und sagte zu Kaikawus: ,Laß doch den Siyawusch ins Frauengemach kommen, damit seine Schwestern ihn sehen [...].' Als Siyawusch ins Frauengemach kam, machte sich Sudaba an ihn heran und zog ihn in vertraulicher Weise an sich. Siyawusch ward zornig, entwand sich ihren Armen, floh aus dem Frauengemach und lief nach seinem Palaste. Sudaba befürchtete, er möchte es seinem Vater melden. ,Es ist schon besser', so sagte sie sich, ,daß ich ihm zuvorkomme.' Sie trat vor ihren Gemahl und erklärte: ,Siyawusch hatte Absichten auf mich. Er hing sich an mich, doch ich entsprang seinen Händen.' Da ward Kaikawus erbittert gegen Siyawusch. Er geriet derart in Wut, daß er zu ihm sagte: ,Du mußt den Feuerschwur leisten, soll mein Herz dir wieder gut werden!' [...] Dann häufte man auf freiem Felde so viel Brennholz, daß es eine halbe Meile im Geviert umfaßte. Man warf Feuer hinein, und als es gewaltig loderte und berghoch aufragte, rief man dem Siyawusch zu: ,Auf! Renn ins Feuer!' Siyawusch, auf dem Rücken Schabrangs (Nachtfarb), rief den Namen des erhabenen Gottes aus und sprengte ins Feuer. Man sah ihn nicht mehr. Nach einer guten Weile kam er auf der anderen Seite des Feuers derart heil heraus, daß auch kein einziges Haar an seinem Leibe versengt war. Auch das Roß war nach dem Willen des erhabenen Gottes nicht zu Schaden gekommen. Alle Menschen blieben starr vor Erstaunen. Die Priester nahmen von dem Feuer und trugen es in den Feuertempel, wo es jetzt noch lebendig ist, weil es wahrheitsgemäß gerichtet hat. "

Siyawusch war über den Argwohn seines Vaters verbittert und wurde nach vielen Abenteuern in Turkistan getötet. Daraufhin zog Rustam in die Hauptstadt, „ging ohne Erlaubnis des Kaikawus in das Frauengemach, ergriff die Sudaba bei den Locken, zog sie zur Tür hinaus und hieb sie in Stücke. Niemand wagte, ihm zu sagen, daß er schlecht getan habe. Hierauf gürtete er sich zum Kampfe und zog aus, den Siyawusch zu rächen. Lange Jahre führte er Krieg. Auf beiden Seiten fielen Tausende von Köpfen. Das alles wegen der Handlungsweise der Sudaba, die ihren Gemahl beherrschte". [8]

Die wohl schönste poetische Version der Geschichte von Yussuf und Zulaicha ist das Versepos des persischen Dichters Abd ar-Rahman Dschami (1414–1492), ,Yusof o Zolaiha'. In Dschamis Text klingen bereits mystische Töne an, irdische und himmlische Liebe fließen ineinander, Zulaicha verkörpert nicht nur die liebende Frau, sondern auch – wie Dantes Beatrice – die menschliche Seele in ihrem Streben nach göttlicher Schönheit, die ihr in der Gestalt Yussufs entgegentritt:

> Sie hob aus Josephs Hemd mondgleich ihr Haupt hervor
> Und ließ Zulaicha dann ihr Leben ganz zerstören.
> Und überall erscheint nur ihre, ihre Schönheit,
> Die einen Schleier sich aus „den Geliebten" schafft.
> In jedem Schleier, den du siehst, ist ihr Verschleiern,
> Und jedes Herz erbebt, weil es in ihrem Dienste.
> Durch Seine Liebe nur hat unser Herz sein Leben,
> Durch Seine Liebe nur findet ihr Glück die Seele
> Ein Herz, das jene liebt, die reizend hier erscheinen:
> Ob es dies weiß, ob nicht: es liebt in Wahrheit Ihn [...]. [9]

In der Mystik werden Yussuf und Zulaicha dann zu Liebenden sublimiert, die ihre Leidenschaft bändigen und ihren Begierden entsagen. Die Über-

windung der zerstörerischen Kräfte des Geschlechtstriebs wurde geradezu zum Lieblingsthema der mystischen orientalischen Literatur. Doch der
Mythos von Yussuf und Zulaicha ist vor allen Dingen bis heute in der
Volksphantasie lebendig geblieben, und fast jeder muslimische Mann
weiß seine eigene „Josephslegende" zu erzählen. Diese fortwährende Faszination eines Mythos hat vermutlich noch einen tieferen Grund, der hier
zumindest angedeutet sei:

Im versteckten psychologischen Faltenwurf jener zauberhaften Geschichte finden wir schon die Atmosphäre und den Geist, in dem die Erzählungen aus ‚Tausendundeiner Nacht' entstanden sind. Warum, so ist
zu fragen, sind alle Muslime – vom Intellektuellen bis zum einfachen
Mann – von der Geschichte Yussufs so fasziniert? Wahrscheinlich weil in
jeder Zeile, in jeder Geste und in jeder Bewegung der Geschichte ein
Hauch des Märchenhaften, des Wunderbaren mitschwingt. Denn der
Koran ist eine metaphorische Botschaft – ein Text des Unausgesproche-
nen, der Andeutungen. Diese „wunderbare", unausgesprochene Botschaft zielt hier auf den verborgenen Wunsch jedes muslimischen Mannes, an Yussufs Stelle zu sein. In seinem Unterbewußtsein beneidet er diesen schönen Jüngling um all der Vorzüge willen, mit denen er ausgestattet
ist: Er wird von seinem Vater mehr geliebt als alle seine Brüder; er kann
die Träume deuten und damit in die Zukunft schauen; er wird durch Gott
aus größter Bedrängnis gerettet – aus einem tiefen, dunklen Brunnen in
der Wüste. Doch nicht nur dies. Seine Schönheit läßt selbst die angesehensten Frauen in heißer Leidenschaft entflammen, schließlich ist es die Gemahlin eines hohen ägyptischen Würdenträgers, die sich in ihn verliebt
und die ihm – als Verschmähte – von hinten (weil sie ihm nachlief!) das
Hemd zerreißt … Jeder Mann würde gerne wie Yussuf sein, wie dieser
Jüngling, von dessen Schönheit die Frauen paralysiert sind, sich in die
Hände schneiden, ohne Schmerz zu empfinden …

Hinter dem unterschwelligen Verlangen, selbst Yussuf zu sein, steht
auch der Wunsch, die geltende Ordnung im Verhältnis der Geschlechter
umzukehren, nicht mehr gezwungen zu sein, hinter der Schönheit der
Frau (für die man auf fatale Weise anfällig ist!) herzulaufen …, selbst
schön, schöner als sie, nicht mehr Verführer, sondern Verführter zu sein …

Die Dichter indessen waren nicht so sehr an der – im Koran vermittelten – Moral interessiert, sie waren fasziniert vom erotischen Feuer dieser
tragischen Liebesgeschichte und „blickten nicht auf Yussufs zerrissenes
Gewand, sondern auf Zulaichas zerrissenes, zerstörtes Herz" und hörten
auf ‚Zulaikhas Klage', die der türkische Dichter Hamdi[10] in folgende
Verse kleidete:

Seit dem Tag des Ja die Saat des Leids gesenkt die Liebe,
Ließ mich wachsen, mit dem Wasser Schmerz getränkt, die Liebe.
Als der Schmerz dann meine Ähren ausgedroschen hatte,

Hat im Nu die Ernte an den Wind geschenkt die Liebe.
Seit mein Herz vertraut ward mit dem Kummer um den Freund,
Hat die trauten Freunde fremd von mir gedrängt die Liebe.
Auch Gesundheit bietet keinen Gruß mir mehr, seitdem
Mit des Tadels Hand zum Willkomm
mich empfängt die Liebe.
Schlafes Spur ist nicht in meinen Augen,
Wasser füllt sie:
Ich weiß nicht, wohin am Ende mich noch lenkt die Liebe!

Noch eine andere versteckte Botschaft ist in die Josephslegende einge-
woben: die Verpflichtung des Ehemannes zur sexuellen Befriedigung der
Frau. Denn – wie das Beispiel Zulaicha zeigt – eine sexuell frustrierte Frau
ist jederzeit Anlaß zu *zina,* zu Unzucht, Unordnung und Unbeständig-
keit, indem sie die Männer in verbotene sexuelle Beziehungen verwickelt.
In der erotischen Dynamik zwischen den beiden Protagonisten des koranischen Textes wird die ungeheure Widersprüchlichkeit deutlich, die der
islamischen Triebtheorie und Sexualmoral zugrunde liegt: Mit der angeblich stärkeren Triebstruktur des Mannes wird die Institution der Polygamie und des Konkubinats begründet, die nur dem Mann das Recht auf
mehrere Geschlechtspartner einräumt. Andererseits steht aber gerade die
sexuelle Unersättlichkeit der Frau, ihre nicht zu bändigende Triebhaftigkeit im Zentrum der islamischen Auffassung von weiblicher Sexualität,
wie die Sure ‚Yussuf' zeigt – ein hochexplosives Potential, das nur durch
die Aussperrung des weiblichen Geschlechts aus dem öffentlichen Leben
„entschärft" werden kann. Auch Ibn Hazm ist im übrigen der Meinung,
daß es zwischen der Triebhaftigkeit des Mannes und derjenigen der Frau
gar keinen Unterschied gibt und beide gleichermaßen in ständiger Versuchung sind, den Einflüsterungen des Teufels zu erliegen:
    „Ich höre viele Leute sagen: ‚Im Gegensatz zu den Frauen bietet bei den
Männern die Überwindung der Leidenschaften sittlichen Schutz.' Über
diese Äußerung wundere ich mich sehr. Ich sage vielmehr, und davon
gehe ich nicht ab: Männer und Frauen sind in ihrer Neigung zu diesen beiden Dingen gleich. Es gibt keinen Mann, dem eine schöne Frau ihre Liebe
anbietet und der, wenn es lange geschieht und kein Hindernis vorliegt,
nicht in des Satans Schlinge fällt, den die Sünden nicht in ihren Bann
schlagen, die Begierde nicht in Erregung versetzt und das Verlangen nicht
irreleitet. Und es gibt auch keine Frau, die ein Mann unter gleichen Umständen zu verführen sucht und die sich ihm nicht hingibt, gemäß dem
von Gott getroffenen Ratschluß und seinem wirksamen Befehl, dem man
sich in keiner Weise entziehen kann".[11]
    Im übrigen ist Ibn Hazm sogar davon überzeugt, „daß die Frau mehr
Verlangen nach dem männlichen Glied hat als die Männer nach dem
Schoß der Frau". Und er scheint zu wissen, wovon er spricht, denn er

versichert: „Wahrlich, ich kenne diese Dinge und bin völlig damit vertraut!"[12] Zum Beweis dafür fügt er noch ein weiteres Beispiel dafür an, was der eigentliche Lebensinhalt des weiblichen Geschlechts sei:

„Man kann erleben, daß rechtschaffene alte Frauen, die nichts mehr von den Männern zu erwarten haben, ihre liebste und angenehmste Beschäftigung darin finden, daß sie sich um die Verheiratung von Waisenmädchen bemühen und ihre eigenen Kleider und Schmuckstücke an bedürftige Bräute verleihen.

Ich weiß nicht, weshalb dieser Wesenszug die Frauen beherrscht, wenn es nicht daher kommt, daß sie nichts anderes im Sinn haben als den Beischlaf und was dazu führt [...]. Sie haben keine andere Beschäftigung und sind zu nichts anderem geschaffen, während sich die Bemühungen der Männer verteilen auf Gelderwerb, Freundschaft mit Fürsten, Streben nach Gelehrsamkeit, Schutz der Familie [...], Teilnahme an Kriegen, Niederschlagen von Unruhen, freiwilliges Erdulden von Schrecknissen sowie Landwirtschaft. All dies schränkt die Untätigkeit ein und lenkt ab vom Pfad des Müßiggangs.

In den Lebensbeschreibungen der Könige der Neger habe ich gelesen, daß diese einen ihrer Vertrauten über ihre Weiber setzen, der ihnen eine Aufgabe im Spinnen von Wolle zuweist, durch die sie ständig beschäftigt sind, weil es bei ihnen heißt, daß unbeschäftigte Frauen sich nur nach Männern sehnen und nur nach Beischlaf verlangen".[13]

V. Die Furcht der Patriarchen vor der Frau

„Nimm deine Zuflucht zu Gott vor den
Übeln, welche die Frauen verursachen und
hüte dich selbst vor den Frömmsten unter
ihnen. "

Omar Ibn al-Chattab[1]

Die Vermutung liegt nahe, daß viele persönliche Erfahrungen, die der
Prophet Mohammed mit seinem turbulenten Harem gemacht hat, sich
im Koran und in der Einstellung des Islam zur Frau und zur Sexualität
niedergeschlagen haben. Der Prophet selbst konnte sich der fatalen Anzie-
hungskraft des weiblichen Geschlechts nicht entziehen. Darin war er ein
Prototyp seiner Geschlechtsgenossen und machte sich zum Sprachrohr
seiner Artgenossen, die ihre eigenen sexuellen Obsessionen hinter einer
Dämonisierung der Frau kaschierten. Sie galt als Verkörperung aller
dunklen Mächte, welche die göttliche Ordnung des Universums untermi-
nieren. Dafür mußte und muß sie im Diesseits wie im Jenseits büßen.

Während seiner „Nächtlichen Reise", so berichtet der Prophet, habe
er festgestellt, „daß die Hölle hauptsächlich von Frauen bevölkert sei"!
Hören wir, was Abdallah Ibn Abbas über das, was der Prophet während
seiner mysteriösen Himmelfahrt gesehen hat, berichtet:

„Ich habe Frauen gesehen, die weinten und flehten, aber niemand kam
ihnen zu Hilfe. Ich sagte: Wer sind diese, Bruder Gabriel? Er antwortete
mir: Es sind die, welche sich für andere Männer außer ihren Ehemännern
herausputzen. Ich sah Frauen in schwarzen Hosen, die einen Eisenring
um den Hals hatten. Wer sind diese, Bruder Gabriel, fragte ich. Er antwortete mir: Es sind diejenigen, die ihre Ehemänner hassen. Ich sah
Frauen mit verbrannten Gesichtern, deren Zungen bis auf ihre Brüste her-
abhingen. Ich fragte: Wer sind diese, Bruder Gabriel? Es sind diejenigen,
die gegen den Willen ihrer Ehemänner die Scheidung verlangen. Ich sah
aufgehängte Frauen, aus deren Köpfen Qualm aufstieg. Ich fragte: Wer
sind diese, Bruder Gabriel? Er antwortete: Es sind diejenigen, die sich vor
Fremden mit unverschleiertem Gesicht zeigen. Ich sah stumme, blinde
Frauen, die man ins Feuer geworfen hatte und deren Körper einen pesti-
lenzartigen Geruch ausströmten. Ich fragte: Wer sind diese, Bruder Gabriel? Er antwortete: Das sind die Ehebrecherinnen [...]".[2]

„Wenn ich meinen Auftrag als Prophet erfüllt habe, wird es in dieser

Welt keine Versuchung mehr geben, die für die Männer verhängnisvoller sein kann als die Frauen", heißt es in einem berühmten *Hadith* des Propheten.[3] Und sein frauenverachtender Vetter und Schwiegersohn Ali Ibn Abi Talib sekundierte ihm mit einem Ausspruch, der von verschiedenen Chronisten sinngemäß so überliefert ist: „Die Frau als Ganzes ist ein Übel. Das Schlimmste an ihr ist jedoch, daß sie ein notwendiges Übel ist". Seinen Zeitgenossen gab Ali folgenden Rat:

„Ihr Männer, folgt niemals in keiner Angelegenheit dem Rat eurer Frauen. Laßt niemals zu, daß sie sich in irgendeine Sache (und sei es nur des täglichen Lebens) einmischen. Ließe man sie in irgendeiner Angelegenheit frei gewähren, so würden sie Hab und Gut verschwenden [...]. Wenn sie sich selbst überlassen sind, so kennen sie keine Religion. Sie sind ohne Tugend und ohne Erbarmen, wenn es um ihre fleischlichen Begierden geht. Es ist leicht, sie zu genießen, doch der Kummer, den sie bereiten, ist groß. Selbst die Tugendhaftesten unter ihnen sind (immer noch) leichtfertig. Doch die Verdorbensten sind nichts als liederliche Huren! Sie lassen vom Laster erst ab, wenn das Alter ihnen den letzten Hauch von Charme entzogen hat! Sie haben drei Eigenschaften, die typisch für die Ungläubigen sind: Sie beklagen sich, unterdrückt zu sein, obwohl sie es sind, die unterdrücken; sie schwören heilige Eide, dabei lügen sie; sie tun so, als würden sie sich weigern, dem Drängen der Männer nachzugeben, dabei sind sie es, die es am heftigsten erstreben. Erflehen wir Gottes Hilfe, um siegreich aus ihren teuflischen Verführungskünsten hervorzugehen! Und hüten wir uns in jedem Falle vor ihren Wohltaten".[4]

Von Hassan (al-Basri) ist folgender Ausspruch überliefert: „Wer seiner Frau, in dem, was sie begehrt, zu Willen ist, den stürzt Gott in die Hölle".[5] Und Omar soll gesagt haben: „Tut das Gegenteil von dem, was die Frauen wünschen, darin liegt Segen".[6] „Die Mehrzahl der Frauen", so ergänzt al-Ghazali die misogynen Aussprüche seiner Geschlechtsgenossen „ist von schlechtem Charakter und schwachem Verstand, und man wird mit ihnen nur zurechtkommen durch Milde, gepaart mit straffer Zucht". Und zur Bekräftigung fügt er noch ein Wort des Propheten hinzu, wonach „eine gute Frau unter den Weibern so selten ist wie ein weißer Rabe unter zweihundert anderen".[7] Kurz und milde zieht al-Ghazali daraus den Schluß, daß „die Bosheit der Frau mit Zucht und Strenge, die Beschränktheit hingegen mit Güte und Nachsicht behandelt werden muß".[8]

Die im Koran bereits offenkundige moralische Herabsetzung der Frau trieb im *Hadith* und in der nachkoranischen Theologie und Literatur immer neue Blüten. Sie steigerte sich geradezu zur Obsession, sobald es um die Bedrohung der männlichen Herrschaft durch die Frau ging. Das glücklose Unternehmen Aischas in der ‚Kamelschlacht' (in der Aischa mit einem Heer gegen Ali in den Kampf gezogen war und eine schwere

Niederlage erlitten hatte (s. Kap. III)), wurde zum Menetekel der Mächtigen (als hätten Männer niemals in der Geschichte eine Schlacht verloren!), wie Fatima Mernissi in ihrer Studie „Der politische Harem" am Beispiel des zeitgenössischen Historikers Said al-Afghani und seiner Aischa-Biografie darlegt:

„Afghani ist überzeugt, daß, hätte Aischa sich nicht in die öffentlichen Angelegenheiten des muslimischen Staates eingemischt, ‚die muslimische Geschichte den Weg des Friedens, des Fortschritts und des Wohlstands genommen hätte'. Er glaubt, daß Allah am Beispiel Aischas den Muslimen eine Lehre erteilen wollte: ‚Man sollte glauben, daß Allah die Frauen zur Fortpflanzung des Geschlechts, zur Erziehung der Generationen und zur Führung der Haushalte schuf. Er wollte uns eine Lehre erteilen, die man nicht vergißt. Die Kamelschlacht ist wie ein Leuchtfeuer in der Geschichte der Muslime, sie ist in den Köpfen der Muslime als Warnung gegenwärtig, sobald sich eine Strömung unter ihnen zeigt, die blind die anderen Nationen nachahmt, indem sie politische Rechte für die Frauen fordert. Wir müssen uns heute mehr als je zuvor an Aischa erinnern. Die Erinnerung an sie sagt dem Muslim: Seht, wie dieser Versuch in unserer muslimischen Geschichte gescheitert ist! Wir dürfen ihn nicht sinnlos wiederholen, wir dürfen nicht von neuem Blut vergießen und neue Heime zerstören' [...]".[9]

Ganz recht: Das Blutvergießen und die Zerstörung der Heime besorgen seit eh und je auch in der muslimischen Welt ausschließlich die Männer. Afghani kann es zufrieden sein!

Ein markanter Vertreter muslimischer Herrschafts-Strategie ist auch der uns bereits bekannte seldschukische Reichskanzler Nizamulmulk.[10] Sein Beitrag zur Diskriminierung der Frau ist in zahllosen Aussprüchen überliefert, von denen hier nur einige wiedergegeben seien:

„Die Untergebenen des Herrschers dürfen die Oberhand nicht bekommen; denn sonst entstehen große Mißstände, und der Herrscher verliert Bedeutung und Würde.

Das gilt ganz besonders von den Frauen, die verschleiert sind und keinen vollkommenen Verstand haben.

In den alten Tagen hat die Frau eines Herrschers diesen beherrscht, aber nur Aufruhr und Verderben, Durcheinander und Schlechtigkeit waren die Folgen davon [...]. Der erste Mann, der den Befehl einer Frau ausführte, und dadurch zu Schaden kam, war Adam – Frieden über ihn! –, denn er gehorchte dem Befehl der Eva [...]".

Um seinen Ratschlägen Nachdruck zu verleihen, zitiert Nizamulmulk noch einige kernige Aussprüche des Propheten und seines zweiten Nachfolgers, des Kalifen Omar Ibn al-Chattab, der sich zum Thema Frau dadurch profilierte, daß er sich bemühte, „prophetischer als der Prophet" zu sein:

„Was auch Frauen sagen mögen, man muß das Gegenteil davon tun, damit das Richtige herauskomme. Nach der Überlieferung befahl der Prophet: ‚Beratschlagt euch mit ihnen, aber tut das Gegenteil!' Hätten die Frauen vollen Verstand, so hätte der Prophet – Frieden über ihn! – solches nicht gesagt [...]. Omar Ibn al-Chattab – Gott hab ihn selig! – sagte: ‚Die Rede der Verschleierten ist ebenso wie sie selbst etwas, das man schamhaft verhüllen muß: Wie es sich nicht schickt, sie der Öffentlichkeit zu zeigen, ebenso schickt es sich nicht, ihre Rede auszuplaudern. Was soll also der Herrscher tun, um all dieser Sorgen ledig zu sein? Er muß genau den früher befolgten Brauch einhalten, den große und geistesgewaltige Herrscher begründet haben. Wie ja auch der erhabene und mächtige Gott spricht: ‚Die Männer sind über die Weiber gesetzt', eben damit sie diese behüten. Wenn die Weiber sich selber behüten könnten, dann hätte Gott die Männer nicht über sie gesetzt und sie ihnen nicht vorgezogen".[10]

Die Verwerflichkeit der Frau und ihr verheerender Einfluß auf den Gang der Menschheitsgeschichte ist auch der Tenor in al-Ghazalis berühmter Fürstenethik ‚Geschmolzenes Gold – Ratschläge für Könige' – deren Schlußkapitel den Frauen gewidmet ist:

„Wahrhaftig, alles Elend und alles Unglück, alle Heimsuchungen, die über den Mann kommen, sind durch die Frauen verursacht, wie der Dichter sagt:

> Der Aufruhr *(fitna)* der Frauen ist schuld, daß Jünglinge wider Gott
> sich auflehnen und in Furcht vor dem Sultan leben.
> Wären sie nicht, kein Räuber dächte daran,
> seine Seele für billiges Geld zu verkaufen.
> Durch sie wurden Joseph und Adam geschlagen
> mit Ungehorsam, wie es die Offenbarung bestätigt,
> Und so auch Harut, der gestürzte Engel in Babylon
> am Schopfe erhenkt, inmitten von (andern an) Pfählen.
> Ziellos irrte Madschnun aus Liebe zu ihnen umher,
> und Wunderdinge passieren im Sindbad mit Frauen.
> Alles Unglück wurzelt in ihnen und eins nur
> findet man nimmer bei ihnen: die Treue!'"[11]

Allerdings gab es zumindest eine Gestalt der arabischen Literatur, die dem männlichen Bild von der orientalischen Frau einen eigenen Entwurf entgegensetzte: Scheherezade, die faszinierende Erzählerin aus ‚Tausendundeinernacht'. Erinnern wir uns: Der Perserkönig Schehrídschar – verletzt und in seiner Ehre gekränkt durch die Untreue seiner Frau – läßt sich aus Rache am ganzen weiblichen Geschlecht jede Nacht eine Jungfrau zuführen, die er, nachdem er seine sexuelle Begierde befriedigt hat, töten läßt. Als fast keine Jungfrau für das grausame Ritual mehr zu finden ist, begibt sich Scheherezade, die Tochter des Wezirs, in den Rachen des Löwen, um das Schicksal herauszufordern. Scheherezade gelingt es, ihr Todesurteil von einer Nacht zur anderen hinauszuschieben, indem sie den rachsüchtigen König durch ihre unendlichen Geschichten fesselt und fasziniert. Das glückliche Ende der Geschichte, die so grausam beginnt, ist der Triumph des „Ewig-Weiblichen" über den Mann. Scheherezade, die durch Klugheit, Charme und Phantasie das Schicksal bezwingt, ist das eindrucksvollste Symbol der befreiten orientalischen Frau. Sie entkräftet den ewig lauernden Verdacht der Männer, daß weibliche Intelligenz ein Betriebsunfall der Natur, Stärke des Gefühls also komplementär zu intellektueller Schlichtheit und Beschränktheit sei. Scheherezade durchbricht jene aus Männerangst entstandene Polarisierung der Geschlechter und die daraus abgeleitete „Ordnung", die – als natur- und gottgewollt „gesetzt" – in Wahrheit jedoch ein gewaltsamer Akt der Unterdrückung und Domestizierung ist.

Auch in unseren Tagen feiert die Misogynie in den Reihen fundamentalistischer Zeloten wieder ein erschreckendes Comeback, sollte sie überhaupt jemals – zumindest in einigen muslimischen Ländern – verschwunden oder abgeschwächt worden sein. Für die modernen Islamisten in Iran, in Pakistan, Ägypten, Tunesien, Algerien oder im Sudan ist die Frau wieder zum Objekt obsessiver Fiktionen geworden, zum Inbegriff des Chaos. Die selbstbewußte, moderne arabische Frau, die sich in Öffentlichkeit und Beruf als tätiges Mitglied der Gesellschaft behauptet und ihre sexuelle Selbstbestimmung erkämpft, gilt als Botschafterin einer neuen *Dschahiliya,* als Inkarnation einer durch die verkommene Moral des Westens pervertierten Welt.

Dabei konstatiert bereits der spanisch-arabische Philosoph Muhammad Ibn Ahmad Ibn Rushd (1126–1198) – bekannt unter seinem latinisierten Namen Averroës – ein halbes Jahrtausend nach dem Aufkommen des Islam in seinem Kommentar zu Platons ‚Staat', was die jahrhundertelange Aussperrung der Frau aus dem öffentlichen Leben für die Entwicklung der islamischen Welt bedeutete:

„In diesen unseren Staaten kennt man die Fähigkeit der Frauen nicht, weil man sie hier nur für die Fortpflanzung einsetzt. Deswegen stellt man sie zur Bedienung ihrer Ehemänner, zum Kinderaufziehen und zum Stillen an. Das macht ihre (anderen möglichen) Aktivitäten zunichte. Weil Frauen in diesen Staaten für keine der menschlichen Tätigkeiten für fähig gehalten werden, geschieht es oft, daß sie Pflanzen gleichen. Daß sie in diesen Staaten eine Last für die Männer sind, ist einer der Gründe der Armut dieser Staaten".[12]

VI. Das doppelte Bild der Frau

„Drei Dinge von eurer Welt wurden mir
liebenswert gemacht: die Frauen, die
Wohlgerüche und das Gebet."

Ausspruch des Propheten Mohammed[1]

Es waren nicht zuletzt gewisse Passagen des Korans und viele – ganz
offensichtlich frauenfeindliche – *Hadithe*, die das Bild der Frau im Islam
bestimmten. Die in den *Hadith*-Sammlungen überlieferten Aussprüche
des Propheten und seiner Gefährten haben an diesem verächtlichen Bild
der Frau also wesentlichen Anteil. Dies um so mehr, als der Prophet und
seine *Sunna* dem frommen Muslim Vorbild und ständiger Ansporn zur
Nachahmung waren.

Trotzdem ist unverkennbar, daß zwischen den Zeilen des Korans und
der Heiligen Texte hin und wieder etwas zu spüren ist, was Abdelwahab
Bouhdiba einen „Hauch von Feminismus" nennt. Wunderschöne Suren
sind Eva, der Urmutter, Bilqis, der Königin von Saba, Maryam (Maria),
der Mutter Jesu, und der schönen Zulaicha gewidmet. Wie ist dieser
Bruch zu erklären?

Die Vermutung liegt nahe, daß auch dieser „feministische Hauch" auf
ganz persönliche Erlebnisse des Propheten zurückzuführen ist. Wenn wir
die Spuren seines Lebens zurückverfolgen bis in die Kindheit, so waren es
vor allem zwei Frauen, die den größten Einfluß auf den jungen Mohammed hatten: Amina Bint Wahhab, seine Mutter, und Halima, seine
Amme. Der Einfluß dieser beiden Frauen hat den Propheten zweifellos
für die innere Welt der Frau sensibilisiert. Viele Überlieferungen bestätigen, daß er mit allen seinen Frauen sanft und verständnisvoll umging.
Seine lebenslange leidenschaftlich-zärtliche Liebe zu Aischa zeigt seine
Schwäche und Verletzlichkeit. So finden sich neben den unzähligen *Hadithen,* in denen die Frau herabgesetzt wird, immer wieder auch Aussprüche
wie diese:

„Wer an Gott und den Tag des Jüngsten Gerichts glaubt, fügt seinem
Nächsten keinen Schaden zu und behandelt die Frauen fürsorglich und
liebevoll!"[2]

„Die Besten von euch sind diejenigen, die ihre Frauen am besten behandeln, und ich behandle meine Frauen am besten von euch allen".[3]

„Zwei Dinge habe ich vor Adam, dem Gebenedeiten, voraus: Sein

Weib verleitete ihn zur Sünde, die meinigen sind mir eine Hilfe für gute Handlungen".[4]

Vielfach überliefert ist auch, kein Mensch habe so viel Scherz mit seinen Frauen getrieben wie der Prophet. Alle Biographen beschreiben seine Mutter Amina als schöne und einsame Frau von zerbrechlicher Gesundheit. Seinen frühen Gefährten erzählte Mohammed immer wieder, wie seine Mutter an jenem Tag, an dem sie sich ihrer Schwangerschaft bewußt wurde, durch ein ungewöhnliches Licht aus dem Schlaf aufgeschreckt sei – ein Licht, in dem sie nach den Worten Ibn Ishaqs „die Schlösser von Busra in Syrien erblickte".[5]

Unter dem Schock des frühen, plötzlichen Todes ihres Ehemannes Abdallah – er starb kurz vor der Geburt Mohammeds – konnte Amina ihr Kind nicht stillen, da ihre Brüste „vor Kummer ausgetrocknet waren". Sie mußte den Knaben also einer Amme anvertrauen und konnte ihn deshalb in seinen ersten Lebensjahren nur selten sehen. Erst mit sechs Jahren kehrte Mohammed, der mit Halima bei den Beduinen in der Wüste gelebt hatte, nach Mekka zurück. Amina, die nach dem Tod ihres Mannes alle Heiratsanträge abgelehnt hatte, war sehr erfreut über die Rückkehr ihres Sohnes. Sie unternahm sofort mit ihm eine Reise nach Medina, um ihn mit der Familie seines Vaters bekannt zu machen. Nach dem langen und beschwerlichen Weg durch die Wüste war der junge Mohammed überglücklich beim Anblick der blühenden Oase von Medina, die von ungezählten Quellen und Bächen durchzogen war. Diese blühende Oase hat sich im Gedächtnis Mohammeds wie ein wundervoller Traum eingegraben. Die Erinnerung an die Mutter, die kurz danach starb, blieb in seinem Inneren für immer verbunden mit der paradiesischen Schönheit dieser Oasenlandschaft, in die er sich später vor seinen mekkanischen Widersachern flüchtete.

An sein einschneidendes Kindheitserlebnis erinnert auch der Ausspruch, den der Prophet nach dem endgültigen Sieg über die Mekkaner vor den Gläubigen zu wiederholen nicht müde wurde: „Der Schlüssel zum Paradies liegt zu Füßen der Mütter." Wo immer die Mütter im Koran erwähnt werden, sind sie von einem Glorienschein der Heiligkeit umgeben. Dem Sohn, der sich der Mutter gegenüber ungehorsam zeigt oder sie verletzt, drohen die schlimmsten Höllenstrafen.

Auch Halima, die Amme Mohammeds, erscheint in ungezählten Mythen und Legenden; in der Überlieferung der Biographen wird sie als eine ungewöhnliche Frau geschildert. Ibn Ishaq berichtet, daß das Jahr, in dem Mohammed der Beduinin Halima übergeben wurde, ein Jahr großer Trockenheit und Dürre gewesen sei. Alle Frauen, die als Amme in Frage kamen, weigerten sich, das Kind Aminas aufzunehmen – bis auf Halima! Seine Ankunft in ihrem Hause sei ein Zeichen des Glücks und der *Baraka*, des göttlichen Segens, gewesen. Sobald sie ihm die Brust reichte, sei die

Milch im Überfluß geflossen, das Elend und die Entbehrungen der großen Dürre hätten ein Ende genommen und die Familie Halimas habe – trotz ihrer großen Armut – ohne Not gelebt.[6] Für das Kind Mohammed waren die Jahre, die es in der Wüste verbrachte, von großer Bedeutung. Dort, unter den uralten Beduinenstämmen, drang er in die Geheimnisse der arabischen Sprache ein, mit der er später seine erbitterten Gegner bezwingen sollte: in jene Sprache, die der Koran als „magisch" beschreibt und deren Geheimnisse und Rätsel angeblich nur Mohammed selbst entschlüsseln konnte. Dort in der Wüste lernte Mohammed auch, den Herausforderungen der Natur und den schwierigen Lebensverhältnissen der Wüste zu trotzen. Durch diese Erfahrung war er auf die schwierigen Heimsuchungen und Prüfungen vorbereitet, die er ertragen mußte, sobald er sich als Prophet Gottes – *rasul Allah* – erwählt fühlte.

Wie alle Beduinen lernte Mohammed, sich mit bescheidener Nahrung zu begnügen: Datteln, Ziegen- und Kamelmilch. Er ging früh schlafen und stand beim ersten Morgengrauen auf. Wie alle Beduinenkinder lernte er bald, die Schafherden zu hüten. Später soll er einmal gesagt haben, daß jeder wahre Prophet einmal als Schafhirte begonnen hat.

Zu den wundersamsten Geschichten aus jenen Jahren in der Wüste, die von den Überlieferern mit unzähligen Legenden ausgeschmückt wurden, deren Wahrheitsgehalt nicht überprüft werden kann, gehört jene, die Mohammed während der Zeit seines Exils in Medina seinen Gefährten erzählt haben soll und deren Darstellung durch Halima in Ibn Ishaqs Monographie wiedergegeben ist:

„Einige Monate nach unserer Rückkehr [aus Mekka, wo er bei seiner Mutter Amina zu Besuch war] hütete er eines Tages zusammen mit seinem Milchbruder hinter unseren Zelten die Schafe, als unser Sohn plötzlich herangelaufen kam und rief:

,Dieser mein Bruder vom Stamme der Quraish – zwei Männer in weißen Gewändern haben ihn gepackt, zu Boden geworfen, ihm den Leib geöffnet und schüttelten sein Herz.'

Sofort liefen mein Mann und ich zu ihm hin und fanden ihn, wie er mit bleichem Gesicht dastand. Wir faßten ihn an und fragten:

,Was ist mit dir geschehen?'

,Zwei Männer in weißen Gewändern', begann er zu erzählen, ,kamen zu mir, warfen mich nieder, öffneten meinen Leib und suchten irgend etwas darin.'

Wir brachten ihn zum Zelt zurück, aber mein Mann sprach zu mir: ,O Halima, ich fürchte, ein Geist ist in den Knaben gefahren. Gib ihn seiner Familie zurück, bevor es sich offen an ihm zeigt!"[7]

Ob es sich nun bei dieser Geschichte um einen Traum handelt oder um eine phantastische Erfindung, mit der Mohammed die Gläubigen über-

zeugen wollte, daß Gott ihn bereits im Kindesalter zum Propheten erwählt hatte, wir können daraus schließen, daß Mohammed auf diese
Weise zum Ausdruck bringen wollte, daß seine Seele in der Wüste gereinigt worden sei – in eben jener Wüste, in der er viele Jahre später durch
den Erzengel Gabriel die erste Offenbarung Gottes und seinen prophetischen Auftrag empfangen sollte.

Bereits während dieser Jahre in der Wüste fanden also die ersten
Schritte hin zur göttlichen Erleuchtung statt. Halima, die Beduinen-
Amme, erscheint dabei als die von Gott erwählte Frau, seinen späteren
Propheten zu beschützen, und Mohammed blieb ihr bis zu ihrem Tode
eng verbunden. Als er – zwanzig Jahre später – Chadidscha heiratete, war
Halima unter den Ehrengästen.

Nicht minder bedeutend als die Rolle von Mutter und Amme sollte der
Einfluß Chadidschas, seiner ersten Ehefrau, sein. Chadidscha war für
Mohammed nicht nur die geliebte Frau, sie war seine treueste Gefährtin
in den schwierigen Augenblicken seines Lebens. In der habgierigen mekkanischen Gesellschaft war sie für ihn eine sichere Zuflucht, vergleichbar
der Oase von Medina, die er als Sechsjähriger zusammen mit seiner
Mutter kennengelernt hatte.

Die warme weibliche Atmosphäre seiner frühen Kindheit und die
emotionale Bindung, die er später zu den meisten Frauen seines „heiligen Harems" hatte, sind der Schlüssel zum Verständnis einer gewissen
Milde gegenüber der Frau, die in vielen Suren des Korans und im *Hadith*
zum Ausdruck kommen –, z. B. in Ermahnungen an die Männer wie
diese: „Ihr Gläubigen! Es ist euch nicht erlaubt, Frauen (nach dem Tode
ihres Mannes) wider (ihren) Willen zu erben. Und drangsaliert sie nicht
[…] und geht gut mit ihnen um! Wenn sie euch zuwider sind, so ist euch
vielleicht etwas zuwider, während Gott viel Gutes in es hineinlegt."
[Sure 4, 19f.] Die vielen Widersprüche, die in diesem Zusammenhang
nicht zu übersehen sind, erklären sich einerseits aus der doppelten Rolle
Mohammeds als „Gesetzgeber" und als Privatmann, zum anderen aus
der ganz unterschiedlichen Stellung, die der Islam der Frau als Geschlechtswesen, als Glaubensgenossin oder als Mitglied der Gesellschaft
einräumt.[8]

In eklatantem Widerspruch zum theologisch vermittelten Frauenbild
stehen neben Scheherezade auch manche Frauengestalten der islamischen
Literatur – starke, unabhängige und selbstbewußte Persönlichkeiten wie
Schirin – die Protagonistin des romantischen Epos ‚*Chosrou und Shirin*'
von Nizami[9] – und ungezählte weibliche Figuren aus dem ‚*Shahname*'
Firdausis,[10] die völlig vom Prototyp des tückischen und lüsternen Weibes
abweichen. Geradezu überschwenglich ist die Verehrung der Frau in der
arabischen Liebeslyrik – eine Verehrung, die einer Vergöttlichung gleich-
kommt. Die wechselseitige Durchdringung des Sakralen und des Sexuel-

len, von irdischer und göttlicher Liebe, ist auch Inhalt jener großartigen Liebeslyrik, die durch die Sufi-Dichter Ibn al-Arabi, Ibn al-Farid, al-Halladsch, Dschalal ad-Din Rumi, Junus Emre und viele andere aus dem Geist des mystischen Islam hervorgegangen ist.

VII. Die Liebe bei den Mystikern

„Der Anblick Gottes in der Frau ist der
vollkommenste von allen."

Ibn al-Arabi

Man hat die islamische Mystik – den Sufismus[1] – oft als das Bekenntnis
zur Liebe bezeichnet. In der islamischen Mystik, dem Gegenpol zum orthodoxen Gesetzes-Islam, wird die Liebe zur Frau eins mit der Liebe zu
Gott: Die Schönheit der Geliebten ist Abglanz des Göttlichen, der Spiegel, in dem sich die Schönheit Gottes bricht. Denn: Jedes Schöne ist geliebt bei dem, der diese Schönheit wahrnimmt. Und Gott der Erhabene
ist Schönheit und liebt die Schönheit; die Frau wird so zum „Widerschein
des großen heiligen Lichts".
Bei den Sufis wird die irdische, d. h. die körperliche Liebe daher zum
sinnfälligsten Symbol der Liebe zu Gott. Es war eine Frau, Rabia al-Ada-
wiya, eine der größten Gestalten der frühen islamischen Mystik, die Gott
zum ersten Mal als „Geliebten" bezeichnete. Umgekehrt sprachen die
späteren Mystiker vom Göttlichen als einem Weib, einer Geliebten. Es ist
daher naheliegend, daß immer wieder die Frage diskutiert wird, ob die
mystische islamisch Liebeslyrik „übersinnlich" oder „erotisch" aufzufas-
sen sei. Der große Orientalist und Dichter Friedrich Rückert hat – ganz
im Geist und in der Sprachverwobenheit der Mystiker – mit folgendem
Wortspiel auf diese Frage geantwortet:

> Hafiz,[2] wo er scheinet Übersinnliches
> nur zu reden, redet über Sinnliches
> Oder redet er, wenn über Sinnliches
> er zu reden scheint, nur Übersinnliches?
> Sein Geheimnis ist unübersinnlich
> denn sein Sinnliches ist übersinnlich.

Ihre höchste Vollendung fand die mystische Liebeslyrik in Ibn al-Arabi,
den die Sufis ihren „Größten Meister" – ash-shaich al-akbar – nannten. Er
wurde 1164 – vierhundert Jahre nach der Eroberung Spaniens durch die
Araber – in Murcia geboren und hatte daher den Beinamen „al-Andalusi", der Andalusier. Sein Credo war:

> „Die Liebe ist, wozu ich mich bekenne, /
> wohin seine Kamele sich

auch wenden mögen /
Die Liebe ist und
bleibt mir Glaube und Gesetz".[3]

Ibn al-Arabi[4] hat Murcia, seine Heimatstadt, sehr früh verlassen. Er heiratete Mariam al-Badschiya, eine schöne und feurige Frau, die ihn sowohl die Freuden der körperlichen Liebe als auch die Ekstase der mystischen Liebe entdecken ließ. Sie war es auch, die ihn einführte in die Magie der Worte, in das Mysterium des Jenseits und in die Kunst der Meditation und Kontemplation.

Während seiner Reisen durch Andalusien begegnete er einer berühmten Mystikerin, Fatima Bint Ibn al-Muthanna aus Cordoba, deren Persönlichkeit sein späteres Denken und Werk stark geprägt hat. Er soll von ihr gesagt haben: „Sie war 90 Jahre alt, aber sie war von der Schönheit einer 16jährigen."[5]

Dreißig Jahre hielt er sich in Sevilla auf, widmete sich dort philosophisch-religiösen Studien und der mystischen Spekulation. Dann führten ihn viele Reisen nach Marokko, Tunesien, Mekka, Kairo, Kleinasien, Bagdad und Damaskus, wo er sich nach langer Wanderschaft niederließ und im Jahr 1240 starb.

Unter dem Eindruck einer leidenschaftlichen Liebe zu der schönen und geistvollen Nizam, einer blonden Perserin, der er im Jahre 1201 auf seiner Pilgerfahrt nach Mekka begegnet war, entstanden die ersten erotischen Gedichte, die er in seinem Gedichtband ‚Targaman al-ashwaq' (‚Deuter der Sehnsüchte') herausgab – Oden zum Preis der in der arabischen Literatur als *hubb udhri* bekannten platonischen Liebe.

Die mystische Vorstellungswelt Ibn al-Arabis hat nicht nur die orientalischen Denker der folgenden Jahrhunderte stark beeinflußt. Sie hinterließ deutliche Spuren in den Werken westlicher Philosophen und Dichter – vor allem in der ‚Divina Commedia' Dantes. Ibn al-Arabi war derjenige Mystiker, der die fundamentale Einheit von Poesie und Religion, von Liebe und Glauben am intensivsten empfand und auch lebte: den Weg von der Sensualität zur Spiritualität, der in der Mystik zur Sublimierung der Sexualität führt. Die profane Liebe ist der Ausgangspunkt, die spirituelle jedoch das Ziel.

Die Sufis waren nicht nur inspiriert von der Sprache des Korans und dem spirituellen Leben des Propheten, es war vor allem die Liebeslyrik der Beduinen – die udhritische Poesie – die ihre poetischen Werke prägte: die Darstellung der Liebe um der Liebe willen, in der jegliche Anspielung auf das Körperliche fehlt. Der Verliebte begnügt sich damit, seine Geliebte zu betrachten, sich in seine Liebe zu versenken. Auf diese Weise versucht er, zu jener Ekstase zu gelangen, die der Sufi durch Gebet und Meditation anstrebt.

Als Vorbild diente den Sufis hauptsächlich der udhritische Dichter Qais

Ibn al-Mulawwah (gest. 688), genannt „der Narr Leilas" – eine legendäre Gestalt, die nicht nur die islamischen, sondern auch viele westlichen Dichter wie Louis Aragon und André Miquel inspirierte. Al-Isfahani nannte Qais Ibn al-Mulawwah den „größten Märtyrer der Liebe in
der arabischen Wüste". Schon als Knabe hatte er sich in ein Mädchen seines Stammes – Leila – verliebt. Sie hatten zusammen gespielt und die
Schafe gehütet. Als sie herangewachsen waren, hielt er um ihre Hand
an. Doch die Familie seiner Angebeteten wies ihn ab und verheiratete
Leila mit einem ungeliebten Mann. Die Verzweiflung trieb Qais in den
Wahnsinn. Er verbrachte den Rest seines Lebens damit, mit verstörtem
Blick und abgerissenen Kleidern mit den Tieren in der Wüste umherzu-
irren.

Was die Mystiker am tragischen Geschick des Qais faszinierte, war
diese Zerrüttung, die völlige Auslöschung eines Menschen durch die
Liebe. Die udhritische „Liebeskrankheit zum Tode" ist ein immer wieder-
kehrendes Thema der islamischen Literatur.[6] Auch in ‚Tausendundeiner
Nacht' erzählt Scheherezade eine ‚Geschichte der Liebenden aus dem
Stamme der Udhra':

„Einst lebte unter den Banu Udhra ein Mann von vornehmer Art, der
keinen einzigen Tag ohne Liebe sein konnte. Es begab sich, daß er von
Liebe zu einer schönen Frau seines Stammes ergriffen wurde, und er
sandte ihr Botschaften Tag für Tag. Aber sie wies ihn spröde zurück, so
daß er, überwältigt von Leidenschaft und von der sehnenden Liebe Kraft,
schwer erkrankte, sich auf die Kissen legte und den Schlaf zu verscheu-
chen pflegte. Nun erfuhren die Leute, wie es um ihn stand, und um seiner
Liebe willen wurde er überall genannt [...], doch sein Siechtum wuchs
immer mehr, und sein Leiden ward so schwer, daß er dem Tode nahe
war. Darauf baten die Seinen und die Ihren sie unaufhörlich, ihn zu besuchen; doch sie weigerte sich immer noch, bis er im Sterben lag. Als ihr
das mitgeteilt wurde, hatte sie Mitleid mit ihm und schenkte ihm einen
Besuch. Und wie er sie erblickte, begannen seine Augen in Tränen auszubrechen, und er hub mit gebrochenem Herzen an diese Verse zu sprechen:

> Wenn meine Leiche nun an dir vorüberzieht
> Auf einer Bahre, von der Schultern vier getragen,
> Willst du – bei deinem Leben! – ihr folgen und dem Grabe
> Des Toten in der Erde deine Grüße sagen?

Als sie diese Worte von ihm vernahm, weinte sie bitterlich, und sie sprach
zu ihm: ‚Bei Allah, ich ahnte nicht, daß der Liebe Macht dich in die Arme
des Todes gebracht! Hätte ich das gewußt, so hätte ich mich deiner Not
angenommen und wäre nach deinem Wunsche zu dir gekommen.' Doch
wie er sie dies sagen hörte, begannen seine Tränen wie ein Regenschauer

aus der Wolke hervorzubrechen, und er hub an das Dichterwort zu sprechen:

Sie nahte sich, als schon der Tod uns beide trennte,
Und sie versprach Erhörung, als es nutzlos war.

Dann seufzte er noch einmal auf und verschied. Sie aber warf sich auf ihn und küßte ihn und weinte. So lange weinte sie, bis sie ohnmächtig neben ihm niedersank. Und als sie wieder zu sich kam, trug sie den Ihren auf, sie in seinem Grabe zu bestatten, wenn sie gestorben wäre. Darauf begannen ihre Augen in Tränen auszubrechen, und sie hub an diese beiden Verse zu sprechen:

Wir lebten auf der Erde ein Leben voller Wonne;
Stamm, Haus und Heimat waren im Stolze auf uns groß.
Da riß der Zeiten Flug uns grausam auseinander:
Das Leichentuch vereint uns nun im Erdenschoß.

Nachdem sie diese Verse gesprochen hatte, begann sie wiederum bitterlich zu weinen; und sie weinte und klagte unaufhörlich, bis sie ohnmächtig niedersank. Drei Tage lang blieb sie in ihrer Ohnmacht liegen; dann starb sie und wurde in seinem Grabe bestattet".[7]

Durch den persischen Dichter Nizami und sein romantisches Liebesepos ‚Laili o Madschnun' erfuhr die alte arabische Legende eine mystische Verinnerlichung und zugleich eine Erweiterung als universelle menschliche Erfahrung. Der Stoff – Liebe, Wahnsinn und Dichtertum als sich gegenseitig hervorbringende Aspekte eines unteilbaren Ganzen, als magisches Dreieck, dessen Kristallisationspunkt die Liebe ist – wurde erst durch Nizamis Epos in die Dimension zeitlos-gültiger Dichtung erhoben im Sinne eines alles übersteigenden Gefühls, das keine irdische Erfüllung finden kann und deren Mysterium in den Bereich des Transzendenten verweist – oder wie Madschnun es dem Jüngling aus Bagdad erklärt, der glaubte, ihn trösten zu müssen:

„Was glaubst du denn eigentlich, wer ich sei? Ein Betrunkener? Ein verliebter Tollkopf, ein Narr meiner Sinne, verwirrt von Gelüsten? So wisse: ich bin über all das erhaben, bin der König der Liebe an Majestät. Rein ist meine Seele vom Dunkel der Wollust, geläutert von niedriger Gier meine Sehnsucht, frei von Scham mein Gemüt. Ich habe den Bazar der Sinnenlust in mir zerbrochen. Die Liebe ist die Essenz meines Seins. Die Liebe ist das Feuer, und ich bin wie das Holz, das die Flamme verzehrt. Die Liebe ist eingezogen und hat das Haus geschmückt, und das Ich hat sein Bündel geschnürt und ist ausgezogen. Obwohl du mich zu sehen meinst, bin ich doch nicht mehr: was ist, ist die Geliebte [...].

Und diese Liebe in all ihrem Weh, so glaubst du, werde versiegen? Sie wird es nicht, es sei denn, es schwänden am Himmel die Sterne dahin!

Die Liebe, sagst du, kann man aus meinem Herzen reißen? Eher kannst
du, sage ich, in dieser Wüste die Sandkörner zählen!"[8]
Auch Heinrich Heine widmete den unglücklich Liebenden aus dem
Stamme Udhra ein zauberhaftes Gedicht mit dem Titel ‚Der Asra':

> Täglich ging die wunderschöne
> Sultanstochter auf und nieder
> um die Abendzeit am Springbrunn,
> wo die weißen Wasser plätschern.
>
> Täglich stand der junge Sklave
> um die Abendzeit am Springbrunn,
> wo die weißen Wasser plätschern;
> täglich ward er bleich und bleicher.
>
> Eines Abends trat die Fürstin
> auf ihn zu mit raschen Worten:
> ‚Deinen Namen will ich wissen,
> deine Heimat, deine Sippschaft!'
>
> Und der Sklave sprach: ‚Ich heiße
> Mohammed, ich bin aus Yemen,
> und mein Stamm sind jene Asra,
> welche sterben, wenn sie lieben.'[9]

Der ägyptische Mystiker Ibn al-Farid verglich die Reise, auf die der Liebende sich begibt, um der absoluten Liebe teilhaftig zu werden, mit einer
langen Irrfahrt durch die Wüste, auf der Körper und Seele die schwersten
und schmerzlichsten Prüfungen zu erdulden haben.[10]
Diese Konzeption der mystischen Liebe und ihr universeller Pantheis-
mus wurde von der Orthodoxie heftig angegriffen und als Häresie verun-
glimpft. Die meisten Theologen plädierten dafür, die Sufis mit Gefängnis, ja sogar mit dem Tod zu bestrafen. Entschiedenster Gegner der pan-
theistischen Mystiker war Ibn Taimiya (1263–1328), der Ibn al-Arabi als
Ketzer verteufelte und seine Werke verbrennen ließ.[11] Al-Halladsch, neben
Ibn al-Arabi eine der bedeutendsten Persönlichkeiten der islamischen Mystik, war bereits im 10. Jahrhundert der Häresie beschuldigt und nach langer
Gefängnishaft in Bagdad auf grausame Weise hingerichtet worden. Nachdem ihn ein Inquisitionstribunal zum Tode verurteilt hatte, wurde er an den
Pranger gestellt und gegeißelt, dann wurden ihm Hände und Füße abge-
schlagen und schließlich wurde er gekreuzigt und enthauptet. Sein Leich-
nam wurde öffentlich verbrannt und seine Asche in den Tigris gestreut. Al-
Halladsch war von dem Glauben durchdrungen, in seinen Worten und Taten
den Willen Gottes kundzutun. Seine berühmten Worte *„ana l-haqq"* – „ich
bin die Wahrheit" – wurden von der Orthodoxie als Bedrohung der Einzig-
keit Gottes empfunden und führten schließlich zu seinem Martyrium, das
zum Stoff vieler Legenden und literarischer Bearbeitungen wurde.

War die islamische Mystik als Reaktion auf den strengen Gesetzes-Islam entstanden, so wurde sie im Laufe der Jahrhunderte selbst zu einem wesentlichen Element der Religion – zum notwendigen Gegenpol der orthodoxen Theologie. Die arabisch-islamische Geschichte war zu allen Zeiten von diesen beiden konträren Strömungen geprägt: Die Mystiker verherrlichten die Liebe als Emanation Gottes, als prima causa allen Lebens; sie verliehen ihr einen sakralen Charakter als Ausdruck der ewigen Suche des Menschen nach seinem Ursprung – nach Gott. Die orthodoxe Richtung nahm die Liebe in den Würgegriff der Moral.

Es war die letztgenannte Tendenz, die am Ende triumphierte. Eine der verhängnisvollen Folgen ihres Triumphes erleben wir heute: Wieder einmal erweist sich der Islam als eine Religion, die sich nicht an den historischen Realitäten, sondern an einem utopischen Modell orientiert und damit stets Gefangene der Vergangenheit geblieben ist.

VIII. Das Verhör des Teufels

„Wenn ihr zu euren Frauen geht, dann
sagt, ‚Im Namen Gottes! O Gott, schütze
mich vor dem Teufel!‘ "

Ausspruch des Propheten

Kein anderes Wesen ist in der islamischen Theologie so stark mit sexuellen Assoziationen besetzt wie der Teufel. Der Teufel – *Iblis* oder *Scheitan*[1] – ist das islamische Pendant zur biblischen Schlange. Nicht etwa, daß er den Menschen zur „Erbsünde" verführte (die der Islam nicht kennt), er setzt alles daran, die Gläubigen zu verleiten, die von Gott gesetzten Grenzen zu übertreten – vor allem im Bereich der Sexualität. In der frommen Überlieferung und in der Vorstellungswelt der Muslime ist der Teufel omnipräsent: Er setzt sich auf die Brüste der Frauen, um sie noch verführerischer zu machen, er flüstert den jungen Mädchen lüsterne Worte ins Ohr, er treibt sein Unwesen in den Nischen des *Hammam* und zwängt sich gar zwischen Mann und Frau ins Ehebett. Insbesondere aber ist er immer zur Stelle, sobald ein weibliches Wesen die Szene betritt.

Auch bei der Lektüre von Koran und *Hadith* ist nicht zu übersehen, daß der Teufel überall die göttliche Ordnung zu untergraben sucht, um die Menschen zur „Unzucht" zu verführen und insbesondere die Frauen für das Gebot der Keuschheit und der Ehre unempfänglich zu machen. Tag und Nacht liegt er auf der Lauer, um den günstigen Moment abzupassen, in dem er die Seelen vergiften und die Geister korrumpieren kann. Niemand ist gegen ihn gefeit. Selbst die Heiligen und die Propheten können seinen Versuchungen und seinen finsteren Absichten erliegen. In diesem Zusammenhang ist die Geschichte von Joseph (Yussuf), so wie sie im Koran geschildert ist, ein aufschlußreiches Beispiel. Noch erstaunlicher freilich ist, daß der Prophet Mohammed – den der Koran doch als den vollkommensten Menschen beschreibt – selbst fast den verbrecherischen Versuchungen des Teufels erlegen ist. Erinnern wir uns: In den ersten Jahren seines Prophetentums, als er hartnäckig darum kämpfte, die ihm offenbarte neue Religion gegen die heidnische Gesellschaft Mekkas durchzusetzen, war er nach seinen eigenen Worten für einen kurzen Augenblick der Versuchung des Teufels erlegen, der ihm „gewisse Verse" eingeflüstert hatte, die später als „Satanische Verse" bezeichnet wurden und immer wieder zu heftigen Kontroversen zwischen sunnitischen und schiitischen Theologen Anlaß gaben – lange bevor sie durch Salman Rushdies gleichnamigen Roman(titel) zum weltweiten Skandal wurden.

Aus einem im Jahre 1310 der *Hidschra* (= 1900) in Kairo veröffentlichten (und von Mohammed Efendi Mustapha kommentierten) anonymen Text, der sich auf Überlieferungen angesehener Theologen wie al-Buchari stützt, geht hervor, daß es sogar eine Begegnung zwischen dem Teufel und dem Propheten gegeben hat – und zwar auf Gottes eigenes Geheiß, der seinen Propheten allen möglichen Versuchungen aussetzen wollte. Diese Begegnung soll in Gegenwart mehrerer Gefährten des Propheten in Medina stattgefunden haben. Einige unter ihnen, wie Omar, machten dabei Anstalten, den „Feind Gottes und seines Propheten" zu töten. Doch der Prophet wies sie an, Ruhe zu bewahren und wandte sich mit folgenden Worten an seine Anhänger: „Hört genau zu, was er euch sagt, und versucht zu verstehen, was er euch einreden will".

Der Teufel wandte sich dann mit folgenden Worten an den Propheten: „Ich bin gekommen, wie man es mir befohlen hat. Stell also die Fragen, die du hast. Sollte ich dich belügen, so werden meine Feinde sich über mein Ungemach freuen und nichts wäre mir unerträglicher als dies." Daraufhin unterzog der Prophet den Teufel einer Vernehmung von der Schärfe und Präzision eines Polizeiverhörs:

Der Prophet: „Verfluchter, sprich, wer ist dein Tischgenosse?"
Iblis: „Derjenige, der Wucher treibt!"
Der Prophet: „Und dein Gefährte?"
Iblis: „Der Hurenbock!"
Der Prophet: „Und wer teilt dein Bett?"
Iblis: „Der Trunkenbold!"
Der Prophet: „Und wer ist dein Gast?"
Iblis: „Der Dieb!"
Der Prophet: „Und dein Kundschafter?"
Iblis: „Der Zauberer!"
Der Prophet: „Und die Pupille deines Auges?"
Iblis: „Der Mann, der ständig bei der Ehre seiner Frau schwört!"
Der Prophet: „Wer ist dein Freund?"
Iblis: „Derjenige, der das Freitagsgebet verschmäht!"
Der Prophet: „Was also, Verfluchter, könnte dir das Kreuz brechen?"
Iblis: „Das Wiehern der Pferde, die in den Heiligen Krieg ziehen!"
Der Prophet: „Und was könnte dich zum Verschwinden bringen?"
Iblis: „Der reuige Sünder, der zu Gott zurückkehrt."
Der Prophet: „Und (was könnte) dir die Leber verbrennen?"

Iblis: „Tag und Nacht diejenigen anhören zu müssen, die Gott um Verzeihung bitten für ihre Verirrungen!"

Der Prophet: „Und was könnte dich erröten machen?"

Iblis: „Zu sehen, daß Menschen Almosen geben, ohne dabei gesehen zu werden!"

Der Prophet: „Und (was könnte) dir das Auge ausstechen?"

Iblis: „Das Morgengebet!"

Der Prophet: „Und (was könnte) dir heftig den Kopf verwirren?"

Iblis: „Immer wieder zu sehen, wie das Gemeinschaftsgebet verrichtet wird!"

Der Prophet: „Wer ist für dich der glücklichste Mensch?"

Iblis: „Derjenige, der sich freiwillig vom Gebet abwendet!"

Der Prophet: „Und der unglücklichste?"

Iblis: „Der Geizige!"

Der Prophet: „Was also kann dich von deinen Taten abbringen?"

Iblis: „Der Kongreß der Weisen!"

Der Prophet: „Wie ißt du?"

Iblis: „Mit der linken Hand und mit den Fingern!" [die linke Hand gilt im Islam als unrein, siehe auch Kap. IX]

Der Prophet: „Und wo suchen deine Söhne den Schatten in der größten Mittagshitze und wenn der giftig-heiße Südwind weht?"

Iblis: „Unter den Fingernägeln der Menschen!"

Der Prophet: „Wie viele Dinge hast du dir von Gott erbeten?"

Iblis: „Zehn!"

Der Prophet: „Und zwar?"

Iblis: „Ich habe ihn gebeten, mich den Söhnen Adams beizugesellen, was ihre Güter und ihre Nachkommenschaft betrifft, und er gesellte mich ihnen bei. Und er hat es in seinem Heiligen Buch offenbart: ,Er hat sich ihrer Güter und ihrer Nachkommenschaft bemächtigt und ihnen schöne (trügerische) Versprechungen gemacht. Doch das Versprechen des Teufels ist nichts als trügerische Versuchung!'
Ich habe ihn gebeten, daß er mich alles essen läßt, was nicht durch Almosen rituell gereinigt worden ist, was durch Wucher und auf unrechtmäßige Weise erworben wurde, und alle Dinge, bei denen man vergaß, den Namen Gottes anzurufen, um sich gegen mich zu schützen!
Ich habe ihn ebenfalls gebeten, mich jedem Mann beizugesellen, der mit seiner Frau schläft und versäumt hat, sich durch die Anrufung Gottes vor mir zu schützen [...].
Nun gut, ich werde zur gleichen Zeit wie er (zusammen mit ihm) mit seiner Frau schlafen und das Kind, das dar-

aus hervorgehen wird, ist mir unterworfen und hörig.
Jedem Menschen, der ein Reittier besteigt und davonreitet, um etwas Unerlaubtes zu tun, leiste ich Gesellschaft.
Gott selbst hat es offenbart: Versetze sie in Erregung – zu Pferd oder zu Fuß!
Ich erbat von Gott eine Bleibe – und er schuf das *Hammam.*
Ich bat ihn um einen Tempel – und er erbaute die *Suqs.*
Ich erbat eine Heilige Schrift – und er erschuf die Poesie!
Ich bat ihn um ein Instrument, mit dem ich zu meinem Gebet rufen kann – und er erfand den Dudelsack!
Ich bat ihn um Bettgenossen – und er erschuf die Säufer und die Trunkenbolde!"[2]

Der Zweck dieses leidenschaftlich geführten Verhörs ist offenkundig: Es ging nicht darum, den Teufel zu „bekehren", denn die Würfel waren längst gefallen. Es ging vielmehr darum, die Gläubigen mit Vorschriften und rituellen Formeln gegen die teuflischen Versuchungen zu wappnen.

Das „satanische Verhör" sollte noch einmal deutlich machen, daß der Teufel Ursache alles Bösen ist, begabt mit einem außerordentlichen Gespür dafür, sich die unerlaubten Gedanken und Begierden des Menschen nützlich zu machen und sie gegen ihn zu verwenden. Indem der Teufel dem Propheten gegenüber seine „Strategie" verrät, liefert er gleichzeitig das Rezept einer „Gegenstrategie", wie man der teuflischen Versuchung entkommen kann: nur durch die ständige Hinwendung zu Gott und seinem Propheten und die Beachtung seiner Vorschriften, niedergelegt im heiligen Buch des Koran. Der Teufel ist also entlarvt und die Muslime sind gewarnt. Sie wissen nun, daß der „Feind Gottes" selbst mit der legalen Ehefrau „ko-koitieren" kann, wenn sie es versäumt hat, sich durch die Worte des Korans vor einer solchen Heimsuchung zu schützen.

An dieser Stelle erreicht das Verhör den höchsten Grad des Schreckens, denn es berührt etwas, was dem Muslim über alles geht: die Ehre! Jene berühmte Ehre, um deretwillen lange, blutige Bruderkriege zwischen den Stämmen und Familienclans Arabiens geführt wurden und die tiefe Wunden hinterließen. Diese berühmte Ehre, auf die der Araber der Wüste so stolz war. Nun wußte er, daß er den Teufel nicht daran hindern konnte, diese seine Ehre zu beschmutzen und gemeinsam mit ihm „den Honig" seiner Ehefrau zu kosten – selbst dann nicht, wenn er hohe Mauern errichtete und alle Aus- und Eingänge verstopfte. Beim bloßen Gedanken daran mußte er eine Gänsehaut bekommen, und daher hütete er sich, seine religiösen Pflichten zu vernachlässigen. Vor jedem ehelichen Beischlaf wird er sich des Prophetenwortes erinnern, in dem es heißt: „Wenn ihr zu euren Frauen geht, dann sagt: ‚Im Namen Gottes! O Gott, schütze mich vor

dem Teufel, und schütze auch das vor dem Teufel, was du für uns bestimmt hast.'"[3]

Im übrigen wird den Gläubigen empfohlen, in drei Nächten des Monats den Beischlaf zu unterlassen – nämlich in der ersten, der letzten und
der mittleren. In diesen drei Nächten, so heißt es, stelle sich der Teufel bei
der Beiwohnung ein. Auch sollen die Teufel in diesen Nächten den Beischlaf vollziehen, berichtet al-Ghazali.[4]

Kurz: Der Teufel steckt hinter allen Schandtaten und Perversionen,
setzt alles daran, um die Gläubigen zu Homosexualität, Hurerei und anderen sexuellen Entgleisungen zu verführen – gemäß der Drohung, die er
vor seiner Vertreibung aus dem Paradies gegenüber Gott ausgesprochen
hat: „Er *[Iblis]* sagte: ‚Darum, daß du mich hast abirren lassen [...], will
ich ihnen [den Menschen] auf deinem geraden Weg auflauern. Hierauf
will ich von vorn und von hinten und zur Rechten und zur Linken über
sie kommen (und sie ganz irremachen). Und du wirst finden, daß die meisten von ihnen nicht dankbar sind." (Sure 7, 16–17).

Und Gott selbst gab ihm den Auftrag, dies zu tun, bevor er ihn verstieß: „Gott (w. Er) sagte: ‚Geh weg! Wer (auch immer) von ihnen dir
folgt, mit der Hölle sollt ihr euren vollen Lohn bekommen. Und scheu-
che mit deiner Stimme auf, wen (auch immer) von ihnen du kannst, setz
ihnen zu (?) mit allen deinen Heerscharen (w. mit deiner Reiterei und deinem Fußvolk), nimm an ihrem Vermögen und ihren Kindern (als Partner)
teil und mach ihnen Versprechungen. [...] Über meine (eigentlichen)
Diener hast du aber keine Vollmacht'" (Sure 17, 63–65).

Viele Theologen haben Spekulationen darüber angestellt, weshalb *Iblis*
sich „damals, als wir zu den Engeln sagten: ‚Werft euch vor Adam nieder'" (Sure 17, 61) sich als einziger der Engel weigerte mit den Worten:
„Soll ich mich vor einem niederwerfen, den du aus Lehm erschaffen hast
[...], was meinst du wohl von dem da, dem du mehr Huld erwiesen hast
als mir?" (17, 62) Der andalusische Rechtsgelehrte Qortobi (10. Jh.) kam
zu dem Schluß, daß der Teufel auf die Nachkommen Adams eifersüchtig
sei, weil Gott ihnen – wie ihrem Stammvater Adam – „mehr Huld erwiesen hat als ihm", indem er ihnen die Fähigkeit der Fortpflanzung verlieh.
Qortobi schreibt: „Nachdem Gott der Erhabene im Garten Eden den gebenedeiten Adam erschaffen hatte, ließ er ihn dort für kurze Zeit allein.
Sogleich machte sich *Iblis* daran, das neugeschaffene Wesen zu umkreisen,
um es genau zu erforschen. Er fand sehr schnell heraus, daß es auf eine
Art und Weise beschaffen war, die es ihm unmöglich machte, seine sexu-
ellen Begierden unter Kontrolle zu halten". Qortobi berichtet weiter, daß
Amr Ibn al-As (gest. 644), einer der angesehensten Glaubenskrieger des
Islam zur Zeit seiner Expansion, gesagt habe: „Das erste, was Gott am
Menschen erschaffen hat, war sein Geschlechtsteil, wobei er zu ihm sagte:
‚Ich vertraue dir hiermit ein Depot an, mache davon keinen falschen Ge-

brauch. Wenn du es wohl verwahrst, wird es dich bewahren'".⁵ Qortobi
zieht daraus den Schluß, daß *Iblis* – um sich für seinen Ungehorsam gegenüber Gott zu rechtfertigen – die Unvollkommenheit des menschlichen
Geschlechts zu beweisen sucht, vor allem seine Unfähigkeit, das ihm anvertraute „Depot", nämlich seine Fortpflanzungsorgane, zu „bewahren"
und seinen Geschlechtstrieb unter Kontrolle zu halten.

Aus diesem Grund versucht er mit allen Mitteln, das sexuelle Leben des
Menschen zu vergiften, die eheliche Gemeinschaft als Garantin der Konti-
nuität des Lebens zu zerstören und alle diejenigen, die seinen Einflüsterungen erliegen, zur Sünde zu verführen, d. h. der Hölle zu überantwor-
ten. Der Teufel ist also aller Laster und Verbrechen fähig und „den Menschen ein ausgemachter Feind" (Sure 17, 53). Die Volksphantasie ufert
daher völlig aus, wenn es darum geht, ihn so scheußlich und schrecklich
wie möglich darzustellen – als blinden Greis mit schütterem Bart, mit
dem Kopf eines riesigen Elefanten, mit vorstehenden Zähnen und wulsti-
gen Lippen, kurz: als Symbol all dessen, was schmutzig, verdorben und
unrein ist.

Um den Teufel zu bekämpfen und gegenüber allen seinen Listen ge-
wappnet zu sein, müssen die Gläubigen daher – außer den Geboten des
Koran – unzählige, vom Propheten verordnete Reinheitsrituale befolgen.
Diese Rituale beschränken sich nicht auf Sauberkeit und Körperhygiene
allein. Ihr tieferer Sinn liegt darin, das seelische Gleichgewicht des Menschen zu stabilisieren, ihn immer wieder aufs neue in jenen Gnadenstand
zu versetzen, der durch die mysteriösen Kräfte der Sexualität bedroht
wird.

Dieser doppelten Bedeutung entsprechen im Islam die beiden Begriffe
nadafa (Sauberkeit) und *tahara* (Reinheit), die es zu unterscheiden gilt.
Nadafa bezieht sich auf alles, was mit Hygiene bzw. körperlicher Sauberkeit zu tun hat, während *tahara* die Reinheit der Seele, des Herzens und
des Geistes gegenüber allen Versuchungen des Teufels meint, also gegenüber allen Praktiken und Gedanken, die das Denken und Fühlen des Gläubigen beschmutzen und ihn von Gott und seinem Propheten abwenden
könnten. Abdelwahab Bouhdiba bezeichnet die *tahara* daher als einen
„metaphysischen Akt", durch den das Körperliche sublimiert, von allen
Befleckungen gereinigt und ganz in den Dienst der Seele und des Geistes
gestellt werden soll.⁶

Die islamische Ethik geht davon aus, daß jedes menschliche Wesen in
jedem Augenblick vom Verlust seiner körperlichen und geistig-seelischen
Reinheit bedroht ist. Aus diesem Grund müssen die Gebote der Sauberkeit und der Reinheit täglich praktiziert und jedes Mal befolgt werden,
wenn Körper oder Seele von einer Unreinheit bedroht sind. Ein unreiner
Mensch würde sich nicht nur schweren physischen Krankheiten aussetzen, sondern er liefe auch Gefahr, daß Gott sich von ihm abwendet, ihm

seine Liebe und die seines Propheten – ja selbst den Schutz der Engel, die ihn Tag und Nacht bewachen – entzieht. In diesem Moment wäre er den Versuchungen des Teufels schutzlos ausgeliefert. Und da der Koran vorschreibt, daß „das Buch Gottes nur von den Allerreinlichsten berührt werden darf", ist es den Gläubigen im Zustand der Unreinheit verboten, den Koran zu berühren oder zu rezitieren, das Gebet zu verrichten oder eine Moschee zu betreten.

IX. Reinheit und Unreinheit

> Die Reinheit ist ein Teil des Glaubens. Die
> Unreinheit ist das Werk des Teufels.
>
> Sprichwort

„Unrein" wird der Mensch durch alles, was der menschliche Körper absondert. Die Rechtsgelehrten unterscheiden dabei zwischen „kleiner" und „großer" Unreinheit, zu deren Beseitigung die entsprechenden Reinigungsrituale, die kleine und die große Waschung – arabisch: *wudhu* und *ghusl* – vorgeschrieben sind. Daß die Vorstellung von der Unreinheit des Menschen sich vor allem auf das Geschlechtliche bezieht, geht aus der Zuordnung zu den beiden Kategorien der Unreinheit hervor.

Zu den „großen Unreinheiten" – *dschanaba* – gehören das Sperma, das Menstruationsblut sowie jede Absonderung aus den Geschlechtsteilen, die im Zusammenhang mit sexueller Betätigung steht. Die Absonderungen aus den beiden natürlichen Ausscheidungsorganen gehören zur „kleinen Unreinheit" – *hadath*. Die „kleine Unreinheit" entsteht darüber hinaus durch die Berührung einer Person des anderen Geschlechts, der eigenen Scham, durch Blähungen, Bewußtlosigkeit oder tiefen Schlaf. Die „kleine Waschung" zur Beseitigung jener „kleinen Unreinheiten" muß vor jedem Gebet durchgeführt werden, denn das Gebet eines Menschen, der unrein ist, wird nicht angenommen. Gott der Erhabene sagt: „Ihr Gläubigen! Wenn ihr euch zum Gebet aufstellt, dann wascht euch vorher das Gesicht und die Hände bis zu den Ellbogen und streicht euch über den Kopf und die Füße bis zu den Knöcheln" (5,6).

Für den Vorgang des Urinierens, der die „kleine Unreinheit" zur Folge hat, gibt der Prophet ebenfalls genaue Anweisungen – zumindest seinen Geschlechtsgenossen: „Der Prophet sagte: ‚Wenn ihr uriniert, haltet euren Penis nicht mit der rechten Hand! Und wascht eure Genitalien auch nicht mit der rechten'."[1] Al-Buchari überliefert auch, daß der Prophet, wenn er sich entfernte, um seine Notdurft zu verrichten, folgende Worte sprach: „O Gott, ich nehme meine Zuflucht bei dir vor den bösen und unreinen Mächten." „Zur kleinen Waschung" gehört auch das Ritual, das nach dem Urinieren vorgeschrieben ist, der *istibra* – eine Reinigungsprozedur, die in den Fatawa Hindiya – einer berühmten Sammlung von Rechtsgutachten *(fatwa)* – bis ins kleinste Detail beschrieben ist:
„Man reinigt sich vom Urin, indem man das Glied in die linke Hand

nimmt und es mehrmals gegen eine Wand oder einen Stein schlägt [...].
Weder das Glied noch der Stein dürfen mit der rechten Hand angefaßt
werden, und es ist auch verboten, das Glied mit der rechten und den Stein
mit der linken Hand zu halten. Wenn dies nicht möglich ist, so kann man
zwischen beide Fersen ein trockenes Stück Erde legen und mit dem Glied
mehrmals darüber streichen, indem man es mit der linken Hand hält, jedoch ohne es zu bewegen [...]. Der *istibra* muß so lange fortgesetzt werden, bis man sicher ist, daß nichts in der Harnröhre zurückgeblieben ist
[...]. Manche sagen, der *istibra* sei erst dann vorzunehmen, wenn man ein
paar Schritte zurückgelegt hat [...]. Andere wiederum sind der Meinung,
daß man mit den Füßen auf den Boden stampfen, kräftig husten, das
rechte Bein über das linke legen und eine Kniebeuge machen muß. Doch
dies bleibt jedem einzelnen überlassen. Die Hauptsache ist, den *istibra* so
lange wie möglich fortzusetzen, um die Gewißheit zu haben, daß die
Harnröhre völlig entleert worden ist".[2]

Ähnlich strikte Vorschriften gelten für den *istindscha* – die Reinigung
des Analbereichs, die gleichfalls Teil der „kleinen Waschung" ist. Auch
hierzu finden sich in den Fatawa Hindiya exakte Anweisungen:

„Man benützt die linke Hand. Man muß sich so weich wie möglich
machen [d. h. entspannen]. Man streckt den Ringfinger aus, und zwar so,
daß er leicht nach vorne gebeugt ist im Verhältnis zu den anderen Fingern.
Dann wäscht man die auf diese Weise berührte Stelle und wiederholt dann
die gleiche Prozedur mit dem kleinen Finger, und zwar so lange, bis man
sicher ist, eine vollständige oder zumindest eine wahrscheinliche Reinheit
erreicht zu haben.

Beim *istindscha* ist es angebracht, nicht mehr als drei Finger zu benützen.
Man muß die Innenfläche benützen und nicht die Spitzen, sodann vorsichtig Wasser darübergießen und sich dabei nicht heftig bewegen [...].
Dann muß man sich vorsichtig abtrocknen [...]. Die meisten unserer Gelehrten sind der Ansicht, daß die Frau sich mit weitgespreizten Schenkeln
niedersetzen soll. Dann wäscht sie mit der Handfläche ihr Geschlechtsteil.
Sie darf dabei die Finger nicht einführen [...]. Wenn man sich im Sommer
wäscht, hat man die Neigung zu übertreiben, weil man sich gerne auf
diese Weise erfrischt. Aber es ist besonders im Winter nötig, gründlich
vorzugehen, um zu einem besseren Ergebnis in der Reinheit zu gelangen.
Dies trifft besonders dann zu, wenn das Wasser kalt ist. Wenn es jedoch
warm ist, passiert das gleiche wie im Sommer mit dem kalten Wasser.
Das Verdienst im Jenseits – *thawab* – das man auf diese Weise erreicht, ist
jedoch geringer als wenn man kaltes Wasser benützt hätte".[3]

Da der Teufel, wie wir schon wissen, überall auf der Lauer liegt, muß
nach jedem Geschlechtsakt die „große Waschung" – *ghusl* – vollzogen
werden. Das Wort *ghusl* ist abgeleitet vom Verb *ghasala*, was außer „waschen" auch „den Koitus vollziehen" bedeutet – *ghasala al-mar'a* (da der

Mann, der mit (s)einer Frau schläft, sie anschließend zwingt, sich zu waschen). Das Verb *ghasala* hat jedoch noch eine zweite Bedeutung, nämlich: (s)einer Frau bis zum Exzeß beiwohnen.[4] – Auch die Entstehung der „großen Unreinheit" – *dschanaba* – wird in den Fatawa Hindya mit gewohnter Präzision beschrieben:
„Es gibt zwei Gründe für die ‚große Unreinheit'. Die erste besteht bei Samenerguß durch Lust – selbst ohne Penetration infolge von Berührung, eines Blickes, eines Traumes oder durch Masturbation [...]. Die Begierde spielt eine Rolle von dem Moment an, in dem das Sperma den Ort seines Ursprungs verläßt und nicht etwa erst von da ab, wo es außerhalb der Eichel austritt [...]. Wenn ein Mann träumt oder eine Frau mit Begehrlichkeit betrachtet und die Begierde so stark ist, daß das Sperma seinen Ursprungsort verläßt, oder wenn der Mann sein Glied so stark preßt, daß die Begierde vergeht und es trotzdem zum Samenerguß kommt, so muß die „große Waschung" vorgenommen werden [...]. Wenn ein Mann die „große Waschung" vor dem Urinieren vornimmt oder vor dem Einschlafen, dann sein Gebet verrichtet und anschließend ein Rest von Sperma austritt, so muß er seine Waschung wiederholen, aber nicht das Gebet [...]. Wenn im Falle eines Traumes das Sperma seinen ursprünglichen Ort verläßt, ohne jedoch am Rande der Eichel zu erscheinen, bedarf es keiner Waschung [...]. Wenn eine Frau sich wäscht, nachdem ihr Mann ihr beigewohnt hat und wenn anschließend das Sperma ihres Mannes sich noch in ihre Vagina ergießt, so muß sie nochmals die kleine Waschung vornehmen. Wenn ein Mann aufwacht und auf seinem Lager oder auf seinem Bett eine Feuchtigkeit vorfindet und sich erinnert, einen nächtlichen Traum gehabt zu haben und damit die Gewißheit hat, daß es sich um Sperma handelt [...], so muß er sich waschen. Wenn er jedoch sicher ist, daß es sich um eine andere Flüssigkeit handelt, braucht er sich nicht zu waschen [...]. Wenn man das Bett feucht vorfindet und der Ehemann diese Feuchtigkeit auf seine Ehefrau zurückführt und die Frau auf den Mann, so müssen sich beide waschen [...].
Der zweite Grund für die große Unreinheit ist die Penetration. Wenn die Penetration in eine der beiden Öffnungen des Partners stattfindet bis zu dem Punkt, wo die Eichel ganz verschwindet, wird der *ghusl* sowohl für den aktiven wie für den passiven Teil obligatorisch, unabhängig davon, ob es zur Ejakulation gekommen ist oder nicht. Wenn der Mann beschnitten ist, muß der *ghusl* in dem Moment vollzogen werden, wo das Glied so weit eingedrungen ist, wie es normalerweise der Eichel entspricht [...]. Das Eindringen in das Geschlechtsteil eines Tieres, eines Kadavers oder eines Kindes, die normalerweise durch den Koitus nicht erregbar sind, zieht nicht die Verpflichtung zum *ghusl* nach sich. Wenn einer Frau an anderer Stelle als ihrem Geschlechtsteil beigewohnt wurde und das Sperma trotzdem in ihre Vagina eintritt, braucht sie sich – sofern sie

Jungfrau oder Witwe ist – nicht zu waschen, denn in diesem Falle gab es
kein Eindringen von der Länge [des Glieds], die der der Eichel entspricht,
noch einen Samenerguß. Wenn sie anschließend schwanger wird, so muß
sie nachträglich die große Waschung vornehmen, da sich inzwischen her-
ausgestellt hat, daß sie Sperma ausgestoßen hat! [...] Eine Frau, die zu-
gibt, einen *Dschinn* zum Geliebten zu haben, der sie besucht und ihr das
gleiche Vergnügen verschafft wie ihr Mann, wenn er mit ihr schläft,
braucht sich nicht zu waschen [...]. Wenn aber ein zehnjähriger Junge mit
einer pubertierenden Frau schläft, so muß die Frau sich waschen, der
Junge jedoch nicht. Es empfiehlt sich jedoch, ihn dazu anzuhalten, damit
er sich an die guten Sitten gewöhnt.

Der Koitus mit einem kastrierten Mann zieht sowohl für den aktiven
wie für den passiven Teil die Verpflichtung zum *ghusl* nach sich. Wenn ein
Mann sein Glied mit einem Chiffon umwickelt und eine Penetration ohne
Ejakulation stattfindet, so gehen die Meinungen in diesem Falle auseinander [...]. Am sichersten ist – falls der Chiffon so fein ist, daß man die
Wärme des Partners spürt und dabei Lust empfindet –, sich anschließend
zu waschen. Auch ein Mann, der einen echten Hermaphroditen pene-
triert, muß sich waschen".

Nicht minder penibel sind die Vorschriften, die für die Frau während
der Menstruation gelten:

„Gott der Erhabene sagte: ‚Und sie fragen dich nach der Menstruation.
Sag: Sie ist eine Plage. Darum haltet euch während der Menstruation von
den Frauen fern, und kommt ihnen nicht nahe, bis sie (wieder) rein sind!
Wenn sie sich dann gereinigt haben, dann geht zu ihnen, so wie Gott es
euch befohlen hat! Gott liebt die Bußfertigen. Und er liebt die, die sich
reinigen" (2, 222).

Da die menstruierende Frau von allen religiösen Handlungen ausgeschlossen ist, sind auch die Bedingungen und Begleiterscheinungen ihrer
„legalen Unreinheit" genau festgelegt:

„Die Menstruation besteht in dem Blut, das aus dem Geschlechtsteil
der Frau fließt während der Zeit, in der sie nicht schwanger ist [...]. Die
Monatsblutungen beginnen ungefähr im 9. Lebensjahr und dauern bis
zum 50. [...]. Das Blut muß außerhalb der Vagina abfließen, selbst wenn
diese Bedingung nur zu erfüllen ist, indem man darauf verzichtet, einen
Tampon zu benützen. Wenn dieser das Blut hindert, aus dem Uterus in
die Vagina abzufließen, so gilt die Frau nicht als Menstruierende. Wenn
eine reine Frau auf dem Tampon oder auf ihrer Unterwäsche Blutspuren
entdeckt, so gilt sie als Menstruierende [...]. Die Monatsblutung muß
eine der sechs folgenden Farben haben: schwarz, rot, gelb, zitronengelb,
grün oder grün-grau. Man prüft die Farbe des Tampons im selben
Moment, in dem er abgenommen wird, nicht erst, wenn er bereits getrocknet ist. Die legale Dauer der Regel beträgt mindestens drei Tage

und Nächte und höchstens zehn Tage und Nächte. Die Periode der Reinheit zwischen zwei Monatsblutungen muß mindestens 15 Tage dauern [...]".[6]

Während der Menstruation – die auch als Periode der „legalen Unreinheit" *(haidh)* bezeichnet wird – darf die Frau weder beten noch fasten oder eine Moschee betreten, es sei denn, sie müsse sich vor einem Banditen oder einem Unwetter dahin flüchten. Auch der Umlauf um die Kaaba – *tawaf* –, die Lektüre oder Rezitation des Korans und aller heiligen Schriften sind ihr während der Periode verboten. Nach al-Buchari berichtet Aischa dazu: „Wir verließen Medina, um die Wallfahrt nach Mekka durchzuführen. In Sarif [ein Ort etwa 20 km nördlich von Mekka] bekam ich meine Tage. Ich war sehr traurig darüber und weinte. Der Gesandte Gottes kam zu mir und fragte: ‚Was ist mit dir? Hast du deine Tage bekommen?' Ich nickte. Er sagte: ‚Gott hat die Menstruation für die Töchter Adams bestimmt. Komme den Pflichten nach, die den Pilgern vorgeschrieben sind, aber verzichte auf die Umrundung der Kaaba".[7]

Andererseits rühmte sich Aischa, sie habe dem Gesandten Gottes das Haar gekämmt, wenn sie ihre Tage hatte, sogar zu Zeiten, da er sich in die Moschee zurückgezogen hatte, um sich ausschließlich dem Dienste Gottes zu widmen: „Er ging zu Aischa in ihre Kammer, und sie, die ihre Tage hatte, kämmte ihm das Haar".[8]

Daß man den Frauen ihre Tage, während derer sie nicht fasten und nicht beten durften, als „mangelhafte Religiosität" anlastete, geht aus einer Anekdote hervor, die Abu Said al-Hudri berichtet: „Anläßlich des Opferfestes [...] begab sich der Gesandte Gottes zum Gebetsplatz. Als er bei den Frauen vorüberkam, blieb er stehen und sagte zu ihnen: ‚Ihr Frauen, ich rate euch, Almosen zu geben! Denn ich habe gesehen, daß die Mehrzahl der Höllenbewohner Frauen sind.' Die Frauen fragten ihn: ‚Wie kommt das, o Gesandter Gottes?' – ‚Frauen fluchen häufig und sind oft undankbar gegenüber ihren Ehemännern. Auch sah ich nie jemanden mit weniger Verstand und geringerer Religiosität als manche von euch! Und ihr könnt selbst einen einsichtigen Mann betören!' Die Frauen fragten: ‚Aber warum ist unsere Religiosität und unser Verstand mangelhaft, o Gesandter Gottes?' Er erwiderte: ‚Ist es nicht so, daß der Zeugenaussage einer Frau nur das halbe Gewicht derselben eines Mannes zukommt?' – ‚Doch, natürlich!' – ‚Der mangelnde Verstand der Frauen ist der Grund dafür! Und ist es nicht so, daß eine Frau während ihrer Menstruation nicht betet und nicht fastet?' – ‚Doch.' – ‚Das ist die mangelhafte Religiosität der Frauen'."[9]

Während der Monatsblutung und in den 40 Tagen des Wochenbetts ist jeglicher Geschlechtsverkehr mit der Frau verboten. Der Ehemann darf seine Frau umarmen, sich neben sie legen und ihren Körper streicheln –

mit Ausnahme des Teils zwischen Nabel und Knien. Umm Salma, eine
der Ehefrauen des Propheten, berichtet allerdings:
„Einmal lag ich mit dem Propheten zusammen unter einer Decke, als
ich meine Tage bekam. Ich rückte von ihm weg, stand auf und zog das
Kleid an, das ich immer während meiner Menstruation trage. Er fragte:
‚Hast du deine Tage bekommen?‘ Ich nickte. Der Prophet nahm mich
anschließend wieder zu sich unter die Decke.“
Und Umm Salma berichtet ferner: „Der Prophet küßte mich, während
er fastete. Und nach dem Geschlechtsverkehr wuschen ich und der Prophet uns, indem wir demselben Gefäß Wasser entnahmen“.[10]
Die Reinheitsvorschriften, die sich in den hier zitierten Texten finden,
erinnern uns an die berühmten Worte Salmans, die al-Ghazali zitiert:
„Der Prophet Gottes hat uns alles gelehrt, selbst die Art und Weise, wie
man seine Notdurft verrichtet“.[11]
Trotzdem spielt in allen Reinheitsvorschriften des Islam die Sexualität
– wenn auch latent – die wichtigste Rolle. Die große Beachtung, die
männlichem wie weiblichem Genitalbereich zukommt und geradezu obsessive Züge aufweist, läßt klar erkennen, daß all diese Prozeduren ent-
worfen und ausgearbeitet worden sind im Hinblick auf die Sexualität.
Der Prophet hatte begriffen, daß „die Sexualität desakralisierend wirkt,
daß durch sie Kräfte entfesselt werden, die dem Menschen zu allen Zeiten
fremd und mysteriös erschienen und die ihn zwangsläufig vom Bereich
des Sakralen trennten“.[12] Die Reinheitsvorschriften, die er – und später
die Rechtsgelehrten und Theologen – ausarbeiteten, hatten letzten Endes
nur zum Ziel, den Menschen wieder in den Stand des Heils zu setzen, ihn
auszusöhnen mit sich selbst. So hat der *ghusl* – die große Waschung – für
Abdelwahab Boudhiba eher eine metaphysische Bedeutung, indem er die
Angst vor den mysteriösen Kräften des Orgasmus, der Monatsblutung
und der Geburt zu überwinden erlaubt. Er bändigt und kanalisiert die
dunklen Mächte der Ekstase und führt in den Zustand der Reinheit zurück, der nach al-Ghazali der einzig wahrhafte Zustand der Dinge sei.
Doch al-Ghazali fügt hinzu, daß diese Reinigungs-Rituale ihr höchstes
Ziel, „den Seelenfrieden und die Beherrschung des Körpers“, nur dann
erreichen können, sofern der Mensch in ständiger Beziehung zum Sakralen steht – das heißt zu Gott und seinem Propheten. Für al-Ghazali genügt
es nicht, nur den Körper zu reinigen. Um sich der Liebe Gottes und seines
Propheten zu versichern, ist es vor allen Dingen nötig, die Seele, das Herz
und den Geist zu reinigen von allen Beschmutzungen – Feigheit, Hab-
sucht, Eifersucht – und sich von allen verbrecherischen Versuchungen des
Teufels fernzuhalten:
„Der Mensch war dermaßen verblendet, daß er sich der unterschiedlichen Ebenen und Bedeutungen der Reinheit nicht bewußt war und nur
ihren oberflächlichen Sinn verstand. Doch dieser ist nur der äußere

Schein, nur das, was an der Oberfläche erscheint, geistiges Flickwerk und äußere Schale eines Kerns, der das eigentliche Ziel ist, das es zu erreichen gilt. Man geht auf eine Suche, die sich von Äußerlichkeiten blenden läßt. Man gibt seine ganze Energie dafür aus und opfert seine ganze Zeit, um sich den Hintern zu waschen, die Kleider zu säubern, die Fassade zu putzen, fließendes Wasser zu finden. Und schon erliegt man der Obsession *(waswasa)* und dem Phantom *(tachayyul)*, zu glauben, daß sich der Vollzug der würdigen *tahara* allein auf dieses Ritual beschränkte! Auf diese Weise verkennt man das Verhalten der Altvorderen, die ihre ganze Kraft, ihre ganze Anstrengung der Reinigung des Herzens widmeten und die gegen den äußeren Anschein voller Nachsicht und Toleranz waren!"[13]

Mit diesen Argumenten lehnte sich al-Ghazali gegen die Heuchler auf, die den tieferen Sinn der Reinigung – so wie er ihnen von Gott und seinem Propheten empfohlen worden war – zugunsten eines oberflächlichen Rituals vernachlässigten, das sie nur noch anfälliger gegenüber den Versuchungen des Teufels machte. In der Einleitung zum dritten Buch seines Monumentalwerkes. ‚Die Wiederbelebung der Religionswissenschaften‘, das den Geheimnissen der *tahara* gewidmet ist, schreibt al-Ghazali:

„Aber der Gipfel ist heutzutage erreicht durch manche Leute, die volkstümliche Praktiken [...] mit Reinlichkeit verwechseln und darin das Fundament des Glaubens sehen. Sie verbringen den größten Teil ihrer Zeit, sich die Nägel zu polieren, wie es die Kosmetikerin mit einer Braut für die Hochzeitsnacht macht! Was das Innere betrifft, so ist es nur eine mit Lastern vollgestopfte Ruine. Hochmut, Selbstgefälligkeit, Ignoranz, Prahlerei und Heuchelei schockieren sie in keiner Weise, lösen bei ihnen keinerlei Mißbilligung aus. Aber wenn einer sich damit begnügt, den *istindscha* mit Steinen zu vollziehen, barfuß zu laufen oder sein Gebet auf der nackten Erde zu verrichten oder auf dem blanken Boden einer Moschee ohne Teppiche [...], wenn einer seine Waschungen mit Wasser vollzieht, das aus dem Eimer einer alten Frau oder eines alten Mannes stammt, deren Frömmigkeit nicht garantiert ist – schon sind welche zur Stelle, ihnen die Hölle heiß zu machen mit endlosen Haarspaltereien, sie zu verfolgen, ihnen alle möglichen Schimpfnamen anzuhängen ...".[14]

Indem sie sich auf die Argumente verschiedener orthodoxer Rechtsgelehrter stützen, haben die Fundamentalisten auch das Problem von Reinheit und Unreinheit wieder aufgegriffen. Da sie sich als die wahren Verteidiger „islamischer Reinheit" begreifen, zeigen sie unverhohlen ihren Abscheu gegenüber allen Dingen, die zu *zina,* zur „Unzucht", verleiten könnten – wie Schminke, Parfüm, moderne Bekleidung, Musik und Tanz. Das alles ist für sie das Menetekel einer neuen *Dschahiliya,* die den Islam auszulöschen droht.

X. Der Schleier und die Verbote des Islam

> „Prophet! Sag deinen Gattinnen und Töch-
> tern und den Frauen der Gläubigen, sie
> sollen sich (wenn sie austreten) etwas von
> ihrem Gewand über den Kopf herunterzie-
> hen [...]".
>
> Koran 33, 59

Zu Beginn des neuen Schuljahrs im Herbst 1989 brach in Frankreich eine
hitzig geführte Debatte aus über einen Vorfall, der – dank der Massen-
medien – als Kopftuch-Affäre weltweites Interesse fand. Die „Kopftuch-
Affäre" wurde zum Präzedenzfall, nicht nur für Frankreich, wo 3 Mil-
lionen Muslime leben, wo mittlerweile an die tausend Moscheen und
Gebetsräume erbaut bzw. eingerichtet wurden und wo es einige hundert
islamische Vereinigungen gibt.

Was war geschehen? In einer Schule am Stadtrand von Paris waren zwei
marokkanische Mädchen – Leila und Fatima – der Schule verwiesen
worden, weil sie verschleiert, d. h. mit islamischer Kopfbedeckung zum
Unterricht erschienen waren. Der Direktor der Schule hatte diese Maß-
nahme „im Namen der laizistischen Verfassung der französischen Republik" beschlossen und verteidigt. Die von ihm geleitete Schule wurde
über Nacht zur Hüterin des Laizismus für die einen, zum Symbol der In-
toleranz für die anderen. Die Meinung der Politiker wie die der alarmier-
ten Öffentlichkeit war gespalten: Die Linken und Liberalen plädierten für
Toleranz, die extreme Rechte malte das finstere Szenario einer islamischen Verschwörung an die Wand, deren Ziel eine „Islamisierung Frank-
reichs" sei.

Die meisten der Intellektuellen, die sich in die Debatte einschalteten
– Journalisten, Historiker und Orientalisten – traten zwar dafür ein, die
Rechte der ethnischen und religiösen Minderheiten zu respektieren;
gleichzeitig verurteilten sie jedoch energisch den islamischen Fundamentalismus, der sich in den letzten Jahren unter den nordafrikanischen Immigranten immer mehr ausgebreitet hat.

Für den bekannten französischen Orientalisten Maxime Rodinson war
die „Kopftuch-Affäre" (l'affaire du foulard) „ein signifikantes Zeichen für
diese massive Rückkehr zum strengen Islam der Frühzeit, von der man
sich das Heilmittel für alle Übel der Zeit, für alle Demütigungen durch

die Gesellschaft, für die hemmungslose Gottlosigkeit und teuflische Zügellosigkeit der menschlichen Natur verspricht. Ist dies verwunderlich?"[1] Der Chefredakteur der Wochenzeitung „Le Nouvel Observateur", Jean Daniel, nahm die Sache sehr viel ernster. In einem Leitartikel mit der Überschrift „Die verschlüsselte Botschaft des Kopftuchs" – schrieb er: „Wenn man gewisse Islam-Spezialisten auffordert, eine Katze eine Katze zu nennen, so antworten sie mit katzenartigen Ausflüchten. Antworten wir also an ihrer Stelle: Wenn junge Mädchen heutzutage in der Schule oder anderswo einen Schleier oder ein Kopftuch, wie Sie wollen, tragen, so hat dies irgendeine Bedeutung. Es handelt sich also nicht um eine modische Koketterie, um die Haare zusammenzubinden oder die Schönheit des Gesichts zu unterstreichen. Es ist nicht einmal der Wunsch aufzufallen, sich zu bestätigen. Die Entscheidung, daß junge Mädchen sich verschleiern müssen, birgt einen doppelte „Botschaft". Sie verweist einerseits auf eine religiöse Bewegung, nämlich den Fundamentalismus. Auf der anderen Seite definiert sie sehr klar den Status der Frau. Man kann darüber unterschiedlicher Meinung sein, vorausgesetzt freilich, daß man weiß, wovon man spricht".[2]

Die „Kopftuch-Affäre" trat in ihre heißeste Phase ein, als sich auch arabisch-muslimische Intellektuelle, die in Frankreich lebten, zu Wort meldeten. „Es ist erlaubt zu verbieten" war der Titel eines Artikels, den der algerische Historiker Mohammed Harbi in der gleichen Nummer des ‚Nouvel Observateur' veröffentlichte. Für Harbi folgt die Kopftuch-Affäre der gleichen Logik wie der Fall Rushdie: „Was sich hinter den einschmeichlerischen Worten der Islamisten verbirgt, die vorgeben, der Schleier sei Ausdruck des Respekts, den man der Frau schuldet, ist der Wille und die Absicht, sie in einem Zustand der Subordination zu halten. Und im Namen dieses „Respekts" wird man morgen verlangen, daß Mädchen und Jungen getrennt zu unterrichten seien oder daß man den Mädchen eine Ausbildung verweigert unter dem Vorwand, dies verstoße gegen ihre Schamhaftigkeit [...]. Indem man im Namen der Toleranz die Zurschaustellung angeblich religiöser Symbole akzeptiert, liefert man denjenigen ein willkommenes Argument, die in den islamischen Ländern die Gleichheit der Geschlechter und die Demokratie verhindern wollen [...]. Vergessen wir nicht, daß die gleichen Leute, die hier [in Frankreich] im Namen der individuellen Freiheit dafür plädieren, daß [muslimische] Mädchen in der Schule den Schleier tragen können, daß eben diese Leute anderswo verlangen, daß alle muslimischen Frauen sich verschleiern, und nicht davor zurückschrecken, diejenigen, die sich dem widersetzen, mit Terror und Gewalt zu verfolgen".

Gegenüber einem so radikal laizistischen Diskurs eines arabisch-muslimischen Intellektuellen hielten die meisten nordafrikanischen Immigranten – Männer und Frauen – ihre Meinung zurück. Doch einige von ihnen gingen in Opposition: Der Schleier sei für sie ein Zeichen ihres Festhaltens an der eigenen Identität und Religion. Das Argument einer türkischen Analphabetin, die seit vielen Jahren in Frankreich lebte, bestätigt den oben angedeuteten „Verschleierungs-Effekt". Sie sagte: „Wenn du auf die Straße gehst, begegnest du einem Franzosen [...]. Und wir, wir machen so, wir verbergen uns so [sie macht eine typische Bewegung mit ihrem Tuch], wenn wir auf die Straße gehen [...]. Sie lachen über uns, wenn sie uns sehen, oder nicht!? [...] Wahrscheinlich sagen sie sich, die wickelt sich ein wie eine Zigeunerin [...]. Aber eines Tages, im Jenseits, werden wir über sie lachen [...]. Bleibst du zu Hause, so fühlst du dich nicht gut, gehst du hinaus, dann kommst du dir komisch vor. Wie sollen die Franzosen verstehen, daß du dich verschleierst, aber daß das, was du im Innern hast, der Islam ist [...]. Es gibt Tausende, die ihren Kopf und ihren Hintern entblößen. Aber das wollen wir nicht. Wir wollen ein Kopftuch tragen".[3]

Der Streit um das Kopftuch, die Diskussion um den Schleier enthält indessen noch weitere verschlüsselte Codes, die es zu dechiffrieren gilt.

Zunächst einmal geht es um die Beziehung zwischen Orient und Okzident – genauer: zwischen christlicher und islamischer Welt. Durch Agitation im Milieu der nordafrikanischen Immigranten, durch die sie ganz besonders die Jugend zu gewinnen suchen, wollen die Islamisten vor allem dem „mächtigen, arroganten, materialistischen und gottlosen Westen" die Stirn bieten.

Eine weitere Botschaft ist folgende: Indem die Islamisten die Arena des Kampfes um den Schleier in die Metropolen Europas verlegen – nach Paris, London, Berlin, Brüssel und Amsterdam –, wollen sie diejenigen laizistischen Regime innerhalb der arabisch-muslimischen Welt herausfordern, die sich an westlichen Modellen orientieren.

Durch die in Frankreich ausgetragene „Kopftuch-Affäre" wollten die in Europa lebenden Fundamentalisten außerdem „ihre Brüder zu Hause" ermutigen, gegen die laizistischen Regime innerhalb der arabisch-muslimischen Welt – wie etwa derjenigen von Marokko, Algerien, Tunesien, Ägypten etc. – entschlossener vorzugehen, in Ländern also, in denen das Schleier-Problem bereits seit Jahrzehnten immer wieder die Gemüter erhitzt. Indem sie den Schleier zum Instrument in der Konfrontation zwischen Orient und Okzident samt den mehr oder weniger säkularen islamischen Ländern machen, wollen sie vor allem das Scheitern der modernistischen Bewegung beweisen, von der die ganze islamische Welt seit Beginn unseres Jahrhunderts erfaßt worden ist und zu deren wichtigsten Zielen die Emanzipation der Frau gehört. Bevor wir jedoch auf die verschiedenen Phasen und Wechselfälle dieser Bewegung – der *Nahda* – zu sprechen kommen, wenden wir uns zunächst noch einmal zurück in die

Geschichte, um zu sehen, welche Rolle dem Schleier in der Frühzeit des Islam zukam.

In seinem Essay ,Die ästhetische Vision des körperlichen und des geistigen Auges'⁴ beschreibt der große libanesische Dichter Adonis, daß der Islam – im Gegensatz zum vorislamischen Heidentum, das sich in der Sprache der Bilder, in Zeichnungen oder Skulpturen ausdrückte – dem Alphabet und damit dem Abstrakten einen höheren Wert beimißt, es für reicher hält und geeigneter, in die Tiefe zu dringen, und schließlich auch für dauerhafter als das Bild. Adonis geht davon aus, daß auch das Phänomen der Verschleierung der Frau in der arabisch-muslimischen Gesellschaft im Lichte dieser Betrachtungsweise zu verstehen ist: „Die Verschleierung ist das natürliche und logische Resultat des Einheitsgedankens [nämlich hinsichtlich Gottes], der das sinnlich Wahrnehmbare und seine Versuchungen ablehnt. Der über die Frau geworfene Schleier wäre demnach nichts anderes als eine Auslöschung ihres Bildes, von dem diese Verführung ausgeht. Mit anderen Worten: Die Verhüllung des Bildes der Frau ist also eine symbolische Bestätigung der Priorität vergeistigter Abstraktion und damit ein Überschreiten der Welt der Sinne und Instinkte".⁵

Diese poetische Interpretation nimmt der Verschleierung der Frau jedoch nicht ihren strafenden und restriktiven Charakter. Denn dieser geht klar hervor aus einem historischen Zwischenfall, der den Propheten Mohammed zur Verordnung des Schleierzwanges provozierte:

In der ersten Zeit nach seiner Auswanderung nach Medina hatte der Prophet die Gewohnheit, die Tür seines Hauses für jedermann offen zu halten. Die Gläubigen kamen zu ihm, um zu beten, zu essen, sich miteinander zu besprechen und den Koran zu rezitieren. Mohammed war damals schon weit über Fünfzig. Seine Ehefrauen – es waren zu jener Zeit fünf – waren alle jung und schön. Mit der Zeit erlaubten sich manche der Besucher, ihnen aufdringliche Blicke zuzuwerfen. Einige Gefährten, die dies bemerkt hatten, kamen zu ihm und sagten: „Die Frommen und die Lasterhaften haben freien Zugang zu deinem Haus. Sie betrachten deine Frauen. Warum befiehlst du nicht den „Müttern der Gläubigen" (Ehrentitel der Ehefrauen des Propheten), sich zu verschleiern?" Gleichzeitig waren Gerüchte im Umlauf, daß gläubige Frauen oft des Nachts, wenn sie das Haus verließen, um ihre Notdurft zu verrichten – zur damaligen Zeit gab es keine Toiletten in den Häusern – von ungläubigen Medinensern belästigt wurden. Der Prophet, betroffen und verwirrt durch die Worte seiner Gefährten und die skandalösen Gerüchte, verkündete daraufhin eines Tages vor den Gläubigen folgende Verse:

„Ihr Gläubigen! Betretet nicht die Häuser des Propheten, ohne daß man euch [...] Erlaubnis erteilt, einzutreten [...]. Und wenn ihr die Gattinnen des Propheten um irgend etwas bittet, das ihr benötigt, dann tut dies hinter einem Vorhang! Auf diese Weise bleibt euer und ihr Herz eher rein" (33, 53).

Dieser neuen Verordnung wurde durch folgende Verse Nachdruck verliehen: „Prophet! Sag deinen Gattinnen und Töchtern und den Frauen der Gläubigen, sie sollen (wenn sie austreten) sich etwas von ihrem Gewand (über den Kopf) herunterziehen. So ist es am ehesten gewährleistet, daß sie (als ehrbare Frauen) erkannt und daraufhin nicht belästigt werden" (33, 59).

Aus beiden Versen geht deutlich hervor, was der ursprüngliche Zweck des Schleiers war: die Frauen des Propheten im besonderen und die gläubigen Frauen ganz allgemein den Blicken der Männer zu entziehen, sie von der übrigen Welt durch einen „Vorhang" – *hídschab* – abzugrenzen. Doch mit der Zeit wurden die Verordnungen noch strenger:

„Und sag den gläubigen Frauen, sie sollen (statt jemanden anzustarren, lieber) ihre Augen niederschlagen, und sie sollen darauf achten, daß ihre Scham bedeckt ist, den Schmuck, den sie (am Körper) tragen, nicht offen zeigen, soweit er nicht (normalerweise) sichtbar ist, und ihren Schal sich über den (vom Halsausschnitt nach vorne heruntergehenden) Schlitz (des Kleides) ziehen [...]. Und sie sollen nicht mit ihren Beinen (aneinander) schlagen und damit auf den Schmuck aufmerksam machen, den sie (durch die Kleidung) verborgen tragen (wörtlich: damit man merkt, was sie von ihrem Schmuck geheimhalten)" (24, 31).

Nach dem Skandal, den Aischa mit der „Halsband-Affäre" provoziert hatte (vgl. Kap. III), wurde der Ton noch autoritärer, mit dem der Prophet sich an die Frauen wandte: „Und bleibt in eurem Haus, [...] putzt euch nicht heraus, wie man das früher im Heidentum [d. h. in der *Dschahiliya*] zu tun pflegte" (33, 33).

Mohammed war nicht mehr der aus Mekka vertriebene, erfolglose Prophet. Es war ihm gelungen, in Medina ein islamisches Gemeinwesen zu gründen, die Keimzelle des zukünftigen islamischen Staates. Doch im Jahr 5 der *Hidschra* (627), in dem der Schleier verordnet wurde, befand sich die noch junge Gemeinschaft des Propheten in einer schweren wirtschaftlichen, militärischen und moralischen Krise. Sie konnte erst fünf Jahre später durch den entscheidenden Sieg der Muslime überwunden werden, durch den zunächst Mekka und schließlich die ganze arabische Halbinsel islamisches Staatsgebiet wurden. Um dieses Ziel zu erreichen, mußte der Prophet seinen politischen Gegnern große Zugeständnisse machen, vor allem hinsichtlich der Freiheitsrechte der Frau: Der „Staatsmann" Mohammed mußte dem Druck einer patriarchalischen Opposition nachgeben, deren Wortführer der frauenfeindliche (spätere Kalif) Omar war. Mit der Verordnung des Schleiers wurde die Frau nicht nur dem Blick der Männer entzogen, sie wurde gesellschaftlich „unsichtbar" gemacht und in den Bereich des „Verbotenen", des „Unantastbaren" – *haram* – verwiesen (daher unser Wort Harem).

Der *hídschab*[6] war fortan nicht nur ein Instrument zur Aussperrung der

Frau aus der Gesellschaft. Er wurde zum Symbol der Mauer, die zwischen dem Islam und allen anderen Religionen und Kulturen aufgerichtet wurde. Immer wieder sprach der Prophet von jenem *hidschab,* den Allah zwischen den Gläubigen und den Ungläubigen, den Getreuen und den Ungetreuen, den Frommen und den Lasterhaften aufgezogen hatte.

Mußte die gläubige Muslimin den *hidschab* tragen, um sich von den ungläubigen und sich prostituierenden Frauen (vor allem aber auch von den Sklavinnen, die man ja weiterhin „belästigen" konnte!) zu unterscheiden, so wurde den gläubigen Männern verordnet, den Turban – *amama* – zu tragen, der gleichfalls die Scheidewand zwischen „Unglaube" und „Glaube" markierte. Die folgende Geschichte, auf die sich die Islamisten heute so gerne beziehen, bestätigt dies:

„Eine Beduinin, die mit einem der Gefolgsleute Mohammeds aus Medina verheiratet war, stellte sich am Markttag vor der Werkstatt eines jüdischen Goldschmieds auf, um ihr Gemüse zu verkaufen. Ein paar jüdische Burschen fingen an, sie zu hänseln und forderten sie auf, ihren Schleier zu lüften, während der Goldschmied etwas an ihrem Rock befestigte, so daß – als sie aufstand – der untere Teil ihres Körpers völlig entblößt war. Alarmiert durch das Geschrei der ihrer Ehre beraubten Gläubigen brachte ein Moslem den Goldschmied um. Daraufhin prügelten die Juden den muslimischen Rächer zu Tode. Die Nachricht von der Ermordung eines *Ansarn* – eines Anhängers Mohammeds –, der die Verletzung des Schamgefühls einer Gläubigen „mit Blut abgewaschen hatte", verbreitete sich in Medina wie der Ruf des Muezzin".[7]

Der Prophet Mohammed, der sich den Juden Medinas gegenüber bis dahin sehr tolerant gezeigt hatte, konnte eine derartig „schwere Beleidigung des Islam" nicht hinnehmen. Er erklärte der mächtigen und einflußreichen jüdischen Gemeinde Medinas den offenen Krieg, vertrieb ihre Mitglieder aus ihrer angestammten Heimat. Diejenigen, die sich weigerten, ins Exil zu gehen, wurden umgebracht. Nach diesem Vorfall gab es in Medina keine Juden mehr. Auch wenn der hier geschilderte Zwischenfall nur der Anlaß und nicht der eigentliche Grund für die Vertreibung der Juden war – Mohammed hatte vergeblich gehofft, die Juden als Verbündete zu gewinnen, doch sie hatten ihren ganzen Einfluß aufgeboten, ihn lächerlich zu machen und als hochstaplerischen Betrüger darzustellen –, so entbehrt dieser Anlaß nicht einer tieferen Symbolik.

Schon vor der triumphalen Rückkehr des Propheten nach Mekka hatte die kleine muslimische Gemeinde Medinas die strengen Regeln des Islam verinnerlicht und unerbittlich durchgeführt: Man denunzierte die ehebrecherische Nachbarin, man verfolgte die Verliebten, man machte Jagd auf die Prostituierten, man fiel über die Trinker her und molestierte die Mädchen, die nicht „islamisch" gekleidet waren.

Dem Schleierzwang sollten noch weitere restriktive Maßnahmen

gegenüber der Frau folgen. Die einschneidendste davon war das den
Männern eingeräumte Recht, ihre Frauen zu schlagen, so wie es in der
vierten Sure ‚Die Frauen' – geschrieben steht:
    „Die Männer stehen über den Frauen, weil Gott sie (von Natur vor die-
sen) ausgezeichnet hat [...]. Und wenn ihr fürchtet, daß (irgendwelche)
Frauen sich auflehnen, dann vermahnt sie, meidet sie im Ehebett und
schlagt sie! [...] Und wenn ihr fürchtet, daß es zwischen einem Ehepaar
(w. zwischen den beiden) zu einem (ernsthaften) Zerwürfnis kommt,
dann bestellt einen Schiedsrichter aus seiner und einen aus ihrer Familie
(um zu vermitteln)! Wenn die beiden sich (dann) aussöhnen wollen, wird
Gott ihnen zu ihrem weiteren Zusammenleben (in der Ehe) Gelingen
geben [...]" (34 f.).
    Der tunesische Historiker Mohammed Talbi geht davon aus, daß diese
beiden Verse nur im Zusammenhang mit der schweren Krise zu verstehen
sind, von der das islamische Gemeinwesen zu jener Zeit erschüttert
wurde. Seiner Meinung nach wurden die Mekkanerinnen, die es in vorislamischer Zeit gewohnt waren, von ihren Männern geschlagen zu werden, ohne sich zu beklagen, von den Medinenserinnen beeinflußt, die sich
„als absolute Herrinnen des Hauses" aufführten und ihren Männern „immer wieder die Stirn boten".[8] Omar, der einflußreichste und frauenfeind-
lichste unter den Gefährten des Propheten, hatte sich als erster beim Propheten über die „Revolte der Frauen" beklagt: „Wir, die Quraish, hatten
immer gegenüber unseren Frauen das Sagen. Als wir dann nach Medina
kamen, mußten wir feststellen, daß bei den *Ansar* [den medinensischen
Gefolgsleuten des Propheten, wörtlich: Helfer] die Frauen dominierten.
Und unsere Frauen fingen plötzlich an, diese Sitte der medinensischen
Frauen nachzuahmen! Einmal schimpfte ich mit meiner Frau, da antwortete sie mir in barschem Ton. Als ich sie deshalb tadelte, entgegnete sie:
‚Warum machst du mir Vorwürfe, wenn ich etwas einzuwenden habe?
Bei Gott, sogar die Ehefrauen des Propheten dürfen ihm widersprechen
und sich ihm widersetzen!'"[9] Aus Angst, seine Gemeinde könnte sich
wegen dieser heiß diskutierten Frage spalten, machte der Prophet – ge-
schwächt durch militärische Niederlagen – dem Streit durch eine entsprechende Offenbarung ein rasches Ende: Wieder einmal hatte Gott zugunsten der Männer entschieden. Sie durften ihre Frauen fortan mit Allahs
Segen züchtigen!
    Mohammed Talbi weist nach, daß die Periode, die den zitierten Koran-
versen vorausgegangen war, verhältnismäßig „liberal" war. Aus Respekt
gegenüber den Medinensern, die ihn nach seiner Auswanderung aufgenommen und unterstützt hatten, legte der Prophet den mit ihm geflohe-
nen mekkanischen Männern nahe, die Frauen nicht zu schlagen. Doch
mit der Zeit hatte der tägliche Kontakt zwischen „Auswanderern" – den
Mekkanern – und „Helfern" – den Medinensern – zu neuen Verhaltens-

weisen geführt, zu einer veränderten Mentalität. Die so entstandene Situation hatte das islamische Gemeinwesen in zwei „Parteien" gespalten, in eine „feministische" und eine „antifeministische". Die „Feministen" wurden angeführt von Umm Salma, einer der Ehefrauen des Propheten. Die frauenfeindlichen Machos versammelten sich um Omar Ibn al-Chattab, der keinerlei Skrupel hatte, Gewalt gegen Frauen anzuwenden. Er selbst hatte dem Propheten einmal berichtet, er habe seiner Frau Dschamila Bint Thabit einen Schlag versetzt, der sie zu Boden warf. Auch seine Schwester Fatima soll er mit solcher Gewalt geschlagen haben, daß Spuren davon zurückblieben.[10]

Der Prophet hatte lange Zeit an seiner Meinung festgehalten, daß man Frauen nicht schlagen dürfe. Doch letzten Endes mußte er sich dem Druck der mekkanischen Männer um Omar beugen und nahm das Recht des Mannes, seine Frau zu „züchtigen", in den Katalog der sich ständig verschärfenden Maßnahmen gegen die Frauen auf. Umm Salma und die „Feministinnen" Medinas mußten sich geschlagen geben.

Aus vielen historischen Quellen geht hervor, daß Umm Salma eine mutige Frau von starkem Charakter war. Hatte sie doch, obwohl verwitwet und Mutter von vier Kindern, den Eheantrag des Propheten zunächst mit der Begründung abgelehnt, sie sei sehr eifersüchtig – im Klartext: sie sei nicht bereit, eine unter mehreren Ehefrauen zu sein! Auch nach der Eheschließung mit Mohammed trat sie unbeirrbar für die Gleichheit zwischen Mann und Frau ein. Sie plädierte sogar dafür, daß auch die Frauen an den Schlachten teilnehmen sollten. Mit zunehmendem Alter wurde sie zu einer anerkannten Autorität und genoß das Vorrecht, in allen Angelegenheiten der Gemeinschaft konsultiert zu werden. Ihre Ideen übten einen großen Einfluß auf die Frauen Medinas aus. Eine von ihnen wagte es gar, in aller Öffentlichkeit mit folgenden Argumenten vor den Propheten zu treten: „Ihr wurdet von Gott für Männer und Frauen gesandt. Unser aller Vater ist Adam. Und unser aller Mutter ist Eva. Warum also spricht Gott immer nur von Männern und nicht von uns?"[11]

Zwischenfälle wie diese machen deutlich, daß die „Revolte der Frauen" eine Form angenommen hatte, die auch diejenigen beeinflußte, die bisher der Meinung waren, daß die Unterlegenheit der Frau ein gottgewolltes Schicksal sei. Für Omar, einen Mann, den alle Historiker einmütig als rüde, ja gewalttätig gegenüber Frauen beschreiben, war eine solche Entwicklung unerträglich. Er mußte den Propheten zu einer harscheren Haltung, zu einem männlichen „Machtwort" überreden, um diese erste feministische Bewegung des Islam im Keim zu ersticken. Indem Mohammed sich auf die Seite Omars schlug, verlieh er dem Islam jenen autoritären Charakter gegenüber der Frau, der die Wurzel sehr vieler Übel ist, an denen die arabisch-islamischen Gesellschaften bis heute leiden.

Erotik und Sexualität im Banne einer „Überwachungsgesellschaft"

Nach dem Sieg über Mekka und der Errichtung des ersten islamischen Staates auf der arabischen Halbinsel nahmen die restriktiven Maßnahmen, mit denen der Prophet in das tägliche Leben der Menschen eingriff, derartige Dimensionen an, daß es fast keinen Bereich mehr gab, der nicht bis ins letzte Detail reglementiert war: die Art, sich zu kleiden, zu essen, zu koitieren, sich zu waschen, zu defäkieren [...] und selbst die Blicke unterlagen der „islamischen Zensur": Die rigorose Trennung der Geschlechter war ein *fait accompli*. Prüderie und Schamhaftigkeit wurden zu einem hohen sittlichen Wert von öffentlichem Interesse stilisiert und bezeichneten von nun an die Demarkationslinie zwischen der heidnischen Gesellschaft der *Dschahiliya* und der neu entstandenen muslimischen Gesellschaft. Diejenigen, die jene Grenzlinie überschritten, wurden streng bestraft. Die Prophetie Mohammeds war nicht mehr nur jene grandiose Leidenschaft, die die Gläubigen zuvor vorangetrieben hatte, für Allah zu sterben. Aus der Heilsbotschaft war eine gigantische, wohlorganisierte und überwachte Institution geworden, die über das Verhalten der Individuen und der gesamten Gemeinschaft wachte.

In den ersten Jahren nach dem Tod des Propheten tat sich ein weiteres Dilemma auf, das die „Verwalter des Glaubens" – die Theologen – in zwei Lager spaltete: Reichte der Koran alleine als Katechismus des Glaubens und des Gesetzes aus, oder mußte er durch die Aussprüche des Propheten ergänzt werden? Der erbitterte Streit ging schließlich zugunsten derer aus, die auch im *Hadith* eine verbindliche Richtschnur des Glaubens sahen. Um dem inneren Disput ein Ende zu machen, beschloß Othman, der dritte Nachfolger des Propheten, eine offizielle, endgültige Version des Korans herauszugeben, dessen Verse und Suren bis dahin auf den Schulterknochen der Kamele, auf Palmblättern und Steinplatten oder in den Herzen der Gefährten Mohammeds „eingeschrieben" waren. Diese von Othman autorisierte Fassung sollte bis auf den heutigen Tag unverändert bleiben.

Doch bald stellten die Muslime fest, daß der Text des Korans an vielen Stellen hermetisch verschlüsselt und für die Massen der Gläubigen unverständlich war. Es entstand eine neue theologische Disziplin – *ilm attafsir* –, die Wissenschaft von der Interpretation. Die Theologen *(ulama)* stürzten sich auf diesen neuen Zweig ihrer Zunft, analysierten und „interpretierten" jeden Vers des Korans bis ins letzte Detail. Das Resultat jener langen und verbissenen Arbeit war, daß sich die Interpretationen der Rechtsgelehrten fast in jedem Punkt widersprachen.

Am Ende dieser erbitterten Polemik über die Auslegung des Korans zeichneten sich zwei Richtungen ab: Für die erste, die sich am „schönen Beispiel des Propheten" orientierte, war der Koran ungeschaffen, von ewiger Dauer und unnachahmbar. Kurz: Jede andere Quelle – einschließlich des *Hadith* – ist von untergeordneter Bedeutung. Die zweite, flexiblere Tendenz betrachtete das Leben als unendlich variabel, wohingegen die gesetzgebenden Texte limitiert seien, wie es der iranische Soziologe Shahrastani (gest. 1153) später formulierte. Folglich sah man den Koran als eine wichtige Grundlage, aber nicht als einzige Quelle der Weltdeutung und Richtschnur der gläubigen Massen.

Der Theologenstreit über die Auslegung des Korans begann schon unter den Omajjaden und endete zur Zeit der Abbasiden (vgl. Kap. XII). Unter dem Kalifen Harun ar-Rashid hatte sich die Polemik wieder einmal über folgender Frage zugespitzt: Ist der Koran erschaffen oder unerschaffen – ist er „Kreation" oder „Offenbarung"? Die mutazilitische Schule, zu der Denker und Theologen gehörten, die der griechischen Philosophie nahestanden, sprach sich für die „Erschaffenheit" des Korans aus. Die Reaktion der orthodoxen, rigoristischen Theologen – vertreten durch den Imam Ahmad Ibn Hanbal (gest. 855) – war derart heftig, daß der Kalif al-Mamun, der Nachfolger Harun ar-Rashids, es mit der Angst zu tun bekam und die freie Auslegung des Korans, den *idschtihad*, für beendet erklärte.

Doch auch die Ansprüche des Propheten selbst waren Anlaß ständiger Auseinandersetzungen zwischen den Schriftgelehrten. Manche von ihnen unternahmen lange, beschwerliche Reisen durch die Länder des islamischen Reiches, um Aussprüche des Propheten zu sammeln, die noch nicht „erfaßt" waren. Einige von ihnen rühmten sich, über 100000 solcher Sprüche zusammengetragen zu haben. Im neunten Jahrhundert – also zwei Jahrhunderte nach dem Tod des Propheten – war aus der ungeheuren Arbeit, die von den Theologen unternommen worden war, um das Gedächtnis der Gefährten Mohammeds – Männer wie Frauen – nach dessen Gewohnheiten und Redensarten zu erforschen, eine neue Disziplin entstanden: *ilm al-hadith,* die Wissenschaft von der Überlieferung. Natürlich waren nach dem Tod des Propheten unzählige erfundene und falsche *Hadithe* in Umlauf gekommen, die unterschiedliche politische Meinungen stützen sollten. Es galt also, die authentischen Aussprüche von den gefälschten zu sondern.

Zu den wichtigsten und seriösesten *Hadith*-Sammlungen gehört das berühmte Werk ‚*Al-dschami as-sahih',* kurz: as-sahih, (das Korrekte) des Imam al-Buchari. Al-Buchari (gest. 870), der methodisch und systematisch vorging, hatte über tausend Personen befragt und 600000 *Hadithe* zusammengetragen. Bis heute sind sich die Theologen darüber einig, daß die Auswahl al-Bucharis nach wissenschaftlichen Kriterien erfolgte. Al-Bucharis Sammlung gilt als die beste. Manche Muslime waren der

Ansicht, al-Bucharis Buch könne sie sogar vor Katastrophen wie der Pest, Überschwemmungen und Feuersbrünsten schützen.

Obwohl der Prophet bekannt hatte, daß er die Frauen den Männern vorzog, waren die Frauen die ersten Opfer des sich über die Jahrhunderte hinziehenden Interpretationsstreits: Im Zweifelsfalle legte man jede unklare Aussage zu Lasten der Frauen aus. Jede Rechtsschule, jede Strömung, jeder Kalif und jeder Imam interpretierte den einen oder anderen Koranvers, das eine oder andere *Hadith* in seiner Weise, um seine Haltung gegenüber der Frau zu rechtfertigen. Die Phallokraten, Machos und Misogynen wurden es nicht müde, in den heiligen Texten immer wieder Stellen auszumachen, die sie in ihrem Sinne ausschlachten und manipulieren konnten. Mehr noch als der Koran selbst wurde das *Hadith* zur Rechtfertigung frauenfeindlicher Maßnahmen herangezogen.

Und war eine Stelle partout nicht zu finden, kam ihnen die Phantasie zu Hilfe. So konnte es geschehen, daß sich selbst unter den als authentisch – *sahih* – angesehenen *Hadithen* immer wieder Aussprüche befanden, die dem Propheten fälschlicherweise unterschoben wurden – zum Beispiel von Abdullah Ibn Umar, der dem Gesandten Gottes folgenden Ausspruch in den Mund legte: „Unheil kann durch die Frau, das Haus und das Pferd heraufbeschworen werden."

Obwohl Aischa die Echtheit dieses *Hadith* glaubwürdig widerlegt hatte, wurde es von al-Buchari in seine Sammlung aufgenommen (*Sahih*, S. 334). Ähnlich dubiosen Ursprungs sind Aussprüche wie diese, wonach der Prophet gesagt haben soll, „daß der Hund, der Esel und die Frau das Gebet unterbrechen, wenn sie vor dem Gläubigen vorbeigehen, denn sie stellen sich zwischen ihn und die *Qibla* (die Gebetsrichtung nach Mekka)".

Oder: „Häng deine Peitsche da auf, wo die Frau sie sehen kann." Und: „Es ist besser für einen Gläubigen, von einem Schwein beschmutzt zu werden, als mit seinem Ellenbogen den einer Frau zu berühren, die ihm nicht erlaubt ist".

Auch viele der von al-Ghazali wiedergegebenen Überlieferungen halten der historischen Kritik nicht unbedingt stand und dienten manchmal eher dazu, seine theoretischen Ausführungen zu beleben und zu untermauern. Doch unabhängig von ihrer Glaubwürdigkeit sind auch gelegentliche „fromme Fälschungen" insofern interessant, als sie, wenn schon nicht die historische, so doch eine kulturgeschichtliche Wahrheit widerspiegeln und damit die bereits geschilderten unterschiedlichen Strömungen und Geisteshaltungen in den ersten Jahrhunderten der Geschichte des Islam.

Die Feministinnen und diejenigen Männer, die für die Frauen Partei ergriffen, hatten keine Mühe, derartige Auswüchse der Misogynie mit *Hadithen* zu konterkarieren, die von der Großmut des Propheten zeugten.

Beispielsweise hatte er zu den Männern Mekkas gesagt: „Möge niemand von euch seine Frau schlagen wie einen Sklaven und dann am Ende des Tages Geschlechtsverkehr mit ihr haben".[12] Und hatte der Prophet diejenigen, die keine Söhne hatten, nicht getröstet mit den Worten: „Wer eine Tochter hat und diese ordentlich erzieht, ordentlich ernährt und ihr in reichlichem Maße die Güter zuteil werden läßt, die ihm Gott beschert, den bewahrt sie vor der Hölle und sie ebnet ihm den Weg zum Paradies".[13]

Im Gegensatz zur allgemeinen Meinung, die Geburt eines Mädchens sei für die Familie eher ein Unglück, scheint auch al-Ghazali in diesem Punkt ganz anderer Meinung zu sein. Im Kapitel über ‚Die Geburt von Kindern' schreibt er: „Der Mann soll sich nicht allzu sehr freuen über die Geburt eines Knaben und über die eines Mädchens nicht übermäßig traurig sein, denn er weiß nicht, von welchem von beiden er mehr Gutes zu erwarten hat. Wie mancher Vater eines Sohnes wünscht, daß er keinen hätte oder daß es eine Tochter wäre. Jedenfalls bereiten die Töchter weniger Sorge und sind die Ursache größerer Belohnung".[14]

Der berühmteste unter den Theologen, die sich bemühten, aus Koran und *Hadith* restriktive frauenfeindliche Gesetze zu destillieren, war Ibn Taimiya (1263–1328), der heute als geistiger Vater der islamischen Fundamentalisten gilt. Sein Buch „Der Schleier der Frau und die Art und Weise, wie sie sich beim Gebet zu kleiden hat"[15] gehört zu ihrer Lieblingslektüre. Der syrische Islamist Mohammed Nasr ad-Din al-Albani glaubt gar, daß die Lektüre Ibn Taimiyas die arabisch-muslimische Jugend vor den Übeln der westlichen Zivilisation bewahren könnte.

Die von Ibn Taimiya vertretene Mythologie des Schleiers als Ausdruck der „Reinheit der Frau" verweist das weibliche Geschlecht an den ihr in der islamischen Gesellschaft zugewiesenen Platz: in die völlige Anonymität eines reinen Geschlechtswesens, einer Un-Person.

Die Lektüre dieses Buches von 50 Seiten Umfang vermittelt jedenfalls eine klares Bild über die der Frau zugedachte Rolle – eine Rolle, wie sie noch heute von den Fundamentalisten konzipiert wird. Nach Ibn Taimiya muß jede muslimische Frau völlig verschleiert sein, vor allem, wenn sie das Haus verläßt oder einem Fremden entgegentritt. Nichts darf zu sehen sein, weder Haare noch Gesicht oder Augen. Während des Gebets darf sie zwar das Gesicht entschleiern, dafür muß sie aber die Füße bedecken.

Ibn Taimiya schreibt auch den weiblichen Domestiken und den Sklavinnen vor, den Schleier zu tragen – vor allem dann, wenn sie sehr schön sind, denn ihre Schönheit könnte ja zu Zwietracht innerhalb der Gemeinschaft führen. Und da für ihn jeder Teil des weiblichen Körpers *aura* – Blöße – ist, verbietet er den Frauen selbst, sich gegenseitig zu betrachten, wenn sie nackt sind. Auch darf eine Muslimin nicht zusammen mit einer Ungläubigen ins *Hammam* gehen – genausowenig wie es ihr erlaubt ist, allein mit einem Schwager, einem Stiefsohn, einem nahen Cousin oder einem Sklaven zu sein.

Als Ibn Taimiya solcherlei schrieb, befand sich die arabisch-muslimische Welt bereits auf dem Weg der Dekadenz. Bagdad, die strahlende Metropole des „liberalen Islam" (vgl. Kap. XII) und einer Kultur der Toleranz, lag in Schutt und Asche. Für die weltoffenen Geister der Glanzzeit des Islam gab es bald keinen Platz mehr. An ihre Stelle traten buchstabengläubige Scheichs. Ibn Taimiya war einer von ihnen, dessen Denken die Meinung aller Theologen in den folgenden Jahrhunderten stark beeinflußt hat.

Um die Mitte des 18. Jahrhunderts tauchte plötzlich aus einer Oase inmitten der arabischen Wüste ein sittenstrenger Theologe namens Mohammed Ibn Abdalwahhab (1703–1792) auf. Er hatte sich zum Ziel gesetzt, die Ideen Ibn Taimiyas zu neuem Leben zu erwecken und dem orthodoxen Islam eine Renaissance zu bereiten. In religiös-politischer Allianz mit Mohammed Ibn Saud, dem Begründer Saudiarabiens, gelang es ihm in wenigen Jahren, den Wahhabismus – eine streng puritanische Auffassung des Islam – zur staatstragenden Glaubenslehre der neuen Dynastie zu machen. Zu deren Kern gehört die nahezu völlige Aussperrung der Frau aus dem öffentlichen Leben und ihre totale Unterwerfung unter das Gesetz eines rigiden Islam. Es sollte noch über hundert Jahre dauern, bis die Debatte über Rolle und Rechte der Frau durch die Reformbewegung des ausgehenden 19. Jahrhunderts von neuem auf die politische Agenda kam.

„Verschleierung" und „Entschleierung" verweisen – über ihre unmittelbare Bedeutung hinaus – in verschiedene Epochen der arabisch-islamischen Geschichte. Wurde die Frau verschleiert, so stand es meist nicht zum Besten um Staat und Gesellschaft. Der Schleier war immer Ausdruck von Krisen, die der Islam im Laufe seiner Geschichte erlebte – wie etwa in den ersten Jahren nach seiner Verkündigung, als in Medina und Mekka der Bürgerkrieg drohte, und während der Jahrhunderte des politisch-kulturellen Niedergangs, in denen er sich auf sich selbst zurückzog und sich durch Strenge, Unduldsamkeit und Gewaltherrschaft zu behaupten suchte. In Zeiten, in denen die politische Macht des Islam unangefochten war und er sich anderen Religionen und Zivilisationen gegenüber tolerant und offen zeigte, konnten sich auch die Frauen einen gewissen Freiheitsraum erobern.

Mit anderen Worten: Der Schleier ist ein Symbol der Unsicherheit und Angst, der Verzicht auf ihn signalisiert hingegen Toleranz, Selbstbewußtsein und Weltoffenheit. Noch etwas Wesentliches kommt hinzu: In Gesellschaften und Kulturen, in denen die Frauen individuelle Freiheit genießen, werden die sexuellen Tabus und Verbote im Laufe des Sozialisierungsprozesses von beiden Geschlechtern so stark verinnerlicht, daß die Beherrschung des Sexualtriebs der Verantwortung und Kontrolle des

Individuums überlassen werden kann. Der islamischen Gesellschaft ist es dagegen offensichtlich nicht gelungen, ihre Mitglieder – vor allem ihre männlichen – auf eine solche Verinnerlichung sexueller Tabus hinzuführen. Die Einhaltung moralischer Normen muß also durch äußere Maßnahmen erzwungen werden: durch rigorose Trennung der Geschlechter, Einsperrung bzw. Verhüllung der Frau und ihre permanente Überwachung.

XI. Das vorweggenommene Paradies

> „Ohne die Lüste wäre der Mensch unvoll-
> kommen".
>
> Ibn Chaldun[1]

Nachdem die Diskussion über Sexualität und Erotik lange Zeit von den fundamentalistischen Moralisten als eine „ketzerische Debatte von Homosexuellen und verwestlichten Sittenverderbern" denunziert worden ist, haben sie sich vor kurzem schließlich doch in die Debatte eingeschaltet, und zwar mit folgender abstrusen Idee: Die sexuelle Erfüllung solle und werde erst im Jenseits, im Paradies stattfinden – und nur dort. Denn das diesseitige Leben sei ausschließlich der Verehrung Gottes und seines Propheten gewidmet.

Könnte man sicher sein, zu den „Auserwählten" zu gehören – wohlgemerkt: zu den männlichen Auserwählten –, die am Tag der Auferstehung Einlaß finden im Paradies, so wäre dieser Vorschlag durchaus erwägenswert und mancher Kummer bliebe uns hienieden erspart. Denn der Koran schildert uns das Paradies in über dreihundert Versen als einen Ort ewiger Schönheit und der nie endenden sexuellen Wonnen:

„Sie (d. h. die Frommen, die in das Paradies eingegangen sind) liegen (darin behaglich) auf Betten, die mit Brokat gefüttert sind. Und die Früchte der Gärten hängen tief (so daß man sie leicht pflücken kann) [...]. Darin (d. h. in den Gärten) befinden sich (auch), die Augen (sittsam) niedergeschlagen, weibliche Wesen, die vor ihnen [...] weder Mensch noch Dschinn entjungfert hat. [...] Sie sind (so strahlend schön), wie wenn sie aus Hyazinth und Korallen wären" (55, 54–58).

Die koranische Paradiesesvorstellung hat viele Poeten und selbst Theologen und Gottesmänner zu immer neuen phantastischen Schilderungen angeregt. Der aus Medina stammende Dichter Omajja Ibn Abi s-Salt schwärmt: „Honig, Milch, Wein und Weizen gibt es dort; frische Datteln, Äpfel, Granatäpfel, Bananen, klares Wasser. Auch Jungfrauen trifft man dort, die folgsamen Puppen gleichen, zart, auf Ruhebetten liegend, keusch, sie sind die Gattinnen [...]. Auf Kissen siehst du die Jungfrauen liegen! Wirklich, dort ist Schönheit, dort ist Wonne! [...] Geschmückt ist man mit Armreifen aus Silber, aus edlem Gold und Juwelen. Kein störendes Geschwätz, kein Schelten gibt es dort, keinen bösen Dämon, niemanden, der Tadelnswertes tut! – Und einen Becher, der dem Zecher

keinen Kater bewirkt – an seinem schönen Trunk ergötzt sich der Zechgenosse!"[2]
Ungezählt sind die *Hadithe* und andere Überlieferungen, in denen das Paradiesesleben als eine einzige Orgie der Sinne ausgeschmückt und beschrieben wird. Zu den berühmtesten und populärsten Darstellungen des himmlischen Lustgartens gehören die Berichte zweier Geistlicher, des nordafrikanischen Imams Abd ar-Rahman Ibn Ahmad al-Qadi[3] und des ägyptischen Imams und Polyhistors Dschalal ad-Din as-Suyuti.[4] Nach ihrer minutiös detaillierten Beschreibung ist das Paradies ein riesiger Garten mit acht Toren aus massivem Gold, die mit den erlesensten Edelsteinen verziert sind. Auch die acht Häuser – *diyar* – des Paradieses sind aus kostbaren Steinen erbaut, zwischen ihnen fließen Bäche mit klarem Wasser, Honig, Milch und Wein. Die Bäume des Paradieses sind von ewigem Grün. Unter manchen von ihnen wachsen gesattelte und aufgezäumte Pferde, mit denen die Auserwählten Gottes durch das Paradies reiten.
As-Suyuti vergaß nicht, uns auch den Speisezettel des Paradieses mitzuteilen und daß die Nahrung „immerwährend" sei. Wenn die Auserwählten gegessen oder getrunken hätten, so träte ihnen nur ein leichter Hauch von Schweiß auf die Haut – frisch und wohlduftend wie Moschus. Der Imam versichert, die Paradiesbewohner hätten kein Gesäß, denn dieses diene ja nur der Entleerung und eine derartig banale Handlung fände im Paradies nicht statt.
Das ganze Paradies ist laut as-Suyuti von weiblichen Wesen, den Huris – schönen, schwarzäugigen Jungfrauen – bevölkert, die weiße, gelbe, grüne oder rote Gesichter und große, schwarze Gazellenaugen haben. Von den Zehen bis zum Knie duften sie nach Safran, von den Knien bis zu den Brüsten nach Moschus, von den Brüsten bis zum Hals nach Ambra und vom Hals bis zu den Haarspitzen nach Kampfer. Spuckt eine Huri auf den Boden, so wird ihr Speichel sogleich zu Moschus. Auf ihren Brüsten steht der Name ihres (einstigen) Ehemannes zusammen mit einem der 99 Schönen Namen Gottes. An jedem Arm tragen sie goldene Armbänder, an jedem Finger zehn Ringe und an jedem Fuß zehn Reifen, besetzt mit kostbaren Steinen und Perlen. Alle *Huris* sind in Liebe zu ihren (einstigen) Ehemännern entflammt.[5]
Die Auserwählten gehen natürlich keiner Arbeit nach; sie kennen keine Sorgen und keine Krankheit. Von Tag zu Tag werden sie schöner, und ihr Appetit wird immer größer. Wenn sie den Liebesakt vollziehen, „währt ihr Orgasmus schier unendlich – exakt 80 Jahre lang". An diesem Punkt gerät der Imam geradezu in Ekstase und teilt seinen staunenden Lesern mit, daß sich die Auserwählten „ständig im Zustand der vollkommenen Erektion befinden. Jedes Mal, wenn sie mit einer *Huri* schlafen, finden sie die Schöne als Jungfrau vor. Die Erregung ist bei jedem Koitus so gewaltig, daß ein Sterblicher in Ohnmacht fallen würde".[6]

Diese enthusiastische Beschreibung des Paradieses als einer wundervollen Stätte der vollkommenen Lust und des immerwährenden Orgasmus ist eine treffende Parabel auf die sexuellen Obsessionen einer Männergesellschaft, in der die Frau vor allem als Geschlechtswesen und Lustobjekt wahrgenommen wird. Wenn die Fundamentalisten heute auch die Sexualität selbst ins Jenseits verbannen wollen, so richten sie sich allerdings gegen den Islam selbst, der ihr einen privilegierten Platz einräumt. Nichts gilt im Islam als bedrohlicher und nichts ist mehr zu fürchten, als ein sexuell frustriertes Mitglied seiner Gemeinde. Die Verweigerung oder Vernachlässigung der „ehelichen Pflicht" ist einer der wichtigsten Scheidungsgründe – für den Mann wie für die Frau. Der Islam kennt weder Mönchtum und Zölibat noch die Askese. In der dritten Sure des Koran, Vers 14, lesen wir: „Den Menschen erscheint es herrlich, zu lieben, wonach man Lust hat: Frauen, Söhne, Zentner von Gold und Silber [...], Pferde, Vieh und Saatfelder" – alles bestimmt zum „Gebrauch" im diesseitigen Leben. Die Frau als Objekt der Lust und der Begierde steht hier in schöner Eintracht mit Gold- und Silberbarren, Pferden, Vieh und Saatfeldern. Und der Koranvers „Die Frauen sind für euch und ihr für sie (wie) eine Bekleidung [...]" (2, 87) klingt wie eine Paraphrase des Geschlechtsakts selbst.

Die sexuelle Manneskraft des Propheten selbst – nach einer Überlieferung war ihm die Potenz von 40 Männern verliehen – steht ebenfalls in eklatantem Widerspruch zur These mancher Islamisten von der Gottgefälligkeit sexueller Enthaltsamkeit in diesem Leben. Und wenn Mohammed kurz vor seinem Tod gesagt haben soll: „Ich werde den Männern nach mir keinen größeren Unruheherd hinterlassen als die Frau",[7] so schwingt doch in diesem Ausspruch der Unterton eines ewigen Ausgeliefertsein des Mannes an das Weib mit, das – wie das Beispiel Zulaichas deutlich zeigt – ständiger Quell der Unordnung und des Chaos ist. Aus diesem und manch anderem vermeintlich frauenfeindlichen Ausspruch des Propheten ist deutlich zu erkennen, wie sehr er selbst für weibliche Reize empfänglich war.

Und konsequenterweise hat Mohammed auch seinen Gläubigen immer wieder empfohlen, sich der Fleischeslust hinzugeben – sofern es in der vom Islam gesetzten Form, nämlich der Ehe – *nikah* – geschah (was ursprünglich gleichbedeutend mit „Koitus" war!).

Die 25 *Hadithe* des Corpus von Nawawi (gest. 1277) rechnen die körperliche Liebe zu den „geheiligten Werken", die Gott und seinem Propheten wohlgefällig sind. Nawawi berichtet:

„Einige unter den armen Gefährten, die den Propheten auf seiner Auswanderung nach Medina begleiteten, sagten zu ihm: ‚Es ist das Geld, das all die Belohnungen im Jenseits bringt, die Gott verspricht! Die Reichen beten genauso wie wir beten. Sie fasten wie wir fasten. Aber außerdem können sie mit dem Gewinn, den sie mit ihrem Besitz machen, noch Almosen geben, während wir nichts haben, das wir den Armen spenden könnten!"

Daraufhin antwortete ihnen der Prophet: „‚Ihr glaubt wohl, Gott habe euch nichts gegeben, um Almosen zu spenden?! Jede Lobpreisung Gottes ist ein Almosen! Jede Erhöhung Gottes ist ein Almosen! Jedes Lob Gottes ist ein Almosen! Jede Wohltat ist ein Almosen! Und mit jedem Akt der Fleischeslust [die ihr einander bereitet] gebt ihr ein Almosen.‘ Die erstaunten Gefährten fragten: ‚Wie, o Prophet Gottes werden wir [etwa] belohnt dafür, daß wir unsere [sexuellen] Bedürfnisse befriedigen?‘ Und der Prophet antwortete: ‚Es auf unerlaubte Weise zu tun, bedeutet eine Strafe! Aber es in der erlaubten Form zu tun, bringt eine Belohnung!‘ "[8]

Abdelwahab Bouhdiba kommentiert diesen *Hadith* folgendermaßen: „Der Orgasmus ist eine Lust, eine Sinnenfreude. Jedoch eine geteilte. In der Lust, die man dem anderen bereitet und zugleich sich selbst, liegt dieser Akt der Frömmigkeit, der dem Fasten und dem Gebet vergleichbar ist und der hier der Nächstenliebe zugerechnet wird! Eros und Agape sind beide Teile der Sexualität. Die im anderen erlebte Sexualität ist ebenfalls eine Projektion Gottes".[9]

Der Prophet Mohammed berichtete seinen Gefährten, daß der Erzengel Gabriel ihm viele Offenbarungen überbrachte, während er mit Aischa, seiner Lieblingsfrau, im Bett lag. Aischa erzählte ihrerseits gerne: „Der Prophet streichelte mich, umarmte mich und lutschte mir die Zunge". Immer wieder ermahnte Mohammed – so wird es überliefert – die Männer, ihre Frauen „nicht wie die Tiere zu besteigen". Der sexuelle Akt wird von ihm nicht als ein rascher individueller, sondern als ein gemeinsamer beschrieben, der lange dauern muß. Der Mann muß seinen Körper durch den Körper der Frau entdecken – und umgekehrt. So wie den Männern nahegelegt wird, den Geschlechtsakt durch ein zärtliches Liebesspiel einzuleiten, so werden die Frauen ermahnt, sich schön zu machen, reinlich zu sein und sich ihren Ehemännern nicht zu verweigern. Einer jungen Frau, die heiraten wollte und sich nach den Rechten des Ehemannes beim Propheten erkundigte, antwortete er: „Der Mann hat von der Frau folgendes zu beanspruchen: Wenn er sie begehrt, darf sie sich ihm nicht versagen, auch wenn sie auf dem Rücken eines Kamels säße".[10]

Die islamische Vision von Sexualität ist also auf lustvolle Erfüllung, nicht auf Enthaltsamkeit gerichtet. Der christliche Gedanke des sündigen Fleisches liegt ihr ebenso fern wie die paulinische Empfehlung, „keine Frau zu berühren". Im Gegenteil: In der exzessiven Lustbetontheit des Islam erscheint die Sexualität geradezu als dialektische Entsprechung des Sakralen, als Erfüllung des göttlichen Willens selbst. Sich ihr lustvoll hinzugeben, schreibt Abdelwahab Bouhdiba, „bedeutet, Gott seine Dankbarkeit zu bezeugen für das ewige Wunder der Erneuerung des Lebens".[11]

Nicht nur den Frauen wurde daher empfohlen, sich schön zu machen und ihren Körper zu pflegen – auch die Männer gaben sich einschlägige Mühe, den Frauen zu gefallen:

„Wir sahen, daß sie [die Männer] sich parfümieren, das Haar färben und verändern, die Augenlider schwärzen, sich enthaaren, sich den Bart scheren, ihm die richtige Form geben, sich den Kopf rasieren, ihre Kleider ausbessern und reinigen lassen [...], und daß sie all das auf sich nehmen, geschieht nur für sie [die Frauen], und um ihretwillen nehmen sie diese Dinge vor. Ja, es ist sogar so, daß die hohen Mauern, die starken Tore, die dichten Schleier, die Eunuchen, das Gesinde und die Ammen nur zu ihrem Schutz ausersehen sind und dazu dienen, das Glück, das sie gewähren, zu bewahren".[12]

Zur erotischen Hygiene gehörte auch, daß sich Frauen und Männer im öffentlichen Bad – *Hammam* – Körper- und Schamhaare entfernen ließen. Schamhaare galten als unästhetisch, sie nicht zu entfernen als Ungepflegtheit. Ibn al-Hadschadsch mokierte sich über eine Sängersklavin mit folgenden Versen:

Sie hat eine Scham, als wäre es das Gesicht eines Hazarenlümmels,
Mit Haaren, deren Enden sind wie Nadelspitzen.
Beim Beischlaf mit ihr wird mein Vorwärtsstoßen zu einem
Zurückweichen.
Zupfe dir für eine solche Gelegenheit (die Haare) aus oder rasier
sie ab oder entferne sie mit *nura.*[13]

Sofern es im Rahmen der Ehe geschieht, ist alles erlaubt. Damit diese Begrenzung nicht allzu lästig sei, empfahl der Prophet den Gläubigen, so viele Frauen wie möglich zu heiraten, denn „das Heiraten gehört zu meiner *Sunna,* und wer gegen meine *Sunna* ist, der ist gegen mich."[14] Nun könnte man sich fragen, wie diese Empfehlung mit der Erlaubnis, „bis zu vier" Frauen zu heiraten (Koran 4, 2), in Einklang zu bringen ist. Auch hier gibt der Barmherzige durch den Koran eine klare Antwort: „Und wenn ihr eine Gattin anstelle einer anderen eintauschen wollt und der einen von ihnen (vorher) einen *Qintar* gegeben habt, dann nehmt nichts davon (wieder an euch)!" (4, 20).

Viele Muslime machten von dieser freundlichen Einladung gerne Gebrauch. Al-Mughira Ibn Shuba (gest. 670), der Gouverneur von Basra und Kufa, wechselte unentwegt seine Frauen aus, indem er sie kurzerhand verstieß, sobald es wieder einmal ihrer vier waren – wie al-Isfahani im ‚Buch der Lieder' berichtet: „Mughira verstieß sehr häufig seine Frauen. Sobald er immer vier bei sich hatte, sprach er zu ihnen: ‚Eure Hälse sind zwar lang und zart, edle Charaktere habt ihr offenbart, doch mich oft zu scheiden, dies ist meine Art.'"[15] Al-Mughira, der außer seinen Ehefrauen noch über sechzig Sklavinnen hatte, behauptete von sich

selbst: „Ich habe 89 Frauen geheiratet, doch keine davon aus Liebe
[...].“[16]
Berüchtigt für seine einschlägige Vielseitigkeit war auch der Propheten-
enkel Hassan, der es vorzog, sich in seinem Harem zu vergnügen, anstatt
– wie sein unglücklicher Bruder Hussain – im Kampf um die Nachfolge
seines Vaters Ali den Märtyrertod zu erleiden.[17] Al-Ghazali weiß von dem
Weiberhelden Hassan folgendes zu berichten:
„Von al-Hassan, dem Sohne des Ali – Gott habe sie beide selig – heißt
es, er sei ein Massenheirater *(minkah)* gewesen. Er hatte im ganzen mehr
als 200 Frauen; manchmal heiratete er vier auf eimal und manchmal entließ er vier zur gleichen Zeit und nahm andere dafür. Und von diesem
Hassan sagte der Hochgebenedeite: ‚Er ist mein Abbild nach Gestalt
(chalq) und Sinnesart *(chulq).*‘ Es meinen darum manche, das viele Heiraten sei einer der Charakterzüge gewesen, worin er dem hochgebenedeiten
Gottgesandten geglichen habe.“[18]
Auch wenn diese Vermutung naheliegt, sei es dem Leser überlassen, zu
spekulieren, was der Hochgebenedeite mit „Sinnesart“ wohl gemeint hat.
Vielleicht gibt Vers 24 bis 28 der oben zitierten Sure eine gewisse Interpre-
tationshilfe. Dort heißt es von den jederzeit austauschbaren Ehefrauen:
„Wenn ihr dann welche von ihnen (im ehelichen Verkehr) genossen
habt, dann gebt ihnen ihren Lohn als Pflichtteil! [...] Und diejenigen von
euch, die nicht so bemittelt sind, daß sie ehrbare gläubige Frauen zu heiraten vermögen, (sollen welche) von euren gläubigen Mägden (heiraten),
die ihr (als Sklavinnen) besitzt [...]. Dies (d. h. die Erlaubnis, Sklavinnen
zu heiraten) ist (eine Erleichterung) für diejenigen von euch, die (bei gänz-
licher Enthaltsamkeit) fürchten, in Bedrängnis zu kommen [...]. Gott
will euch Erleichterung gewähren. Der Mensch ist (ja) von Natur
schwach.“
Der französische Orientalist Maxime Rodinson vermutet – wohl nicht
zu Unrecht –, daß der Prophet Mohammed durch die lange monogame
Ehe mit der 15 Jahre älteren Chadidscha in sexuelle Bedrängnis gekommen, zumindest aber „frustriert“ war. In rascher Folge heiratete er kurz
nach ihrem Tod – wie wir schon ausführlich geschildert haben – insgesamt 11 Frauen,[19] darunter die kapriziöse Kindfrau Aischa, die schöne
Mekkanerin Zainab, Safiya, die faszinierende Jüdin, und die blonde
Koptin Marja, die „den Duft von Honig“ hatte [...]. Mohammed
liebte sie alle, denn jede von ihnen entdeckte ihm ein anderes Geheimnis. Und da die Legende ihm eine ungewöhnliche Manneskraft zuschrieb,
konnte er – nach dem Zeugnis der Chronisten – sie alle gleichermaßen be-
glücken:
„Der hochgebenedeite Prophet pflegte, was Unterhalt und das nächtliche Beisammensein anbetraf, seine Frauen in gleicher Weise zu behandeln [...]. Übrigens besaß der Hochgebenedeite einen solchen Gerechtig-

keitssinn und zugleich eine solche potentia virilis, daß er, wenn er die Lust
verspürte, eine von seinen Frauen an einem nicht für sie bestimmten Tag
zu besuchen, er an demselben Tage auch seine übrigen Frauen besuchte.
So berichtet die gottselige Aischa, daß der hochgebenedeite Gottgesandte
in einer Nacht bei seinen sämtlichen Frauen die Runde machte, und der
gottselige Anas, daß er bei neun Frauen an einem Morgen die Runde
machte."[20]
Es bereitete dem Propheten Vergnügen, frei und ohne Scham über die
sexuellen Praktiken zwischen Mann und Frau zu reden. Selbst zur Frage
der „Positionen" beim Geschlechtsakt nahm er Stellung – und erlaubte
den Männern alles, mit Ausnahme des Analverkehrs.

Ernsthafte Gelehrte und Theologen wie at-Tabari haben jahrhundertelang die Frage diskutiert, ob der Geschlechtsverkehr zwischen Mann und
Frau „von hinten" erlaubt sei oder nicht. Sie kamen dabei zu unterschiedlichen Ergebnissen. At-Tabari selbst vertrat die Meinung, daß der Koranvers: „Eure Frauen sind euch ein Saatfeld. Geht zu (diesem) eurem Saatfeld, wo immer ihr wollt" (2, 223) dem Mann erlaube, den Geschlechtsverkehr mit seiner Frau wann und wie er wolle, von vorne oder von
hinten auszuführen, solange er durch die Scheide in sie eindringt, dem
Ort nämlich, der die „Saat" aufnehmen, d. h. die Möglichkeit zur Zeu-
gung eines Kindes geben kann. Den Analverkehr als solchen hielt er
jedoch für verboten.

Die Diskussion um die Stellung beim Geschlechtsverkehr war schon
kurz nach der Auswanderung des Propheten nach Medina aufgekommen.
Die mekkanischen Männer „machten es", laut at-Tabari, „von vorne und
von hinten" mit ihren Frauen – eine Praxis, die offensichtlich bei den Medinensern damals nicht üblich war. Eine Frau aus Medina, die sich weigerte, diese Stellung beim Geschlechtsverkehr einzunehmen, wandte sich
an Umm Salma, eine der Ehefrauen des Propheten, mit der Bitte, die
Meinung des Propheten zu diesem Problem einzuholen. Der Prophet antwortete mit dem bereits zitierten Vers 223 der zweiten Sure: „geht zu eurem Saatfeld, wo immer ihr wollt [...]". Doch mit dieser vagen Antwort
war die Diskussion nicht beendet. Im Gegenteil: Sie kam dadurch erst
richtig in Gang – und dauert bis heute an.

Ein salomonisches Urteil zu dieser Frage ist von al-Dschahiz überliefert. Ein junger Mann fragte seine Mutter um Rat, welche Stellung die
Frauen bei der Liebe vorziehen. Die Mutter antwortete: „Nun ja, mein
Sohn, wenn die Frau alt ist wie ich, so legst du sie mit dem Gesicht zum
Boden und dringst von hinten in sie ein. Ist sie aber jung, drückst du ihr
die Beine auf die Brust und sobald du in sie eindringst, werdet ihr beide
den herrlichsten Orgasmus eures Lebens haben."[21]

Angesichts der ungeheuren Vielfalt im Bereich des „Erlaubten", die der
tunesische Scheich Nefzaui (an-Nefsawi) im 15. Jahrhundert mit geradezu

wissenschaftlicher Akribie zusammengetragen hat, will uns die so heftig umstrittene Variante eher als „quantité négligeable" erscheinen:
„Es gibt zahlreiche und verschiedene Verfahren, sich mit der Frau zu vereinen. Jetzt ist es Zeit, dich mit den verschiedenen gebräuchlichen Stellungen bekannt zu machen. Der herrliche Gott hat gesagt: ‚Die Frauen sind euer Feld; geht auf euer Feld, wie es euch beliebt!' Gemäß eurem Belieben könnt ihr die Stellung wählen, die euch am meisten zusagt, vorausgesetzt natürlich, daß die Einung an dem dafür bestimmten Ort stattfinden wird; das ist im weiblichen Schoß.

Erste Weise: Du läßt die Frau auf dem Rücken liegen und sie die Schenkel in die Höhe heben, legst dich zwischen ihre Beine und führst dein Glied ein. Indem du dich dann mit deinen Zehen gegen den Boden drückst, kannst du eine entsprechende taktmäßige Bewegung machen. Diese Stellung paßt besonders für den Mann, der eine lange Rute hat.

Zweite Weise: Wenn du ein kurzes Glied hast, lege die Frau auf den Rükken, hebe ihre Beine in die Höhe, so daß das rechte nahe bei ihrem rechten Ohr und das linke nahe bei ihrem linken Ohr ist, und in dieser Stellung, in der ihre Hinterbacken erhoben sind, springt ihr Schoß hervor. Dann führe dein Glied ein.

Dritte Weise: Lege die Frau ausgestreckt auf die Erde und stelle dich zwischen ihre Schenkel; lege dann eines ihrer Beine auf deine Schulter, das andere unter deinen Arm, nahe deiner Achselhöhle; so dringe in sie ein.

Vierte Weise: Lege die Frau auf die Erde und ihre Beine auf deine Schultern; in dieser Stellung wird dein Glied genau ihrem Schoß gegenüber kommen, der die Erde nicht berühren darf. Dann kannst du dein Glied ohne Schwierigkeiten einführen.

Fünfte Weise: Lege die Frau auf ihre Seite, du legst dich neben sie selbst auf die Seite, dringst zwischen ihre Schenkel vor und führst dein Glied in ihren Schoß ein. Doch begünstigt der Beischlaf auf der Seite Rheumatismus und Hüftschmerzen.

Sechste Weise: Lege die Frau auf ihre Knie und ihre Ellbogen, als wenn sie die Stellung zum Gebet einnehme. In dieser Stellung springt der Schoß zurück; so greifst du sie an und führst dein Glied ein.

Siebente Weise: Du legst die Frau auf die Seite, hockst dich zwischen ihre Schenkel, so daß du eines ihrer Beine auf deiner Schulter, das andere zwischen deinen Schenkeln hast, während sie auf der Seite liegenbleibt. Dann dringst du in sie ein und schreibst ihr die Bewegung vor, indem du sie mit deinen Händen umschlingst und an deine Brust ziehst.

Achte Weise: Lege die Frau mit dem Rücken auf die Erde und laß sie die Beine übereinanderkreuzen, dann setzt du dich auf den Knien wie ein Reiter auf sie, so daß ihre Beine zwischen deinen Schenkeln sind, und führst dein Glied in ihren Schoß ein.

Neunte Weise: Du bringst die Frau in eine Stellung, daß ihr Gesicht oder, wenn du es vorziehst, ihr Rücken auf eine mäßige Erhöhung gestützt ist, während ihre Füße auf der Erde ruhen. So bietet sie ihren Schoß der Einführung deines Glieds dar.

Zehnte Weise: Lege die Frau nahe an einen niedrigen Diwan, an dessen Lehne sie mit den Händen Halt finden kann, dann kommst du von unten, hebst ihre Beine bis zur Höhe deines Nabels, während sie dich mit ihren auf beiden Seiten deines Körpers ruhenden Beinen umschlingt. In dieser Stellung führst du dein Glied ein, wobei du selbst die Lehne des Diwans ergreifst. Wenn du zum Handeln vorgehst, muß jede deiner Bewegungen der Bewegung der Frau entsprechen.

Elfte Weise: Lege die Frau mit dem Rücken auf die Erde, ihr Hinterteil auf ein Kissen gestützt; stelle dich dann zwischen ihre Beine, drücke ihre rechte Fußsohle gegen ihre linke Fußsohle und führe dein Glied ein.

Es gibt noch andere Verfahren als die eben beschriebenen, die bei den indischen Völkern gebräuchlich sind. Du sollst wissen, daß die Bewohner dieses Landes die verschiedenen Verfahren, die Frau zu genießen, vervielfacht haben und daß sie in ihrem Wissen und ihren Erforschungen der Einung weiter als wir vorgedrungen sind.

Unter diesen Weisen sind folgende zu nennen:

El asemeud, das Zustopfen.

El modefeda, die Weise der Frösche.

El mokefa, das Anklammern der Zehen.

El mokeurmeutt, die Beine in der Luft.

El setouri, die Weise der Böcke.

El loulabi, die Schraube des Archimedes.

El kelouci, der Purzelbaum.

Hachou en nekanok, der Schwanz des Vogel Strauß.

Lebeuss el djoureb, das Anziehen der Unterstrümpfe.

Kechef el astine, die gegenseitige Betrachtung der Hinterbacken.

Neza el kouss, das Spannen des Bogens.

Nesedj el kheuzz, das abwechselnde Durchbohren.

Dok el arz, das Stoßen auf der Stelle.

Nik el kohoul, die Einung vom Rücken her.

El keurchi, der Bauch am Bauch.

El kebachi, die Weise der Hammel.

Dok el outed, das Einschlagen des Bolzens.

Sebek el heub, der Liebeserguß.

Tred ech chate, die Weise der Schafe.

Kaleb el miche, die Umkehrung während der Einung.

Rekeud el air, das Rennen des Gliedes.

El modakheli, der Einfüger.

El khouariki, der im Haus Bleibende."

Der „gelehrte Scheich und Imam, das würdige und weise Vorbild", wie er sich selber nennt, scheute keine Mühe, auf weiteren zehn Seiten die oben aufgezählten „Verfahren" en détail zu beschreiben. Wir wollen dem Leser diese – fast nur von Artisten nachvollziehbaren – Exerzitien ersparen mit folgendem Trost, den der Scheich, offensichtlich selbst etwas abgeschlafft, am Ende dieses Kapitels ausspricht: „Die vorausgegangenen Schilderungen bieten eine größere Anzahl von Weisen der Einung, als man in Wirklichkeit anwenden kann. Ich wollte nicht auch die Stellungen erwähnen, die mir unmöglich auszuführen schienen, und falls einer meinen sollte, daß die von mir beschriebenen Verfahren nicht ausreichen, so braucht er nur nach neuen zu suchen."[22]

Die angeblich besonders ausgeprägte sexuelle Potenz der Araber fand ihren Niederschlag auch im reichen Wortschatz des Arabischen in eroticis. Al-Dschahiz, in dessen Texten Koranverse, *Hadithe* und die anstößigsten Geschichten bunt durcheinandergemischt sind, verteidigt sich gegenüber seinen Kritikern in überzeugender Weise:

„Manche von den Leuten, die Frömmigkeit und asketische Lebensführung zur Schau tragen, empfinden Abscheu und verschließen sich, wenn Wörter wie ,Vulva', ,Penis' oder ,Koitus' erwähnt werden, aber die meisten von denen, die sich so verhalten, sind Männer, die nicht mehr Wissen, Edelmut, Vornehmheit und Würde besitzen als das, was zu ihrer Heuchelei im Verhältnis steht.

Wenn sie wüßten, daß Abdallah Ibn Abbas in der Moschee unanständige Verse vorgetragen hat, daß Ali Ibn Abi Talib anstößige Worte ausgesprochen hat und daß Abu Bakr und noch andere ebenfalls solche Worte gebraucht haben, dann würden sie nicht so zimperlich tun.

Diese Worte wurden geschaffen, damit sich die arabisch sprechenden Leute ihrer bedienen, und wenn man der Ansicht gewesen wäre, daß man sie nicht aussprechen dürfe, so hätte ihre Schaffung von Anfang an keinen Sinn gehabt; dann wäre es auch für die Unantastbarkeit und Erhaltung der arabischen Sprache am besten gewesen, wenn man diese Namen und Wörter aus ihr entfernt hätte [...]."[23]

Entsprechend der unschätzbaren Bedeutung des Gegenstandes ist die arabische Sprache reich an Namen für die männlichen und weiblichen Freuden-Spender. Für das männliche Glied zählt Scheich Nefzaui folgende Namen auf, die vermutlich dem Dialekt seines Landes entliehen sind:

El dekeur, das männliche Glied.

El kamera, der Penis.

El air, das Zeugungsglied.

El hamama, die Taube.

El teunnana, der Klingler.

El heurmak, der Unzähmbare.

El ahlil, der Befreier.
El zeub, die Rute.
El hammache, der Erreger.
El nasse, der Schläfer.
El zoddame, der Einbrecher.
El khiate, der Schneider.
Mochefi el relil, der die Glut der Leidenschaft Löschende.
El khorrate, der Hin- und Herläufer.
El deukkak, der Schläger.
El ouame, der Schwimmer.
El dekhal, der Einbrecher.
El fortass, der Kahle.
Abou aine, der ein Auge hat.
El atsar, der Stolperer.
El dommar, der Kappenträger.
Abou rokba, der einen Hals hat.
Abou guetaia, der einen Haarwald hat.
El besiss, der Freche.
El mostahi, der Schamhafte.
El bekkai, der Weinende.
El hezzaz, der sich hin und her Bewegende.
El lezzaz, der sich Einverleibende.
Abou laaba, der Spucker.
El fattache, der Sucher.
El hakkak, der Reiber.
El mourekhi, der Schlaffe.
El motela, der Durchwühler.
El mokcheuf, der Entdecker."[24]

Auch um eine sehr differenzierte individuelle Umschreibung der weiblichen Lustwerkzeuge ist unser frommer Gottesmann nicht verlegen:

„*El rorbal*, das Sieb.
El hezzaz, die sich Hin- und Herrührende.
El lezzaz, die Einigerin.
El moudd, die Fügsame.
El mouaine, die Hilfreiche.
El meusboul, die Langgedehnte.
El molki, die Duellantin.
El harrab, die Flüchtige.
El sabeur, die Ergebene.
El moseuffah, die Versperrte.
El mezour, die Tiefe.
El addad, die Beißerin.
El meussass, die Saugerin.

El zeunbour, die Wespe.

El harr, die Hitzige.

El ladid, die Köstliche.

El feurdj, die Spalte.

El keuss, der Schoß.

El kelmoune, die Wollüstige.

El ass, die Ursprüngliche.

El zerzour, der Star.

El cheukk, die Ritze.

Abou tertour, die mit einem Kamm versehen ist.

Abou khochime, die eine kleine Nase hat.

El gueunfond, der Igel.

El sakouti, die Schweigsame.

El deukkak, die Zerreiberin.

El tseguil, die Zudringliche.

El taleb, die Begehrende.

El hacene, die Schöne.

El neuffakh, die Aufbläherin.

Abou djebaha, die mit einer Stirn versehen ist.

El ouasa, die Geräumige.

El aride, die Breite.

Abou belaoum, die Gefräßige.

El mokaour, die Grundlose.

Abou cheufrine, die mit zwei Lippen versehen ist.

Abou aungra, die mit einem Buckel versehen ist."[25]

Schon im 4. Jahrhundert schrieb Ammianus Marcellinus über die Sara-
zenen: „Es ist unbeschreiblich, mit welcher Raserei sich beide Geschlechter in dieser Nation der Liebe hingeben."[26] Die Idee, daß sie in der Liebe
unersättlicher seien als andere Völker, wurde von den Arabern selbst
übernommen. Während der nächtlichen Orgien am Hof der Abbasiden
zu Bagdad (siehe Kap. XII), die meist durch eine gepflegte erotische Konversation – *mudschun* – eingeleitet wurden, ging der ehrwürdige Richter
al-Marwarrudi von dieser Prämisse aus, als handele es sich um eine allgemein anerkannte Wahrheit. Selbst die Damen der mekkanischen Aristokratie ließen es an sexueller Phantasie und Extravaganz nicht fehlen und
nahmen diesbezüglich kein Blatt vor den Mund. Aischa Bint Talha, die
schöne und elegante Enkelin des ersten Kalifen Abu Bakr, die sich hartnäckig weigerte, einen Schleier zu tragen, der ihre Schönheit verhüllte,
war auch in sexuellen Praktiken sehr bewandert und machte aus ihrer
Geilheit kein Hehl. Al-Isfahani, von dem uns viele pikante Details über
das Liebesleben vornehmer Damen überliefert sind, weiß zu berichten,
daß Aischa Bint Talha beim Liebesakt „wieherte wie ein Pferd".[27] Man
möchte glauben, daß Aischas unersättliches Temperament nicht nur stadt-

bekannt war, sondern weit über Medina hinaus. Denn in der 380. Nacht berichtet Scheherezade, was ein Weib erzählte, die einmal bei Aischa Bint Talha und ihrem Ehemann Musab Ibn az-Zubair zu Gast war:

„Ich war einmal im Haus der Aischa Bint Talha. Da kam ihr Gatte zu ihr, und sie verlangte nach ihm. Stürmisch umarmte er sie; und sie stöhnte und seufzte und hatte wunderbare Bewegungen und seltsame Regungen, während ich doch zuhören konnte. Als er sie dann wieder verließ, sprach ich zu ihr: ‚Wie konntest du das tun, während ich in deinem Hause war, bei deinem Range, deinem Adel und deiner Abkunft?‘ Sie gab mir darauf zur Antwort: ‚Eine Frau soll ihrem Manne alles bringen, was sie vermag, an Erregungen und wunderbaren Bewegungen. Was mißfällt dir denn daran?‘ Ich erwiderte: ‚Es wäre mir lieber, wenn das des Nachts geschieht.‘ Doch sie sagte: ‚Das ist so bei Tage; bei Nacht tue ich noch mehr. Denn wenn er mich sieht, so wird seine Begierde erregt, und er wird von Verlangen bewegt. Dann naht er mir, und ich gehorche ihm, und es geht, wie du weißt.‘“[28]

Von Omar Ibn Abi Rabia, dem „König des Minnegesangs", wie er genannt wird, und weithin bekannten Frauenheld (gest. 712), wird folgende Geschichte erzählt: Als er sich – zunächst unerkannt – in der Gesellschaft einiger Damen befand und sich mit ihnen aufs angenehmste unterhielt, erkannte eine der Frauen namens Hind den Don Juan, riß ihm sein Tuch vom Kopf und rief: „Wehe dir, Omar! Hör mir zu! Hättest du mich doch vor wenigen Tagen gesehen, als ich zu Hause war! Ich steckte meinen Kopf unter mein Kleid und betrachtete meine Scham. Und siehe da, sie war so groß, wie die Fläche einer Hand. Jedem hätte sie das Verlangen erweckt, und ich rief: Omar ah, Omar ah! – Ich bin da, ich bin da, ich bin da! rief ich dreimal und dehnte meine Stimme so sehr, daß sie lachte."[29]

Auch in Medina lebte eine Frau, die für ihr exzentrisches Liebesleben bekannt war: Salama al-Chadra. Eines Tages wurde sie dabei erwischt, als sie es mit Hilfe eines künstlichen Glieds mit einem Homosexuellen trieb. Der Gouverneur der Stadt ließ sie auspeitschen und anschließend splitternackt auf dem Rücken eines Kamels durch die Stadt führen. Während ihrem unfreiwilligen Ausritt richtete ein Mann, der sie gut kannte, an sie die Frage: ‚Was ist passiert, Salama, [...] wie kommt es, daß du in einem solchen Zustand bist?‘ – ‚Bei Gott, halt's Maul‘, sagte Salama: ‚Es gibt nichts Ungerechteres auf der Erde als die Männer. Ihr vögelt uns das ganze Leben. Aber wenn eine von uns einen von euch vögelt, dann behandelt man sie so!‘"[30]

Auf die Frage einiger Mädchen aus Medina, die wissen wollten, ob die Schreie, die viele Frauen während des Geschlechtsaktes ausstießen, echt seien oder nur vorgespielt, um die Männer zu erregen, antwortete Hubaba, eine Aristokratin aus Medina, die für ihre Geilheit bekannt war, folgendermaßen:

„Meine reizenden jungen Damen! Ich habe mit dem hochgebenedeiten
Kalifen Othman die Pilgerfahrt vollzogen. Auf dem Rückweg, und zwar
genau beim Dorf Aradsch, blickte mein Ehemann mich an und ich blickte
ihn ebenfalls an. In diesem Moment überkam jeden von uns das Verlangen. Während des Geschlechtsaktes stieß ich solche Schreie aus, daß 500
Kamele aus Furcht die Flucht ergriffen. Bis heute hat sie niemand wieder-
finden können.“[31]
Nach dem Tod des Propheten scheuten selbst strenggläubige Theologen nicht davor zurück, den Geschlechtsakt zu verherrlichen. Manche
schrieben ihm geradezu gesundheitsfördernden Charakter zu. Denn außer seiner Funktion, den Fortbestand der Menschheit auf Erden zu garan-
tieren, erlaube der Koitus die regelmäßige Ausstoßung des Samens und
verhindere auf diese Weise, daß dieser „sich in den Nieren staut“ und damit den Körper vergiftet. Der Akt wird nicht etwa nur gepriesen, weil die
Befriedigung der Fleischeslust eine wichtige Voraussetzung für ein gesun-
des Staatswesen sei, man schreibt ihm sogar eine heilsame Wunderwirkung gegen Hypochondrie, Epilepsie und Dementia zu. Der uns bereits
bekannte Imam Suyuti geht in der Verherrlichung der sexuellen Wonnen
sogar noch weiter. In einem berühmten Text drückt er seinen erotischen
Enthusiasmus in einer flammenden Eloge auf die männlichen und weiblichen „Werkzeuge“ der Lust aus:
„Im Namen des barmherzigen und gnädigen Gottes! Lob sei Gott, der
die Frauen schmal erschuf, damit sie den ungestümen Ansturm der männlichen Glieder aufnehmen [...]. Lob sei Gott, der den Penis des Mannes
gerade [aufrecht] und hart wie einen Speer machte, damit er in die
Scheide der Frau stößt [...].
Lob sei Gott, der uns das Vergnügen schenkte, in die Lippen zu beißen
und sie zu saugen, Brust auf Brust, Schenkel auf Schenkel – und unseren
Beutel auf die Schwelle der Barmherzigkeit zu legen [...].“[32]
Auch der tunesische Scheich Nefzaui ließ seiner gottgefälligen Sinnenfreude in einer ekstatischen Hymne auf die Freuden der Liebe freien Lauf.
Mit geradezu unschuldiger Naivität schrieb er ein äußerst pikantes Buch
mit dem Titel ‚Der duftende Garten zur Erholung der Seele‘. Mit diesem
literarischen Aphrodisiakum wollte er den sexuellen Appetit der Hafsi-
den-Könige[33] anregen, die in der Zeit von 1236–1574 in Tunesien regier-
ten. Er faßte dieses „herrliche Werk“ – wie er es selbst nennt – ab, nicht
ohne zuvor „die Hilfe Gottes anzuflehen“ und ihn zu bitten, ihm seinen
Schutz zu verleihen und ihn „auf den rechten Weg zu führen“. Und er leitet seine Empfehlungen, wie ein vollkommener Orgasmus zu erreichen
sei, mit der Formel: „Im Namen Allahs, des Gnädigen und Barmherzigen! Andacht und Friede herrsche unter unserem Herrn und Meister
Mohammed“ ein, kommt dann allerdings umgehend zur Sache:
„Die ersten Küsse müssen auf die Wangen plaziert werden, dann auf die

Lippen und schließlich auf die Brüste, damit sie anschwellen. Dann geht man langsam auf dem Bauch abwärts bis zur zarten Wölbung; dann dringt die Zunge listig in die Höhlung des Nabels und schließlich in eine noch intimere vor [...]. Es ist die Kunst, die weibliche Sinnlichkeit zur vollen Entfaltung zu bringen und damit die höchste Lust zu erreichen. Ohne Eile müssen alle Formalitäten beachtet werden, welche die nötigen Vorstufen der vollkommenen Lust sind."[34]

Damit keine der nötigen Vorstufen eilfertig übersprungen wird, fährt der Scheich fort mit folgenden Vorschriften, die von einem „tiefen Kenner der Angelegenheit der Liebe" stammen:

„Die Frau gleicht einer Frucht, die ihre Lieblichkeit erst von sich gibt, wenn man sie mit der Hand reibt. Sieh das Basilienkraut; wenn du es mit deinen Fingern nicht erwärmst, läßt es seinen Duft nicht ausströmen. Weißt du denn nicht, daß die Ambra nur dann, wenn sie erhitzt und bearbeitet wird, den in ihren Poren enthaltenen Duft entläßt? Ebenso verhält sich die Frau: Wenn du sie nicht anregst durch deine Scherze, die mit Küssen, mit Beißen in ihre Schenkel, mit Umklammerungen verknüpft sind, wirst du nie bei ihr erreichen, was du ersehnst; keine Lust wirst du genießen, wenn sie dein Lager teilt, und in ihrem Herzen wird keine Neigung, keine Leidenschaft, keine Liebe zu dir erblühen; alle ihre guten Eigenschaften werden verborgen bleiben.

Man erzählt sich, daß ein Mann, der eine Frau fragte, was am meisten geeignet sei, bei der Einung die Leidenschaft im Herzen der Frau zu entflammen, die folgende Antwort erhielt: Du, der du mich nach den Dingen fragst, die für den Augenblick der Einung das Verlangen entflammen, laß dir sagen, es sind die Scherze und Liebkosungen, die vorausgehen, und dann die kräftige Umarmung im Augenblick der Ergießung!

Glaube mir, die Küsse, die Bisse, das Saugen der Lippen, die Umarmungen, die Besuche des Mundes auf den Spitzen der Brüste und das Schlürfen des frischen Speichels, das ist es, was die Zuneigung dauerhaft gestaltet.

Auf diese Weise finden die beiden Höhepunkte zu gleicher Zeit statt; die Wollust stellt sich bei der Frau wie beim Mann in demselben Augenblick ein. Der Mann fühlt dann sein Glied vom Schoß ergriffen, was bei beiden Teilen die süßesten Wonnen der Lust erweckt.

Das ist es, was die Liebe erblühen läßt, und wenn die Einung sich nicht auf diese Weise abspielt, wird die Frau keinen vollständigen Genuß haben und die Wonnen des Schoßes werden sich nicht einstellen. Du mußt wissen, daß die Frau ihre Begierden nur gestillt sieht und den, der sich mit ihr eint, nur dann lieben wird, wenn er sie in den Zustand versetzt, daß ihr Schoß arbeitet; tritt dieser aber in Tätigkeit, so wird die Frau ihrem Geliebten die verzehrendste Liebe entgegenbringen, selbst wenn er ein unangenehmes Äußeres hätte.

Setze deshalb alles aufs Spiel, auf daß beide Ergießungen zu gleicher Zeit stattfinden, denn darin beruht das Geheimnis der dauerhaften Liebe und Zuneigung."

Nefzaui stützt seine Empfehlungen nicht nur auf eigene Erfahrungen, sondern auch auf den Rat von „Kennern, Gelehrten und Frauen":

„Ein Gelehrter, der sich mit diesem Gegenstand beschäftigte, berichtet folgende Vertraulichkeiten, die ihm eine Frau machte:

Ihr alle, ihr Männer, die ihr die Liebe und die Zuneigung der Frau sucht und die ihr danach strebt, daß dieses Gefühl in ihrem Herzen von Dauer sei, scherzt mit der Frau vor der Einung, bereitet sie vor auf den Genuß und versäumt nichts, um dieses Ziel zu erreichen. Erkundet sie daher so geschäftig als möglich, gebt euch ganz ihr hin und laßt eure Gedanken sich mit nichts anderem beschäftigen. Laßt nicht entrinnen den für die Lust günstigen Augenblick; seht ihr ihre Augen feucht und ihre Lippen halb geöffnet, dann ist er da. Dann geht ans Werk, doch erst, nachdem ihr sie geküßt und mit ihr gescherzt habt.

Danach, ihr Männer, wenn ihr die Frauen in den richtigen Zustand der Erregung versetzt habt, führt euer Glied ein, und wenn ihr nun darauf bedacht seid, es richtig hin und her zu bewegen, wird sie eine Lust verspüren, die alle ihre Wünsche befriedigt.

Doch bleibt auf ihrer Brust, laßt eure Küsse über ihre Wangen gleiten und euer Glied in ihrem Schoß verweilen; durchstoßt den Mund ihres Schoßes, das wird euer Werk krönen.

Ist euch das durch die Gnade Gottes vergönnt, so hütet euch, euer Glied zurückzuziehen – im Gegenteil: laßt es sich sättigen an der Lust ohne Ende! Vernehmt das Seufzen und das Keuchen der Frau; dies sind die Beweise der gewaltigen Lust, die ihr ihr bereitet habt.

Und ist die Lust vorüber und euer Liebesstreit an seinem Ende angelangt, so hütet euch, euch rasch zu erheben, sondern zieht euer Glied behutsam zurück. Bleibt bei der Frau und legt euch auf die rechte Seite des Bettes, das Zeuge eurer Lust gewesen ist; so werdet ihr euch wohl fühlen, und ihr werdet nicht wie ein Kerl gleich einem Maulesel auf die Frau steigen, der – ohne Rücksicht auf die noble Manier – gleich nach der Ergießung sich beeilt, sein Glied zurückzuziehen und sich zu erheben. Solch ein Verfahren ist zu vermeiden, denn es beraubt die Frau aller dauerhaften Lust.

In Kürze: Ein echter Freund der Einung darf nichts von dem, was ich empfohlen habe, versäumen, denn es hängt hiervon das Glück der Frau ab, und diese Vorschriften umfassen alles, was über das Gebiet zu sagen ist."[35]

Ganz besondere Mühe gab sich der Gott der Patriarchen natürlich bei der Erschaffung des männlichen Lustspenders, dessen Idealmaße der Scheich präzise angibt:

„Das männliche Glied darf, insofern es der Frau gefallen soll, in der

Länge höchstens zwölf Fingerbreiten, das sind drei Handbreiten, aufweisen und mindestens sechs Fingerbreiten, was eine und eine halbe Handbreit bedeutet [...]. Ein Mann, dessen Glied unter dieser Länge bleibt, vermag den Frauen nicht zu gefallen [...].

Wenn ein verdienstvoller Mann sich bei Frauen befindet, wächst sein Glied, wird stark, kraftvoll und hart; langsam nur kommt es zur Ergießung, und nach dem Zucken, das vom Ausströmen des Samens herrührt, ist es bald wieder hart.

Ein solcher Mann ist beliebt und geschätzt bei den Frauen, da die Frau den Mann nur liebt wegen der Einung. Sein Glied muß daher ein bedeutendes Maß haben, und es muß lang sein. Ein solcher Mann soll außerdem eine breite Brust und ein schweres Hinterteil haben; er soll Herr sein über die Ergießung und bereit, auf Wunsch zur Aufrichtung zu kommen; sein Glied soll bis zur Tiefe des weiblichen Schoßes vordringen, ihn vollständig ausfüllen in allen seinen Teilen. Ein solcher wird der Liebling der Frauen sein. [...] Was den Geschmack der Männer an der Einung betrifft, so ist zu sagen, daß er mehr oder weniger verschieden ist, je nach ihren verschiedenen Temperamenten [...], eben wie bei den Frauen, nur mit dem Unterschied, daß deren Verlangen nach dem männlichen Glied größer ist als das des Mannes nach dem weiblichen Schoß."[36]

Und schließlich weiß auch Scheich Nefzaui seinem Schöpfer für die Wonnen der Liebe Dank – nicht ohne, ganz nebenbei, ein Bild der arabischen Idealfrau zu zeichnen:

„Gepriesen sei Gott, der die größte Lust des Mannes in den Schoß der Frau gelegt hat, und die größte Lust der Frau in die entsprechenden Organe des Mannes!

Er hat dem Schoß der Frau kein Wohlgefühl verliehen und keine Befriedigung, ohne daß die männlichen Organe darin eindringen; gleicherweise hat das Geschlechtsorgan des Mannes weder Rast noch Ruhe, ehe es nicht in das der Frau eingedrungen ist.

Dieser wechselseitige Vorgang geht bei den beiden handelnden Personen unter den Erscheinungen des Ringens, mit Verschlingungen, mit einer Art lebhaften Kampfes vor sich. Als Folge der Berührung der unteren Teile der beiden Körper läßt die Wollust nicht lange auf sich warten. Der Mann arbeitet wie ein Stößel, während die Frau ihn durch wollüstige Bewegungen unterstützt, bis schließlich die Ergießung eintritt.

Der Kuß auf den Mund, der Kuß auf die beiden Wangen, auf den Nakken, ebenso das Saugen an den frischen Lippen, sind Gaben Gottes, um die Aufrichtung im günstigen Augenblick hervorzurufen. Gott hat auch die Brust der Frau durch den Busen verschönert; Er hat sie mit einem doppelten Kinn ausgestattet und ihren Wangen einen rosigen Schimmer verliehen. Augen hat Er ihr gegeben, um die Liebe einzuflößen – mit Wimpern gleich glänzenden Klingen.

Er hat sie mit einem runden Bauch versehen und mit einem schönen Nabel und einem majestätischen Hinterteil; alle diese Wunder werden getragen von den Schenkeln. Zwischen diese hat Gott die Arena des Kampfes gelegt; ist sie mit einer üppigen Fülle Fleisches versehen, so gleicht sie dem Haupt eines Löwen; sie heißt Schoß. Oh, wie viele Männer sind vor diesem Tor zugrunde gegangen – und wieviel Helden waren doch unter ihnen! Gott hat dieses Organ mit einem Mund, einer Zunge und zwei Lippen ausgerüstet; es erweckt den Eindruck der Hufspur einer Gazelle im Wüstensand.

Das Ganze wird getragen durch zwei wundervolle Säulen, die für die Allmacht und die Weisheit Gottes zeugen; sie sind nicht zu lang und nicht zu kurz, und sie sind geschmückt mit Knien, Waden, Kniekehlen und Fersen, an denen kostbare Ringe ruhen.

Der Allmächtige hat die Frau des weiteren in ein Meer von Glanz, von Wollust und von Wonnen getaucht und sie mit kostbaren Kleidern bedeckt, mit funkelnden Gürteln und mit einem aufreizenden Lächeln.

[...]

Ich, der Diener Gottes, weiß ihm Dank dafür, daß keiner sich vor der Liebe zu einer schönen Frau zu schützen vermag und keiner dem Verlangen, sie zu besitzen, entkommen kann – weder durch den Ortswechsel noch durch die Flucht, noch durch die Trennung.«[37]

XII. Erotik und Sexualität im „Goldenen Zeitalter"

„Der Beste meiner Gemeinde ist der mit
den meisten Frauen."

Ausspruch des Propheten

Unter den Nachfolgern des Propheten – den Kalifen – nahmen die erotischen Obsessionen der Araber geradezu exzessive Formen an. In den Werken der arabischen Klassiker finden sich unzählige Haremsgeschichten
aus den Palästen von Damaskus und Bagdad, Kairouan, Fes, Cordoba
und Granada. Nirgendwo tritt uns jedoch die erotisierte Atmosphäre der
damaligen islamischen Gesellschaft unverhohlener entgegen als in den Erzählungen aus ‚Tausendundeiner Nacht'. Ihnen vor allem verdanken wir
unser Bild vom lasziven, sexbesessenen Orient; es beflügelte die Phantasie der europäischen Maler zu wahren Orgien an Farben – üppig ver-
schwendet an jene Ästhetik der Sinnlichkeit im Bannkreis der Moscheen
und Minarette, der Harems und Serails, der Odalisken und Eunuchen,
wie wir sie aus den Bildern von Orientreisenden des 18. und 19. Jahrhunderts kennen. Der orgiastische Sinnenrausch an den Kalifenhöfen entfesselte die Phantasmagorien des verklemmten Abendländers der viktoriani-
schen Zeit. Der Orient erschien als märchenhafte „Gegenwelt", die – wie
Heinrich Heine es formulierte – „die tiefen Instinkte, die verworrene
Sinnlichkeit, den unbewußten Masochismus und Sadismus der ruhigen
westlichen Bürger befriedigte".

Zu Lebzeiten des Propheten, in jener Epoche also, da sich der Islam auf
der Arabischen Halbinsel auszubreiten begann, gab es in der Region noch
keine wirklichen Städte. Jahrhundertelang waren die Küstenstriche am
arabischen Golf und die natürlichen Wasserstraßen wirtschaftliche Zentren von Arabien gewesen – von Arabia Felix, dem „glücklichen Arabien", wie es die Römer nannten. Mit der Entdeckung des Kamels als
„Schiff der Wüste" hatten die Karawanenstraßen allmählich die langen
Wasserwege abgelöst, der Schwerpunkt des Karawanenhandels verlagerte
sich nach Norden. Zwar entstanden in den fruchtbaren Oasen längs der
berühmten „Weihrauchstraße" bald die ersten Siedlungen und Niederlas-
sungen, doch die meisten Bewohner der Halbinsel waren nach wie vor
nomadisierende Beduinen, die in Zelten wohnten. Und auch die mittlerweile in den Handelszentren Mekka und Medina seßhaft und reich gewordene Kaufmannsgesellschaft lebte in bescheidenen Behausungen, kannte

nicht die in den Nachbarländern Jemen, Persien und Byzanz bereits hoch-
entwickelte Architektur der Städte. Diese schmucklos-nüchterne
Atmosphäre hat zweifellos dazu beigetragen, daß die strengen Moralvor-
schriften, die Mohammed seinen Anhängern auferlegt hatte, in der Frühzeit des Islam streng befolgt wurden.

Nach dem Tod des Propheten im Jahre 632 hatten zunächst die sogenannten „Rechtgeleiteten Kalifen" Abu Bakr, Omar I., Othman und Ali
das rasch expandierende islamische Staatswesen von Medina aus geleitet.
Doch die kurze Regierungszeit Alis, des vierten orthodoxen Kalifen, war
bereits überschattet durch den Ersten Bürgerkrieg um die rechtmäßige
Nachfolge des ermordeten Othman, aus dem der Gegenspieler Alis,
Muawija,[1] schließlich erfolgreich hervorging. Mit der Ernennung Muawijas zum Kalifen und der Ermordung Alis übernahm die Dynastie der
Omajjaden (660–750) – benannt nach den Ahnherren der Sippe, Omajja, –
die Macht im Staat und löste damit das orthodoxe Kalifat von Medina ab.
Muawija verlieh diesem politischen Machtwechsel symbolisches Ge-
wicht: Damaskus wurde zum neuen Zentrum des Reiches, Mekka und
Medina zur politischen Provinz.

Mit der Verlagerung des Machtzentrums nach Syrien und der weiteren
Ausdehnung des Islamischen Reiches nach Ost und West drang der Islam
immer stärker in andere Kulturkreise ein, die seine weitere Entwicklung
prägten. Unter dem 6. Omajjaden-Kalifen Walid I. (705–715) hatte das
Reich mit der Eroberung Spaniens, Transoxaniens und der Gebiete des
heutigen Pakistan seine größte Ausdehnung erreicht. Die allmähliche
Durchdringung des späthellenistischen Kulturraums brachte vor allen
Dingen tiefgreifende Veränderungen in der Architektur und urbanen Kultur mit sich.

Unter der Herrschaft der Omajjaden begann die arabisch-islamische
Gesellschaft – die nach den großen Eroberungen bereits Bevölkerungs-
gruppen unterschiedlicher rassischer, ethnischer, sprachlicher und religiöser Herkunft zusammengeführt hatte –, auch die verschiedenartigsten
kulturellen, geistigen und technischen Einflüsse aufzunehmen. Es entstanden neue Städte, deren architektonische Entwürfe den jemenitischen,
persischen oder griechischen Vorbildern nachempfunden waren. Die
Paläste der Mächtigen und der staatlichen Würdenträger waren alle ausgestattet mit Gärten, weiten Plätzen und Portalen, mit Bädern, Brücken,
Wasserspielen und Brunnen, mit mosaikverzierten Bassins, offenen Hal-
len und Wandelgängen. Alle Städte hatten ihre Märkte – *Suqs* –, Hospitä-
ler, Herbergen und Karawansereien. Damaskus, die Residenz der Kalifen,
gehörte zu den schönsten und reichsten Städten der Welt. Der arabische
Reisende und Geograph al-Muqaddasi (10. Jhd.) hat die Kalifen-Metro-
pole in seinem Werk ‚Die schönste Aufteilung, handelnd von der Kenntnis der Länder' voller Bewunderung beschrieben:

„Damaskus, die Hauptstadt Syriens und fürstliche Residenz der Omajjaden, schließt in sich die Überreste seiner aus Holz und Ziegelstein er-
bauten Schlösser. Die Stadt ist umgeben von Befestigungsmauern, die
aus der Zeit stammen, da ich selbst in Bagdad weilte. Die meisten Märkte
sind offen unter freiem Himmel, und der schönste von ihnen zieht sich
hin über die ganze Stadt." (Gemeint ist die „Gerade Straße", von der im
Zusammenhang mit Paulus in der Apostelgeschichte, IX, 11, die Rede ist:
„Der Herr sprach zu ihm [dem Jünger Ananias], stehe auf und gehe hin in
die Gasse, die da heißt ‚die gerade', und frage in dem Hause des Judas
nach einem namens Saul von Tarsus; denn siehe, er betet.")

Al-Muqaddasi fährt in seinem Bericht fort, Damaskus sei „durchzogen
von Wasserläufen und umgeben von Bäumen, die üppig Früchte tragen
[...]. Man findet dort die Produkte zweier Hemisphären, und nirgends
gibt es schönere Bäder *(Hammams)*, bewundernswertere Springbrunnen
und Einwohner von edlerem Charakter. Von den Stadttoren konnte ich
noch das Tor des Ostens, das Thomas-Tor – Bab Tuma –, das Fluß-Tor
und das Tor der Sänftenmacher erkennen".[2]

In seinem Werk ‚La vie quotidienne des Musulmans en Moyen Age'
(‚Das tägliche Leben der Muslime im Mittelalter') schreibt Aly Mazaheri,
daß es in den großen Städten unzählige Vergnügungsplätze – Schenkknei-
pen und Tavernen – gab, in denen sich Sänger, Tänzer, Spieler, Päderasten
und Lesbierinnen zu munterem Liebesspiel einfanden: „Diese Kneipen
[...] waren meist in großen Gärten angesiedelt, wo klares Wasser aus
künstlichen Quellen und in Kaskaden sprudelte und mit Matten bedeckte
Bänke im kühlen Schatten der Sykomoren, Pappeln und Weiden aufge-
stellt waren, zu denen sich Zypressen, Granatapfelbäume, Orangen-
bäume und Palmen gesellten. Man atmete in vollen Zügen die frische
Luft und ergötzte sich im kühlenden Schatten beim Klang der Musik an
gebratenen Zicklein, die mit Wein oder gefrorenem Honigwasser begos-
sen wurden. Das Vergnügen wurde noch gesteigert durch eine schöne
Gondelfahrt, mit der man den Weg von der Stadt und zu ihr zurück
nahm, denn diese Viertel waren von ungezählten Kanälen durchzogen,
die sich durch die Ebenen schlängelten, wo sich das Auge an den üppigen
Getreidefeldern und fruchtbaren Plantagen weidete."[3]

Die architektonische Prachtentfaltung der arabischen Städte zur Zeit
der Omajjaden war Ausdruck des ungeheuren Reichtums, der durch die
rasche Expansion des Islam in die Staatsschatulle der Kalifen floß. Die ästhetische Verfeinerung des urbanen Milieus brachte auch eine raffiniertere
Lebensweise mit sich. Zum Beutegut des „Heiligen Krieges" gehörten
auch die Frauen der Unterworfenen. Sie wurden „verschenkt" oder auf
den Sklavenmärkten von Basra, Damaskus und Bagdad als „Ware" angeboten. Die schönsten unter ihnen gelangten als Konkubinen an den
Kalifenhof, wo sie oft eine steile „Karriere" machten.

Die im Koran verankerte Erlaubnis zum Beischlaf mit allem, „was ihr (an Sklavinnen) besitzt" [4, 3], wurde zum religiösen Alibi einer entfesselten Erotomanie. Kalifen, Statthalter und Wezire wetteiferten darin, ihren Harem als Symbol ihrer Macht und männlichen Potenz mit schönen Sklavinnen und Konkubinen zu füllen. Je größer die Zahl der Liebesdienerinnen, desto mächtiger der Herrscher, desto gigantischer seine Potenz – galt es doch, der *Sunna* des Propheten nachzueifern. Im übrigen war alles, was im Buche Gottes und in der *Sunna* des Propheten stand, erlaubt. Was sich indessen hinter den Mauern der Kalifenpaläste und bei den Orgien hoher Würdenträger des Reiches abspielte, ging meist über das „Erlaubte" weit hinaus, weshalb mancher Chronist, wie etwa der andalusische Universalgelehrte Ibn Hazm, respektvoll darüber schweigt:

„Wenn die Muslime den Kalifen gegenüber nicht unbedingte Verpflichtungen hätten und es mir nicht ausschließlich obläge, solche Geschichten von ihnen zu erzählen, die Besonnenheit und Glaubenseifer verraten, und wenn es sich hier nicht eben um Dinge handelte, die sie in der Einsamkeit ihrer Schlösser im Kreise ihrer Familien erlebt haben, so daß ihre Wiedergabe unziemlich wäre, dann würde ich nicht wenige einschlägige Geschichten von ihnen anführen. Von den bedeutenden Männern ihrer Umgebung und den Trägern ihres Reiches aber haben sich so viele verliebt, daß es unmöglich wäre, sie aufzuzählen."[4]

Glücklicherweise waren nicht alle Chronisten so diskret wie Ibn Hazm und scheuten sich nicht, uns manch pikantes Detail aus dem Harem der Kalifen und der Stützen des Reiches zu überliefern. So berichtet al-Isfahani in seinem unerschöpflichen ,Buch der Lieder' vom Kalifen al-Walid Ibn Yazid – einem der ausschweifendsten Omajjaden-Prinzen – folgende Geschichte:

Eines Tages sei der Kalif, der Tag und Nacht nur seinem Vergnügen nachging, zur Zeit des Großen Freitagsgebets mit einer seiner Lieblingssklavinnen im Bett gelegen. Nachdem seine Bettgefährtin bemerkte, daß er keinerlei Anstalten machte, sich zur Moschee zu begeben, wandte sie sich an den „Beherrscher der Gläubigen" mit der Frage: „Wer wird an Eurer Stelle nun die Freitagspredigt halten?" Schließlich gehörte es zu den Pflichten des Kalifen, das rituelle Freitagsgebet zu leiten, und Al-Walid antwortete ihr: „Du!" Dann befahl er ihr, sich als Mann zu verkleiden und an seiner Stelle das Freitagsgebet zu leiten.[5]

Al-Isfahani beschreibt al-Walid als einen der „großherzigsten und einflußreichsten" Omajjadenherrscher, als „geistreich und dichterisch begabt", jedoch auch als moralisch verkommen. Und unser Gewährsmann scheut keine Mühe, sein Urteil durch entsprechende Anekdoten zu untermauern:

„Ashaab, einer der beliebtesten Sänger der Omajjadenzeit, überraschte al-Walid Ibn Yazid eines Tages in seinem Schlafgemach. Ashaab berich-

tete, daß das Glied des Kalifen sich in Erektion befand und einer langen
Ebenholzflöte glich, die man in Olivenöl getaucht hatte.
,Hast Du jemals so etwas gesehen?' fragte der Kalif.
,Nein', antwortete Ashaab.
,Verneige Dich also vor ihm!', befahl ihm der Kalif. Ashaab gehorchte
und verneigte sich dreimal vor dem erigierten Glied des Kalifen. Der ver-
dutzte Kalif fragte ihn:
  – ,Aber warum dreimal?!'
  – ,Ich wollte eben gerecht sein, Majestät: einmal für ihn [den Penis]
und zweimal für Eure Hoden!' antwortete Ashaab. Al-Walid brach in Gelächter aus und machte ihm ein großes Geschenk.["6]
    Zu den erstaunlichen Geschichten, die al-Isfahani über eine der schil-
lernsten Kalifen-Gestalten der Omajjadenzeit (al-Walid wurde nach ein-
jähriger Regierungszeit 744 im Alter von 36 Jahren ermordet) zu berichten weiß, gehört auch diese:
    „Der berühmteste Sänger der Omajjaden-Zeit war Ibn Aischa. Wenn er
sang, konnten selbst die gottesfürchtigen Männer die Tränen nicht zu-
rückhalten, und die Pferde wie auch die Kamele verfielen in Trance. Während der Zeit der Pilgerfahrt geschah es einmal, daß die Pilger von seiner
magischen Stimme derart gebannt waren, daß sie wie hypnotisiert stehen
blieben und nicht imstande waren, den Umlauf um die Kaaba durchzuführen.
    Eines Tages hatte Ibn Aischa vor dem Kalifen al-Walid Ibn Yazid gesun-
gen. Überwältigt von der Schönheit der Stimme des Sängers, fing der
Kalif an zu tanzen und seine Kleider zu zerreißen. Als Ibn Aischa seinen
Gesang beendet hatte, befahl ihm der Kalif, sich auszuziehen. Dann küßte
er seinen ganzen Körper ab und auch seinen Penis.["7]
    Al-Isfahani berichtete weiter, daß al-Walid nicht nur ein großer Weiber-
held und Trunkenbold, sondern auch ein notorischer Atheist war:
    „Al-Walid benahm sich immer schamloser, ging nur noch seinen Ver-
gnügungen nach und war fortwährend betrunken [...]. Eines Nachts ließ
er sich einen Koran bringen. Als er das Buch aufschlug, stieß er auf die
Seite, worauf stand: Sie baten Gott um seine Hilfe, doch es gab kein Hoffen für den Frevler, der vom rechten Weg weicht. Die Hölle wird ihn
einst verschlingen, derweil man Eiter ihm zum Trunke reicht! [14, 15 f.]
    ,Machst du immer solche Reimprosa?!', spottete al-Walid, nahm Pfeil
und Bogen und schoß auf den Koran, bis er ihn völlig durchlöchert hatte.
Dann sprach der die Verse:

> ,Drohst du jedem Herrscher, der vom Wege weicht?!
> Sieh her! Ich bin ein solcher, der vom Wege wich!
> Am Tage, wenn die Toten sich versammeln,
> sprich zu deinem Herrn und Gott:
> Walid zerstörte mich!'

Es dauerte dann nicht mehr lange, bis al-Walid getötet wurde. "[8] Musik, Tanz und Gesang erlebten an den Kalifenhöfen eine nie zuvor gekannte Entwicklung. Viele der Omajjaden-Kalifen – selbst Meister des Savoir-vivre und raffinierter Lebensart – profilierten sich nicht nur als großzügige Bauherren, sondern auch als Liebhaber und Mäzene der Kunst, vor allem der Musik. Schon der Nachfolger des ersten Kalifen Muawija, Yazid Ibn Muawija (645–683), ließ Musiker aus allen Teilen des Reiches in seinen prunkvollen Palast zu Damaskus kommen, der Tag und Nacht von Lautenspiel und den Stimmen der berühmtesten Sänger und Sängerinnen erfüllt war. Besonders wenn die Gesangssklavinnen in die Saiten griffen und ihre – von den großen Meistern geschulten – Stimmen erhoben, geriet der Kalif in Ekstase, zerriß sich das Hemd und rief in völliger Verzückung aus: „Ich fliege davon ..."

Wenn die fundamentalistischen „Verteidiger des Glaubens" heute wieder die Musik – und jede Art des Vergnügens – als „unislamisches Teufelswerk" verdammen, so sei ihnen die Lektüre eines ihrer größten Denker empfohlen. Um die Musik gegen seine konservativen Zeitgenossen zu verteidigen, die sie schon damals als Werkzeug des Teufels verächtlich machten, das die Gläubigen von Gott und seinem Propheten ablenke, schrieb al-Dschahiz vor über tausend Jahren:

„Wenn die Musik verboten sein soll, nur weil sie die Gedanken [der Gläubigen] von Gott ablenkt, so finden wir genügend andere Dinge, die dasselbe tun: Geschichten, Worte, Getränke, das Betrachten der Gärten und duftender Pflanzen, die Jagd, die sexuellen und viele andere Freuden, die den Menschen zerstreuen und vom Gedanken an Gott ablenken. Wir wissen sehr gut, daß es für denjenigen, der dazu fähig ist, weit tugendhafter ist, seine ganze Zeit dem Gedanken an Gott zu widmen, doch sind all die Vergnügungen erlaubt, sofern man seinen religiösen Pflichten nachkommt; sie stellen keine Sünde dar, es sei denn, die religiösen Pflichten würden durch sie vernachlässigt."[9]

Wie in Damaskus, so glichen später auch die Paläste von Bagdad, Kairouan, Cordoba und Granada dem Bild, das sich die Muslime vom Paradies machten – klare Quellen, Düfte, üppiges Grün, Früchte, Lautenspiel und hinreißend schöne Jungfrauen – ein vollkommener Garten der Lust. Alles an diesen Wunderwerken der Architektur schien nur einem Zweck zu dienen: ein ästhetisch überhöhtes erotisches Verlangen zu befriedigen. In diesen märchenhaften Palästen erschienen die Gespielinnen der Mächtigen als Ebenbilder der Paradies-Jungfrauen, der *Huris*, geschaffen, um den Kalifen und ihren Gefährten einen nie endenden Orgasmus zu bereiten. Und nicht zu Unrecht nannte man ein derartiges Wunderwerk der Architektur „das vergängliche Paradies".

1. Die Konkubine – das Gegenbild der „freien Frau"

Es ist vor allem die Sklavin (arabisch: *dschariya*, also die Konkubine), die das Bild der Frau im „Goldenen Zeitalter" des Islam verkörpert. Die Sklavinnen wurden bald zu den gefürchteten Rivalinnen der freien arabischen Frau, die Institution des Konkubinats zur Hauptursache für die Herabsetzung und geistige Verstümmelung des weiblichen Geschlechts. Der ägyptische Schriftsteller Ahmed Amin nennt dafür folgende Gründe:

„Wir haben den Eindruck, daß die Sklavinnen aktiver waren als die ‚freien' Frauen – sowohl was ihre ästhetische Kreativität als auch ihre Fähigkeit betrifft, die Dichter zu inspirieren. Dies erklärt sich aus der Gesellschaftsordnung jener Epoche. Die Männer [...] sind auf ihre freien Ehefrauen viel eifersüchtiger als auf ihre Sklavinnen. [...] Sie verschleiern die freien Frauen streng [...]. Auf eine Sklavin trifft dies nicht zu [...]. Denn die [eventuelle] Schande, die von einer *dschariya* verursacht wird, fällt nicht auf den Mann zurück, wie es im Falle einer nahen Verwandten der Fall wäre."[10]

Al-Dschahiz weist noch auf einen weiteren Vorzug der fürstlichen Konkubinen hin, der nicht zu unterschätzen ist:

„Manche, die die Ursache zu ergründen suchen, warum sich die meisten Sklavinnen bei den Männern einer größeren Beliebtheit erfreuen als die Mehrzahl der rechtmäßigen Frauen, argumentieren damit, daß der Mann, bevor er Eigentümer einer Sklavin wird, sie betrachten und außer ihrer Gunst und dem Alleinsein mit ihr alles an ihr kennenlernen kann; kommt es dann vor, daß sie ihm zusagt, so kann er sich entschließen, sie zu kaufen. Handelt es sich aber um eine Freie, so muß er andere Frauen über ihre Schönheit ausfragen: Nun weiß man aber, daß Frauen überhaupt keinen Blick für weibliche Schönheit besitzen und von den Anforderungen der Männer und vom Zusammenpassen der Frauen mit denselben absolut gar nichts verstehen. Männer sind dagegen in bezug auf Frauen scharfsichtiger, während eine Frau an einer anderen Frau nur die äußere Erscheinung kennenlernt und die besonderen Eigenschaften, die für das Zusammenpassen mit Männern in Frage kommen, nicht bemerkt."[11]

Es war freilich nicht nur die Schönheit und die Möglichkeit, die „Katze nicht im Sack zu kaufen", denn:

„Andererseits hat man sich viel mehr um die Unterweisung und Erziehung der Konkubinen gekümmert als um die der freien Frauen [...]. Was die freien Frauen betrifft, so haben sich nur ganz wenige privilegierte Klassen ihrer Erziehung und Ausbildung angenommen. Und noch etwas: Man sah in den Sklavinnen ein Objekt zur Zerstreuung und Unterhaltung der Männer. Selbst diejenigen, die sie ausgebeutet haben, machten es sich zur Aufgabe, die Formen dieser Zerstreuung immer mehr zu verfeinern, um den Wünschen der Nutznießer entgegenzukommen. Und da eine Sklavin um so leichter die Herzen der Männer entflammen konnte, wenn sie in der schönen Literatur *(adab)*, in der Musik und Dichtkunst bewandert war, scheuten sie keine Mühe, diesen Ansprüchen zu genügen. Gewiß gab es viele freie Frauen, die in irgendeiner Wissenschaft ausgebildet waren. Aber sie taten dies meist aus religiösen Motiven und die meisten von ihnen spezialisierten sich auf den *Hadith* und den Sufismus."[12]

Daß die Institution der Sklaverei als solche zur damaligen Zeit eine ganz normale Sache war, zeigt die unbekümmert nonchalante Art, in der selbst ein gelehrter und sittenstrenger Mann wie al-Dschahiz über die „Ware" Frau berichtet:

„Die Sklavinnen sind eine Handelsware und dem Feilschen und dem Überbieten im Preis unterworfen; Käufer und Verkäufer müssen sie, um die kostbarsten Stücke auszuwählen, sorgfältig betrachten [...]. Wenn auch der Wert eines Sklaven weder durch Maß und Gewicht noch durch Zahl und Fläche zu erkennen ist, so wird er doch durch Schönheit und Häßlichkeit erkannt, was wiederum nur einer, der einen scharfen Blick, ein geübtes Auge und Erfahrung in diesem Gewerbe besitzt, feststellen kann."[13]

Die Sklavenhändler gaben sich daher alle Mühe, ihre „Ware" dem Schönheitsideal der Zeit anzupassen und sie in flammenden Reden anzupreisen – wie es in ‚Tausendundeiner Nacht' beschrieben ist: „Ihr Kaufleute, ihr Männer des Geldes! Wer öffnet das Tor des Bietens auf diese Sklavin, die Herrin der Monde, die Perle von hohem Gewinn, Sumurrud [Smaragd], die Vorhangstickerin, die Sehnsucht der Verlangenden, die Wonne des Liebesbangenden?"[14]

Es war vor allem die Gesangssklavin, deren legendäre Reize die Liebesleidenschaft entflammte. Denn, „wenn sie ein Bewunderer ansieht, wirft sie ihm verstohlene Blicke zu, betört ihn mit ihrem Lächeln, sagt ihm durch Gedichte, die sie vorsingt, Liebesworte, ist darauf erpicht, seinen Anträgen zu entsprechen [...] und zeigt ihr Verlangen nach einem ausgedehnten Verweilen."[15]

In vielen Anekdoten und Legenden ist von der erotischen „Vielseitigkeit" der Gesangssklavinnen die Rede. Eine von ihnen namens Arib rühmte sich, mit acht Kalifen das Bett geteilt zu haben. Arib war eine der berühmtesten Gesangssklavinnen zur Zeit der Abbasiden. Sie hatte eine magische Stimme, war hochgebildet in der Musik und in der Poesie und gehörte zu den imposantesten Erscheinungen der mondänen Gesellschaft. Als sie noch jung war, floh sie aus dem Palast dessen, der sie gekauft hatte, um einem jungen Mann zu folgen, in den sie sehr verliebt war. Nachdem sie der Kalif al-Mamun in seinen Harem aufgenommen hatte, wurde Arib nicht nur wegen ihrer Schönheit und ihrer hinreißenden Stimme berühmt, sondern auch wegen der obszönen Gedichte, die sie vor den Männern des Hofes deklamierte. Als sie älter geworden war, fragte sie ein junger Mann, was ihr im Leben am meisten Spaß gemacht habe. „Nun ja, junger Mann" antwortete sie, „ein steifer Penis und ein wohlriechender Atem."[16]

In seinem Kodex des guten Tones und der feinen Sitten mit dem Titel ‚Das Buch des buntbestickten Kleides' widmete Ibn al-Waschscha, ein angesehener Gelehrter und Schriftsteller seiner Zeit, dem Sujet der Gesangssklavinnen ein ganzes Kapitel – ihrer Frivolität und Treulosigkeit, vor allem aber der Tatsache, „weswegen die Gesangssklavinnen zu tadeln sind und mit welcher List sie junge Männer verführen". Er kommt dabei zu folgendem Schluß:

„Kein anständiger und feingebildeter eleganter und höflicher Mann, kein edler Herr ist jemals von einem größeren Unglück heimgesucht und geprüft worden als dem Liebesverlangen der Gesangssklavinnen! Denn ihre Liebe ist ganz und gar verlogen, ihre Liebessehnsucht gespielt und falsch! Ihr Liebesverlangen entspringt der Langeweile und ist vom Überdruß gekennzeichnet. Es ist weder fest noch andauernd. Es dient nur der Befriedigung ihrer Begierden [...].

Ich verwahre mich entschieden dagegen, daß die Liebe der Sängerinnen trotz all ihrer Fehler und Makel schneller die Seele erreichen, tiefer ins Herz treffen, fester den Geist fesseln und anspornender im Erfolg sein soll! Vielmehr verhält es sich doch so, daß die Sängerinnen nur trügerische Hoffnung verbreiten und an der Oberfläche spielen! Man kann sie nur viel schneller und leichter als die Hausfrauen zu Willen haben, die wohlbehütet in den Häusern [Zelten] leben! Die Sängerinnen sind in jedem Fall falsch, jene aber, die Hausfrauen, haben keine Gelegenheit zur Liebe!

[...]

Nein, wahrhaftig! Die Liebe zu den Sängerinnen kann von mir ganz und gar nicht gebilligt werden. Alle Leute, die auch nur einen Funken Anstand besitzen, werden darin mit mir übereinstimmen! Leute, die wissen, was sie zu tun und zu lassen haben, verspüren keine Lust nach einer solchen Liebe und lassen sich durch sie nicht verleiten."[17]

Auch al-Dschahiz – Zeitgenosse Ibn al-Waschschas – mokiert sich in seinem ‚Porträt der Sängersklavin' über die laxe Moral und Sittenlosigkeit der singenden Haremsdamen. Doch er findet zur Erklärung ihrer Verderbtheit einige verständnisvolle Argumente:

„Wie soll die Sängersklavin vor der Versuchung sicher sein oder wie soll es ihr möglich sein, keusch zu bleiben, da sie sich doch die Leidenschaft aneignet, wie sie die Sprachen und Sitten von ihrer Umgebung lernt, und sie [...] in einem Milieu wohnt, das sie vom Denken an Gott abbringt, weil es nur aus ergötzlicher Unterhaltung und allen Arten von

Lustbarkeiten und Gemeinheiten inmitten von Wüstlingen und schamlosen Leuten besteht, von denen man kein ernstes Wort hört [...] und die weder Religion noch Ehrenhaftigkeit besitzen? Die fähigsten unter ihnen kennen viertausend Lieder und mehr auswendig [...], in denen Gott nur nebenbei einmal erwähnt wird, die keine Furcht vor der göttlichen Strafe einflößen und kein Verlangen nach Belohnung im Jenseits erwecken, sondern alle Ehebruch, Kuppelei, jugendliche Leidenschaft, Sehnsucht und Sinnenlust zum Thema haben.

Zudem hört sie nicht auf, ihren Beruf zu erlernen und sich ihm zu widmen, indem sie bei Gesangsmeistern Unterricht nimmt, deren Musiklektion ein einziges Liebesspiel und deren Vortrag nur ein Versuch der Verführung ist. Sie ist aber in ihrem Beruf dazu gezwungen, denn wenn sie dies miede, entglitte er ihr, wenn sie es vernachlässigte, täte es ihr Abbruch, und wenn sie nichts hinzulernte, bliebe sie auf der Stelle stehen, und jeder, der nicht vorwärtskommt, steht dem Verlust am nächsten. Der Unterschied zwischen den Mittelmäßigen und denen, die ihr Handwerk gut beherrschen, liegt nämlich im Hinzuerwerben von Kenntnissen und in der Beharrlichkeit, mit der man dem Beruf obliegt."[18]

Die folgende Anekdote, die al-Isfahani im ‚Buch der Lieder' erzählt, ist ein Beweis dafür, daß al-Dschahiz in seiner Einschätzung der Situation durchaus nicht übertrieben hat:

„Abu an-Nadhir war ein berühmter Musiker der Abbasidenzeit. Eine *dschariya* aus Bagdad hatte ihn gebeten, mit ihr ein Lied einzustudieren, das ihr sehr gefiel.

‚Was verlangst du dafür, daß du es mir beibringst?' fragte die *dschariya* den Musiker.

‚Den gleichen Preis, den ich bezahlt habe, um das Lied zu lernen', antwortete er.

‚Und wieviel hast du bezahlt?'

‚Der Typ, der es mir beibrachte, hat mich gevögelt. Ich werde dich meinerseits vögeln, und damit ist alles geregelt!'"[19]

Und al-Dschahiz faßt sein Urteil über die singenden Kurtisanen kurz und bündig in folgendem Satz zusammen: „Besäße der Teufel keine anderen Fallen, um damit zu töten [...], und keine andere Versuchung zum Verführen als die Sängersklavinnen, so würde ihm das vollauf genügen."

Er fügt jedoch nachsichtig hinzu:

„Dies soll aber kein Tadel gegen sie sein, sondern im Gegenteil ein hohes Lob. Heißt es doch in einer Überlieferung: ‚Die besten Frauen von euren Frauen sind die, die sich auf Zauber und Verführung verstehen', und weder Harut und Marut[20] noch der Stab des Mose noch die Magie Pharaos vermögen das zu bewirken, was die Sängersklavinnen fertigbringen [...]."[21]

Zur Ehrenrettung der Sängersklavinnen sei erwähnt, daß es auch Beispiele von Anhänglichkeit und Treue bei ihnen gab, wie Scheherezade in der 383. Nacht berichtet:

„Die Geschichte von Abdallah ibn Mamar und dem Manne aus Basra mit seiner Sklavin

Einstmals kaufte ein Mann aus dem Volke von Basra eine Sklavin; die ließ er aufs beste erziehen und unterrichten. Er hing an ihr in leidenschaftlicher Liebe, und er gab all sein Geld für Vergnügungen und Feiern mit ihr aus, bis ihm nichts mehr übrig blieb und die härteste Armut ihn bedrängte. Da sprach die Sklavin zu ihm: ‚Mein Gebieter, verkauf mich! Denn du hast den Preis nötig, und dein Zustand jammert mich, wenn ich dich so in Not sehe. Drum, wenn du mich verkaufst und meinen Kaufpreis für dich verwendest, so ist es besser für dich, als daß ich bei dir bleibe; vielleicht wird Allah der Erhabene dir wieder zu Geld und Gut verhelfen.' Er willigte in ihre Bitte ein, weil die Not ihn so sehr bedrängte, nahm sie und führte sie auf den Markt; dort bot der Makler sie dem Emir von Basra zum Kaufe an, der da Abdallah ibn Mamar et-Taimi hieß. Dem gefiel sie, und er kaufte sie um fünfhundert Dinare; er ließ das Geld auch sofort ihrem Herren auszahlen. Doch als dieser es erhalten hatte und fortgehen wollte, begann die Sklavin zu weinen und sprach diese Verse:

> Das Geld, das du empfingst, gereiche dir zum Segen!
> Jetzt bleibt mir nichts als Leid und sorgenvoller Sinn.
> Ich sprech zu meiner Seele in ihrer tiefen Trauer:
> Klag wenig oder viel – der Freund ist nun dahin!

Wie ihr Herr das hörte, begann er in Seufzer auszubrechen, und er hub an, diese Verse zu sprechen:

> Weißt du in deiner Not jetzt nicht mehr aus noch ein
> Und bleibt dir nur der Tod, vergib dem Herren dein!
> Nun will ich früh und spät in Treuen dein gedenken;
> Das mag dem schwerbetrübten Herzen Lindrung schenken.
> Wir sehen uns nicht mehr; drum ziehe hin in Frieden!
> Es steht bei Mamars Sohn; sonst sind wir stets geschieden.

Als Abdallah ibn Mamar die Verse der beiden hörte und ihr Leid sah, rief er aus: ‚Bei Allah, ich will nicht zu eurer Trennung behilflich sein; denn ich weiß nun, daß ihr einander lieb habt. So nimm das Geld und die Sklavin, o Mann, und Allah gesegne dir beides! Wahrlich, die Trennung zweier Liebenden voneinander bringt beiden Gram.' Da küßten die beiden ihm die Hand und gingen davon; und sie sind immerdar beieinander geblieben, bis der Tod sie geschieden hat – Preis sei Ihm, dem der Tod nicht naht!"[22]

In dieser kreativen Atmosphäre unter den Omajjaden-Kalifen nahm auch die Poesie wieder einen neuen Aufschwung. Die Eliten der künstle-risch-intellektuellen Zentren von Damaskus und Aleppo widmeten sich mit Leib und Seele dieser Kunst, die bei den Arabern so tief verwurzelt ist. Die mondäne Welt der höfischen Gesellschaft gefiel sich in immer neuen Formen des Vergnügens, entwickelte dieses Vergnügen zu einer hohen Kunst, in der sich Poesie, Musik und Tanz im Dienste höchsten erotischen Raffinements zu einem lustvollen Dreiklang verbanden. Das Eindringen des weiblichen Elements in eine bisher hermetisch geschlos-sene Männergesellschaft gab dem Liebesleben und der Leidenschaft neue Impulse. Auf diese Weise wurde die Liebe bzw. die Frau wie einst bei den Beduinendichtern zum Lieblingsthema der Poeten, die erotisierende Atmosphäre der duftenden Gärten und der Wasserspiele inspirierten die Dichter zu überschwenglichen Reimen und Versen, die bei Hofe und in den mondänen Kreisen von Damaskus meist von den in Gesang und Tanz perfekt ausgebildeten Gesangssklavinnen zur Laute vorgetragen wurden.

Unbestrittener König der amourösen Dichtkunst und des Minnesangs jener Zeit war Omar Ibn Abi Rabia.[23] Sein Ruhm beschränkte sich nicht auf seine Dichtkunst. Nicht minder berühmt war er als Liebhaber und als Weiberheld. Bei seinen amourösen Abenteuern machte er selbst vor den Heiligen Stätten in Mekka und Medina nicht halt. Al-Isfahani berichtet im ‚Buch der Lieder‘, jede schöne Frau, die Omar während der Pilger-fahrt sah, hätte ihn entflammt und zu einem neuen Liebesgedicht inspi-riert. Einmal, so überliefert es al-Isfahani, beobachtete Omar eine edle Frau beim Umschreiten der Kaaba und glaubte, das schönste Gesicht zu sehen, das Gott je geschaffen hatte. Sie raubte ihm beinahe den Verstand; doch als er sie ansprach, antwortete sie ihm nicht. Er widmete ihr fol-gende Verse:

Der Wind bewegt die Kleidersäume und entfaltet sie.
O wäre ich ein solcher Saum, vom Wind bewegt!
Und würde er mich ziehen wie die Schleppe,
die den leeren öden Wüstenboden hinter der Geliebten fegt!
Wo kann ich dich treffen, wie gelang ich je zu dir?!
Vielleicht gar nie, solang' ein Seelenhauch sich in mir regt!?[24]

Nichts Schädlicheres sei in die Gemächer der unverheirateten Mädchen eingedrungen als die Gedichte des Omar Ibn Abi Rabia. Als ihn der Kalif Sulaiman einmal fragte, was ihn daran hindere, ein Lobgedicht auf ihn zu verfassen, antwortete Omar: „Ich preise nicht die Männer, sondern nur die Frauen!" Und als eine seiner Verehrerinnen auf dem Weg nach Medina von seinem Tod erfuhr, überkam sie große Traurigkeit, und weinend sprach sie: „Wer wird jetzt seinen Platz einnehmen in Mekka, in den Schluchten, den Tälern [...], in der Beschreibung der Schönheit der Frauen?!"[25]

Nicht nur den Dichtern, auch dem normalerweise unter Verschluß ge-
haltenen weiblichen Geschlecht bot die Pilgerfahrt Gelegenheit zu man-
cherlei erotischen Abenteuern wie Ibn Hazm berichtet:

„Der Dichter Sulaiman Ibn Ahmad berichtet: Eine mir im Orient begegnete Frau mit Namen Hind, die bereits fünfmal nach Mekka gepilgert
und fromm und voll religiösen Eifers war, sagte einmal folgendes zu mir:
‚Mein lieber Junge! Denke niemals gut von einer Frau! Denn ich will dir
von mir selbst etwas berichten, von dem Gott, der Mächtige und Erhabene, weiß, daß es wahr ist. Auf der Rückkehr von der Pilgerfahrt – ich
hatte bereits der Welt entsagt – schiffte ich mich als fünfte von fünf
Frauen, die alle die Pilgerfahrt gemacht hatten, ein. Wir bestiegen ein
Fahrzeug auf dem Roten Meere. In der Besatzung des Schiffes befand sich
unter anderen ein Mann von schlankem Wuchs und hoher Gestalt, mit
breiten Schultern und schönem Körperbau. Ich sah, wie er in der ersten
Nacht eine meiner Reisegefährtinnen aufsuchte und sein Glied, das eine
sehr beträchtliche Größe aufwies, in ihre Hand legte. Darauf gab sie sich
ihm augenblicklich hin. In den folgenden Nächten tat er das gleiche der
Reihe nach mit allen anderen, bis ich allein übrigblieb. Da sagte ich mir:
›Ich werde Rache an dir nehmen!‹ nahm mir ein Rasiermesser und behielt
es in meiner Hand. In der Nacht kam er nun wie gewöhnlich. Als er dann
das gleiche wie in den anderen Nächten tat, tauchte unvermutet das Rasiermesser vor ihm auf. Da erschrak er und wollte sich erheben. Er tat mir
aber leid, und so sagte ich zu ihm, indem ich ihn festhielt: ‚Du gehst
nicht, ohne daß ich meinen Anteil an dir nehme!‘ Darauf verrichtete er
sein Geschäft. Ich aber bitte Gott um Verzeihung!‘"[26]

Bevor wir uns noch intensiver mit den erotischen Varianten im „Goldenen Zeitalter" beschäftigen, sei noch etwas vorausgeschickt: Während die
klassische arabische Literatur reich ist an Beschreibungen des ausschweifenden Liebeslebens an den Kalifenhöfen und in den Kreisen der städtischen Aristokratie, erfahren wir wenig über das Leben und die Sitten der
ärmeren Schichten und der Bewohner ländlicher Gebiete, vor allem der
Beduinen. Aus ihrer reichen Dichtkunst wissen wir, daß ihre Liebe meist
nur einer Frau galt und die Treue zu einer ihrer höchsten Tugenden. „Keinen einzigen von den Arabern [nämlich von den Beduinen] haben wir gefunden", so schreibt Ibn al-Waschscha, „der anders gehandelt und nicht
danach gestrebt hätte! Vielmehr liebte ein jeder von ihnen von Anfang bis
zu Ende, ohne der lasterhaften Begierde zu erliegen und ohne obszöne
Dinge zu erstreben. Was sie begehrten, war weiter nichts, als Blicke aus-
zutauschen. Ihr größtes Glück bestand darin, miteinander zusammenzu-
treffen und sich zu unterhalten, über ihre Liebe zu reden und Gedichte zu
machen" (a. a. O., S. 139).

Ibn Qayyim al-Dschauziyya bestätigt dies: „Die alten Araber sahen im
Gespräch der Männer mit den Frauen nichts Anstößiges, weil sie im Arg-

wohn einen Makel erblicken. Sie achteten streng darauf, gute Nachbarschaft zu pflegen, gegenseitig Treue zu üben und jede Schande zu vermeiden. Bei ihnen hatte der Mann die Frau des Nachbarn wie die eigene Tochter, Schwester oder Frau zu beschützen und ihre Unantastbarkeit zu achten. Kein Mensch konnte es sich bei ihnen erlauben, dieses Gesetz zu mißachten. Treuelosigkeit kam erst auf und wurde von einzelnen begangen, als die Beduinen die Wüste verließen und sich mit der seßhaften Bevölkerung vermischten. Dort sahen sie die vielen Sklaven von verschiedenen Völkern und trafen auf ein buntes Gemisch gemeinen Volkes. Dort begannen sie, ihren gewohnten Gesetzen zuwiderzuhandeln und im Gegensatz zu ihren Traditionen ein ausschweifendes Leben zu führen, welches auch den Ehebruch einschloß. Diesem ausschweifenden Leben konnte sich auch derjenige nicht widersetzen, der von Natur aus edel und dessen Körperbau gesund war, der vorher von schändlicher Hurerei gänzlich unberührt geblieben war und der an einen Ehebruch niemals gedacht hätte, weil diese Dinge für ihn absolut unvorstellbar und unerlaubt waren. Der Mensch tut jedoch am liebsten das, was für ihn verboten ist" (a. a. O., S. 234).

Auch gab es in der Wüste keine Geschlechtertrennung, keine Einsperrung und keinen Schleier. Mann und Frau arbeiteten in der freien Natur zusammen, der harte Existenzkampf ließ keinen Raum für sexuelle Ausschweifungen und erotisches Raffinement. Die materiellen Bedingungen der Landbevölkerung boten keine Voraussetzung für Polygamie und Konkubinat.

Ibn al-Waschscha, der strenge Kritiker der allgemeinen Sittenlosigkeit seiner Zeit, gibt dazu im ,Buch des buntbestickten Kleides' folgenden Kommentar: „Liebessehnsucht, Liebe, Sprödigkeit, Leidenschaft und Verliebtsein sind für reiche und wohlhabende Leute durchaus angemessen, für arme und unvermögende aber unziemlich. Wir möchten damit nicht sagen, daß die Liebe für diese wegen ihrer bescheidenen Verhältnisse verboten und für jene wegen ihres Wohlstandes erlaubt ist [...]. Die Ursachen der Liebessehnsucht können nicht aus Wohlstand, Vermögen, Reichtum, Generosität, Geschenken, reichlichen Ausgaben, vielfältigen Beziehungen, beglückenden Liebesgaben und heimlichen Aufmerksamkeiten erklärt werden. Denn der mittellose Arme, der in beschränkten Verhältnissen lebende Hungerleider, besitzt zu all diesen Dingen keine Möglichkeit. Welcher Bedürftige sich aber der Liebe hingeben und gleichzeitig Großzügigkeit an den Tag legen will, der ist, weiß Gott, in einer mißlichen Lage: Er besitzt kein Geld, seine Hand reicht nicht weit, und er vermag überhaupt nichts auszurichten! Aber noch kein Mensch ist zugrunde gegangen, der gewußt hat, was er tun und lassen kann. Der törichtste Mensch ist jedoch derjenige, der etwas tut, was seine Kräfte übersteigt" (a. a. O., S. 42).

Und noch ein Phänomen gilt es anzumerken: Das Bild der arabisch-islamischen Frau wurde usurpiert, zumindest aber dominiert von der eigentlichen „Gegenfrau", der Konkubine, der Geliebten, der Gespielin – auf Kosten der legitimen, rechtlich privilegierten Ehefrau. Ihre privilegierte Rolle beschränkte sich allerdings darauf, Trägerin der „Ehre" ihres Ehemannes – mit anderen Worten: auf das Haus und die Reproduktion der Familie reduziert zu sein. Die „Sklavin" dahingegen hatte als Konkubine und hochgezüchtetes Spielzeug der Mächtigen und der Reichen als einzige freien Zugang zu jener exklusiven Männerwelt, aus der die freie Frau ausgeschlossen war. Die Fähigkeiten der freien Frau verkümmerten im Würgegriff eifersüchtiger Patriarchen. Sie selbst wurde zum Schatten und zur Dienerin des Mannes, ins Haus verbannt zum Zwecke der Aufzucht seiner möglichst zahlreichen Kinder.

Ironie oder Rache des Schicksals, daß letzten Endes die „Sklavin" die einzige Frau war, die alle Facetten der Weiblichkeit entfalten und sich – in einem gewissen Sinne zumindest – emanzipieren konnte? Erinnern wir uns an die ursprüngliche Bedeutung des Wortes: sich aus der Versklavung – *ex mancipio* – zu befreien!

Die Kehrseite dieser Form der „Emanzipation" war allerdings fatal. Der Preis für den Zugang zur hermetisch verschlossenen Welt der Patriarchen, zu Kreativität und „freier Liebe" war hoch: Die Konkubine blieb eine wenn auch „gebildete" Ware, die jederzeit verkauft, verschenkt oder abgelegt werden konnte. Von wenigen Fällen heftiger Liebesbeziehungen abgesehen, die zur Freilassung und zur Ehe führten, war sie reines Lustobjekt – in ständiger Konkurrenz mit anderen Gespielinnen ihres Herrn.

Man kann daher von zwei grundverschiedenen Formen weiblicher Existenz innerhalb der arabisch-islamischen Kultur sprechen und damit auch von zwei ebenso verschiedenen Auffassungen von Sexualität und Liebe, die durch die sprachliche Abgrenzung *„al hubb al-badawi"* – die Beduinenliebe – und *„al hubb al-hadhari"* – die Liebe der Städter – umschrieben sind.

Dieser Polarisierung entspricht auf der gesellschaftlichen Ebene die Trennungslinie zwischen Arm und Reich. Das von der klassischen Literatur vermittelte Bild eines lasziven, ausschweifenden und raffinierten Liebeskultes beschränkte sich auf eine bestimmte Schicht, und auch in den Erzählungen von ‚Tausendundeiner Nacht' findet sich manche Geschichte von armen Schluckern, deren Leidenschaft zu einer Schönen unerfüllt blieb und dem vermessenen Liebhaber teuer zu stehen kam.

2. Ein neues Schönheitsideal

Das hohe ästhetische Niveau in den prachtvollen Zentren des mittlerweile „urban" gewordenen Islam mußte zwangsläufig auch das Idealbild weiblicher Schönheit verändern. Während in der *Dschahiliya* und in den Tagen des frühen Islam das Wunschbild der Männer eine dicke, vollbusige Frau mit schwerem, schleppendem Gang war, zogen sie mit wachsendem Raffinement des städtisch-mondänen Lebens immer mehr die zierlichen und schlanken Frauen vor. Ausnahmen mögen auch hier die Regel bestätigen, denn unser dichtender Don Juan, Omar Ibn Abi Rabia, war – unter anderem – in Liebe entbrannt zu ath-Thurija, die so breite Hüften gehabt haben soll, daß kein einziger Tropfen die Außenseite ihrer Oberschenkel benetzte, wenn sie im Stehen einen Krug Wasser über sich ausgoß.[27] Die Männer der Omajjaden- und Abbasiden-Zeit liebten in der Regel jedoch wohlproportionierte Frauen mit festen, halbkugelförmigen Brüsten, die man mit einer einzigen Hand umschließen konnte.

Das veränderte ästhetische Klima in der erotisierenden Atmosphäre der Paläste und Alkoven motivierte die Schriftsteller und Philosophen, über die Natur des Schönen nachzudenken. Zu den Meistern der ästhetischen Reflexion gehört der uns bereits wohlvertraute al-Dschahiz. Ausgehend von einer gründlichen Untersuchung über Bauwerke, Teppiche, Stoffe, Gewänder – und selbst über die Proportionen und den Verlauf der Wasserkanäle – entwickelte er folgende Ideen über die körperliche Schönheit der Frau:

„Ich habe bemerkt, daß die meisten Menschen, die Einblick in das Wesen der Frau haben und gute Kenner dieser Materie sind, der *magdula* den Vorzug geben. Die *magdula* unter den Frauen steht in der Mitte zwischen den Dicken und den Dürren. Ihre Figur muß vortrefflich und wohlgeformt sein, ihre Schultern müssen ebenmäßig und ihr Rücken muß gerade sein. Die Bedeckung der Knochen soll so sein, daß sie zwischen Wohlbeleibtheit und Magerkeit die Waage hält. Wenn man von einer *magdula* spricht, so meint man damit einen sehnigen und festen Körper ohne schlaffes Fleisch und versteht darunter, daß eine Frau frei von überflüssigem Fett ist [...]. Der gleichmäßige, wiegende Gang ist das Schönste an einer Frau, aber eine Dicke, Korpulente und eine, die zu viel Fleisch an sich hat, kann nicht so gehen [...]. In der Prosa wird die *magdula* folgendermaßen beschrieben: Der obere Teil ihres Körpers ist eine Gerte und sein unterer Teil ein Sandhügel.“[28]

Ibn Qayyim al-Dschauziyya hat ein ganzes Kapitel seines Buches ‚Über die Frauen‘ der körperlichen Beschaffenheit des weiblichen Geschlechts gewidmet. Er faßt den allgemeinen Geschmack seiner Zeit so zusammen:

„Die Anmut einer Frau liegt in ihrem Gesicht, die Reinheit in ihrer Haut, die Schönheit in ihrer Nase, die Süßigkeit in ihren Augen, der Liebreiz in ihrem Mund, die Eleganz in ihrem sprachlichen Ausdruck, der schlanke Wuchs in ihrer Figur, die Vornehmheit in ihrem Charakter und die vollkommene Schönheit in ihrem Haar. [...]

Wir möchten [jedoch] noch erwähnen, daß die Menschen sehr unterschiedlichen Geschmack und widersprüchliche Meinungen zum Busen und zum Hinterteil der Frauen an den Tag legen. Ebenso unterschiedlich ist ihre Meinung über die dünnen und schlanken Frauen einerseits und die kräftigen und langen sowie fettleibigen und saftigen Frauen andererseits. Auch ihre Begierden sind sehr unterschiedlich. Ihre Lust auf eine Frau mit flacher oder runder Brust, mit eckigem, fülligem oder schlaffem Hinterteil ist von einem zum anderen Menschen verschieden. So gibt es manche Männer, die einen prallen Busen, der beide Hände voll füllt, bevorzugen, während andere Männer daran überhaupt keinen Geschmack finden. [...]

Von al-Dschahiz wird überliefert, daß Abu Mamar Ibn Hilal des öfteren folgendes zu sagen pflegte: ‚Ich verstehe vollkommen, daß ein Mann mit einem großen Penis eine große und kräftige Frau wünscht. Unbegreiflich aber ist mir, daß ein Mann mit kleinem Penis ebenfalls eine solche Frau haben will!' "29

Ibrahim Ibn Bassara an-Nazzam – so berichtet Ibn al-Qayyim weiter – habe auf die Frage, welches die idealen Maße der weiblichen Brust seien, geantwortet: „Ich habe die Erfahrung gemacht, daß die Menschen in ihren Begierden sehr unterschiedlich sind. Allah aber – gepriesen sei er, und hoch und erhaben ist er! – habe ich sagen hören, als er die schwarzäugigen Paradiesjungfrauen beschrieb, daß er sie mit prallen Brüsten [...] geschaffen hat! Er hat jedoch überhaupt nichts von Paradiesjungfrauen mit großen, herabhängenden oder fülligen Brüsten gesagt!"

Ibn al-Qayyim gibt einen interessanten Kommentar zu der Frage, weshalb die Araber den Dünnen vor den Dicken den Vorzug geben:

„Die Araber preisen nämlich die Schlankheit und mißbilligen die Beleibtheit. Sie rechnen die Mageren zu den Leuten von Bildung und Kenntnis, die Fetten aber zu den Leuten von Schwerfälligkeit mit wenig Verstand. Ja, sie sprechen ihnen alle Bildung ab. Während sie den Mageren und Schlanken Wissen und Redegewandtheit zuschreiben, erkennen sie in den Fetten nur Dummheit und Unverstand!"30

Von Abu Nuwas, dem größten Dichter der Abbasidenzeit, der gegenüber den Reizen beider Geschlechter äußerst anfällig war, stammt folgendes Gedicht:

Ich habe meiner Leidenschaft erlaubt
in meinem Herzen einen Platz zu nehmen,
genauso wie es mir schon eh und je behagt,
vom Wein zu trinken, Essen einzunehmen!
Du bist ein Bild – so gut, vollkommen schön,
nichts ist mit deiner Pracht da zu vergleichen!
Ja, jedes Gleichnis, jede Ähnlichkeit mit dir,
müßt scheu und schnell vor deinem Glanze weichen.
Du bist nicht klein, denn größer ist dein Wuchs!

Nein, lang und schlank, so willst du mir erscheinen.
Doch sei dein Körper niemals häßlich, dick und fett,
auch abgemagert sollst du mir nicht weinen![31]

Ein Merkmal weiblicher Schönheit und sexueller Stimulanz hat sich jedoch durch die Jahrhunderte hindurch nicht verändert: Zu allen Zeiten liebten die Araber ein rundes, üppiges und aufreizendes Hinterteil. Poeten und Prosaiker erwiesen diesem Teil des weiblichen Körpers immer wieder ihre Reverenz, verglichen ihn mit den weichen Dünen des Sandes, beschrieben in verzückten Versen seine Formen, seine Weichheit und seine erregende Fülle:

Als ich ihr begegnet früh am Morgen,
konnt ich mein Erstaunen nicht verbergen:
Wie ihr breiter Hintern, ach, so bebte,
ihre Augen voller Sehnsucht blickten!
Über ihren schlanken Hals, emporgerichtet,
wie ein weiches Ebenbild aus Marmor,
flossen ihre Flechten sanft hernieder,
aufgelöst und einem Wasserfalle gleichend.[32]

Auch die Vorstellungen von einem voluminösen, jedoch zweckentsprechenden weiblichen Schoß waren Anlaß zu reicher literarischer Produktivität. Um auch in dieser Hinsicht über ein möglichst reiches Spektrum zu verfügen, holte man sich die Damen für die fürstlichen Harems aus den verschiedensten Gebieten des großen Islamischen Reiches, wodurch ein Hauch von Exotik in die Schlafgemächer der Großen gelangte.

Es hat den Anschein, als hätten sich die Kalifen bemüht, eine Art „Geo-Erotik" zu etablieren und Liebe, Erotik und Sexualität „nach Ethnien einzuteilen", um den Bereich ihrer Liebeserfahrungen durch geographische Varianten zu erweitern. Nach unserem Gewährsmann as-Suyuti hatten die Byzantinerinnen ein sehr wohlgestaltetes Geschlecht. Man warf ihnen jedoch vor, daß es nicht tief genug und zu weit sei. Die Spanierinnen galten als die Schönsten, die Wohlriechendsten, die Inderinnen, Chinesinnen und Slawinnen als die Häßlichsten und Schmutzigsten und überdies auch noch als die Dümmsten. Die Negerinnen werden als deliziös und gehorsam beschrieben. Auch unter den arabischen Frauen gab es Unterschiede. Die Irakerinnen galten als die aufreizendsten, die Syrerinnen als die liebevollsten – wobei die Araberinnen und Perserinnen ganz allgemein natürlich zweifellos die besten überhaupt seien – die Fruchtbarsten, Liebenswertesten und Treuesten. Die Vagina der Nubierin wurde als besonders heiß beschrieben, und obwohl ihr Hintern flach und ihr Körper unproportioniert seien, erwecke sie immer wieder von neuem die Begierde. Die Türkinnen seien laut Suyuti kalt, würden auf Anhieb schwanger, hätten einen üblen Charakter, seien nachtragend, aber äußerst intelligent [...].[33]

„Alle (spanischen) Omajjaden-Kalifen" waren nach Ibn Hazm „so veranlagt, daß sie blond vorzogen, ohne daß auch nur einer von ihnen von
dieser Regel abwich. Ich habe sie und habe Leute gesehen, die sie ihrerseits gesehen haben von der Herrschaft an-Nasirs an bis heute: Sie waren
allesamt blond nach ihren Müttern, so daß es bei ihnen eine angeborene
Eigenheit geworden war [...]. Ich weiß nun nicht, ob jene Einstellung bei
ihnen allen eine natürliche Geschmacksrichtung darstellte oder ob sie
durch eine Überlieferung bedingt war, die in dieser Beziehung bei ihren
Vorfahren herrschte und die sie darum beibehielten.

In den Gedichten des Abu Abd al-Malik Marwan Ibn Abd ar-Rahman
tritt die gleiche Vorliebe deutlich zutage. Er war der größte spanische
Dichter zur Zeit der Omajjaden, und die meisten seiner Minnelieder galten blonden Frauen."[34]

Das letzte Wort zu dieser Frage überlassen wir dem Philosophen al-
Dschahiz: „Die Angelegenheit der Schönheit ist zu subtil und delikat, als
daß jeder Betrachter sie wahrnehmen könnte. Schönheit und Häßlichkeit
zu erkennen, erfordert einen geschulten Blick, ein geübtes Auge und Erfahrung in diesem Gewerbe [...]. Ich will versuchen, euch die Schönheit
zu erklären: Sie ist Fülle und Ebenmaß, wobei ich unter Fülle nicht das
Hinausgehen über die richtigen Proportionen verstehe [...]. Grenzen umschließen die Dinge dieser Welt und beschränken die für sie bestimmten
Ausmaße. Alles, was [...] die Grenzen überschreitet – selbst in der Religion und Weisheit, die doch die vorzüglichsten Dinge sind – ist häßlich
und tadelnswert."[35]

3. Die Liebesorgien am Hof der Abbasiden

Nicht minder turbulent als im syrischen Damaskus war das Liebesleben
am Hofe der Abbasiden-Kalifen von Bagdad, das durch die märchenhaften Geschichten aus ‚Tausendundeiner Nacht' für uns Abendländer zum
Inbegriff sinnlich-orientalischer Lebensfreude und einer erotisch-geisti-
gen Kultur geworden ist, deren faszinierendes Flair untrennbar mit dem
Namen des berühmten Kalifen Harun ar-Rashid verbunden ist. Daß die
Konkubinen der Kalifen nicht nur durch ihre Schönheit, ihre Leidenschaftlichkeit und ihre Verführungskünste Furore machten, geht aus der
Geschichte der Sklavin Tawaddud hervor, die mit den berühmtesten Gelehrten der Zeit leidenschaftlich über Fragen der Medizin, der Astrono-
mie, der Musik, der Mathematik, der Philosophie, der Rhetorik, der Literatur und selbst der Rechtswissenschaft und Theologie zu diskutieren
liebte.

Harun ar-Rashid, in dessen Harem ungezählte Sklavinnen aus allen Teilen der Welt anzutreffen waren, hatte für diese Perle ein Vermögen von

70000 Dinar ausgegeben (auch für den „Beherrscher der Gläubigen" eine stolze Summe), freilich nicht ohne sie vorher einer strengen Prüfung in allen Bereichen der Wissenschaft und Kunst unterzogen zu haben. Wenn man der Schilderung dieser Prüfung durch Scheherezade Glauben schenkt, so war der Preis der kostbaren Ware durchaus angemessen: „Da fragte der Kalif: ‚Wie heißest du?' ‚Ich heiße Tawaddud', gab sie zur Antwort; und er fragte weiter: ‚Tawaddud, in welchen Wissenschaften bist du bewandert?' Sie erwiderte: ‚Mein Gebieter, ich kenne die Grammatik, die Dichtkunst, die Rechtswissenschaft, die Auslegung der Heiligen Schrift und die Sprachkunde; ferner bin ich bewandert in der Tonkunst, der Pflichtenlehre, der Rechenkunst in allen ihren Zweigen, der Erdmessung und den Geschichten der Alten. Ich kenne auch den erhabenen Koran ... ich weiß die Zahl der Suren und der Verse und der Abschnitte ... welche Suren in Mekka, welche in Medina offenbart wurden und welches die Anlässe der Offenbarung waren ... Ich habe mich umgesehen in den exakten Wissenschaften, in der Geometrie, in der Philosophie, der Heilkunde, der Logik, der Synonymik und der Metonymik. Ja, ich habe viel Wissen in mir aufgespeichert, und ich liebe die Dichtkunst leidenschaftlich. Ich schlage die Laute und weiß genau, wann zum Spiel gesungen wird und wann die Saiten erklingen und ruhen müssen. Wenn ich singe und tanze, verführe ich die Herzen; doch bin ich geschmückt und mit Spezereien gesalbt, so bringe ich tödliche Liebesschmerzen. Kurz, ich habe einen solchen Gipfel der Vollkommenheit erreicht, daß nur die Meister der Wissenschaften ihn würdigen können.' [...] Darauf schrieb der Kalif an den Statthalter von Basra, er solle ihm Ibrahim Ibn Saijar an-Nazzam senden, der unter allen seinen Zeitgenossen die Argumentation, die Beredsamkeit, die Dichtkunst und die Logik am vollkommensten beherrschte; und der solle Koranleser, Rechtsgelehrte, Ärzte, Astronomen, Mathematiker, Philosophen, Gelehrte von allen Wissenszweigen mit sich führen ... Nach kurzer Zeit kamen sie im Palast des Kalifen an; doch sie wußten nicht, welche Aufgabe sie hatten. Der Beherrscher der Gläubigen ließ sie in seinen Staatssaal führen und hieß sie sich setzen. Als sie sich niedergelassen hatten, befahl er, die Sklavin Tawaddud solle kommen. Wie die nun eintrat und sich entschleierte, glich sie einem funkelnden Stern [...].

Ein goldener Schemel ward für sie hingesetzt, und sie sagte den Gruß und begann mit beredter Zunge zu reden, indem sie anhub: ‚O Beherrscher der Gläubigen, befiehl den Rechtsgelehrten, den Koranlesern, den Ärzten, den Astronomen, den Mathematikern, den Philosophen – allen Gelehrten, die hier zugegen sind – daß sie mit mir disputieren!'"[36]

Auch um das ungestüme Liebesleben der Nachfolger Harun ar-Rashids ranken sich unzählige Anekdoten und Geschichten. Vom Kalifen al-Mutawakkil (847–861) wird überliefert, er habe 4000 Konkubinen besessen.

Al-Amin, der Sohn Haruns, liebte es, nächtliche Orgien zu veranstalten, zu denen er nicht nur Frauen, sondern auch Knaben einlud. Ein Augenzeuge berichtete, er habe al-Amin eines Tages in Gesellschaft von zwanzig jungen Griechen angetroffen, die „kostbar gekleidet waren und die mit goldenen Kreuzen um den Hals tanzten – in den Händen Palmwedel und Olivenzweige".[37]

Unter den illustren Teilnehmern nächtlicher Lustgelage befand sich meist auch die Hohe Geistlichkeit – die *ulama* und die Kadis – also die Vertreter des (religiösen) Gesetzes selbst. Hören wir, wie Yaqut al-Hamawi (1179–1229)[38] eine solche Nacht im Palast des Bujiden[39]-Wezirs al-Muhallabi beschreibt:

„Man legte jegliche Scham und Zurückhaltung ab und überließ sich der Schlemmerei, der Trunkenheit und ungezügeltem Übermut. Die [anwesenden] Kadis gehörten zu den angesehensten Schriftgelehrten der Epoche! [...] Sie trugen alle lange weiße Bärte wie auch der Wezir al-Muhallabi selbst. Sobald die Intimität vollkommen war und sie durch den Schmelz der Musik in süße Erregung kamen, legten sie großzügig den letzten Schleier der Scham ab [...], wälzten sich auf den Schößen schöner Blondinen und genossen den reichlich fließenden Wein. Man reichte goldene Becher voll des feuerroten Weins, und jeder tauchte seinen Bart in das verbotene Getränk. Als alles Trinkbare zur Neige ging, bespritzten sie sich gegenseitig und fingen zu tanzen an, nicht ohne zuvor Gewänder und Hosen abgelegt zu haben. Um den Hals hatten sie [nur noch] große Halsketten aus Blumen."[40]

Yaqut al-Hamawi vergaß nicht hinzuzufügen, daß die geistigen Würdenträger es nicht versäumten, anderntags wieder zu ihrem gewöhnlichen Puritanismus, zu der von ihnen zur Schau getragenen Würde und dem gewissenhaften Respekt vor den äußeren Zeichen ihres ehrwürdigen Amtes und der Sittsamkeit zurückzukehren, die einem Scheich wohl anstünde. Aus den 35 Anekdoten, die der berühmte Literat und Philosoph at-Tauhidi im Auftrag des Mathematikers Abu l-Wafa über die erotischen Orgien im Palast des Wesirs verfaßte, erfahren wir, daß sich dort – neben ehrwürdigen Kadis, Scheichs, Korangelehrten, Grammatikern und „frommen Seelen" aller Art – ein buntes Volk von Sängerinnen, Märchenerzählern, Dichtern und Homosexuellen einfand, um der hohen Kunst der „Erotologie" in gepflegter Konversation und heiterster Praxis zu frönen.

Da der Koran die Homosexualität streng verurteilt, war sie ganz offensichtlich bereits zur Zeit des Propheten bei den Arabern verbreitet. In der Sure 26 (Vers 165 f.) ergeht folgende Mahnung an die Gläubigen: „Wollt ihr euch denn mit Menschen männlichen Geschlechts abgeben und darüber vernachlässigen, was euer Herr euch in euren Gattinnen geschaffen hat? Wahrlich, ihr seid verbrecherische Leute!"

Trotz dieses Verbots gehörten homoerotische Beziehungen im freizügigen Milieu der Kalifenhöfe und der höfischen Gesellschaft zum erotischen Raffinement. Eines der bekanntesten Beispiele homoerotischer Leidenschaft war die Liaison zwischen Mahmud von Ghazna, dem Eroberer Indiens, und einem seiner Sklaven, der sein Erster Offizier war. Von den Gottesmännern sind sogar homoerotische Verstrickungen überliefert, die zuweilen die Schranken der Glaubenszugehörigkeit überwanden. So berichtet Ahmad Ibn Jahja ar-Rawandi in seinem ‚Buch vom Aussprechen und Berichtigen‘, „daß das Haupt der Mutaziliten,[41] Ibrahim Ibn Saijar an-Nazzam, trotz seines hohen Ranges in der scholastischen Theologie und seines gewaltigen und souveränen Wissens sich durch einen christlichen Jüngling, in den er dermaßen verliebt war, daß er für ihn ein Buch über den Vorzug der Dreifaltigkeit vor der göttlichen Einheit schrieb,[42] zu dem verleiten ließ, was ihm von Gott verboten war."[43]

Ein Opfer leidenschaftlicher Knabenliebe wurde, nach Ibn Hazm, selbst ein Mann, „von dem wir alle wußten, daß er mit Strebsamkeit und Eifer religiösen Studien oblag, daß er Gottesfurcht besaß und sich zu nächtlichen Andachtsübungen erhob sowie daß er den Spuren der Asketen folgte und die Wege der alten Sufis wandelte, indem er emsig forschte und sich mühte. Wir hatten es stets vermieden, in seiner Gegenwart zu scherzen. Doch es dauerte nicht lange, bis er dem Satan die Macht über seine Seele einräumte, sich enthüllte, nachdem er zuvor das Gewand der Asketen getragen hatte, und seinen Leitstrick dem Teufel überantwortete, worauf dieser ihm trügerische Bilder vormalte und ihm Unheil und Verderben reizvoll erscheinen ließ. [...] Während er vorher meiner obigen Schilderung entsprach, wurde er nun für einige abscheuliche und schmutzige Vergehen berüchtigt [...].

Der hier erwähnte Freund von uns hatte sich eine ausgezeichnete Kenntnis der Koranlesungen angeeignet [...], er war fleißig in der Sammlung und schriftlichen Niederlegung von Traditionen, und seine größte geistige Fähigkeit bestand in der Beherrschung der mündlichen Wiedergabe dessen, was er bei den Traditionslehrern hörte und was er unermüdlich abschrieb und studierte. Als er von diesem Unglück mit diesem Knaben heimgesucht wurde, kümmerte er sich nicht mehr um das, womit sich früher eifrig befaßt hatte, verkaufte die meisten von seinen Büchern und wandelte sich ganz und gar. Möge Gott uns davor bewahren, daß er uns seinen Beistand entzieht."[44]

Diese Geschichte bestätigt die Worte, die ein frommer Mann einmal gesagt haben soll: „Ich fürchte für einen Diener Gottes von einem bartlosen jungen Mann mehr als von siebzig Jungfrauen."[45]

Berühmt sind auch die schlüpfrigen Dialoge zwischen Huren und Päderasten, die der Freigeist al-Dschahiz verfaßte, und die frivolen Verse, die der Dichter Abu Nuwas seinen zahlreichen Lustknaben gewidmet hat.

Der sinnenfrohe Dichterfürst, der als ausschweifender Lebemann weithin bekannt war, hatte eines Tages drei Jünglinge zu einem prächtigen Gastmahl in sein Haus geladen. Nachdem sie ausgiebig getafelt und gezecht hatten, übermannte Abu Nuwas die Trunkenheit, und „er drang mit Kuß und Umarmung auf die Jünglinge ein, legte Bein auf Bein, hatte für Sünde und Scham keinen Sinn und sprach die Verse vor sich hin:

> „Vollkommene Freude bringet nur ein Jüngling,
> Der trinkt in schöner Zechgenossen Kreis.
> Der eine singt ein Lied, der andre grüßt ihn,
> Wenn er ihn mit dem Becher zu erquicken weiß.
> Und hat der dann nach einem Kuß Verlangen,
> So reicht ihm jener seine Lippen dar.
> Gott segne sie! Schön war mein Tag bei ihnen!
> Ein Wunder ist's, wie er so herrlich war!
> Nun laßt uns trinken, ob gemischt, ob rein;
> Und wer da schläft, soll unsre Beute sein."[46]

Doch eines Tages wurde Abu Nuwas von Harun ar-Rashid *in flagranti* überrascht – und wie die Geschichte endete, berichtet Scheherezade in der 382. und 383. Nacht:

„Während sie es so trieben, klopfte plötzlich jemand an die Tür; sie riefen ihm zu, er möge eintreten. Aber wer da eintrat, das war der Beherrscher der Gläubigen Harun ar-Rashid. Alle sprangen vor ihm auf und küßten alsbald den Boden vor ihm; auch Abu Nuwas erwachte aus seiner Trunkenheit, erschrocken durch den Anblick des Kalifen. Da rief der Beherrscher der Gläubigen: ‚Du da, Abu Nuwas!' Der antwortete: ‚Zu Diensten, o Beherrscher der Gläubigen, Allah stärke deine Macht!' ‚Was ist das für ein Zustand?' fragte der Kalif. Und der Dichter erwiderte: ‚O Beherrscher der Gläubigen, der Zustand überhebt der Fragen, das ist zweifellos zu sagen!' Der Kalif aber fuhr fort: ‚Abu Nuwas, ich habe Allah den Erhabenen um die rechte Leitung gebeten und dich daraufhin zum Kadi der Kuppler ernannt.' Darauf antwortete der Dichter: ‚Wünschest du denn dies Amt für mich, o Beherrscher der Gläubigen?' ‚Jawohl', erwiderte jener. Nun fragte Abu Nuwas: ‚O Beherrscher der Gläubigen, hast du mir vielleicht eine Sache vorzutragen?' Darüber ergrimmte der Kalif, und er wandte sich alsbald um und verließ die Leute, von Groll erfüllt. Als es Abend ward, legte er sich nieder und verbrachte die Nacht in heftigem Zorn wider Abu Nuwas. Der aber verlebte eine der schönsten Nächte in Heiterkeit und Frohsinn. Als der Morgen sich einstellte und sein Gestirn die Welt mit seinem Licht erhellte, beschloß er das Gelage, entließ die Jünglinge, legte sein Staatsgewand an und ging aus seinem Haus hinaus auf dem Wege zum Beherrscher der Gläubigen. Nun war es die Gewohnheit des Kalifen, wenn die Staatsversammlung aufgelöst war, sich in den Saal, in dem er auszuruhen pflegte, zurückzuziehen und dort

die Dichter, Tischgenossen und Lautenspieler zu versammeln; von diesen hatte ein jeder seinen Platz, den er nicht verlassen durfte. Es traf sich, daß er auch an jenem Tag aus der Regierungshalle in den Saal gegangen war und seine Tafelgenossen versammelt und ihnen ihre Plätze angewiesen hatte. Als aber Abu Nuwas kam und sich auf seinen Platz setzen wollte, rief der Beherrscher der Gläubigen Masrur, den Träger des Schwertes, und befahl ihm, er solle dem Abu Nuwas die Kleider herunterreißen, ihm den Packsattel des Esels auf den Rücken binden, eine Halfter um seinen Kopf und einen Schwanzriemen um sein Gesäß legen und ihn so umherführen in den Gemächern der Sklavinnen —" Da bemerkte Scheherezade, daß der Morgen begann, und sie hielt in der verstatteten Rede an. Doch als die *Dreihundertunddreiundachtzigste Nacht* anbrach, fuhr sie also fort: „Es ist mir berichtet worden, o glücklicher König, daß der Beherrscher der Gläubigen Masrur, dem Träger des Schwertes, befahl, er solle dem Abu Nuwas seine Kleider herunterreißen, ihm den Packsattel des Esels auf den Rücken binden, ein Halfter um seinen Kopf und einen Schwanzriemen um sein Gesäß legen, und ihn so umherführen in den Gemächern der Sklavinnen, den Zimmern der Frauen und den anderen Räumen, damit alle ihn verspotten könnten; danach solle er ihm das Haupt abschlagen und es ihm bringen. ‚Ich höre und gehorche!' erwiderte Masrur und begann den Befehl des Kalifen auszuführen; und er führte den Dichter umher in allen Räumen, deren Zahl so groß war wie die Zahl der Tage des Jahres. Abu Nuwas aber machte überall Scherze, und jeder, der ihn sah, gab ihm etwas Geld, so daß er mit vollen Taschen zurückkehrte. Als er nun so wieder ankam, trat plötzlich Dschafar der Barmekide zum Kalifen ein, der in einer wichtigen Angelegenheit für den Beherrscher der Gläubigen fern gewesen war. Wie der den Abu Nuwas in diesem Zustande sah und ihn erkannte, rief er: ‚Du da, Abu Nuwas!' ‚Zu Diensten, mein Gebieter!' antwortete der. Jener fuhr fort: ‚Was hast du verbrochen, daß dir eine solche Strafe zuteil geworden ist?' Abu Nuwas berichtete: ‚Ich habe nichts verbrochen; ich habe nur unserem Herrn und Kalifen meine schönsten Verse als Geschenk dargebracht, und da hat er mir sein schönstes Gewand geschenkt.' Wie der Beherrscher der Gläubigen das hörte, brach er in ein Gelächter aus, das aus zornerfülltem Herzen dennoch hervorkam; und er verzieh dem Dichter und verlieh ihm obendrein zehntausend Dirhems."[47]
Über die Vorzüge des weiblichen Geschlechts belehrte die Predigerin Saijidat al-Maschajich aus Bagdad einen jungen Mann mit homoerotischen Neigungen folgendermaßen:
„Wie kann es dir verborgen sein, daß die Vollkommenheit der Lust nur bei den Frauen zu finden ist ...? Hat doch Allah, der Hochgepriesene und Erhabene, den Propheten und Heiligen schwarzäugige Jungfrauen im Paradies versprochen und sie ihnen zum Lohn für ihre frommen Werke bestimmt. Hätte Allah, der Erhabene, gewußt, daß die wahre Lust bei ande-

ren Wesen als den Frauen zu finden wäre, so hätte er sie damit belohnt
[...]. Doch Allah hat [...] im Paradies die Knaben nur zu Dienern gemacht,
denn das Paradies ist die Stätte der Freude und der Lust, und die wäre nicht
vollkommen ohne den Dienst der Jünglinge. Doch sie zu anderem als
zum Dienste zu gebrauchen, ist Verworfenheit und Schlechtigkeit."[48]
Der Streit um die Frage, ob junge Männer den Damen in der Liebe vor-
zuziehen seien, hat die Zeitgenossen des Dichterfürsten Abu Nuwas
immer wieder beschäftigt, und nicht nur er, sondern auch viele seiner –
weniger genialen – Dichter-Kollegen widmeten dem Thema ungezählte
Verse, wie etwa diese:

> „Nimm Knaben dir, sooft zu kannst!
> Frauenliebe – das ist Weichlichkeit,
> Der Rücken bietet dir Entzücken,
> was braucht's da noch den weichen Bauch?"

Am Hofe Harun ar-Rashids kam auch die Mode auf, hochgewachsene
schlanke Mädchen wie Knaben zu kleiden und zu frisieren, um den päderastischen Neigungen der Männer entgegenzukommen – ganz im Sinne
des Abu Nuwas:

> Die schlanke Maid, die einem Knaben gleicht,
> Taugt für den Wüstling und den Ehebrecher."[49]

Zur erotischen Ablenkung ihres homophilen Sohnes Amin führte die
Ehefrau Harun ar-Rashids, Zubayda – genannt Umm Dschafar und berühmt für ihre Großherzigkeit und verschwenderische Prunksucht –,
nach der Thronbesteigung ihres Sohnes eine Art Leibgarde aus Eunuchen
und jungen Sklavinnen ein, die Amins Knaben-Garde ablösen sollte.
Amin hatte nämlich die Neigung, seinen Gespielen zum Zeichen seiner
Gunst die höchsten Ämter anzuvertrauen, was politisch nicht ungefähr-
lich war. Umm Dschafar stattete die jungen knabenhaften Mädchen mit
eng anliegenden, kostbar bestickten Gewändern aus, die ihre Taillen be-
tonten und ihre Rundungen hervorhoben. Sie ließ ihnen die Haare hoch-
stecken oder zu einem Zopf zusammenfassen, wie ihn die jungen Männer
trugen. Amin war von der knabenhaften Mädchengarde entzückt, und
bald breitete sich die Mode der „Garçonnes" – arabisch: *dschulamiyat* –
dann auch in allen Schichten der Gesellschaft aus.
Der für jegliche erotische Spielart aufgeschlossene Abu Nuwas widmete den *dschulamiyat* folgende Verse:

> „Ich bin krank vor Liebe
> zu den Mädchenknaben
> mit den eng geschnürten Taillen
> und den edelsteingeschmückten Hemden
> die zweifacher Liebe dienen [...]"

In den erotischen Erzählungen und in der Poesie jener Zeit tauchen nicht nur höchst amüsante Geschichten über homoerotische Beziehungen unter Männern auf – in vielen Texten ist freilich nicht zu erkennen, ob von der oder dem Geliebten die Rede ist –, sondern es finden sich auch viele Hinweise auf lesbische Aventüren. Die Vermutung liegt nahe, daß die Liebesdienerinnen der Kalifen und Höflinge durch den hohen sexuellen Verschleiß ihrer Besitzer nicht immer auf ihre Kosten kamen. Nicht jeder der Potentaten hatte schließlich die Potenz des Propheten! Sie suchten daher bei ihren Geschlechtsgenossinnen erotische Zuflucht. Der Historiker at-Tabari berichtet, der Abbasiden-Kalif Musa al-Hadi habe die mit Diademen geschmückten Köpfe zweier schöner junger Haremsdamen zur Schau gestellt, die er beim Liebesspiel ertappt hatte und enthaupten ließ.

Obwohl die Unzucht – *zina* – in der islamischen Ethik zu den schlimmsten Vergehen zählt und der Koran dem männlichen Geschlecht durch die Institution der Polygamie, des Konkubinats und den durch Verstoßung jederzeit möglichen Austausch der Ehefrauen keinerlei sexuelle Beschränkungen auferlegt, wurde die Prostitution auch in der islamischen Welt zu einer gesellschaftlich sanktionierten Einrichtung. Schon wenige Jahre nach dem Tod des Propheten Mohammed hatte Aischa sich über die schlechten Sitten der Frauen beschwert, und es dauerte nicht lange, bis sich – zunächst im Verborgenen, sehr bald jedoch ganz offiziell – das Lustgewerbe in allen größeren Städten etablierte. Bald gab es keinen halbwegs bedeutenden Ort mehr, der nicht sein eigenes Bordell gehabt hätte. In größeren Städten hatte jedes Viertel sein eigenes Freudenhaus. Nicht selten befanden sich die einschlägigen Etablissements in unmittelbarer Nähe der Heiligengräber und der Moscheen. Nach dem Prinzip *non olet* wurden aus den Erträgen der „Häuser der Unzucht" sogar die religiösen Stiftungen – *waqf* – finanziert. Oft wurden gar die Preise für die einzelnen Damen, je nach Alter, Schönheit und sonstigen Gaben, von den frommen Männern selbst festgesetzt – wie etwa in der syrischen Hafenstadt Lattakia. Im straff organisierten Militärapparat der Osmanen war das Bordell offizieller Bestandteil der Armee.

Einem europäischen Gewährsmann zufolge, der im 17. Jahrhundert den Orient bereiste, soll es in der Safawiden-Metropole Isfahan 14000 registrierte gewerbliche Damen gegeben haben, die auch Steuern zahlten. Nach seiner Schilderung haben sie in speziell für ihre Zwecke eingerichteten „Karawanserais" zusammengelebt unter der Aufsicht einer „Oberin", die sie „auslieh". Die Auserwählten kamen, begleitet von ein oder zwei Dienstboten, hoch zu Roß zu ihren Freiern.[50]

Ein anderer Gewährsmann berichtet von einem bestimmten Platz in einer persischen Stadt, wo nach Einbruch der Dunkelheit „nemblich viel *Cahbeha* oder unzüchtige Weiber, welche mit verdeckten Angesichtern in einer langen Reihe sich nach einander stellen und jhre Schandwahren feil

bieten", anzutreffen sind. „Jegliche hat hinter sich ein alt Weib, Dalal genannt, welche das Bettgerethe, nemlich ein Küssen und ein mit Baum-
woll gestopffte Dekke auff dem Puckel und in der Hand ein unangezün-
det Liecht helt. Wen nun jhrer art Leute mit jhnen zu handeln kommen,
zündet die Dalal das Liecht an, mit welchem der Kehrel sie beleuchtet und
jhr Angesicht besihet, die jhm am besten gefält heist Er jhm folgen".[51]

Mit weniger Raffinement und ohne die den Omajjaden und Abbasiden
eigene „Kultur" versuchen die Prinzen und Herrscher der Öl-Monar-
chien heute den ausschweifenden Lebensstil der Kalifenhöfe von einst
nachzuahmen, und dies, obwohl sie sich gleichzeitig als rigide Verteidiger
der Scharia und als Hüter der „islamischen Moral" verstehen – was immer auch damit gemeint ist. Der Emir von Kuweit zum Beispiel, Dscha-
ber as-Sabah, dessen Land von der gesamten westlichen Welt gegen den
Aggressor Saddam Hussein verteidigt wurde, pflegte angeblich jeden
Donnerstag eine Jungfrau zu heiraten!

Ganz im Gegensatz zu den Behauptungen der Fundamentalisten spielten Erotik und Sexualität im Leben der Araber eine wichtige Rolle. Durch
die Jahrhunderte hindurch trugen Kalifen, fromme Scheichs, ehrwürdige
Kadis und angesehene Theologen dazu bei, diesen Kult des Eros weiter zu
verfeinern. Der Prophet Mohammed selbst hatte seine Anhänger und Gefährten durch Wort und Tat immer dazu ermuntert, sich der Sinnenlust
und den Freuden der Liebe hinzugeben.

4. Die Poeten der Liebe

Um die Mitte des 8. Jahrhunderts kam es – nach jahrzehntelanger religiöser, sozialer und politischer Wühlarbeit gegen das Kalifat der Omajjaden
– zu einem Machtwechsel in der Führung des islamischen Reiches. Die
Übernahme des Kalifats durch die Dynastie der Abbasiden (750–1258)
leitete die glanzvollste Epoche des islamischen Mittelalters ein, die weit
über die Grenzen der arabischen Stammländer ausstrahlte. Die neuen
Herrscher errichteten ihre Residenz Bagdad, und die mit großem Raffinement erbaute Metropole am Tigris wurde bald zum intellektuellen Zentrum der sich entfaltenden arabisch-islamischen Zivilisation.

Mit dem politischen Machtwechsel ging auch eine geistig-kulturelle
Veränderung einher. Wie schon der persische Name der Hauptstadt –
Bagdad, „die Gottgegebene" – zeigt, nahm von nun an der persische Ein-
fluß auf die Entwicklung des arabischen Geisteslebens zu, und auch in der
Politik verdrängten persische Wezire und nicht-arabische Sklavengarden
allmählich das arabische Element aus den Schlüsselpositionen der Macht.
Die intellektuelle, künstlerische und philosophische Aktivität wurde dar-
über hinaus durch die Entdeckung und Übersetzung der griechischen

Philosophen – allen voran Aristoteles und Platon – angeregt und bereichert.

Es gehörte zum Prestige und zur höfischen Prachtentfaltung der Herrscher und Großen des Reiches, ihrem Namen durch ein großzügiges Mäzenatentum in Kunst und Wissenschaft unsterblichen Glanz zu verleihen.

Unter dem siebten Abbasiden-Kalifen al-Mamun (813–833) wurde das berühmte „Haus der Weisheit" – *bait al-hikma* – gegründet, in dem sich Wissenschaftler, Künstler und Gelehrte aus aller Welt zu gemeinsamer Forschungsarbeit zusammenfanden. Am Hofe der Kalifen gingen Dichter, Schriftsteller und Philosophen aus und ein, und die Beherrscher der Gläubigen nahmen aktiv an den philosophischen, wissenschaftlichen und religiösen Disputen teil: Bagdad wurde zum Kreuzweg der Kulturen und Zivilisationen. In der weltoffenen Atmosphäre des Kalifenpalastes und der zur Hofgesellschaft zählenden Aristokratie scheuten sich die Dichter nicht länger, mit den poetischen Vorbildern und den stereotypen Themen des Beduinenlebens zu brechen, sich anderen Sujets zuzuwenden: Von nun an besangen sie nicht mehr den Mut, die Tapferkeit, die Gastfreundschaft und die keusche Liebe, sondern den Wein, die Leidenschaft, die Sinnenlust und den Körper der Frau.

Der größte Dichter der Abbasiden-Zeit war zweifellos al-Hassan Ibn Hani (gest. 810), der unter seinem Beinamen Abu Nuwas, „Vater der Haarlocke", berühmt wurde und von dem bereits in pikantem Zusammenhang die Rede war. Manche Kritiker und Dichter des 20. Jahrhunderts betrachten Abu Nuwas als den „Baudelaire der Araber". Mütterlicherseits persischer Abstammung, verbrachte er seine Jugend in Basra und Kufa und ließ sich – nach Lehr- und Wanderjahren bei einigen Beduinenstämmen[52] – schließlich in Bagdad nieder. Trotz seines ungezügelten und ausschweifenden Lebenswandels, der ihn immer wieder in Schwierigkeiten brachte, erwarb er sich durch sein dichterisches Talent die Gunst des Kalifen Harun ar-Rashid, mit dem er in ‚Tausendundeiner Nacht' durch manche frivole Geschichte verewigt ist.

Die glanzvollste Zeit seines Lebens verbrachte er als *compagnon de plaisir* des Kalifen al-Amin, des Sohnes und Nachfolgers Harun ar-Rashids. Sein Tod ist bis heute mysteriös. Manche Historiker sind der Meinung, daß er im Gefängnis umkam, nachdem er in Gegenwart des Kalifen ein ketzerisches Gedicht rezitiert hatte. Andere behaupten, er sei im Haus einer Kabarett-Besitzerin gestorben. Nach einer dritten Version soll er bei seinen letzten Beschützern, einer schiitischen Gelehrtenfamilie, verstorben sein.[53]

Abu Nuwas war für Adonis der „poète revolté" par excellence, der vollkommenste Dichter in der Geschichte der klassischen und modernen Poesie. Er mokierte sich über die Poeten seiner Zeit, die immer noch – in Form und Inhalt – die mittlerweile inhaltslos gewordene Beduinenlyrik

imitierten im strengen Versmaß der Kaside (Ode). Einem von ihnen widmete er folgende Verse:

> Er wich von seinem Weg ab, der Arme,
> um nach dem verlassenen Lagerplatz
> seiner Geliebten zu suchen
> [...]
> Ich wich von meinem [Weg] ab
> auf der Suche nach der Taverne der Stadt.
> Mit einem Sinnenrausch sei nicht zufrieden,
> solange ihm nicht gleich der nächste folgt!
> Der Wein, reichlich und klar genossen,
> ist es, der uns die Ewigkeit verbürgt. [54]

Abu Nuwas leitete mit seiner hedonistischen Sprache in Form und Inhalt
eine poetische Revolution ein. In – teils obszönen, teils blasphemischen –
Versen besang er die Freuden des Lebens, die ausschweifende Liebe, die
Jagd und den Wein.

Als „freier Mann" und Schützling des Kalifen trug Abu Nuwas seine
Bisexualität offen zur Schau – trotz des zornigen Protestes der Orthodoxen, die immer wieder forderten, ihn öffentlich zu hängen. In vielen
seiner erotischen Gedichte wiederholte er immer wieder, daß ein vollkommener Orgasmus nur durch zweierlei zu erreichen ist, „durch einen
schönen Knaben mit Gazellen-Augen und eine *dschariya*, deren Körper
durchsichtig ist wie das Wasser einer Quelle". [55] Nach seinem Tod avan-
cierte Abu Nuwas zum Helden unzähliger amouröser Abenteuer zur Zeit
der Abassiden. Seine Poesie ist bis heute einer der wichtigsten Schlüssel
zum Verständnis des Lebens am Hofe der Abbasiden, über dessen vielfältige Aspekte Salah ad-Din al-Munadschid sagt: „Es war eine Lebensform,
wo sich Ausschweifung und Libertinage mit Barmherzigkeit und Askese,
unendlicher Reichtum mit größter Armut, Übersättigung und Hunger
vermischten. Ein Leben, wo die Freiheit höchstes Ziel jedes Dichters war,
der die Liebe ausdrücken wollte, die sein Herz entflammte, und alle Tabus
verachtete, welche die Gesellschaft gefangen hielten." [56]

Die freiheitlich-ausschweifende poetische Strömung griff allmählich
von Bagdad auf das muslimische Spanien über und zog bald in die Gärten
und Paläste von Sevilla, Cordoba, Granada und Toledo ein. Frauen,
Liebe, Wein, Gärten und Landschaften waren von nun an allgegenwärtig
in der andalusischen Poesie, die durch die Barden Andalusiens musikali-
schen Ausdruck fand. In seinem Buch ‚La poésie andalouse en arabe classique au XI. siècle' (‚Die hocharabische andalusische Dichtung im
11. Jahrhundert') beschreibt H. Pérès die Leidenschaft der Araber Spaniens
für Poesie und Musik auf folgende Weise:

„Die Andalusier – gleich welcher Klasse sie angehören – fanden an der
Poesie einen so ungewöhnlichen Geschmack, daß man glauben könnte,

sie seien alle geboren, um Verse zu machen oder zumindest um die verborgene Schönheit zu empfinden, die sich in den rhythmischen Silben findet [...]. Nicht nur die Prinzen, die Würdenträger und Magistratspersonen [...], sondern selbst die kleinen Handwerker, Männer des Volkes, die keinerlei literarische Bildung besitzen, schreiben Verse und bewundern die Poesie."[57]

Wie die Lyriker, so hatten sich auch die großen Prosaschriftsteller immer wieder an der Verherrlichung von Liebe und Erotik delektiert. Sie beschrieben nicht nur das amouröse Leben ihrer Zeit, sondern auch die Liebesverhältnisse in der *Dschahiliya* sowie zur Zeit des Propheten und seiner Nachfolger.

Zu den bedeutendsten und originellsten Vertretern der arabischen Prosaliteratur gehört der uns schon aus vielen (zitierten) Texten bekannte Polyhistor und Sittenschilderer al-Dschahiz. Wie viele illustre Geister – Schriftsteller, Dichter und Gelehrte – stammte er aus der Hafen- und Karawanenstadt Basra. Durch seine umfassende Kenntnis in allen Bereichen der Wissenschaft und Kunst spielte er bald am Hof zu Bagdad die Rolle einer grauen Eminenz. Dies hinderte ihn jedoch nicht daran, seine geistige Unabhängigkeit und kritische Distanz zu den Dingen zu bewahren. Al-Dschahiz interessierte sich für alles: Für Philologie und Philosophie, Geschichte, Religion und Politik. Er beschäftigte sich mit dem Verhalten und dem Charakter der Tiere, ja selbst mit ihrem Innenleben. Besondere Aufmerksamkeit widmete er den Übeln der Zeit (wie der Titel eines seiner Essays heißt), den amourösen Abenteuern der Kalifen, Gelehrten und Kadis, der Homosexuellen und Prostituierten, der Sängersklavinnen und Konkubinen wie auch der Damen der großen Gesellschaft. Das monumentale literarische Werk, das al-Dschahiz hinterließ, umfaßt über 200 Werke, in denen das ganze Spektrum der religiös-politischen und der geistig-kulturellen Entwicklung seiner Zeit enthalten ist. Lassen wir uns nochmals von ihm ins Labyrinth der Liebe und Erotik führen:

„Dobaa war eine Frau von außergewöhnlicher Schönheit. Sie war verheiratet mit Abdallah Ibn Dschadaan, einem alten Noblen aus der Zeit der *Dschahiliya*. Hisham Ibn al-Mudschira al-Mahzumi, ein reicher junger Mann, ebenfalls vornehmer Herkunft, war ihr eines Tages begegnet und hatte sich sofort in sie verliebt. Er schrieb ihr unverzüglich folgenden Brief: ‚Was fängst Du mit diesem sterilen Alten an. Laß dich scheiden und ich werde dich heiraten!'

Dobaa teilte ihrem alten Ehemann den Inhalt des Briefes mit.

‚Ich fürchte, du wirst ihm zu willen sein!', sagte der Ehemann.

‚Niemals!', antwortete Dobaa.

Daraufhin sagte ihr Mann zu Ihr:

‚Solltest du es eines Tages doch tun und ihn heiraten, so mußt du auf [dem Markt von Mekka] hundert Kamele schlachten und mir eine

Dschellaba[58] nähen, die von einem Gipfel des al-Akshaban-Gebirges[59] bis zum anderen reicht. Dann mußt du splitternackt den *tawaf*[60] um die Kaaba vollziehen.

Nachdem Dobaa ihrem Verehrer die Bedingungen mitgeteilt hatte, die ihr Ehemann ihr im Falle einer Scheidung auferlegt hatte, gab er zur Antwort: ‚Ich werde alles tun, was er verlangt!'

Dobaa ließ sich also scheiden. Am selben Tag schlachtete Hisham Ibn al-Mudschira im *Suq* von al-Hazuza hundert Kamele und wies seine Frauen und seine Dienerinnen an, eine *Dschellaba* zu nähen, die von einem Berg des al-Akshaban-Gebirges zum anderen reicht.

Auch Dobaa hielt ihr Ehrenwort und umrundete splitternackt die Kaaba. Einer der Zuschauer, der sie an diesem Tag beim Umlauf beobachtet hatte, erzählte: ‚Sie war die schönste Frau, die ich bis zu diesem Tag gesehen hatte.' Völlig nackt, wie sie war, hatte Dobaa versucht, ihre Scham mit beiden Händen zu bedecken und sang dabei:

> ‚Wer sie betrachtet
> kann nimmer wenden
> den Blick von ihr
> So groß und mächtig
> wie ein Pokal [ist sie].
> Und es gelingt mir nicht,
> sie mit den Händen
> zu bedecken'".[61]

Auch der zweite große Prosaschriftsteller der Abbasiden-Zeit, Abu l-Faradsch al-Isfahani (897–967), ist uns aus den vorangegangenen Kapiteln schon als hervorragender Kenner des politischen, sozialen und erotischen Lebens der vorislamischen wie der islamischen Gesellschaft bekannt. Sein berühmtestes Werk, das ‚Buch der Lieder' – geschrieben in einer Sprache, die bis heute ihre Frische und Eleganz bewahrt hat –, ist für die meisten Kritiker eines der genialsten Werke aus dem Goldenen Zeitalter der arabisch–islamischen Zivilisation: eine nahezu vollständige Enzyklopädie über Leben, Denken und Fühlen der Araber seit der Zeit der *Dschahiliya* bis zur Glanzzeit des Islam unter den Abbasiden. Aus Isfahanis erotischem Schatzkästlein geben wir hier noch eine kleine Geschichte wieder:

Die Mekkanerin, die Irakerin, die Medinenserin.

„Harun ar-Rashid war gerade beim Trinken – umgeben von seinen *dschawari* und Gästen –, als al-Fadl Ibn Arabi um die Erlaubnis bat, eintreten zu dürfen. Der Kalif hieß ihn eintreten und fragte ihn, kaum daß er sich gesetzt hatte: ‚Irgend etwas hat dich wohl veranlaßt, uns zu dieser Stunde zu besuchen?'

‚Der Segen Gottes sei mit euch, Majestät! Es ist mir etwas widerfahren, was ich nicht bis zum Morgen für mich behalten kann!' anwortete der Mann.

,Erzähle!', sagte Harun ar-Rashid.

Darauf sagte der Mann: ,Majestät, ich habe in meinem Hause drei *jawari*: eine Mekkanerin, eine Medinenserin und eine Irakerin. Die Medinenserin ergriff mein Glied mit der Hand, und in Sekundenschnelle hatte ich eine Erektion. Sofort sprang die Mekkanerin auf und setzte sich darauf. Die Medinenserin schrie sie rot vor Zorn an: ,Wie wagst du es, so etwas zu tun? Hast du etwa vergessen, daß der Prophet Mohammed, Allahs Segen tausendmal über ihn, gesagt hat: Derjenige, der ein ödes Land zum Leben erweckt, soll es besitzen!'

Die Mekkanerin antwortete ihr: ,Und du, hast du vergessen, daß der Prophet Mohammed, Allahs Segen tausendfach über ihn, ebenfalls gesagt hat: Bei der Jagd gehört das Wild demjenigen, der es erjagt, und nicht dem, der es aufspürt!'

Daraufhin antwortete die Irakerin, die bis dahin die Szene schweigend verfolgt hatte, den beiden, indem sie mein Glied ergriff: ,Es gehört mir solange, bis ihr euch geeinigt habt!' "[62]

Al-Isfahanis ,Buch der Lieder' führt uns ein in das mondäne Milieu von Damaskus und Bagdad wie auch in das Leben der Beduinen, die in der Wüste auf ständiger Wanderschaft sind. Es verschafft uns Zugang zu den Alkoven der noblen Frauen und höfischen Konkubinen wie zu den Prostituierten der Armenviertel. Es begegnen uns darin Heilige und Fromme, Wüstlinge und Lebemänner, Mächtige und Ausgestoßene wie die *Saliqs*, jene (freien) Poeten aus der Zeit der *Dschahiliya*, die ihren Stamm verließen, um mit den wilden Tieren in den Bergen und in der Wüste zu leben.

Die Lektüre dieses monumentalen Werkes, das 25 Bände umfaßt, vermittelt uns den Eindruck, daß al-Isfahani niemanden ausgespart, kein einziges Detail vergessen hat. Seine fabulösen Geschichten, von denen manche die Erzählungen der ,Tausendundeinen Nacht' an Schönheit übertreffen, entdecken uns Geheimnisse, die in keinem Geschichtsbuch zu finden sind.

Das ,Buch der Lieder' ist aber nicht nur eine Fundgrube galanter Liebesabenteuer. Als gewissenhafter Chronist hat al-Isfahani auch viele unheilvollen Verwicklungen in der Geschichte der Liebenden der Nachwelt überliefert – bis hinein in die Zeit des Kalifats von Damaskus und Bagdad. War das Los der großen Liebenden aus vorislamischer Zeit jedoch noch von unentrinnbarer Fatalität im Sinne der griechischen Tragödie bestimmt, so rücken manche Liebesdramen aus der Goldenen Ära des Islam – dem Zeitgeist entsprechend – in gefährliche, wenn auch unfreiwillige Nähe des Schwanks. Wie etwa der „Liebestod" des (lyrischen) Dichters Waddan al-Yaman (gest. 709), von dem unser Chronist berichtet:

„Waddan war von solcher Schönheit, daß er sich verschleierte, um sich vor den Blicken der Frauen zu schützen. Während der Zeit der Pilgerfahrt hatte er Umm al-Banin, die Frau des Omajjaden-Kalifen al-Walid Ibn Abd al-Malik [gest.715], gesehen und sich in sie verliebt. Nach seiner Rückkehr von der Pilgerfahrt hatte er sie wieder getroffen, und es war ihm gelungen, bis in ihr Schlafgemach vorzudringen. Eine der Harems- damen hatte den „Gast" bemerkt und den Kalifen informiert, daß sich der Liebhaber seiner Gemahlin inzwischen in einer Truhe versteckt habe. Der Kalif ließ daraufhin unter seinem Palast eine Grube ausheben und erbat sich die Truhe von seiner Ehefrau als Geschenk. Bevor er die Truhe in der Grube versenken ließ, sprach er die Worte: Es ist uns etwas zu Ohren ge- kommen. Ist es wahr, so haben wir dich und die Erinnerung an dich be- graben und deine Spuren bis ans Ende der Zeiten ausgelöscht. Ist es nur Gerede, so begraben wir nur wertloses Holz!' Danach ward keine Spur mehr von Waddan gesehen. "[63]

Ein gewaltsames Ende nahm auch die Liebe der Dichterin Leila al- Aqyalya (gest. 700) zu ihrem Geliebten Tauba Ibn al-Hamir, der ebenfalls ein Poet war. Leila wurde von ihrem Vater, der von der Liaison erfahren hatte, gegen ihren Willen mit einem Mann verheiratet, den sie nie zuvor gesehen hatte. Doch auch nach der Heirat traf sie sich heimlich mit dem Geliebten. In einem der Kämpfe zwischen den Stämmen fiel Tauba Ibn al-Hamir der Familie Leilas als Gefangener in die Hände. Sie töteten ihn und warfen seine Leiche den streunenden Hunden zum Fraß vor. Leila ver- brachte den Rest ihres Lebens damit, um ihn zu trauern und zu seinem Gedächtnis traurige Gedichte zu schreiben. Abu l-Faradsch al-Isfahani be- richtet, sie sei – als sie am Grab Taubas vorbeiritt – vom Kamel gestürzt, und man habe sie an seiner Seite begraben.[64]

5. Die Rhapsoden Andalusiens

Nachdem in Andalusien zu Beginn des 8. Jahrhunderts eine weitere Bastion islamischer Kultur und Zivilisation entstanden war, wurden die großen Städte des spanischen Südens gleichfalls zu Zentren höfischer Prachtentfaltung und luxuriöser Lebensart. Zu den wichtigsten Quellen, die uns einen Einblick in das erotische Leben im muslimischen Spanien vermitteln, gehört Ibn ar-Rabbihs (860–940) Werk ‚Al-Iqd al-Farid' – ‚Das Halsband', eine monumentale Anthologie. Ibn ar-Rabbih war inspi- riert von al-Dschahiz und al-Isfahani; seine Anthologie enthält außer eige- nen Versen eine Reihe von erotischen Gedichten aus der Feder seiner bei- den Vorbilder. Neben Abhandlungen über die Regierung, die Religions- wissenschaft und die Prinzipien des Wohlverhaltens enthält das Werk auch ein wundervolles Kapitel über die Frauen und ungezählte Liebesgeschich- ten. Aus diesen Geschichten können wir schließen, daß die Frauen Andalusiens große Freiheiten genossen. Viele von ihnen – meist Angehörige reicher Familien und der Aristokratie – unterhielten literarische Salons, in denen Dichter, Sänger, Musiker und Künstler ein und aus gingen.

Zu den hervorragenden Gestalten des muslimischen Spaniens gehört der Universalgelehrte Ibn Hazm al-Andalusi (994–1064) aus Cordoba, der bis heute als eine der interessantesten Gestalten der arabisch-islamischen Kultur überhaupt gilt. In den ersten dreißig Jahren seines Lebens war Ibn Hazm, der einer einflußreichen Familie angehörte, in die politischen Auseinandersetzungen seiner Zeit verwickelt. Mit 19 Jahren mußte er Cordoba verlassen, um in Almeria Zuflucht zu suchen. Dort wurde er unter dem Verdacht umstürzlerischer Agitation ins Gefängnis gebracht. Nach seiner Entlassung im Jahre 1027 zog er sich aus der Politik zurück und widmete den Rest seines Lebens seinen Studien, vor allem der Theologie und der Philosophie.

Als Sohn eines Wesirs hatte Ibn Hazm eine hervorragende Erziehung genossen und entwickelte sich im Lauf seines Lebens zu einem jener überragenden universellen Geister, an denen das arabisch-islamische Mittelalter so reich war. In seinen an die 400 Werken (von denen die meisten nicht erhalten sind) beschäftigte er sich mit politischen, juristischen und theologischen Problemen, mit Philosophie und Geschichte, mit Ethik, Religion und den islamischen Sekten. Er erwies sich dabei nicht nur als scharfer Beobachter der politischen Ereignisse und als glänzender Analytiker in Fragen der Wissenschaft und Theologie, sondern vor allem auch als hervorragender Kenner der andalusischen Gesellschaft und ihrer Sitten. Aus dieser umfassenden Kenntnis des Alltagslebens und der herrschenden Moral entstand das berühmteste seiner Bücher, das unter dem gekürzten Titel ‚*Tauq al-hamama*‘ – ‚Das Halsband der Taube‘ – weithin bekannt und in viele Sprachen übersetzt worden ist.[65]

Das ‚Halsband der Taube‘ handelt von der Liebe und den Liebenden. Unverkennbar sind die autobiographischen Bezüge, in denen die amourösen Erlebnisse des Autors angedeutet sind. In 30 Kapiteln schildert er mit großer Akribie die Psychologie der Liebenden und die einzelnen Phasen der Liebe, vom ersten „Winken mit den Augen" bis zur Vereinigung – einem Glück, dem nichts in der Welt vergleichbar sei:

„Sie ist eine hohe Wonne, eine erhabene Lebensstufe, eine wunderbare Seelenhöhe und ein aufsteigender Glücksstern. Nein, sie ist schlechthin das erneuerte Leben und das gehobene Sein, die immerwährende Freude und eine große Gnade Gottes. Wenn die Welt nicht eine Stätte flüchtigen Verweilens und von Heimsuchungen und Betrübnis und das Paradies nicht eine solche der Belohnung und der Sicherheit vor allen Widerwärtigkeiten wäre, dann würde ich sagen, daß die Vereinigung mit dem Geliebten das ungetrübte Glück ist, die ungemischte, von keinem Leid berührte Freude, die Vollendung aller Wünsche und die Erfüllung aller Hoffnungen.

Ich habe die Freuden in ihrer Mannigfaltigkeit gekostet und das Glück in seinen verschiedensten Gestalten genossen, aber weder die Zugehörigkeit zur Umgebung des Sultans noch das Vermögen, das man sich erworben hat, nicht das Finden nach dem Entbehren oder die Heimkehr nach langer Abwesenheit noch auch das Geborgensein nach Angst und nach dem Fernsein von den Lieben – das alles ergreift die Seele nicht in dem Maße wie die Vereinigung. Dies gilt insbesondere, wenn einer dem anderen lange gewehrt und ihn gemieden hat, so daß die Leidenschaft in ihm brennt, der Sehnsucht Flamme lodert und der Hoffnung Feuer glüht. Der üppige Pflanzenwuchs nach dem Regen, das Aufblühen der Blumen in milder Jahreszeit nach dem Schwinden nächtlicher Regenwolken, das Murmeln der Bäche inmitten von Blumen aller Art, die Pracht heller, mit grünen Gärten umgebenen Schlösser, dies alles ist nicht schöner als die Vereinigung mit einem Liebsten von angenehmer Art, löblichem Wesen und mit Eigenschaften, eine so schön wie die andere. Wahrlich, die Zunge der Beredten kann das Glück der Vereinigung nicht beschreiben, und die Schilderung aller Wortreichen bleibt hinter der Wirklichkeit zurück; hier versagt aller Geist, und kein Verstand ist dieser Aufgabe gewachsen.

Es gibt Leute, die sagen, daß dauernde Vereinigung die Liebe beeinträchtige. Dies ist eine schmähliche Behauptung, die nur bei Menschen zutrifft, die leicht einer Sache überdrüssig werden. Von mir kann ich jedenfalls nur sagen, daß ich nie von dem Wasser der Vereinigung genossen habe, ohne daß es meinen Durst gesteigert hätte [...]. Ich habe die Frauen, die ich geliebt habe, bis zur Grenze des Menschenmöglichen erobert, und doch habe ich gefunden, daß ich immer noch nach mehr verlangt habe. Dies ist bei mir ein Dauerzustand gewesen, und so habe ich keinen Überdruß empfunden, und keine Ermattung hat sich meiner bemächtigt [...]. Wer sich als einen Liebenden bezeichnet und dabei leicht überdrüssig wird, der ist kein Liebender, man sollte ihn aus der Gesellschaft der Liebenden verweisen und ihn nicht zu ihrer Gemeinschaft rechnen."[66]

Gleichwohl weiß Ibn Hazm von einem seiner Zeitgenossen folgendes zu berichten: „Sooft Abu Amir eine Sklavin sah, hielt er es nicht aus ohne sie, und es ergriff ihn so viel Leid und Kummer, daß er schier daran zugrunde ging, bis er sie errang [...]. Wenn er dann ihrer sicher war, verwandelte sich seine Liebe in Abneigung [...], das unruhige Hinstreben in unruhiges Fortstreben und sein Verlangen nach ihr in Verlangen, ihrer ledig zu werden, so daß er sie zum niedrigsten Preis verkaufte. So trieb er es, bis er in der beschriebenen Weise viele Zehntausende von Dinaren ausgegeben hatte. Trotzdem war er feingebildet, klug, scharfsinnig, intelligent, reizend und geistreich; außerdem war er von hohem Adel, besaß eine geehrte Stellung und reiche Würden. Die Schönheit seines Gesichts und die Vollkommenheit seiner Gestalt sind nicht zu beschreiben [...].

Die Straßen sind häufig leer von Reisenden geworden, und diese sind, nur um ihn zu sehen, absichtlich an seiner Haustür in der Straße vorbeigegangen, die [...] vom Ostviertel Cordobas zu der Gasse führt, die an dem Schloß von az-Zahira vorbeigeht. Sein Haus lag nämlich in dieser Gasse neben dem unsrigen. Aus Liebe zu ihm sind verschiedene Sklavinnen gestorben, die ihr Herz an ihn gehängt hatten und für ihn erzogen worden waren. Er betrog sie nämlich in ihrer Hoffnung auf ihn, und so wurden sie Geiseln des Unglücks, und die Einsamkeit tötete sie."[67]

Die berühmteste und leidenschaftlichste andalusische Liebesgeschichte ist die des Dichters Ibn Zaidun (1003–1071) aus Cordoba und der Prinzessin Walada, Tochter eines Omajjaden-Kalifen,[68] der berühmt war für seine Liebe zur Poesie, für seine Kühnheit und seinen aufgeschlossenen Geist, und der 1025 vergiftet wurde. Dem Beispiel der schönen *dschawari* von Bagdad folgend, schrieb Wallada Verse auf die Gewänder, die sie bei den Soirees bei Hofe trug.

Einer dieser Verse lautete: „Bei Gott, ich bin der allergrößten Dinge fähig und ich werde meinen Weg stolz weiter gehen [...]". In einem anderen heißt es: „Ich überlasse demjenigen, der mich liebt, die Grübchen meiner Wangen, und ich küsse denjenigen, der es begehrt."[69]

Die Liebe zwischen Ibn Zaidun und Walada war nicht von langer Dauer. Sie wurde gestört durch den mächtigen und reichen Minister Abdus, der selbst äußerst verliebt in die schöne Prinzessin war. Ibn Zaidun fiel in Ungnade und kam ins Gefängnis. Von dort schickte er Walada das folgende Gedicht, in dem er sie seiner Liebe und der Treue seiner Gefühle versichert:

Ah! Wenn wir uns auch in dieser Welt
nicht mehr begegnen können,
so werden wir uns wenigstens
unter jenen finden,
die auferstehen werden
am Tag des Jüngsten Gerichts,
und das genügt mir![70]

6. Im Liebesgarten der Gottesmänner

Auch in Nordafrika und in Ägypten entstand im Goldenen Zeitalter des Islam eine reiche erotische Literatur, die das muntere Liebesleben der muslimischen Gesellschaft im zehnten, elften und zwölften Jahrhundert in erfrischend unschuldiger Frivolität beschreibt. Doch während im arabischen Osten die Urheber dieses lasziven Genres Dichter und Schriftsteller waren, die den Mut hatten, sich forsch und unbekümmert als Gegner der rigorosen religiösen Moral zu offenbaren und der Kritik die Stirn zu bieten, kam in Nordafrika das Skandalon der Verbalerotik aus den Reihen des religiösen Establishments selbst. Die Autoren der erotischen Texte und der manchmal geradezu pornographischen Gebrauchsanweisungen gehörten zur Zunft der *fuqaha*,[71] der Kadis, Scheichs und Imame, die alle im Dienste der Religion standen.

Eines der einschlägigen Werke mit dem Titel *‚Nuzhat al-albab fima la yudschadu fi kitab'* – sinngemäß: ‚Promenade (intelligenter Männer) durch eine Welt, die in den Büchern nicht existiert' – stammt aus der geschmeidigen Feder des bekannten tunesischen *faqih* Shihab ad-Din Abu al-Abbas Ibn Yussuf at-Tifashi (geb. 1184), einem der berühmtesten Kadis Tunesiens (und später Ägyptens). At-Tifashis pikantes Buch über bekannte und geheime sexuelle Praktiken gilt nicht nur in Tunesien, sondern in der ganzen islamischen Welt als etwas vom Besten, was seit der Entstehung des Islam bis zur Zeit des Autors jemals über Erotik und Sexualität geschrieben wurde.

In der Einleitung entschuldigt at-Tifashi sich prophylaktisch für sein gewagtes Unterfangen. Der Hauptgrund, so schreibt er, der ihn zu diesem Buch veranlaßt habe, sei die Tatsache, daß sowohl der Prophet Mohammed wie auch seine Nachfolger, ‚die Rechtgeleiteten Kalifen', die Gläubigen ermuntert hätten, sich zu vergnügen und von den Freuden des Lebens Gebrauch zu machen. Ganze Kapitel seines „ernsten und heiteren" Buches sind den Kupplern und Kupplerinnen, den Ehebrechern bzw. Unzucht Treibenden, den Prostituierten, den bartlosen, weibischen Knaben sowie den verschiedenen Positionen gewidmet, die Männer und Frauen beim Geschlechtsakt vollziehen.

Unter dem blumigen Titel ‚Tuhfat al-arus-wa mutat an-nufus' – ‚Das kostbare Geschenk der Braut und die Erbauung der Seele' – hat sich ein zweiter hochrangiger Staatsfunktionär, Sekretär im Palast des Königs Zakaria Ibn Ahmed von Tunesien (gest. 1309), mit den erotischen Finessen seiner Zeit beschäftigt. Manche Historiker behaupten, der König selbst habe seinem Sekretär – Ibn Ahmed at-Tidschani, der als frommer und gelehrter Mann galt – nahegelegt, dieses erotische Traktat zu verfassen, damit seine Majestät wieder auf den einschlägigen Geschmack komme, der ihm offensichtlich verlorengegangen war.

Über dieses Werk, das Ibn Ahmed at-Tidschani nicht als Beitrag zur Wissenschaft, sondern „zum Zwecke der guten Erziehung und der Aufrechterhaltung der Sitten" verstanden wissen wollte, schrieb der tunesische Historiker Hassan Husni Abd al-Wahhab: „‚Tuhfat al-arus' ist eine wundervolle Enzyklopädie, bestehend aus 25 Kapiteln über die Frauen, ihren Charakter, ihre Eigenschaften, über die Schönheit oder Häßlichkeit ihres Körpers, ihre Keuschheit, ihre Parfums, ihre Rechte in bezug auf die Männer und über ihre Eifersucht."[72]

Die Tradition der literarischen Verherrlichung der Sexualität im Sinne

einer „Kunst" bzw. „Wissenschaft" wurde im 15. Jahrhundert durch einen
anderen tunesischen *faqih* in naiver Ungeniertheit fortgesetzt, und zwar
durch den uns bereits wohlvertrauten Scheich Nefzaui. Mit seinem in
gottgefälligem libidinösen Enthusiasmus abgefaßten Werk ‚Der duftende
Garten zur Erholung der Seele'[73] rettete Scheich Nefzaui nach dem Bericht mancher Chronisten – genauso wie einst Scheherezade – seinen
Kopf, nachdem er vom Bey von Tunis zum Tod verurteilt worden war.[74]
Aus seiner kalten Todeszelle schrieb Nefzaui einen Brief an den Herrscher, in dem er ihm versprach, ein Buch zu schreiben, das seinen sexuellen Appetit neu entfachen würde. [...] Der Bey ließ ihn begnadigen, und
bis heute erfreut sich dieses literarische Aphrodisiakum, das nach den
Worten des französischen Orientalisten Marc Bergé „von einem Enthusiasmus, einer seelischen Frische und einem diskreten Humor" durchzogen ist, höchster Beliebtheit: „Wie in ‚Tausendundeiner Nacht' wird
die Einführung in die Geheimnisse der Erotik dargestellt als die einzige
Sache, die der Lebensfreude, der Kunst des Genießens und den Wonnen
des Seins Glanz zu verleihen vermag."[75]

Nicht minder reich als in Tunesien war die erotische Literatur, die aus
Ägypten kam. Neben dem uns bereits bekannten Imam as-Suyuti profilierte sich auch der Imam Da'ud al-Antaki (gest. 1008) als Autor eines
erotischen Werkes mit dem Titel ‚Tazyin al-ashwaq fi achbar al-ushshaq' –
‚Der Schmuck der Märkte und die Geschichten der Liebenden'. Auch al-
Antaki leitet sein Werk mit dem Lob Gottes ein, „der uns die Frauen mit
ihren herrlichen Körpern geschenkt hat, deren Schönheit der der Sonne
gleicht und deren Wangen die Röte des Granatapfels ziert".[76] Die drei
Kapitel des Werkes sind den „Märtyrern der Liebesleidenschaft", den Gesangssklavinnen, den ungewöhnlichen Geschichten schöner Jungfrauen
und den bartlosen, weibischen Knaben und ihren Liebhabern gewidmet –
in einem bunten Bilderbogen aus Anekdoten, Erzählungen und Gedichten. Als Kostprobe die sehr wenig islamischen, um nicht zu sagen: die
ketzerischen Reflexionen eines Dichters, der sich in einen jungen Christen verliebt hat:

„Mein Fehler in seinen Augen ist vielleicht, daß ich ein Muslim bin?
Doch die Erfahrungen, die ich angesammelt habe, seitdem ich ihn liebe,
haben meinen Glauben ganz schön vermindert! Mein Gebet und mein
Fasten sind unregelmäßig geworden, und durch ihn ist das Verbotene für
mich erlaubt [geworden] [...]. Ich wäre sehr betrübt, wenn mein Gelieb-
ter mich nicht erhörte [...]."

In der Einleitung zum Kapitel über die ‚Liebhaber der bartlosen Knaben'
versäumt es der Imam nicht, daran zu erinnern, daß die Homosexualität
vor allem bei Völkern verbreitet sei, die „für alle Zeiten der göttlichen
Verdammnis anheimfallen". Und wie um seinen Worten Nachdruck zu
verleihen, erzählt er folgende Geschichte:

„Als der Prophet Mohammed unter den Gläubigen, die eines Tages zu ihm gekommen waren, einen schönen, bartlosen jungen Mann erblickte, befahl er ihm sofort, sich hinter ihn zu setzen, damit er und seine Gäste nicht seinen Blicken ausgesetzt seien. Von da an hatte der Prophet den Gläubigen immer wieder verboten, lange mit dem Blick auf dem Gesicht eines Bartlosen zu verweilen."

Trotz der strengen Ermahnungen, die an diejenigen ergingen, die durch das „alte Übel" in Versuchung kamen, bereitete es dem ehrenwerten Imam offensichtlich Vergnügen, uns die merkwürdigsten Geschichten über angesehene Rechtsgelehrte, Kadis und staatliche Würdenträger zu erzählen, die der verdammenswerten Versuchung immer wieder erlagen:

Die Liebesabenteuer des *faqih* Mohammed Ibn Da'ud.

Mohammed Ibn Da'ud war ein angesehener *faqih*, ein berühmter Dichter und ein großer Kenner der Überlieferungen des Propheten. In seiner Freizeit schrieb er Liebesgeschichten.

Eines Tages verliebte sich der ehrwürdige *faqih* in einen gewissen Mohammed Ibn Dschami – einen Parfumhändler in Bagdad. Obwohl die Geschichte sehr bald in aller Munde war, machten der *faqih* und sein Gefährte keinerlei Anstrengungen, ihre Liebesbeziehung abzuleugnen oder zu verbergen. Noch auf seinem Totenbett deklamierte der *faqih* vor den anwesenden Besuchern ein Gedicht, das seinem Geliebten gewidmet war.

Aus Liebe sterben

Saad war ein bekannter Buchhändler. In seinem Laden trafen sich Dichter und Gelehrte, um über Fragen der Poesie, der Religion, der Philosophie und Geschichte zu diskutieren. Issa, ein junger Christ, nahm an diesen Gesprächen teil und hielt alle Ideen und Ausführungen der Teilnehmer in einem Notizbuch fest.

Der Buchhändler Saad verliebte sich in den christlichen Knaben und schrieb mehrere Gedichte, in denen er seine glühende Liebe zu ihm besang. Nach einer Liebesbeziehung, die mehrere Jahre dauerte, beschloß der junge Mann, sich von seinem Geliebten zu trennen und ins Kloster zu gehen. Doch der alte Buchhändler gab nicht auf, besuchte ihn ständig und versuchte, ihn durch flammende Liebesgedichte zur Rückkehr zu bewegen. Die Mönche des Klosters fingen an, dem jungen Mann zu drohen, und verboten ihm, weiterhin seinen Liebhaber zu empfangen. Voller Verzweiflung zündete der alte Buchhändler sein Haus und seine Kleider an, rannte splitternackt auf die Straße und deklamierte seine Liebesgedichte. Ganze Nächte lang sahen ihn die Leute weinend um das Kloster schleichen und nach Issa rufen, der hinter den grauen Mauern eingeschlossen war. An einem kalten Wintertag fand man ihn tot vor dem Eingangstor des Klosters.

Der Bruder des Wesirs und sein Lehrmeister

As-Sahib Badr ad-Din, der Wezir des Jemen, hatte einen Bruder von außergewöhnlicher Schönheit. Er übergab ihn einem Lehrer, der ihm den Koran beibringen sollte. Dieser verliebte sich in den jungen Mann und vertraute ihm seine Liebe und seinen Liebeskummer an. Der Bruder des Wezirs sagt zu ihm: ‚Wie kann ich mit dir zusammensein, wo mich mein Bruder doch Tag und Nacht überwacht!?‘

Der alte Lehrer antwortete ihm. „In der Nacht, wenn dein Bruder schläft, springst du über die Mauer, die zwischen deinem und meinem Haus liegt, und wir werden gemeinsam die Freuden der Nacht genießen". Der junge Mann war einverstanden, und Lehrer und Schüler lebten viele Jahre – ein Körper und eine Seele – zusammen.[77]

XIII. Die Erotik des islamischen Raumes

> Sind die Schleier von Damaskus das Einzige,
> was uns seine Geheimnisse enthüllen könnte?
>
> Adonis.

Im Jahre 1914 – am Vorabend des Ersten Weltkriegs – unternahm Paul Klee zusammen mit seinen Freunden August Macke und Louis Moilliet eine Reise nach Tunesien. Vom ersten Augenblick an war Klee vom mysteriösen Charme der arabisch-islamischen Stadt gefangen und stürzte sich in das Gewimmel der Straßen und der arabischen Märkte, der *Suqs*. Eine Fülle von Eindrücken – Gefühlen, Gerüchen, Tönen und Farben – stellten eine magische Beziehung her zwischen dem Maler und der Welt, die er zum ersten Mal entdeckte. Sein Blick ist nicht der des flüchtigen Touristen, er taucht tief unter in allem, was er sieht, gibt sich ganz diesem fremden Leben hin. Auf diese Weise überschreitet er die koloniale Perspektive, die wir aus den Bildern der Orient-Maler des 18. und 19. Jahrhunderts kennen, deren Gegenstand das Vorgedachte, das Klischee und die Folklore war: armer Fellache auf Esel, verschleierte Frau im *Suq*, Beduine vor seinem Zelt, schlangenbeschwörender Knabe, Odalisken im Harem und im *Hammam*. [...]

Mit seinen tunesischen Aquarellen hat Paul Klee die herkömmliche künstlerische Perzeption des Orients weit hinter sich gelassen. Er zeichnete die innere Landschaft und Schönheit der Dinge, die er in jedem Winkel der alten arabischen Städte sah, „mit einer Handschrift von namenloser, dennoch präziser Erotik", wie sein Biograph Wilhelm Hausenstein es formulierte.[1]

Es war nicht zuletzt das tiefe Erlebnis Tunesiens, das Klee – nach Jahren des Suchens – neue Möglichkeiten entdecken ließ, um der modernen Kunst eine andere Dimension der Wahrnehmung zu erschließen. Für Klee ging es von nun an darum, „die Unendlichkeit des Universums zu erforschen und auszuloten und die kreative Kraft von Urbildern wiederzuentdecken, die ihm in der ihn umgebenden Welt verlorengegangen war".[2] In seinem Tagebuch über die tunesische Reise schreibt er: „Materie und Traum zu gleicher Zeit, und als Drittes ganz hinein verfügt mein Ich [...]. Zunächst ein großer Taumel [...], nichts Einzelnes, nur das Ganze. Und was für ein Ganzes! Tausendundeine Nacht als Extrakt mit neunundneunzig Prozent Wirklichkeitsgehalt. Welch ein Aroma, wie durchdringend, wie berauschend, wie klärend zugleich. Speise, reellste Speise und reizendes Getränk. Aufbau und Rausch [...], Kunst – Natur – Ich!"³ Indem er sich dem Raum, dem Klang und der gleichnishaften Zeichensprache der arabisch-islamischen Stadt auslieferte, sich tief in sie versenkte – „ein Rhythmus für immer" –, flossen Stadt-Architektur und Bild-Architektur für ihn ineinander, vor allem nach der Entdeckung Kairouans. Mit allen Sinnen dringt er ein in die geheimnisvolle Welt der *Suqs* von Tunis und Hammamet⁴, fasziniert vom mysteriös-erregenden Gang der Frauen, den Figurationen der Teppiche und ihrer verschlüsselten Bildsprache, dem tänzerischen Schwung arabischer Kalligraphie, dem magischen Flair der Tätowierung. In den Gassen der tunesischen Städte begreift er, daß die Tätowierung „dem Körper der Frau eine unsichtbare Dimension hinzufügt: die der Sehnsucht und der Begierde".⁵

In Kairouan, der ersten „Heiligen Stadt Nordafrikas", taucht er unter in einem Meer von Farben, in denen sich das Licht des Orients bricht. Klee hält das Erlebnis Kairouan, dieses Zusammenspiel von Farbe und Licht, mit folgenden enthusiastischen Worten fest: „Ich lasse jetzt die Arbeit. Es dringt so tief und mild in mich hinein, ich fühle das und werde so sicher, ohne Fleiß [...]. Die Farbe hat mich. Ich brauche nicht mehr nach ihr zu haschen. Sie hat mich für immer, ich weiß das. Das ist der glücklichen Stunde Sinn: ich und die Farbe sind eines. Ich bin Maler."⁶

Völlig versunken im Universum der Stadt, die nach Mekka, Medina und Jerusalem als die viertheiligste des Islam gilt, überläßt Klee sich ganz einer unbegreiflichen Welt, in der er seine eigenen Träume wiedererkennt. Aber nicht nur die Farbe und er wurden eins; Klee identifizierte sich mit der ganzen Stadt – mit ihren verschlungenen Gassen, ihren maurischen Häusern, Gärten, alten Moscheen und ihren geheimnisvollen Frauen, die das Leben mit großen schwarzen Augen durch vergitterte Fenster betrachteten. Kurz: Die Identifikation des Künstlers war endgültig und total – selbst mit dem aufgehenden Mond: „Der Abend ist tief in mir drin, für immer. Mancher blonde Mondaufgang des Nordens wird als gedämpftes Spiegelbild mich leise mahnen und immer wieder mahnen. Es wird meine Braut sein, mein anderes Ich. Mich zu finden ein Anreiz. Ich selber aber bin der Mondaufgang des Südens."⁷

Über 20 Jahre später, im Sommer 1936, begibt sich die amerikanische Schriftstellerin Anaïs Nin⁸ auf eine ähnliche „innere Reise" in die verborgene Seele der arabisch-islamischen Stadt. Angezogen vom Zauber des Exotismus, bricht Anaïs Nin auf nach Fez, der ersten Königsstadt Marokkos, die im Jahre 808 von einem Nachfahren des Propheten, Idriss II., gegründet wurde. Die Ekstase, von der Anaïs Nin ergriffen wurde, als sie sich zum ersten Mal im endlosen Labyrinth der *Medina* mit ihren aphrodisischen Gerüchen, ihren dunklen, erregenden Gassen verlor, erinnert an die Verzauberung Flauberts durch die schöne Kuschiuk-Hanem während

seiner Ägyptenreise. Wenn Flaubert das Gefühl hatte, die ganze Kälte des
Okzidents löse sich auf beim Anblick Kuschiuk-Hanems, wie sie mit
nach süßem Harz duftendem Busen aus dem Bad steigt – so machte Anaïs
Nin eine viel tiefere, existenzielle Erfahrung: „Die letzten Überreste meiner Vergangenheit waren zurückgeblieben in der altertümlichen Stadt
Fez, die so sehr wie mein eigenes Leben aufgebaut ist, mit ihren gewunde-
nen Straßen, ihren Verschwiegenheiten, Geheimnissen, ihren Labyrin-
then und ihren bedeckten Gesichtern. In der Stadt Fez entdeckte ich, daß
der kleine Dämon, der mich zwanzig Jahre lang verzehrt hat, der kleine
Dämon der Depression, gegen den ich zwanzig Jahre angekämpft habe,
von mir gegangen ist. Während ich durch die Straßen von Fez ging, war
ich im Frieden, aufgenommen in einer Außenwelt, einer Vergangenheit,
die nicht meine Vergangenheit war [...]. Die Straßen waren ohne Ziel,
wie die Straßen meiner Wünsche. [...] In Frieden ging ich zuletzt durch
die Straßen meines eigenen Labyrinths, ich hatte mich angenommen,
meine Stärke, meine Schwäche. Die Fehler, die ich gemacht hatte, lagen wie Abfälle auf den Türstufen und nährten die Fliegen. Die Orte,
die ich nicht erreicht hatte, existierten nicht [...], meine Irrtümer
waren wie die halbverwischten Inschriften und die von Mäusen zerfres-
senen Bücher, die Kindheit verfaulte in den Museen, die Verrückten
waren in Ketten gelegt, und ich ging frei herum, denn ich ließ die Asche
verstäuben, das alte Fleisch sterben, ich ließ den Tod verblassen, ich ließ
die Inschriften zerbröckeln und über den Gräbern die Zypressen wachsen."[9]
Im Gegensatz zu jenen dem Exotismus verfallenen Reisenden, die auf-
gebrochen waren in falscher Nostalgie und sich darauf beschränkten, zu
sehen, was sie sehen wollten, versuchte Anaïs Nin in die Tiefe der Dinge
vorzudringen, das Alltägliche festzuhalten, um sein inneres Mysterium
Schicht um Schicht zu entschlüsseln: „Die Schichten der Stadt Fez sind
wie die Schichten und Geheimnisse des Innenlebens. Mysterium und
Labyrinth. Verschachtelung der Straßen. Namenlose Gemäuer. Geheimer
Luxus. Abgeschiedenheit der Häuser ohne Fenster zur Straße. Fenster
und Türen öffnen sich zum Hof hin. Der Hof hat einen Brunnen und hüb-
schen Pflanzenschmuck. In der Anlage der Gärten ist ein labyrinthisches
Element. Die Büsche sind so angeordnet, daß sie verwirren und man sich
verirren kann. Sie lieben das Gefühl, sich verirrt zu haben. Man nennt es
eine Sehnsucht, das Unendliche nachzuschaffen [...]. Fez ist ein Abbild
meines inneren Selbst. Das mag erklären, warum ich fasziniert bin. Auch
ich liebte es, mich zu verschleiern, und hinter dem Schleier, reich und un-
erschöpflich, labyrinthisch, in immer neuen Variationen, verlor ich mich
selbst. Eine Leidenschaft für das Geheimnis, das Unbekannte, das Unendliche, das Gesetzlose."[10]
Durch das Erlebnis Fez an Körper und Seele geläutert, gibt sich Anaïs

Nin ganz dem Zauber der Altstadt, der *Medina,* und ihrer Bewohner hin, saugt ihr Geheimnis ein wie eine Droge: „Fez ist eine Droge. Es macht süchtig. Eine Welt der Sinne, der Dichtung, der Illusion und des Traums. (Sogar die armen Araber, die eine Prostituierte besuchen, finden eine Frau, die wie eine Jungfrau hochzeitlich gekleidet ist.) Es erregt mich schon, einfach hier auf Kissen zu sitzen, mit Musik, den Vögeln, den Brunnen, der unendlichen Schönheit der Mosaike, dem summenden Teekessel, dem glänzenden Kupfergeschirr, den zwölf Flaschen mit Rosenparfum und dem verkohlenden Sandelholz in der Räucherpfanne, den Kuckucksuhren, die durcheinanderschlagen, wie es ihnen eben gefällt [...]. Ich liebe die Vornehmheit der Araber, ihren Stolz [...], die Zartheit, den Frieden, die Gastfreundschaft, die Zurückhaltung [...], ihre würdevolle Haltung, Verschwiegenheit. Es gefällt mir, wie sich die Männer auf der Straße umarmen, auf eine noble und hochmütige Art. Ich liebe den Ausdruck ihrer Augen, in sich versunken und feurig, immer tief."[11]

Anaïs Nin war nicht nur fasziniert von der Noblesse der Männer. Sie war vor allem hingerissen von der Schönheit der Frauengesichter: „Ihre Gesichter waren von vollkommener Schönheit, ihre Augen groß und wie Edelsteine, ihre Nasen gerade und vornehm, mit weiten Abständen zwischen den Augen, ihr Mund voll und wollüstig, ihre Haut makellos und ihre Haltung immer königlich. Die Gesichter hatten mehr Ähnlichkeit mit Statuen als mit Gemälden, so rein waren die Linien und so klar [...]. Manchmal hatten sie moosgrüne Augen in dunkler, ockerfarbener Haut, manchmal kohlschwarze Augen in mondlichtblasser Haut [...] und alle das lange, schwere, schwarze Haar [...]."[12]

Anaïs Nin und Paul Klee gehören zu den ganz wenigen Orientreisenden, denen es gelungen ist, die Schleier des Vordergründigen zu zerreißen und hinter den Zerrspiegel des Orientalismus und der Folklore zu schauen. Geleitet von dem Wunsch, das Andere, das Fremde – sei es Mensch oder Ding – mit dem liebevollen Blick einer möglichen Nähe zu betrachten, erschloß sich ihnen ein geheimes Wissen, das den Dialog mit dem Fremden, dem Rätselhaften, dem Unbegreiflichen möglich macht und die Distanz aufhebt zwischen dem Ich und dem so fremden Du.

Die meisten westlichen Betrachter erleben die arabisch-islamische Stadt wie Blinde. Es fehlt ihnen der Code, mit dem sie die Fülle der verschlüsselten Zeichen und Metaphern entziffern könnten. Unter dem verwirrenden Eindruck der *Medina* von Marrakesch schreibt Elias Canetti: „Ich wurde immer ratloser. Je mehr ich hinsah, desto weniger verstand ich. Ich versuche, etwas zu berichten, und sobald ich verstumme, merke ich, daß ich noch gar nichts gesagt habe. Eine wunderbar leuchtende, schwerflüssige Substanz bleibt in mir zurück und spottet der Worte. Ist es die Sprache, die ich dort nicht verstand und die sich nun in mir allmählich übersetzen muß? Da waren Ereignisse, Bilder, Laute, deren Sinn erst in einem entsteht, die durch Worte weder aufgenommen noch beschnitten wurden; die jenseits von Worten, tiefer und mehrdeutiger sind als diese."[13] Angesichts des Gewirrs von Dingen und Düften spricht Hugo von Hofmannsthal von einer „leisen Vorahnung des Verbotenen, die einen nie ganz verläßt".[14] Die geheime Beziehung, die Paul Klee und Anaïs Nin zu der islamischen Stadt fanden, war nicht Ergebnis jener Verlockung durch die Exotik der fremden Folklore. Sie entsprach vielmehr einer endgültigen und totalen Identifikation. Paul Klee spricht von der Stadt, „die ihm ähnlich ist", und Anaïs Nin entdeckt in Fez sich selbst. Was noch erstaunlicher ist: Nachdem sie die Räume, die Farben, die Gerüche, die Töne und die Sprache der Zeichen und Linien in sich aufgenommen haben, machen beide die gleiche wunderbare Entdeckung: Die islamische *Medina* ist eine Frau!

Für Anaïs Nin ist die *Medina* nichts anderes als jene gebändigte, in sich ruhende Frau, die sie in Fez – auf der Flucht vor ihren Depressionen als emanzipierte Europäerin – zu werden sucht:

„Ich zerriß das Netz, den Fluch, der mich gefangen hielt. Ich hatte gelernt, wie man es macht. Stundenlang konnte ich nun leben, ohne daß mich die krankhafte Unsicherheit befiel. In meinem Kopf wurde es ruhig, ich hatte Perioden des Friedens und des Lebensgenusses. Ich konnte mich vollkommen hingeben an das Vergnügen verschiedenartiger Beziehungen, an die Schönheit, an die Freuden des Tages. Es war, als hätte der Krebs in mir aufgehört, an mir zu nagen. Ich lebte mit den Arabern, sang und betete mit ihnen zu einem Gott, der befiehlt, daß man das Schicksal annehmen muß. Zusammen mit den Arabern duckte ich mich in die Stille."[15]

Anaïs Nin und Paul Klee haben – indem sie bis an die äußerste Grenze des Verborgenen vordrangen[16] – eines der tiefsten Geheimnisse der islamischen Stadt entschlüsselt, nämlich ihre „Weiblichkeit" und ihre immanente Erotik. Bevor wir uns dieser Thematik weiter zuwenden, wollen wir zunächst versuchen, die Strukturen und architektonischen Gesetze der *Medina* und ihres Raumes zu analysieren.

1. Die Morphologie der arabisch-islamischen Stadt

Aleppo, Bagdad, Kairo, Damaskus, Fez, Granada, Istanbul und Samarkand – all diese Städte, die einstmals glanzvolle Metropolen des Islam waren, haben etwas gemeinsam: ihre Architektur und städtebauliche Gestaltung. Wie die mittelalterlichen Städte Europas waren sie umgeben von hohen Schutzmauern und Toren, die bei Hereinbrechen der Nacht geschlossen und bei Tagesanbruch wieder geöffnet wurden.

Das Weltbild des Islam als einer Religion, die das tägliche Leben ihrer Gemeinde bis ins kleinste Detail reguliert, hat die architektonische Gestaltung aller urbanen Zentren innerhalb ihres Geltungsbereiches nachhaltig geprägt. Deren Struktur entspricht den weltlichen und religiösen Bedürfnissen ihrer Bewohner; ihre Symbole – *Moschee, Suq, Marabut, Medrese, Hammam* und *Funduq* – dienen ganz spezifischen öffentlichen Funktionen. Der Moschee – als zentralem Monument der Stadt und wichtigstem Gebäude des öffentlichen Lebens – waren Koran-Schulen *(Medresen)*, Bäder *(Hammams)*, Gasthöfe und Herbergen *(Funduqs)* angegliedert. In unmittelbarer Nähe zur Moschee befanden sich meist die *Suqs*, die Märkte. War die Moschee Symbol des offiziellen, orthodoxen Islam, so verkörperten die – besonders in Nordafrika – zahlreichen Heiligenschreine, die *Marabuts*, den mit magischem Wunderglauben und Heiligenverehrung verbundenen Volks-Islam.

Im Gegensatz zu den griechischen und römischen Städten, die ihren Bürgern große Versammlungs- und Vergnügungsplätze boten – *Agora, Piazza* oder *Campo* –, gibt es innerhalb der islamischen Stadt kaum einen freien Raum, der ähnlichen Zwecken diente.

In seiner Studie über ,Architektur und Lebensformen in der islamischen Welt' gibt Stefano Bianca dafür folgende Begründung: „Das islamische Stadtzentrum blieb [so] ein dichtes Gewebe von eng miteinander verknüpften Aktivitäten und Bauten, das mehr durch das Gleichgewicht der natürlichen Lebensvorgänge als durch formelle Planung bestimmt war. Große öffentliche Plätze waren hier [im Gegensatz zur Antike und zur Renaissance] keine unbedingte Notwendigkeit und wurden nicht wie in Europa zu Trägern der urbanen Identität erhoben. Der öffentliche Freiraum war dort eingebaut, wo er von Fall zu Fall gebraucht wurde, also in den Höfen der Moscheen, der Koranschulen und der Karawansereien, trat aber nicht als eigenständiges Element hervor [...]. Die Ausnahme zu dieser Regel sind jene Platzanlagen, die als Puffer und Übergangsräume zwischen bürgerlichen Stadtkulturen und fürstlichen Palaststädten eingesetzt werden. Sie sind im allgemeinen keine ,zentralen' Plätze, sondern sie trennen oder verbinden zwei verschiedene urbane Systeme und dienen zugleich der Selbstdarstellung der königlichen Macht [...]."[17]

Die tunesische Soziologin Traki Zannad findet in ihrem Essay ,Körpersymbole und islamischer Raum' eine weitere Begründung dafür, warum der öffentliche Raum im Weltbild des Islam „keinen Platz" hat: „Die öffentlichen Plätze der antiken okzidentalen Städte hatten die Funktion eines Auffangbeckens destruktiver Kräfte. Sie sollten die sozialen Spannungen und aufrührerischen Tendenzen ausgleichen, die das städtische Leben mit sich bringt. Mit Hilfe dieser öffentlichen Plätze konnte die okzidentale Stadt das revolutionäre Potential in Grenzen halten, das durch die Dramatik des städtischen Lebens ausgelöst wurde."[18] Was den Bereich der Kommunikation und der Geselligkeit betrifft, so gibt es in der islamischen Stadt keinen Bedarf, für diesen Zweck einen besonderen Raum zu schaffen, da alle städtischen und religiösen Institutionen, die wir bereits erwähnt haben, sowohl von ihrer Lage als auch von ihrem Raum her geeignet sind, diese Bedürfnisse zu befriedigen. Traki Zannad begründet ihre These auf folgende Weise:

„Wenn der Geist des Aufruhrs und der Rivalität im Islam grundsätzlich verpönt, um nicht zu sagen ‚unerlaubt‘ war, die Ruhe durch die hygienische, religiöse und therapeutische Funktion des *Hammam* wiederhergestellt wurde, die magischen Bedürfnisse der Volksseele durch die *Marabuts* befriedigt wurden und schließlich die moralischen Werte, nämlich die Redlichkeit und Ehrenhaftigkeit der Muslime, durch die Vorschriften und Prinzipien des Korans und der *Sunna* gewährleistet waren, so schien der Mensch durch das öffentliche Leben doch keinerlei Spannungen und Widersprüchen ausgesetzt und konnte sich daher seinem Innenleben widmen und alle seine Möglichkeiten und Träume in seinem Privatleben verwirklichen.“[19]

Zum Beweis ihrer These zieht Traki Zannad eine etymologische Ausdeutung der verschiedenen öffentlichen Institutionen heran: Das Wort „Moschee“ – *dschami* – ist abgeleitet von „sich versammeln, zusammenkommen, einschließen, umfassen“. Es definiert somit auch den Ort und den Raum, in dem dies Versammeln stattfindet. Die Moschee wird auch *Masdschid* genannt, abgeleitet vom Verb *sadschada*, „auf dem Boden sein“, „sich vor Gott verneigen“. Beide Bedeutungen bezeichnen nach Traki Zannad ganz präzise Haltungen und Handlungen: das Sich-Versammeln und das in einer bestimmten Haltung und an einem bestimmten Platz gemeinsame Beten. Die Körperhaltung beim Gebet ist Ausdruck des Religiösen, sie steht aber auch in Verbindung mit dem Raum.

Ein weiterer öffentlicher Ort ist das *Hammam* – wörtlich: „ein Ort, wo man sich reinigt“, (arabisch: *tahammama*, „sich waschen“), aber auch ein Ort der Begegnung und der Geselligkeit. Der *Marabut* bezeichnet den isolierten Winkel, arabisch: *zawija*, abgeleitet von *inzaua*, „sich in eine Ecke, einen Winkel zurückziehen“, oder auch den Ort, an dem magisch-religiöse Formen des Volksglaubens und der Heiligenverehrung praktiziert werden. Das Wort *Suq* bedeutet sowohl „Markt“ als auch „Marktplatz“, und der Begriff *Medina* – wörtlich: „Stadt“. *Medina* wie *tamaddun* (Zivilisation, Ordnung) gehören dem gleichen Begriffsfeld an, zu dem auch *din* (Religion) zählt.

Aus ihren Worterklärungen zieht Traki Zannad folgenden Schluß: Jeder öffentliche Raum in der islamischen Welt ist in seiner spezifischen Funktion auf den Austausch der Gemeinde und die Kommunikation ihrer Mitglieder ausgerichtet.[20]

Wenn der öffentliche Raum in der islamischen Stadt also der Kommunikation dienen soll, welchen Gesetzen folgt dann das Verhältnis zwischen privatem und öffentlichem Raum? Der marokkanische Soziologe Mohammed Metalsi gibt auf diese Frage eine interessante Antwort: „Wenn man eine Stadt erbauen will, die der Vorstellung von der islamischen Gesellschaft und Familie entspricht, so bedeutet dies, einen Raum zu schaffen, dessen materielle Form eine Geisteshaltung übersetzt. Diese Geisteshaltung drückt sich aus in der Tendenz, Häuser und Viertel zu bauen, die mehr oder weniger den Blicken von außen entzogen sind. Man muß also mit allen Mitteln versuchen, die Häuser zu verstecken, ihren Ausblick – d. h. ihre Fenster – auf ein Minimum zu reduzieren und den öffentlichen Raum durch eine Vielzahl von Sackgassen abzuriegeln."[21]

Das auf diese Weise geschaffene enge Geflecht von Winkeln, Straßen und ungezählten Sackgassen verwirrt jeden Europäer und gibt ihm das Gefühl, sich in einem unendlichen Labyrinth verloren zu haben, aus dem es keinen Ausweg gibt. In Wirklichkeit ist diese Stadtstruktur jedoch nichts anderes als die konsequente architektonische Übersetzung einer spezifischen sozialen Ordnung, in der die Beziehungen zwischen dem Außen und dem Innen, dem Draußen und dem Drinnen, dem Öffentlichen und dem Privaten aufs genaueste und strengste geregelt sind.

Neben den institutionalisierten sozialen und religiösen Einrichtungen der Stadt spielt das Haus – arabisch: *dar* – eine wichtige Rolle in der Gestaltung des islamischen Raumes. Zentraler Platz des arabischen Hauses, dessen Zimmer zwischen Erdgeschoß und Terrasse auf unterschiedlichen Niveaus angeordnet sind, ist der *Patio* – arabisch: *wasat ad-dar* –, die Mitte des Hauses. Dort finden die meisten häuslichen Aktivitäten der Familie statt. Der *Patio* ist im allgemeinen ein würfelförmiger Innenhof, der zum Himmel hin offen ist – offen auch für Regenschauer und das Tageslicht. Aus diesem Grund wird er in der blumigen Sprache der Araber oft mit einem Freiluft- oder Lichtbrunnen verglichen. Hören wir, wie Elias Canetti die arabische Stadt und ihren Gegenpol, das *dar,* erlebte:

„Um in einer fremdartigen Stadt vertraut zu werden, braucht man einen abgeschlossenen Raum, auf den man ein gewisses Anrecht hat und in dem man allein sein kann, wenn die Verwirrung der neuen und unverständlichen Stimmen zu groß wird. Dieser Raum soll still sein, niemand soll einen sehen, wenn man sich in ihn rettet, niemand, wenn man ihn wieder verläßt. Am schönsten ist es, in eine Sackgasse zu verschwinden, vor einem Tor stehenzubleiben, zu dem man den Schlüssel in der Tasche hat, und aufzusperren, ohne daß es eine Sterbensseele hört.

Man tritt in die Kühle des Hauses und macht das Tor hinter sich zu. Es ist dunkel, und für einen Augenblick sieht man nichts. Man ist wie ein Blinder auf den Plätzen und Gassen, die man verlassen hat. Aber man gewinnt das Augenlicht sehr bald wieder. Man sieht die steinernen Stufen, die in die Etage führen, und oben findet man eine Katze vor. Sie verkör-

pert die Lautlosigkeit, nach der man sich gesehnt hat. Man ist ihr dankbar
dafür, daß sie lebt, so läßt es sich auch leise leben [...].
    Man geht auf und ab und atmet die Stille ein. Wo ist das ungeheure Trei-
ben geblieben? Das grelle Licht und die grellen Laute? Die hundert und
aberhundert Gesichter? In diesen Häusern gehen wenige Fenster auf die
Gasse, manchmal keines; alles öffnet sich auf den Hof, und dieser öffnet
sich auf den Himmel. Nur durch den Hof ist man in einer milden und
gemäßigten Verbindung mit seiner Umwelt."[22]
    Die Struktur des privaten Raumes spiegelt deutlich die Organisation
des öffentlichen Lebens wider. Das Innere des Hauses wird mit der weiblichen Sphäre identifiziert, und daher folgt auch die Architektur des *dar*
dem Prinzip der Verschleierung, der Abgrenzung: Abgrenzung vom
öffentlichen Raum auf der einen Seite und Trennung zwischen männlichem
und weiblichem Bezirk auf der anderen. Um den privaten Bereich vom
öffentlichen Raum abzugrenzen, werden die „Augen des Hauses", die
Fenster, durch Holzverkleidungen „verschleiert", das Haus selbst durch
Brüstungen vor den Blicken der Fremden und Nachbarn geschützt. Das
Haustor führt daher nie direkt ins Innere des Hauses, sondern in dunkle,
abgeschlossene Vorräume, von denen man keinen Einblick ins Innere des
Hauses hat. Größere Häuser haben meist mehrere Eingänge und verschiedene Treppen, durch die man von verschiedenen Gassen aus nur in gewisse Teile des Hauses gelangen kann. Im Inneren des Hauses setzt sich
die im öffentlichen Raum übliche Geschlechtertrennung in einer strengen
Gliederung in weibliche und männliche Bereiche fort:
    „Vor allem die Dachterrassen waren die Domäne der Frau, wo Haus-
haltstätigkeiten in einer ‚weiblichen Öffentlichkeit' durchgeführt und
direkte Verbindung mit den Nachbarinnen der anstoßenden Häuser [...]
gepflegt werden konnten. Dem Mann war der Zutritt zur Terrasse nur
unter besonderen Umständen und Vorsichtsmaßregeln gestattet, wie er
sich überhaupt im weiblichen Territorium des Quartiers nicht auf eigenem Gelände bewegte und nur über eine ‚Insel' im eigenen Haus verfügte
[...], vor allem über die Empfangsräume *(Selamlik* oder *Diwan)*, in denen
der Hausherr männlichen Besuch empfangen konnte [...]."[23]
    Die intimen und verborgenen Beziehungen zwischen privatem und
öffentlichem Raum sind für die meisten Abendländer schwer erkennbar.
In einer Studie über ein algerisches Haus schreibt P. Bourdieu: „Die An-
ordnung des Hauses ist in erster Linie von außen her bestimmt, aus der
Sicht des Mannes, und – wenn man so sagen will – von Männern für
Männer."[24] Doch diese Sicht der Dinge gibt nur die halbe Wahrheit wieder. Denn: Wenn der Mann Herr des öffentlichen Raumes ist, so hat die
Frau die absolute Kontrolle über die private Sphäre, eben das Haus. Mehr
noch: In der islamischen Vorstellungswelt wird das Haus identifiziert mit
der Frau. Sie ist es, die ihm seine „Aura" und seine Seele verleiht, und bei-

des – Hülle und Inhalt – werden schließlich eins. Sich nach dem „Haus" zu erkundigen bedeutet im Arabischen nichts anderes, als nach dem Befinden seiner Herrin bzw. der übrigen weiblichen Bewohner zu fragen. Diese leibliche Identifikation mit der Frau hat eine Reihe ritueller Maßnahmen zur Folge, durch die der „Körper" des Hauses von eventueller Verunreinigung geschützt oder gesäubert werden soll, vor allem, wenn er mit Fremden männlichen Geschlechts in Berührung gekommen ist. Daher das ständige Säubern der Eingangsschwelle – nicht etwa von Straßenschmutz, sondern von magischen Energien, die den unantastbaren Tempel der Weiblichkeit entweihen könnten.

Wenn wir in unserer Betrachtung des öffentlichen und des privaten Raumes noch etwas weitergehen wollen, so stoßen wir auf zwei weitere Abgrenzungen, das Draußen und das Drinnen, die – zumindest in der Volksphantasie – auf das Intimste und Privateste verweisen, was es für den Mann wie für die Frau gibt: ihr Geschlechtsteil! Das Draußen könnte demnach mit dem Glied des Mannes, das Drinnen mit dem Schoß der Frau verglichen werden. Vorstellungen wie diese mögen dem europäischen Betrachter absurd erscheinen, doch in der arabisch-islamischen Kultur, in deren Zentrum die Sexualität steht, sind sie nicht ganz von der Hand zu weisen. Denn:

Vom Augenblick seiner Geburt an wird der muslimische Mann durch die verschiedensten traditionellen Praktiken dazu angehalten, seinem Genitalbereich große Aufmerksamkeit zu widmen. Der kleine Penis des Babies wird unentwegt von der Mutter, den Schwestern, Cousinen und Tanten bewundert, gekitzelt und gestreichelt. Die Anbetung des wunderbaren Instruments wird begleitet von Liedern und Gesängen, in denen die sexuelle Potenz des Mannes verherrlicht, sein Mut und seine Tapferkeit, seine Kraft und seine Fähigkeit, den Wechselfällen des Lebens entgegenzutreten, gepriesen werden. Bei jeder Gelegenheit gibt die Familie dem kleinen Jungen mit Worten und mit Taten das Gefühl, daß seine Geburt ein Segen Gottes war. Er werde eines Tages groß und stark sein, ein Held, ein angesehener Mann, bewundert und begehrt von allen Mädchen und Frauen der Stadt. Die Beschneidung endlich setzt seinen Genitalbereich vor aller Augen in Szene, man feiert zu seinen Ehren ein großes Fest, staffiert ihn aus wie einen jungen Prinzen und überhäuft ihn mit Geschenken. Sobald er über zehn Jahre alt ist, verbietet ihm der Vater, sich bei den Frauen aufzuhalten – damit er nicht ihre schlechten Gewohnheiten annehme! Und eines Tages entdeckt er, daß Länge und Umfang des Penis als Instrument der Verführung eine wichtige Rolle spielen. Auf diese Weise wächst er hinein in jenen „Kult" des Phallus, der fortan „Stock", „spitzer Säbel" oder „Vagina-(vulgo: Mösen-)Schlüssel" usw. heißt (siehe das einschlägige Namensregister im Kap. XI).

An allen öffentlichen Orten – mit Ausnahme der Moschee – ist er gehalten, seine Männlichkeit zu beweisen, sie in der Art zu blicken, zu sprechen und zu gehen vor aller Welt zu demonstrieren. Zeigt er ein „feminines" Verhalten, so wird er sehr schnell aus der Bruderschaft der Männer ausgestoßen. Erweist er sich als impotent, „so beschreitet er den Leidensweg des Häretikers und fällt einer doppelten Ächtung anheim: der Lächerlichkeit ob seiner Verstümmelung und der Schuld, zeugungsunfähig zu sein".[25]

Im Gegensatz zum Mann wird die Frau von Kindheit an dazu erzogen, ihre Weiblichkeit zu verstecken. Sie wird von Eltern und Verwandten ständig kontrolliert und überwacht, damit sie nicht die Gesetze der „Ehre" und der Keuschheit verletze. Schon vor dem zehnten Lebensjahr schärft man ihr ein, alles zu vermeiden, wodurch sie ihre Jungfräulichkeit verlieren könnte. Die Welt außerhalb des Hauses wird dargestellt als eine ständige Gefahr. Ist sie gezwungen, hin und wieder das Haus zu verlassen, so muß sie sich verschleiern und verstecken, muß zu einem unantastbaren Schatten werden.

Obwohl zur Einsperrung verdammt und trotz aller Zwänge lernt die Frau sehr bald, ihren Körper zu „kultivieren" und sich zu üben in der Kunst der Verführung. Es gibt unzählige Rezepte, um die Brüste zu vergrößern und zu straffen; eines der magischen Mittel, die man im Maghreb anwendet, besteht in folgendem Ritual: „Man nimmt eine Bohne in die rechte Hand, läßt sie siebenmal um jede Brust kreisen (oder um diejenige, die zu klein geraten ist), indem man von rechts nach links geht und dann die Bohne in einen Brunnen wirft mit den Worten: ,Diese Bohne wird nicht quellen/ bevor nicht meine Brüste schwellen.'"[26]

Wohl wissend, daß neben den Brüsten die Pobacken ein wichtiges Instrument der Verführung sind, setzen die Frauen alles daran, sie zur Geltung zu bringen – vor allem in ihrer Art zu gehen. Als *az-zabana* bezeichnet man im Tunesischen eine Frau, die ihre Hüften schwenkt, wobei vor allem das damit gegebene erotische Signal gemeint ist. Die größte Sorgfalt verwendet die Frau allerdings auf das „Design" ihrer Augen – neben Busen und Hüften das wichtigste Element der erotischen Körpersprache, mit dem sie, selbst verschleiert, betören und verführen kann.

Ist der Penis des Mannes offensichtlich nach draußen gerichtet – also dem öffentlichen Raum zugewandt –, so verweist der Schoß der Frau durch seine Verschlossenheit in den Bereich des Drinnen, ins Haus. In religiösen Texten und in der Literatur wird der weibliche Schoß als etwas Beunruhigendes, Bedrohliches und Mysteriöses dargestellt. Dieses mysteriöse Drinnen erklärt wohl auch die ambivalente Haltung, die der Mann gegenüber der Vagina einnimmt – gespalten zwischen Furcht und Freude, Abscheu und Vergnügen, Widerwillen und Begierde. In dem Bewußtsein, daß er der Versuchung des weiblichen Schoßes nicht widerstehen kann, versucht er, diesen bedrohlichen Ort zu zähmen, zu beherr-

schen oder „mit dem Schlüssel zu verschließen", wie es einer der zahlreichen Namen des männlichen Gliedes andeutet („der Verschließer"). Die
ständige Zurschaustellung seiner Männlichkeit verrät die Schwäche und
das Ausgeliefertsein des Mannes an die Frau, denn die Stadt selbst ist in
ihrem räumlichen Erscheinungsbild ein Spiegel verborgener Weiblichkeit
– das Ergebnis der unterschwelligen Identifikation ihrer Erbauer mit der
obsessiven erotischen Vorstellungswelt des Islam, gerichtet auf den Körper der Frau. In seiner Aufzählung der Begriffe, mit denen die „Physiologie" des urbanen „Gewebes" umschrieben wird, d. h., die ihm Körper
und Fleisch, Gefühl und Seele verleihen, notiert Malek Chebel:
„Mit ihren Fenstern, ihren Glasveranden, ihren Balkonen, Terrassen
und *moucharabiahs*[27] – die ihrerseits die Funktion der Wimpern darstellen,
die man öffnen und schließen kann –, ihren Stadtmauern und Kellerlu-
ken, ihren mit Arabesken verzierten Erkern und Türmchen, ihren mysteriösen Jalousien und den Springbrunnen, die man in jedem Patio findet,
dem Licht, das sich in den Konturen der Arkaden bricht, den Geräuschen,
die aus ihrem Inneren hervordringen, und den rätselhaften Düften und
Parfums stellt sich die Stadt dar als ein Körper."[28]
  Nämlich als der unsichtbare Körper der „ewigen Verführerin", der
Frau. Paradoxe Umkehr der Bemühung: Was durch Verschleierung und
Geschlechtertrennung – im öffentlichen wie im privaten Raum – verhindert werden soll (die sexuelle Verführung), kehrt sich um ins Gegenteil,
indem der sexuelle Aspekt in der Beziehung zwischen den Geschlechtern
verstärkt wird. Wo jede andere Form der Kommunikation zwischen
Mann und Frau verboten ist, wird die Kunst der Verführung zur einzigen
(strategischen) Umgangsform. Die Hauptarena dieser Verführungsstrate-
gie war seit eh und je der *Suq*.

2. Der *Suq* – das große Aphrodisiakum

In der Zeit der *Dschahiliya* gab es in Mekka einen berühmten Markt, den
Suq Ukaz. Auf diesem Markt kamen alljährlich zur Zeit der Wallfahrt die
Angehörigen der verschiedenen Stämme, die Händler und die Prostituierten Arabiens zusammen, um ihre „Ware" anzubieten. Mit den Händ-
lern kamen auch die Dichter aus allen Gegenden der arabischen Halbinsel
nach Mekka. Der *Suq Ukaz* war die Tribüne, auf der sie Größe, Macht
und Tugend ihrer Stämme in langen Lobgedichten priesen. Nach der
Überlieferung wurden die besten Gedichte am Ende des poetischen Wett-
streits in goldenen Lettern aufgeschrieben und an den Wänden der Kaaba
aufgehängt – daher ihr Name *Muallaqat,* die „Aufgehängten".[29] Nach der
Verkündung des Islam verbot der Prophet Mohammed den *Suq Ukaz* wie
alle Bräuche aus vorislamischer Zeit. Die Wallfahrt selbst wurde, ihrer

heidnischen Symbole beraubt, ins „Haus des Islam" übernommen und diente fortan – in schöner Eintracht von Wirtschaft und Heiligkeit – der Glorifizierung des neuen Glaubens an den einzigen Gott.

Erst unter den Omajjaden und den Abbasiden kamen die traditionellen Jahrmärkte der vorislamischen Zeit wieder auf, wie etwa der berühmte *Mirbed* von Basra, auf dem – wie einst auf dem *Suq Ukaz* – Händler, Dichter, Prostituierte, Männer und Frauen zusammentrafen, um sich einmal im Jahr nach Herzenslust zu amüsieren. Neben diesen traditionellen Jahr(es)-Märkten entstanden in den Zentren der Städte des ausgedehnten islamischen Weltreichs ständige *Suqs,* die nach streng hierarchischen Gesetzen organisiert waren. Jede Gilde hatte und hat noch heute ihren eigenen Platz:

„Da gibt es einen Bazar für Gewürze und einen für Lederwaren. Die Seiler haben ihre Stelle und die Korbflechter die ihre. Von den Teppichhändlern haben manche große, geräumige Gewölbe; man schreitet an ihnen vorbei wie an einer eigenen Stadt und wird bedeutungsvoll hineingerufen. Die Juweliere sind um einen besonderen Hof angeordnet, in vielen von ihren schmalen Läden sieht man Männer bei der Arbeit. Man findet alles, aber man findet es immer vielfach."[30]

Es hat den Anschein, als sei der *Suq* die große Bühne demonstrativer Männlichkeit, von der jegliche weibliche Anwesenheit verbannt ist. Doch dieser Eindruck trügt: Je tiefer man in das Innenleben des *Suq* eindringt und sich von seinen Düften und Parfums berauschen läßt, desto mehr gerät man in den Bann eines allgegenwärtigen, subtilen Erotismus, einer magischen Gegenwelt zum offiziellen Islam, der prüde und verschlossen ist: Der *Suq* ist das Forum der Öffentlichkeit. Hier gibt es keine Wände und keine Mauern. Alles wird vor dem Augen der Käufer und Passanten produziert. Und alles, was produziert wurde, wird stolz zur Schau gestellt: Der *Suq* ist eine riesige Schaubühne, ein kolossales Theater. Der *Suq* ist Corso, Piazza und Passage der arabischen Welt. Es ist der Ort, an dem man alles sehen und alles zeigen kann. Im *Suq* trotzen die Menschen einer Gesellschaft, die – wie Elias Canetti schreibt – „so viel Verborgenes hat, die das Innere ihrer Häuser, Gestalt und Gesicht ihrer Frauen und selbst ihre Gotteshäuser vor den Fremden eifersüchtig verbirgt".[31]

Wenn auch der *Suq* vor allem Corso und Kaffeehaus der Männer ist, so ist es doch die verborgene Gegenwart der Frau, des Weiblichen, die seine prickelnde Atmosphäre betimmt. Lassen wir also unserer Phantasie freien Lauf und begeben wir uns auf den Spuren von Paul Klee und Anaïs Nin auf eine Promenade jenseits der Grenzen des Verborgenen. Und wir entdecken bald, daß die Frau omnipräsent ist, in jedem Gegenstand, in jedem Zeichen, in jedem Geruch – selbst in den Worten des Händlers, der seine Ware preist wie ein Poet die Schönheit seiner Geliebten. Alles, was im *Suq* feilgeboten wird, erinnert an sie: das *kohl,* mit dem man die Augen umrändert, um sie größer, schöner, unwiderstehlicher zu machen; das *harqus*, mit dem man auf den Lidern, den Nasenflügeln und den Wangen zarte Schönheitsflecken appliziert; das *henna*, das – vor allem an Festtagen und bei Hochzeiten – zur Bemalung von Händen und Füßen dient; sie tritt uns entgegen in den Ringen und goldenen Colliers sowie in den Zeichnungen der Teppiche.

Der *Suq* ist, wie die Frau, voller Düfte – Rosenwasser, Jasmin-, Orangenblütenwasser und vieler anderer Wohlgerüche – deren erotische Stimulantien Scheich Nefzaui folgendermaßen rühmt:

„Der Gebrauch von Wohlgerüchen regt sowohl den Mann wie die Frau zur Einung an. Wenn die Frau die Düfte, mit denen sich der Mann parfümiert hat, einatmet, fällt sie in Ohnmacht, und oft ist die Anwendung von Wohlgerüchen ein mächtiges Hilfsmittel für den Mann gewesen, das ihn in den Besitz der Frau brachte."

Um seiner These Glaubwürdigkeit zu verleihen, erzählt uns Scheich Nefzaui die Geschichte des falschen Propheten Mosailima, der sich von einer weiblichen Rivalin bedroht sah. Mosailima suchte Rat bei seinen Freunden, wie er die gefährliche Gegenspielerin überwältigen könnte. Einer von ihnen hatte folgende Idee:

„Errichte morgen früh außerhalb der Stadt ein Zelt aus Brokat von verschiedenen Farben, geschmückt mit Seide und Kostbarkeiten. Erfülle es dann mit köstlichen Wohlgerüchen mannigfacher Art, mit Ambra, Moschus und allen möglichen anderen Düften, wie Rose, Orangenblüte, Narzisse, Jasmin, Hyazinthe, Nelke und anderen Pflanzen. Alsdann stelle in das Zelt goldene Räucherpfännchen, die mit verschiedenen Wohlgerüchen erfüllt sind [...]. Weiter bindest du die Seile des Zeltes fest, damit nichts von den Wohlgerüchen entweiche. Hierauf, wenn du sehen wirst, daß ihr Duft stark genug ist, [...] setze dich auf deinen Thron, schicke zur Prophetin, lasse sie in dein Zelt rufen und verweile dort mit ihr allein. Seid ihr solcherart beisammen und atmet sie die Düfte ein, so wird sie in Verzückung geraten, ihre Glieder werden sich lösen, in weicher Erschlaffung endlich wird sie das Bewußtsein verlieren. Hast du sie so weit, ersuche sie um ihre Gunst; sie wird dich nicht zurückweisen. Nachdem du sie einmal besessen hast, wirst du von der Verlegenheit, die sie dir mit ihrem Goum[32] bereitet, befreit sein."[33]

Wie Scheich Nefzaui weiter berichtet, blieb der gewünschte Effekt nicht aus. Nachdem er den Rat seines Freundes in allen Einzelheiten befolgt hatte, ließ der falsche Prophet die Dame in sein Zelt kommen und verwickelte sie in ein Gespräch:

„Während Mosailama das Wort an sie richtete, verlor sie gänzlich die Geistesgegenwart und wurde bestürzt und verwirrt.

Als er sie in diesem Zustand sah, begriff er, daß sie die Einung wünschte. Also sagte er: ,Nun, dann erhebe dich, auf daß ich dich besitze;

diese Stätte ist für deine Absichten hergerichtet worden. Wenn du es vorziehst, kannst du dich auf den Rücken legen oder auf alle viere stellen, oder knien wie beim Gebet, die Stirn zur Erde gebeugt und das Hinterteil in die Luft [...]. Welche Stellung sagt dir am meisten zu? Rede, und du sollst befriedigt werden.'

Die Prophetin erwiderte: ,Ich bevorzuge alle Stellungen. Laß auf mich herniedersteigen die Offenbarung Gottes, o Prophet des Allmächtigen!'

Im nächsten Augenblick warf er sich auf sie und genoß sie nach Belieben [...]. Als sie das Zelt verlassen hatte und mit ihren Schülern zusammentraf, fragten sie diese: ,Was ist das Ergebnis deiner Besprechung, o Prophetin Gottes?' Sie erwiderte: ,Mosailama hat mir gezeigt, was ihm offenbart worden ist, und ich habe gefunden, daß es die Wahrheit ist, also gehorcht ihm.'"[34]

Der *Suq* ist eine Fundgrube erotisierender Stimulantien. Alles, was Ahmed Ibn Sulaiman in seinem Buch ,Damit der Greis seine Jugend wieder gewinnt' aufzählt, findet sich dort in Hülle und Fülle: „Ambra, Safran, Kamillen- und Veilchen-Elixier, Muskat, Kampfer, Myrrhen und Honig – am Morgen genommen – stimulieren die Manneskraft. Pistazien, Pinienkerne, Mandeln und Kokosnüsse haben – am Abend vor dem Schlafengehen eingenommen – den gleichen Effekt. Die Blüten des Lavendels, geschält und getrocknet, mit Rosenwasser durchgeknetet und in die Vagina eingeführt, verzehnfachen das Vergnügen der Frau beim Geschlechtsakt [...]. Die Zwiebel, der Portulak, das Flachskorn, Rosinen, Rettiche und viele andere Produkte haben wunderbare aphrodisierende Wirkungen für den Mann wie für die Frau. Erfolgt dic Ejakulation zu schnell, so empfehlen die Kenner eine Kur mit Honig und Muskatnüssen. Die Frigidität wird behandelt mit Kamille und geschälter Asphodill – zu gleichen Teilen vermischt mit Lubinenöl. Die Frau, die sich damit das Geschlecht bestreicht, wird heiß von Verlangen und unersättlich in der Liebe."[35]

Auch Scheich Nefzaui, der uns als Connaisseur in Sachen Liebe schon bekannt ist, weiß einige aparte Rezepte zur Steigerung der Libido und des Genusses beizusteuern: „Wer einige Tage lang sich von gekochten Eiern, denen Myrrhe, Zimt und Pfeffer beigesetzt ist, ernährt, wird eine gewaltige Stärke in seinem Einungsvermögen und in seinen Aufrichtungen erleben. Sein Glied wird eine so strotzende Anschwellung annehmen, daß es scheinen wird, als wolle es nicht mehr zur Ruhe kommen."[36]

„Willst du die Wollust noch mehr steigern", so fährt Nefzaui andernorts fort, „so kaue etwas Kubebenpfeffer oder Kardamomsamen der großen Sorte, bringe ein gewisses Quantum, das du zerkaut hast, auf den Kopf deines Gliedes und vollziehe die Einung. So wirst sowohl du wie die Frau einen unvergleichlichen Genuß haben [...]. Willst du die Liebesglut der Frau sehr steigern, so nimm etwas Kubebe, Pyrethrum, Ingwer und

Zimtrinde und kaue es im Augenblick, in dem du dich zur Einung an-
schickst; alsdann reibe dein Glied mit deinem Speichel ein und vollziehe
die Einung. Von dem Augenblick an wird die Frau in solche Leidenschaft
geraten, daß sie dich keinen Augenblick mehr loslassen wird. "[37]
Gegen zeitweilige Impotenz empfiehlt unser Gewährsmann „Gala-
gana, Zimt aus Mekka, Gewürznelke, indischen Cachou, Muskatnuß, indische Kubebe, Sperlingszunge, persischen Pfeffer, indische Distel, Kardamom, Pyrethrum, Lorbeersamen und Levkoienblüten". Und wer an
zu früher Ergießung leidet, „soll Muskatnuß und Weihrauch einnehmen,
woraus er eine Mischung unter Zusatz von Honig macht. [...] Ist die Impotenz durch Schwäche verursacht, so muß man in Honig Pyrethrum,
Brennesselsamen, etwas Wolfsmilch, grünen Ingwer, Mekkazimt und
Kardamom essen. Diese Verordnung läßt die Schwäche verschwinden
und führt zur Heilung unter dem Beistand des höchsten Gottes [...]. Ich
kann für die Wirksamkeit all dieser Medikamente einstehen, da sie erprobt wurde."[38]
Nachdem die *ars amandi* in Wort und Tat eine besonders beliebte Domäne der frommen Gottesmänner war, verrät uns auch Scheich Suyuti
ein einschlägiges Rezept, das er angeblich selbst ausprobiert hat – ein
Wundermittel, mit dem der Mann in einer Nacht vierzig Jungfrauen
deflorieren könne. (Die Wiedergabe erfolgt ohne Gewähr):
„Man nehme die Hoden von drei – oder auch acht oder vierzehn – Häh-
nen, füge grünen Ingwer, Muskat, parfümierte Nüsse, Pfefferessenz,
Nelkenblüten, Palmensamen, eine Unze Salz aus Haiderabad, eine Viertel
Unze Safran, schäle und vermische sie mit schaumig geschlagenem Honig. Dann gibt man alles in einen Glaspokal, verschließt ihn hermetisch,
indem man ihn mit Lehm verstopft. Das Ganze drei Tage und drei Nächte
lang bei kleiner Flamme langsam kochen. Dann läßt man die Masse erkal-
ten, formt kleine Kugeln daraus in der Größe einer Linse und nimmt jedes
Mal, wenn man den Koitus vollziehen will, eine solche Kugel zu sich.
Das Glied kommt dann in Erektion, und nichts kann es erweichen, außer
wenn man einen Schluck Essig trinkt."[39]
All diese pikanten Rezepte kennen die Spezialisten in den *Suqs* von Damaskus, Fez, Marrakesch und Kairo seit Generationen auswendig und
setzen ihren Stolz darein, sie „an den Mann zu bringen". Der *Suq* erweckt
den Anschein, als sei er – vor allem anderen – dazu bestimmt, die Präli-
minarien der Liebe, das Spiel der Körper und der Phantasie zu stimulieren,
als diente er nur dem Zweck, Männer wie Frauen auf ihren Körper aufmerksam zu machen, sie zu lehren, ihre erotischen Obsessionen ernst zu
nehmen und den Orgasmus zum höchsten Ziel des Daseins zu machen.
Selbst die Gebetskette, den die Händler im *Suq* den ganzen Tag durch die
Hände gleiten lassen, hat ein erotisierendes Moment. Unser sachkundiger
Scheich Nefzaui weist darauf hin, daß das Rezitieren einer Sure im Rhyth-

mus der mit den Fingern bewegten Perlenkette nicht nur ein Akt der Frömmigkeit, sondern auch ein taktiles erotisches Stimulans sein kann. Für ihn ist das liebevolle Berühren der Gebetskette gleichbedeutend mit der Liebkosung einer Frau.

3. Die *Heiligenschreine*

Nachdem Bagdad im Jahre 1258 durch die Mongolen zerstört worden war, verfiel die arabische Welt in eine lange Phase der Dekadenz. In dieser Epoche des politischen und geistigen Niedergangs entstanden im arabischen Osten mystische Bewegungen, die sich allmählich auch nach Nordafrika ausdehnten. In dieser mystischen Strömung fanden die religiösen Gefühle und emotionalen Bedürfnisse des Volkes, die im strengen Gesetzesglauben des Islam keine Befriedigung fanden, ihren Ausdruck. Wie die christlichen Asketen zogen sich die islamischen Mystiker vom weltlichen Leben zurück, um im Gebet und durch Fasten die Nähe Gottes zu suchen. Die Massen fühlten sich – vor allem in Zeiten der Not – zu diesen frommen Männern hingezogen. Von ihrer magischen, wunderwirkenden Kraft – der *baraka* – erhofften sie Erlösung von ihren Leiden und Erfüllung ihrer geheimsten Wünsche. Neben allen möglichen Scharlatanen traten auch tiefreligiöse Gestalten auf, die sich zur Heiligkeit berufen fühlten und die formalen Vorschriften des orthodoxen Islam mit der mystischen Sehnsucht der Seele in Einklang brachten. Bald gab es im arabischen Westen kaum eine Stadt oder ein Dorf, das nicht seinen eigenen Heiligen – im Maghreb: *Marabut*[40] – hatte, an den man sich mit seinen täglichen Kümmernissen wenden konnte. Die Wunderwirkung der Heiligen dauerte im Volksglauben über deren Tod hinaus – ihre *baraka* umgab den Ort, an dem sie gelebt hatten oder wo sie begraben waren. Dorthin pilgerten die Menschen, um die Hilfe des Heiligen gegen alle psychischen und physischen Leiden zu erbitten.

Der Heiligenschrein (der im westlichen Sprachgebrauch gleichfalls als *Marabut* bezeichnet wird) ist ein sakraler, gleichwohl intimer Ort. Dort hält der Mensch direkte Zwiesprache mit Gott durch die Vermittlung des Heiligen. Das Wahrzeichen des *Marabuts* ist die weiße Kuppel, über der sich ein Halbmond und eine grüne Fahne befinden – die magischen Symbole der Heiligkeit. Mit dem Zerfall des Islamischen Reiches und der Auflösung einer Einheit stiftenden Zentralregierung wurde der Heiligenschrein Zufluchtsort für alle Mühseligen und Beladenen, die den Schutz Gottes und seines Propheten suchten – vor allem aber der Frauen. Dem einfachen Volk, das sich von Gott und seinem Propheten verlassen glaubte, erschien der Heilige als das Wunderwesen, das allein imstande war, seine Leiden zu lindern, es vor Unheil und Ungerechtigkeit zu bewahren; der Heiligenschrein wurde zum Ort, in dem die Menschen ihre naive, unorthodoxe, meist abergläubische Frömmigkeit durch alle möglichen Rituale auslebten. Den Frauen ermöglichte er, sich wenigstens vorübergehend von den Beschränkungen zu befreien, die ihnen von einer patriarchalischen Gesellschaft auferlegt worden waren. Zu diesen Befreiungsritualen gehörte und gehört vor allem der Trance-Tanz, zu dem sich die Frauen aller Schichten und Altersklassen auch heute noch regelmäßig im Schutzraum des Heiligtums einfinden.

Das Erlebnis eines Trance-Tanzes gehört zu den eindrucksvollsten Erfahrungen, die ein europäischer Besucher in der islamischen Welt machen kann. Während der Dreharbeiten zu einem Film über das „Magische Marokko" hatten die Autoren Gelegenheit, an einem solchen Trance-Abend teilzunehmen. Metaphysisches Ziel dieses Rituals ist die Ekstase – also ein Zustand, in dem der Mensch alle Grenzen überschreitet, „außer sich" gerät und sich jenseits von Zeit und Raum befindet. Dahinter steht der Wunsch, die eigene Körperlichkeit zu verlassen, die Wahrnehmungsfähigkeit auszulöschen und dem wachen Bewußtsein eine Art lustvoller Panik aufzuerlegen, sich in den Himmel zu erheben, um sich mit Gott, dem Universum und dem imaginären Geliebten zu vereinigen – so wie auch bei den islamischen Mystikern Gottesliebe und irdische Liebe ineinanderfließen. Der Trance-Tanz wird begleitet von einer speziellen, sich in heftigen Stakkato-Rhythmen steigernden Musik (Flöte und Tamburin), deren orgiastisches Anschwellen an Ravels ‚Bolero' erinnert.

Das Zeremoniell wird durch eine der Frauen, meist die älteste, angeführt. Als „Vortänzerin" bestimmt sie Tempo und Ablauf des Geschehens, indem sie zunächst in langsamem Rhythmus die ersten Zauber- und Beschwörungsformeln singt, die sich – durch ständige Wiederholung – *dhikr* – allmählich steigern. Die übrigen Frauen sind im Kreise um das Orchester gruppiert. Durch die Beschleunigung des Rhythmus werden die Sitzenden in eine Art „mystische Gemeinschaft" entrückt und fangen an, sich spontan zu bewegen, die Köpfe hin und her zu schlenkern und sich wie Schlafwandler zu erheben. Man macht ihnen Platz in der Mitte des Kreises, und – angefeuert durch den schneller werdenden Rhythmus – beugen sie ihren Körper in ekstatischen Bewegungen vor und zurück, die dunklen Haare der Tänzerinnen lösen sich allmählich auf und fliegen in alle Richtungen, die Körper werden langsam hinweggetragen von einer großen Erschütterung, die nicht mehr aufzuhalten ist und kulminiert in einem von Schauern unterbrochenen Fieberdelirium, das meist von schrillen Schreien, Zuckungen und lautem Stöhnen begleitet ist. Sobald der Höhepunkt überschritten ist, lassen sich die Trance-Tänzerinnen schwer fallen, sinken zu Boden, wobei sie im allgemeinen für einige Zeit das Bewußtsein verlieren.

Während des Trance-Tanzes wird das Heiligtum zu einem der Weiblichkeit geweihten Tempel. Die Trance-Tänzerinnen erfüllen ihn mit ihrem Körper, mit ihren Wünschen und Phantasien – vor allem aber: mit ihrer inneren Revolte. Im Trance-Tanz rebelliert die Frau gegen ihre Einsperrung und Überwachung, gegen die zahlreichen Tabus und Repressionen, die ihr die männliche Gesellschaft auferlegt. Mehr noch: In einer unbewußten Lust am Sakrileg macht sie sich den heiligen Raum zunutze, um sich gegen die Institutionen der Religion selbst aufzulehnen – einer Religion, die all dieses Unrecht eingeführt und legitimiert hat.

Der *Marabut* dient den Frauen vorübergehend als der in der Gesellschaft verweigerte „öffentliche Ort", an dem sie den Aufstand proben. Hier tauschen sie in stundenlangen Gesprächen aus, was ihnen allen in einer patriarchalischen Gesellschaft gemeinsam ist: ihre Erfahrung im Leiden. Hierher flüchten sich die unglücklich Liebenden, die Eifersüchtigen und Betrogenen, die Kranken und die Kinderlosen, um mittels magischer Rituale die Hilfe des Heiligen zu erbitten. Die unglücklich Verliebten schlachten einen schwarzen Hahn vor der Tür des Heiligtums, in der Hoffnung, auf diese Weise ihr Unglück zu beenden, die jungen Mädchen bestreichen seine Wände mit Henna und wünschen sich dabei einen Ehemann herbei, die Neuvermählten bitten um baldigen Kindersegen.

Am Eingang der ehrwürdigen, alt-islamischen Stadt Kairouan im Herzen Tunesiens liegt eines der berühmtesten Heiligengräber Nordafrikas. Dieser *Marabut* von ungewöhnlicher architektonischer Schönheit beherbergt das Grab des Abu Zamaa al-Balawi – einer der treuen Gefährten des Propheten, der im Jahr 655 während einer Schlacht zwischen Berbern und arabischen Eroberern in der Nähe von Kairouan getötet wurde. Seit Jahrhunderten zieht sein Grabmal jedes Jahr Tausende von Besuchern an. Doch es sind vor allem die Frauen Kairouans, die ihren Heiligen mit großer Anhänglichkeit verehren. Jeden Freitagnachmittag versammeln sie sich um sein Grab. Der Duft von Moschus und Ambra erfüllt den Raum. Man sucht die Nähe des Heiligen, um über alles zu sprechen, was mit Liebe, Heirat und Ehe zu tun hat. Jeden Feitagnachmittag erfährt Abu Zamaa die letzten Liebesgeheimnisse der Stadt, Gerüchte, Hoffnungen und Wünsche umschwirren sein Grab. Die ihrer Jungfräulichkeit überdrüssigen jungen Mädchen hängen ihre Schleier an den Gitterstäben des grünen Grabes auf als Zeichen dafür, daß sie „reif" für die Ehe sind. Die Mütter halten Ausschau unter den Schönen des Landes nach einer passenden Schwiegertochter, die Verliebten hoffen auf einen Brief des/der Geliebten, den irgendein verschwiegener Bote hinter die eisernen Gitterstäbe steckt.

Dies alles spielt sich ab rund um das Grab des „Großen Heiligen", der ruhig daliegt, als gäbe er allem, was sich um ihn herum abspielt, seinen Segen. Es hat den Anschein, als gäbe auch er – berauscht vom Duft des Moschus und der Ambra, dem Liebesgeflüster und den Liebkosungen der

Jungfrauen – sich willig diesem erotischen Flair hin, das über dem Ganzen schwebt. Was sich in dieser Atmosphäre im Halbdunkel des Grabmals abspielt, ist eine Art symbolischer Liebesakt zwischen dem „Großen Heiligen" und seinen Adeptinnen. Dies ist vermutlich auch der Grund, weshalb sich die Männer über den wöchentlichen Besuch der Frauen im *Marabut* von „Sidi as-Sahbī" – wie sie ihn nennen – mit einem inzwischen in ganz Tunesien berühmt gewordenen Satz zu mokieren pflegen: „Ya Sidi as-Sahbi. Zidni fi qohbi!" – „O heiliger as-Sahbī, mach mich noch erregender, noch aufreizender!"

Denn die Anspielung, die hinter diesem mehr oder weniger vulgären Satz liegt, soll deutlich machen, daß die Frauen bei ihrer ständigen Pilgerfahrt zu Sidi Assahbi nur eines suchen: die Liebe. Um ihrer teilhaftig zu werden, flehen sie ihren Schutzpatron an, er möge ihnen helfen, daß ihre Wünsche und Sehnsüchte sich erfüllen. Obwohl ein „heiliger Ort" wie die Moschee, ist der *Marabut* einer der wenigen öffentlichen Räume der Stadt, in dem die Frau sich vom Gefühl der Einsperrung befreien und die Männer herausfordern kann, indem sie sich zu ihrer Weiblichkeit bekennt. Der einzige Mann in der Stadt, der ihren Aufschrei hören und den Kummer ihrer Seele und ihres Herzens begreifen kann, scheint ein Heiliger zu sein, der doch sein Leben der Liebe zu Gott und seinem Propheten geweiht hat.

4. Das *Hammam* – Paradies des Diesseits

Im Jahre 1990 forderte der tunesische Cineast Farid Boughdir die fundamentalistischen Sittenhüter mit einem Film heraus, der nicht nur in Tunesien, sondern in der ganzen arabischen Welt als Skandal betrachtet wurde: „Der Terrassenvogel", deutscher Titel: Halfaouine. Die Fundamentalisten sahen darin einen perfiden Angriff auf die „islamische Moral", ja auf den Islam selbst. Der Film führt uns in ein berühmtes volkstümliches Viertel der *Medina* von Tunis, zeigt das intime Leben seiner Bewohner, so wie es ist und wie es immer war – jenseits der vielen „Schleier des Islam".

Der Held des Filmes ist ein kleiner Junge im Vorfeld der Pubertät, nicht mehr ganz Kind, doch ausgestattet mit den feinen Antennen des Heranwachsenden für alles Verbotene, Geheime, noch zu Entdeckende. Man sieht ihn, wie er verstohlen über die Dachterrassen der Häuser huscht, um in einem *Patio* ein nacktes Mädchenbein oder den Hintern einer Matrone zu erspähen, die sich über den Waschtrog bückt. Er belauscht die jungen Frauen, die beim Gemüseputzen in jeder Gurke oder Aubergine nichts anderes erkennen als einen gewaltigen Penis und sich mit frivolen Sprüchen darüber lustig machen. Er spielt den Postillion d'amour zwischen heimlich Verliebten und wird Zeuge der hysterischen Krise eines späten Mädchens, das keinen Liebhaber gefunden hat.

Doch die Szene, die den eigentlichen Skandal auslöste, spielt im *Hammam,* wohin der Junge seine Mutter begleitet, um im Auftrag seiner älteren Freunde – die aus dieser Welt längst ausgeschlossen sind – Recherchen über die Physiologie des weiblichen Körpers und dessen erogene Zonen anzustellen. Anderntags erfahren die Freunde dann, wie Busen, Hintern und „das Ding" der Bäckersfrau, der Nachbarin und das von deren Tochter beschaffen sind. Ein schwerer Verstoß gegen das Schamgefühl der Heuchler ... Es bedurfte der Intervention des Präsidenten der Republik selbst, damit der Film in den Kinos gezeigt werden konnte!

Wieder einmal erwiesen sich die selbsternannten Hüter der „islamischen Moral" als unselige Verteidiger eines imaginären Islam, der seine eigenen kulturellen Werte, die das intime Leben seiner Anhänger immer geprägt haben, verkennt und mißachtet. Denn: Das *Hammam* – und alles, was sich dort abspielt – ist ein Teil „islamischer Kultur", und öffentliche Bäder gehören zu den wichtigsten Räumen der islamischen Stadt. Vor allem: Nirgendwo manifestiert sich der enge Zusammenhang zwischen dem Sakralen und dem Sexuellen deutlicher als im *Hammam.* „Deine Stadt ist erst eine vollkommene Stadt, wenn es in ihr ein Bad gibt", sagt Abu Sir in der Geschichte aus ‚Tausendundeiner Nacht' zum König, um ihn von seinem Vorschlag zu überzeugen, daß er in der fremden Hauptstadt unbedingt ein Bad bauen müsse, nach dem der von Krankheit Geschwächte und von Prügeln Geschundene vergeblich gesucht hatte.[41]

Ruhm und Reichtum einer Stadt drückte sich in der Zahl ihrer Bäder aus. „Wohlstand und Reichtum verlangten nach Luxus", wie Ibn Chaldun es formulierte. Daher erklärt sich auch die Neigung der Historiker, bei der Aufzählung der Bäder einer Stadt zuweilen maßlos zu übertreiben. So schwanken beispielsweise die Angaben über ihre Anzahl in Bagdad des 9. und 10. Jahrhunderts zwischen 60000 und 200000, Damaskus soll nach Ibn Dschubair im Jahre 1185 „rund 100 Bäder", Cordoba nach alten Quellen zwischen 700 und 900 *Hammams* in seinen Mauern beherbergt haben; in Kairouan kam zur Zeit der Aghlabiden[42] angeblich auf je 80 Personen ein öffentliches Bad.

Wie dem auch sei: Mit der Eroberung großer Teile des Byzantinischen Reiches übernahmen die Araber auch die späthellenistische Tradition der Thermen, aus denen sich im Laufe der Jahrhunderte das den rituellen Vorschriften des Islam angepaßte *Hammam* entwickelt hat. Im Gegensatz zu den antiken Thermen besteht das *Hammam* aus mehreren ineinander übergehenden Räumen, die den verschiedenen Etappen der rituellen Reinigung entsprechen. Voller Bewunderung beschreibt Abd al-Latīf al-Baghdadi in seinem *Kitab al-ifada* – Buch der Nützlichkeit – die Ausstattung der Kairoer Bäder des 12. Jahrhunderts:

„Was ihre Bäder betrifft, so sah ich in keinem Land Bäder, die besser konstruiert, vollkommener geplant und schöner anzusehen waren. Erstens faßt jedes ihrer Tauchbecken zwei bis vier *rawiya* und mehr. In jedes Becken ergißt sich das Wasser aus zwei reich strömenden Röhren, aus einem heißes, aus dem anderen kaltes Wasser; zuerst aber ergießt sich das Wasser in ein sehr kleines, erhöhtes Becken, in dem es sich mischt; dann erst fließt es in das große Becken [...].

Im Inneren des Bades befinden sich Seitenkammern mit Türen; auch im Umkleideraum *(maslah)* sind solche Seitenkammern für die vornehmeren Leute, damit sie sich nicht unter die gewöhnlichen mischen und ihre Nacktheit nicht zeigen müssen. Das *maslah* mit seinen Seitenräumen ist gut eingeteilt und schön gebaut, es hat in der Mitte ein marmorverkleidetes Wasserbecken und über diesem Säulen und eine Kuppel, besitzt verzierte Decken, gestreifte getünchte Wände und einen mit den verschiedensten Arten bunten Marmors belegten Boden, doch ist die Marmortäfelung im inneren Bad immer noch schöner als die im äußeren Teil. Dadurch und durch die hohen Gewölbe und die Lichtöffnungen in den Kuppeln, die mit verschiedenfarbigem Glas von klarer Färbung verschlossen sind, ist das Bad sehr hell. Kurzum: Wer ein solches Bad betrit, der möchte es nicht mehr verlassen. Wenn nämlich ein Fürst sich einen Palast als Residenz baut und damit Außergewöhnliches beabsichtigt, dann gelingt ihm das doch nicht schöner als so ein Bad."⁴³

Eine genaue Beschreibung des Badevorgangs selbst finden wir im pseudo-aristotelischen Traktat ‚*Sirr al-asrar*‘ – Geheimnis der Geheimnisse – des Abd ar-Rahman Badawi, für den das Bad „zu den merkwürdigsten Dingen gehört, die es in der Welt gibt, und zum Wunderbarsten, was die Weisen der Erde zur Erholung des Leibes, Reinigung des Körpers, Entspannung der Glieder, Öffnung der Poren, Absonderung der Dämpfe und Ausscheidungen, und Befreiung der Haut von den Spuren von Schmerz und Krankheit erdacht und beschrieben haben. Dies wird dadurch bewirkt, daß es entsprechend den Jahreszeiten gebaut ist, denn der heiße Raum entspricht dem Winter, der folgende dem Herbst, der nächste dem Frühling und der letzte dem Sommer. Zum rechten Verhalten gehört es, daß der Badende im ersten Raum ein wenig verweilt, von dort in den zweiten geht und kurze Zeit in ihm bleibt und dann den dritten Raum betritt [...].

Wenn er im dritten Raum angekommen ist, setzt er sich auf einen weichen, gepolsterten Sitz, bis der Körper schwitzt, dann reibt er den Körper von Zeit zu Zeit mit einem leinenen Tuch ab und geht, wenn er genug geschwitzt hat, in den Raum des Bades, in dem man sich wäscht (oder: den *ghusl*, die große Waschung, vornimmt), und steigt in eine Wanne mit lauwarmem Wasser. Wenn die Hitze ihn erfaßt hat und er völlig durchwärmt ist, gebraucht er eine gut reinigende Seife – je nach Jahreszeit.

Er gießt sich mäßig warmes Wasser über den Kopf, dann reibt er seinen ganzen Leib ab, damit Schmutz und Dreck weggehen, dann ölt er sich mit einem der Jahreszeit entsprechenden Salböl ein, reinigt dann seine

Haut mit klarwaschenden Aufgüssen oder allerlei hierzu tauglichen Pasten. Dann steigt er wieder in eine Wanne mit um zwei Stufen gegenüber der ersten Wanne wärmerem Wasser. Dann hält er beim Hinausgehen die gleiche allmähliche Abstufung ein, die wir oben beschrieben haben.

Hierauf setzt er sich im letzten Raum nieder, bis er ‚getrocknet‘ ist (d. h. bis er nicht mehr schwitzt). Er trocknet seinen Leib ab mit Tüchern, die mit Rosenwasser und Ambra parfümiert sind. Im Sommer trocknet er sich mit feinen weichen linnenen, im Winter mit baumwollenen oder seidenen Trockentüchern ab. Wenn er Durst hat, trinkt er ungefähr ½ *ratl* (ca. 200 Gramm) Rosenwasser oder mit Moschus parfümierten und mit kaltem Wasser vermischten Apfelsaft. Dann streckt er sich aus, indem er allerlei schöne, kunstgerecht gemalte Bilder oder noch besser und trefflicher einen Menschen mit schönem Antlitz betrachtet und zarte Blumen anschaut. Dann nimmt er sein Essen ein, trinkt das übliche Maß gemischten Trank, keinesfalls im Übermaß oder etwas Berauschendes. Dann parfümiert er sich mit einem der Jahreszeit entsprechenden Parfüm, legt sich in ein weiches Bett und sucht zu schlafen. Unmittelbar nach dem Bad und in der darauffolgenden Nacht enthält er sich des Beischlafs, damit der Beischlaf die guten Wirkungen des Bades, die wir erdacht und aufgeführt haben, nicht aufhebt.“[44]

Was seinen letzten Rat betrifft, so scheint unser Gewährsmann nicht ganz in das „Mysterium“ des *Hammam* eingedrungen zu sein – nämlich in seine Funktion im Bereich der Sexualität. In vielen arabischen Ländern bedeutet ins *Hammam* zu gehen nichts anderes als „Liebe zu machen“, das heißt: sich auf die Liebe vorzubereiten oder sich von der durch sie verursachten „Unreinheit“ zu befreien. Das *Hammam* ist Praeludium und Abschluß des Geschlechtsaktes zugleich – oder, wie Abdelwahab Bouhdiba es formuliert: „Das *Hammam* ist der Epilog der Fleischeslust und der Prolog des Gebets. Das Zeremoniell des *Hammam* ist ein prä- und post-sexuelles. Sexualität und Purifikation lösen einander ab. Das *Hammam* erscheint wie die notwendige Vermittlungsstelle zwischen sexuellem Genuß, durch den der Muslim unrein wird und die *Tahara* – die rituelle Reinheit – verliert, und dem Augenblick, in dem er sein Gebet verrichtet, den Koran liest und durch die wiedererlangte Reinheit seine Sicherheit zurückgewinnt. Das Zeremoniell des *Hammam* ist ein Akt der Rückkehr zur Spiritualität, ein Ritual zur Beruhigung der physischen und psychischen Spannungen, die durch den Liebesakt hervorgerufen werden.“[45]

In vielen Erzählungen aus ‚Tausendundeiner Nacht‘ gilt der Besuch des *Hammam* als Indiz für den Vollzug der Ehe – wie in der Geschichte von Dschubair Ibn Umair und der Herrin Budur[46] – oder auch als Bestätigung des Verdachts, eine Person habe Unzucht oder Ehebruch begangen, wie man Scheherezades ‚Geschichte von dem Schurken und der keuschen Frau‘ entnehmen kann:

„Nach einer Weile kam der Mann heim und ging zu seinem Lager, um dort auszuruhen. Aber er fand auf ihm etwas Feuchtes, und als er es in seine Finger nahm und anschaute, dachte er in seinem Sinne, es sei Mannessame. Da blickte er mit einem Auge des Zorns auf den Jüngling und fragte ihn: ‚Wo ist deine Herrin?' Jener antwortete: ‚Sie ist ins Bad gegangen und wird gleich wiederkommen.' Nun ward der Kaufmann in seinem Verdacht bestärkt, und er glaubte sicher, daß es Mannessame sei. Und er befahl dem Jüngling: ‚Geh auf der Stelle hin und hole deine Herrin!' Als darauf die Frau vor ihren Gatten trat, erhob er sich wider sie und schlug sie heftig. Dann band er ihr die Arme auf den Rücken und wollte ihr die Kehle durchschneiden [...]."[47]

Die intensive Erotik des *Hammam* hat in den ersten Jahrhunderten des Islam heftige Kontroversen unter den Rechtsgelehrten hervorgerufen, deren widersprüchliche Auffassungen sich in entsprechenden *Hadithen* widerspiegeln. So soll der Prophet Mohammed nach Meinung der Befürworter des *Hammam* gesagt haben:- „Welch ein herrliches Haus ist das Bad." Nach Ansicht seiner Gegner indessen lautet der Ausspruch des Propheten: „Welch ein übles Haus ist das Bad."[48] Al-Ghazali, der in seinem berühmten Werk ‚Die Wiederbelebung der Religionswissenschaften' ein ganzes Kapitel den ‚Guten Sitten in bezug auf das *Hammam*' gewidmet hat, betrachtet den Besuch des *Hammam* als unzulässig für die Frauen – mit Ausnahme derer, die krank sind oder entbunden haben. Und da seiner Meinung nach jegliche Nacktheit ein Angriff auf die Schamhaftigkeit und ein Stimulans der sexuellen Begierden ist, befahl er, daß Männer wie Frauen mit einem tuchartigen „Schurz" bekleidet sein müssen.

Auch der Fatimiden-Kalif al-Hakim erließ 1074 einen öffentlichen Aufruf, in dem es verboten wurde, die Bäder ohne *mizar* (Schurz) zu betreten. 70 Jahre später kam in Bagdad eine Polizeiverordnung gleichen Inhalts heraus. Die ständigen Warnungen der *fuqaha* vor dem Besuch des *Hammam,* die strengen Anweisungen an das Badepersonal, die Badegäste hinsichtlich der *kashf al-aurat* – der Nichtbedeckung der Schamteile – zu überwachen, und unzählige Anspielungen und Witze in der Literatur lassen darauf schließen, daß man sich über die Vorschrift, die Blöße zu bedecken, immer wieder hinwegsetzte. Die Ehemänner wurden ständig ermahnt, ihren Ehefrauen das Nacktbaden zu verbieten. Daß auch diese Ermahnungen nicht viel nützten, zeigt eine Geschichte, die sich gleichfalls in Bagdad zugetragen haben soll. Im Jahr 1063 waren angeblich Soldaten des Sultans Tughrilbek in zwei öffentliche Bäder eingedrungen und hatten die schönsten Frauen geraubt, die sie zuvor durch die gläsernen Kuppeln ausgesucht hatten. Die bei dem Überfall verschont gebliebenen Frauen sollen daraufhin in Panik nackt auf die Straße gerannt sein.

Angesichts der durch die Nacktheit drohenden Gefahr werden auch die Engel als Aufseher bemüht. Nach einer Überlieferung hat Gott 72 Engel an die Tür des Bades gestellt, die jeden verfluchen, der ohne seine Scham zu bedecken hineingeht, und in einem anderen *Hadith* heißt es: „Wer die Scham seines muslimischen Bruders absichtlich anschaut, dessen Gebet nimmt Gott vierzig Tage nicht an."[49] Um ganz sicher zu sein, ihr Seelenheil nicht zu gefährden, gingen fromme Muslime daher, so wird berichtet, mit verbundenen Augen ins *Hammam* und ließen sich dort wie Blinde führen. Von Abu Hanifa wird berichtet, er habe angesichts der vielen Nackten im Bad die Augen geschlossen und sich mit den Händen durch die verschiedenen Räume des *Hammam* getastet.

Daß das *Hammam* den frommen Gottesmännern als ein nicht ganz geheurer Ort erschien, geht schon daraus hervor, daß es – außer dem Friedhof – der einzige Ort war, an dem nicht gebetet werden durfte, mit anderen Worten, für den die allgemeine Regel: „Die ganze Erde ist Moschee", d. h. für das Gebet rein, nicht galt. Um den sinnenfrohen, diesseitigen Freuden des Bades einen frommen Riegel vorzuschieben, empfehlen manche Autoren, im *bait al-harara* – dem heißesten Raum – an das Höllenfeuer zu denken, weil es mit seiner Dunkelheit und Hitze ein Abbild des Höllenfeuers sei.[50]

Der Ruf des Anrüchigen, der dem *Hammam* in vielen Ländern bis heute anhaftet, hat seine Beliebtheit im Volk indessen nicht geschmälert – im Gegenteil: In einem populären Kanon der fünf größten Wonnen ist nachzulesen: „Es gibt fünf Wonnen. Wonne für einen Augenblick ist der Beischlaf, Wonne für einen Tag das Bad, Wonne für eine Woche die Anwendung der *nura*, Wonne für ein Jahr die Heirat einer Jungfrau, immerwährende Wonne im Diesseits die Unterhaltung mit den Freunden und im Jenseits die Freuden des Paradieses."[51] In ‚Tausendundeiner Nacht' wendet sich der Wezir an den Vorsteher des Bazars mit den Worten: „Werter Herr, siehe, das Bad ist doch ein Paradies auf Erden!" Und einer der Jünglinge fügte die Verse hinzu, die ein Dichter zum Lobe des Bades gesagt hat:

‚Siehe, das Leben im Bade ist wohl das schönste Leben,
Doch ach, wir weilen darinnen immer nur kurze Zeit –
Ein Paradies, in dem uns länger zu bleiben verwehrt ist,
Ein Höllenfeuer, in das wir treten mit Freudigkeit!'[52]

Im *Hammam* spielte sich im Mittelalter – und vielerorts noch heute – ein großer Teil des öffentlichen und privaten Lebens ab: „Ins Bad ging man außer um des reinen Vergnügens willen zur rituellen Waschung, bevor man neue Kleider anzog, wenn man von der Reise ankam, wenn man von der Krankheit wieder genesen war. Erst einmal ins Bad brachte man die aus dem Gefängnis Befreiten oder Amnestierten. Im Bad feierte der Bräutigam mit seinen Freunden und die Braut mit ihren Freundinnen und den Frauen der beiden Familien die Hochzeit."[53]

Der Besuch des *Hammam* diente also nicht nur der prä- und post-sexuellen Hygiene. Das Bad war vor allem auch ein Ort der Geselligkeit. Munawi, einer der Verfasser der zahlreichen *Hammam*-Traktate, empfiehlt: „Man soll mit einer Gruppe von gebildeten und gelehrten Freunden ins Bad gehen, die Geschichten, Anekdoten und Erzählungen kennen, denn das vertreibt den Kummer, erheitert das Gemüt und erfreut das Herz."[54]

Zur Erheiterung des Gemüts wurden nach dem Baden im Trockenraum Stegreifverse über die Vor- und Nachteile des Bades, über Fertigkeit und Ungeschicklichkeit der Badediener, aber auch obszöne Geschichten über die Beschaffenheit der Geschlechtsteile, über die Schönheit der Jünglinge und ihrer Liebhaber vorgetragen. In einer Gesellschaft, in der die Anfälligkeit für schöne Knaben – nicht zuletzt durch die „Unzugänglichkeit" der Frauen – weit verbreitet war, galt das Bad nicht ohne Grund als Lasterhöhle der Homosexuellen. Es nimmt daher nicht wunder, daß die meisten Witze und Anekdoten, die man sich im Trockenraum erzählte, um dieses Thema kreisten. Auch Scheherezade weiß von einem solchen Wüstling zu berichten, der die beiden Jünglinge Tadsch al-Muluk und Aziz ins Badehaus begleitete, um sich an ihrer Schönheit zu delektieren: „Nun sah er ihre Hüften sich bewegen, und da begann die Leidenschaft sich in ihm immer stärker zu regen; er schnaubte und schnaufte und konnte sich kaum noch beherrschen [...]."[55]

Besonders die Sufis standen in dem Ruf, im *Hammam* ihren päderastischen Neigungen nachzugehen, wie aus den Warnungen der Rechtsgelehrten hervorgeht, die immer wieder mahnten, mit bartlosen Jünglingen nicht ins *Hammam* zu gehen. Dem Mystiker Scheich Abu l-Hassan al-Hariri wird nachgesagt, jemand habe ihn im Bad zusammen mit zwei schönen nackten Jünglingen gesehen und ihn gefragt, was das bedeuten solle. Der Scheich habe daraufhin geantwortet: „Nur das!" Dabei habe er einem der Jünglinge befohlen, sich bäuchlings auszustrecken, was dieser auch sofort tat, worauf der Frager sich eiligst zurückzog.[56] Aus der gleichen Quelle stammt der Spruch: „Ein Sufi hat in unserer Zeit nur die folgenden sechs Verpflichtungen: Koitus mit jungen Taugenichtsen, Suff, Rausch, Tanz, Gesang und Kuppelei."[57]

Dem Thema Knabenliebe im *Hammam* sind auch unzählige Gedichte und Verse gewidmet, die meist im Bad selbst entstanden. So etwa der Dschamal ad-Din Ibn Nubata zugeschriebene Reim:

Ich betrachte im Bad unter den Badetüchern
die Hinterbacken von zarten Knaben,
deren Glanz nicht verborgen war.
Mir war, als erblicke ich bei dieser wie bei jener
das Weiß der Gaben im Schwarz der
[unerlaubten] Begierden.[58]

Zu den vielen Geschichten, die man sich im Bad und über das *Hammam* in Bagdad erzählte, gehört auch die über Ibrahim al-Harrani, den Wezir des Abbasiden-Kalifen al-Hadi. Wenn auch ihre Glaubwürdigkeit zweifelhaft ist, so gibt sie doch die Atmosphäre des *„après-bain"* im Männerbad treffend wieder: „Ibrahim betrat das Bad und sah einen Mann mit einem riesigen Penis. Er fragte ihn: ‚Junger Mann, verkaufst du mir, was du davon zuviel hast?' Der Jüngling antwortete: ‚Nein, aber ich will dich darauf tragen!'"[59]

Nuwairi überliefert in seinem *Hammam*-Traktat die folgende pikante Anekdote: „Abbada betrat eines Tages das Bad und sah einen jungen Mann mit einem großen Penis. Da eilte er auf ihn zu und ergriff ihn mit der Hand. ‚Was soll das bedeuten?', rief der Jüngling, ‚möge Gott dir verzeihen!' Doch Abbada antwortete: ‚Hast du denn noch nie den Ausspruch des Dichters gehört: Immer wenn ein Ruhmesbanner sich erhebt, hält Araba es in seiner Rechten?'"[60]

Trotz des islamischen Bilderverbots waren die Bäder mit Bildern ausgeschmückt – mit Mosaiken, Fresken und sogar Statuen –, auf denen neben Jagd- und Badeszenen auch Liebesszenen aller Art dargestellt waren. Dieses antike Erbe wurde, oft gegen den Widerstand der Orthodoxen und der Obrigkeit, von der Allgemeinheit als Stimulans geradezu gefordert und blieb im islamischen Kulturraum lange Zeit erhalten. Auch der uns bereits aus ‚Tausendundeiner Nacht' bekannte „Bauherr" Abu Sir bestand darauf, das von ihm entworfene neue Bad mit Bildern auszustatten, und Scheherezade berichtet, daß „sie es mit so wunderbaren Malereien schmückten, daß es eine Freude für den Beschauer war".[61] In einer Beschreibung der Wandgemälde eines Bagdader Privatbades aus dem 13. Jahrhundert lesen wir:

„Die Gestalten waren von äußerster Anmut und Schönheit; sie waren in den verschiedensten Stellungen, liegend und anders, abgebildet und stellten dar, was zwischen ‚Subjekt' und ‚Objekt' geschieht, so daß sich bei einem die Begierde regen mußte, wenn man sie betrachtete. Der Verwalter sagte zu mir: ‚Dies ist für meinen Herren so ausgestattet worden, damit, wenn er sieht, was diese miteinander tun, wie sie sich küssen, wie sie sich umarmen und einander die Hand auf den Hintern legen, seine Begierde schnell entfacht wird, so daß er sofort mit dem/der, den/die er liebt, verkehren kann.'"[62]

Dieser Baderaum war im Gegensatz zu den anderen, die ich gesehen hatte, speziell für diese Tätigkeit vorgesehen. Wenn der Malik Sharaf ad-Din Harun mit einem seiner schönen Mamluken oder Diener oder mit einer seiner Sklavinnen oder Frauen im Bad zusammenkommen wollte, dann war er stets mit ihnen in diesem Raum, weil er alle Vorzüge der schönen Bilder – der Mosaiken auf dem Boden – auf den Wänden gespiegelt und in seinen Armen verkörpert fand und jeder seinen Partner auf diese Weise sah."[63]

5. Das Bad – Refugium der Frauen

Ähnlich wie der Heiligenschrein, war das *Hammam* vor allem ein Refugium der Frauen. Das Verbot der Rechtsgelehrten, das nur Kranken und Wöchnerinnen den Besuch des Bades erlaubte, konnte nichts daran ändern, daß sich die Frauen im *Hammam* ihre ganz eigene Domäne schufen, einen Fluchtpunkt für ihre außerhalb der Mauern des Bades unterdrückte Weiblichkeit. Nicht ohne Grund war den Männern daher der wöchentliche Badegang ihrer Frauen äußerst suspekt. Manche sollen sich sogar geweigert haben, ihnen das Geld für den Besuch des *Hammam* zu geben.

In den größeren Städten gab es Bäder, die nur für Frauen bestimmt waren, gewöhnlich wurde ihnen jedoch im allgemeinen *Hammam* die Zeit vom Mittagsgebet bis zum ersten Abendgebet reserviert – sofern es sich nicht um reine Männerbäder handelte, die meist in den Bazarvierteln lagen. Sobald die Stunde des Frauenbades schlug, wurde das männliche Personal durch weibliche Bedienstete abgelöst und die „geschlossene Gesellschaft" durch ein über der Eingangstür aufgehängtes Tuch kenntlich gemacht.

Ins *Hammam* zu gehen bedeutet für die Frauen ein riesiges Spektakel: Sie ziehen ihre schönsten Kleider an und tragen den teuersten Schmuck, als ginge es zu einer Hochzeitsfeier. Natürlich gehen die Frauen nicht allein, sondern in Gesellschaft von Freundinnen und Nachbarinnen, meist auch mitsamt den Kindern – im Falle der Jungen freilich nur, solange sie noch nicht *fahman* bzw. *mumayyiz,* d. h. „verständig", sind. Sobald die Knaben dem Kindesalter entwachsen, d. h. *mukallaf* geworden sind, werden sie von der *muallima* – der Bademeisterin – mit den Worten „komm mit deinem Vater wieder" nach Hause geschickt. Von diesem Augenblick an ist der Knabe endgültig aus der warmen, weiblichen Welt seiner Kindheit ausgestoßen und muß „ein Mann sein" – ein Mitglied der omnipotenten Bruderschaft der Patriarchen.

Nachdem das eigentliche Reinigungszeremoniell und die dazugehörigen Massagen abgeschlossen sind, schreiten die Frauen – nach kurzer Ruhepause – zu den „kosmetischen Operationen", die alle mehr oder weniger Präludien der Liebe sind. Dazu gehört zunächst die Enthaarung des Gesichts, der Arme und Beine sowie der Achselhöhlen – vor allem aber des Schamhügels. Was für die Männer nur als „verdienstlich", *mustahabb,* gilt – nämlich die Entfernung ihrer Schamhaare –, ist für die Frauen religiöse Pflicht: Werden sie doch im Koran (24, 31) dazu ermahnt, „ihre Reize nicht vor ihren Herren zu verbergen", wie manche Exegeten den Halbsatz: „und sie sollen ihren Schmuck nur ihren Herren zeigen" auslegen.

Für die Entfernung der Körper- und Schamhaare gab es zweierlei

Methoden: die Rasur oder, häufiger gewählt, die Anwendung der *nura*, einer klebrigen Paste, die auf die betreffenden Stellen aufgetragen und dann – samt der Haare – abgerissen wurde. Die Epilation wurde von beiden Geschlechtern streng beachtet und regelmäßig durchgeführt. Nachlässigkeit in diesem Punkt war verpönt, galt als Ungepflegtheit; regelmäßige Anwendung der *nura* dagegen wurde als gesundheitsfördernd angesehen. Zumindest einmal im Monat aufgetragen, lösche sie die gelbe Galle, verleihe einen reinen Teint und stärke die Potenz. Potenzfördernd sei auch das Abrasieren der Schamhaare, weil durch die Rasur „die schädlichen Dämpfe entweichen könnten und die Spermagefäße die richtige Feuchte erhielten".[64] Man befahl, sich wöchentlich einmal zu enthaaren und es spätestens alle 40 Tage zu wiederholen. Die meisten – vor allem die Frauen – nahmen die Enthaarung jedoch häufiger vor, gehörte das Gefühl, frisch enthaart zu sein, doch zu den „Wonnen des Lebens".[65]

Trotz der – für Männer und Frauen geltenden – Vorschrift, im Bad einen „Schurz" zu tragen, hielten sich die Frauen kaum irgendwo und irgendwann genau an die von den *fuqaha* vorgeschriebene Verordnung. Einer der Verfasser der *Hammam*-Traktate, Ibn al-Hadsch, entrüstet sich über die Schamlosigkeit der Frauen: „Sie besuchen das Bad mit entblößter Scham. Geschieht es, daß eine Frau ihre Scham bedeckt vom Nabel bis zu den Knien [...], dann schelten die anderen Frauen sie aus und lassen sie böse Worte hören, bis sie die Bedeckung wegnimmt."[66]

Während Ibn al-Hadsch von den Verhältnissen in Ägypten und Marokko spricht, bestätigt Yusuf Ibn Abd al-Hadi, daß es um die „Moral" der Frauen in Damaskus nicht besser steht: „Das Nichtbedecken der Scham, das heutzutage bei den Frauen gang und gäbe ist beim Besuch des Bades, ist *haram* (religiös verboten). Den Ehemännern obliegt es, ihnen das zu untersagen."[67]

Nicht unbegründet war die Befürchtung, daß ihre Nacktheit im Bad die Frauen zu „sapphischen Gelüsten" verleiten könnte, und dies „um so mehr, da die Begegnung mit schamlosen Frauen dazu einlädt, diejenigen Körperteile zu entblößen, die dazu angetan sind, Begierden zu erwecken, die manche viel lieber im Kontakt mit anderen Frauen befriedigen als in der Kopulation mit Männern".[68]

Lesbische Spiele im *Hammam* sind ein beliebter Topos der islamischen Literatur. In der 794. Nacht berichtet Scheherezade von Tuhfa, der schönen Dienerin der Prinzessin Zubaida, die sich im *Hammam* in eine junge Frau verliebt: „Ich habe ein Wunder gesehen, wie ich nie ein gleiches weder unter den Männern noch unter den Frauen erblickt habe: das hat mich so gefangengenommen, mich so verwirrt und sprachlos gemacht, daß ich mir nicht einmal den Kopf gewaschen habe."[69]

Obwohl die Frauen im *Hammam* gewöhnlich nackt waren, ging es dort aber, von Ausnahmen abgesehen, sehr gesittet zu. Man vollzog die rituelle Reinigung, wusch sich und die Kinder und verbrachte die meiste Zeit mit intensiver Schönheitspflege – vor allem der Haare und der Haut. Schließlich war das Bad für die Frauen hauptsächlich ein Ort der Gesellig-keit und der sozialen Kontakte. Es hatte daher für sie einen viel größere Bedeutung als für die Männer, die ihre gesellschaftlichen Bedürfnisse auch im Bazar, in der Moschee und an den verschiedensten Vergnügungs-stätten befriedigen konnten. Die Nacktheit und die körperliche Nähe im Bad vermittelte Intimität, es löste nicht nur die Glieder, sondern vor allem die Zungen, und heute noch umschreibt man im arabischen Raum ein lautes Stimmengewirr mit den Worten: „wie im Frauenbad, in dem plötzlich das Wasser ausbleibt". Vom Kalifen al-Hakim wird berichtet, er habe sich dermaßen über das Weibergeschrei geärgert, das aus dem *Ham-mam* zu ihm herausdrang, als er gerade vorüberging, „daß er die Türen des Bades umgehend zumauern ließ, so daß die Frauen darin verhunger-ten".[70]

Lady Montagu, die Anfang des 18. Jahrhunderts während ihrer Orient-reise Gelegenheit hatte, ein türkisches *Hammam* in Konstantinopel zu be-suchen, schildert uns ihre Eindrücke im Frauenbad auf folgende Weise:

„Die niedrigen Sofas waren mit Kissen und reichen Teppichen bedeckt, auf welchen die Damen saßen [...]. Alle waren im Stande der Natur, das heißt in klaren Worten mutternackend, keine Schönheit, keine Ungestalt verdeckt. Und doch sah ich nicht das geringste üppige Lächeln oder eine ungesittete Stellung. Sie bewegten sich, sie wandelten mit eben der maje-stätischen Anmut, die Milton unser aller Stammutter beilegt. Viele waren mit solchem Ebenmaß gebaut, wie je eine Göttin durch den Pinsel eines Guido (Reni) oder Tizian gemalt worden ist. Die meisten mit blendend weißer Haut, von nichts als ihren schönen Haaren geziert, die in viele Zöpfe zerteilt über ihre Schultern herunterhingen und entweder mit Perlen oder mit Bändern durchflochten waren, vollkommene Bilder der Grazien [...].

Um Ihnen die Wahrheit zu gestehen, war ich boshaft genug, im gehei-men zu wünschen, daß Mr. Jervas[71] hier unsichtbar zugegen sein könnte. Es würde [...] seiner Kunst sehr förderlich gewesen sein, so viele schöne, nackte Weibsbilder in verschiedenen Stellungen zu sehen, einige im Ge-spräch, einige bei der Arbeit, wieder andere Kaffee oder Sorbet trinkend und viele nachlässig auf die Kissen hingestreckt, während ihre Sklavinnen [...] sich beschäftigten, ihre Haare phantasiereich und zierlich zu flech-ten. Kurz, dies ist der Frauenzimmer Kaffeehaus, wo alle Stadtneuig-keiten erzählt, Verleumdungen ersonnen werden usf.. Sie machen sich diesen Zeitvertreib gewöhnlich einmal in der Woche und bleiben zum we-nigsten vier oder fünf Stunden beisammen, ohne sich zu erkälten, wenn sie plötzlich aus dem heißen Bad in den kühlen Raum treten, was mich in Erstaunen setzte."[72]

Das Bad war zudem ein indirekter Heiratsmarkt. Dort hielten die Mütter heiratsfähiger Söhne Ausschau nach einer künftigen Schwiegertochter, von deren körperlicher Beschaffenheit sich der Ehemann ja erst *„post festum"* überzeugen konnte. In der intimen Atmosphäre des Bades konnte man sich auch ungeniert nach dem Ruf des Mädchens, nach seiner Familie und – last not least – nach ihrem „Preis", d. h. dem für sie zu zahlenden Brautgeld, erkundigen. Ließ sich die Sache gut an, so wurde beim nächsten Badebesuch die Familie des Mädchens eingeladen, die Schwiegermutter *in spe* bearbeitete die „Braut" persönlich mit Schwamm und Bürste, um festzustellen, ob alles seine Ordnung habe und nicht etwa ein unsichtbarer Makel am Körper des Mädchens zu entdecken wäre.

Auch ein Teil der Hochzeitsvorbereitungen findet im *Hammam* statt. Einen Tag oder auch mehrere Tage vor der Hochzeit wird die Braut von den Mädchen und Frauen unter großem Lärm und Gesang ins Bad geführt. Eines der Mädchen trägt in einem Bündel oder Köfferchen die zum Bad notwendigen Utensilien: Schminktöpfe, Bürsten, Kämme, Seifen, Parfums, Wachs zum Entfernen der Haare, Eßwaren und Getränke ... Die Prozedur des Waschens, Reibens und Massierens wird von einer der geübten Frauen vorgenommen, genauso wie die Epilation der Schamhaare, die bei den jungen Mädchen vor der Hochzeit zum ersten Mal stattfindet. Ist die schwierige Prozedur vorbei, so wird die Braut unter Freudentrillern und Jubelgeschrei nach Hause geführt. Dieser lärmende Brautzug heißt bis heute *zaffat al-hammam* – sinngemäß: „das (vor der Hochzeit stattfindende) Badefest". Auch Lady Montagu erlebte eine solche Hochzeitszeremonie in einem türkischen *Hammam*:

„Ich war vor drei Tagen in einem der schönsten Bäder der Stadt Konstantinopel und hatte dort Gelegenheit, den Empfang einer türkischen Braut mit allen bei solchem Anlasse gebräuchlichen Zeremonien zu sehen [...]. Alle Freundinnen, Verwandten und Bekannten der beiden neu verbundenen Familien versammelten sich im Badhause. Andere kommen aus Neugier, ich glaube, daß zweihundert Frauenzimmer da waren. Die Verheirateten und die Witwen setzten sich rund herum in den Räumen auf die marmornen Sofas, die Mädchen aber warfen eiligst ihre Kleider ab und erschienen ohne allen anderen Putz oder Hülle als ihr langes [...] Haar. Zwei von ihnen empfingen an der Tür die von der Mutter und einer ältlichen Verwandten geführte Braut. Es war ein schönes, ungefähr siebzehnjähriges Mädchen, sehr reich gekleidet und von Juwelen glänzend. Allein in einem Augenblick war sie im Stand der Natur. Zwei Mädchen füllten vergoldete Silbervasen mit Weihrauch und führten den Zug an, die übrigen folgten paarweise, bis es sechzig waren. Die Führerinnen sangen ein Epithalamium, das die anderen im Chor beantworteten, die beiden letzten leiteten die holde Braut, die ihre Augen mit reizendem Anschein von Sittsamkeit auf den Boden geheftet hatte. So ging der Zug rund

herum in den drei großen Räumen des Badhauses [...]. Nachdem sie ihren Zug vollendet, ward die Braut aufs neue durch alle Gemächer zu jeder
Matrone geführt, die sie umarmte, ihr Glück wünschte und sie beschenkte, einige mit Juwelen, andere mit Stoffen, Halstüchern oder kleinen Galanterien dieser Art, für die sie sich mit einem Handkuß be-
dankte."[73]
Das Wasser ist im orientalischen Volksglauben ein Sitz der Dämonen
und der Geister. Es liegt daher nahe, daß – außer in Quellen und in Grot-
ten – auch im *Hammam* solche Geister anzutreffen sind. Der weitverbrei-
tete Aberglaube findet sich auch im islamischen Recht, in dem die Gegenwart von *Dschinnen* im Bad als unbestrittene Tatsache behandelt wird. Die
Rechtsgelehrten beschäftigten sich zum Beispiel jahrelang mit der Frage,
ob der Pächter eines Bades verpflichtet sei, die Pacht zu zahlen, falls sich
herausstellen sollte, daß es von Dschinnen bewohnt ist. Viel schwieriger
noch war die Frage zu beantworten, wie sich ein Badegast zu verhalten
habe, wenn er im *Hammam* einem *Dschinn* begegnet. Für diesen Fall kamen die *fuqaha* zu folgendem Ergebnis: Man spreche die *Basmala*[74] laut
aus. Suche der *Dschinn* daraufhin das Weite, so könne man im Bad bleiben. Tue er es nicht, so wird geraten, das Bad umgehend zu verlassen,
denn das Zusammentreffen mit einem *Dschinn* könne gefährlich sein:
„Wer schreit oder sonst Lärm macht, wird von den Geistern geohrfeigt,
verliert die Sprache oder renkt sich den Unterkiefer aus."[75] Doch gibt es
im Volksglauben auch freundlich-harmlose *Dschinnen,* wie aus vielen
Geschichten und Überlieferungen zu entnehmen ist.
Vor allem aber ist das Bad ein Wohnort der Teufel. Erinnern wir uns an
das Verhör des Satans durch den Propheten, bei dem der Teufel *(Iblis)*
sagte: „Ich erbat von Gott eine Bleibe – und er schuf das *Hammam.*" Es
wird daher empfohlen, in der Zeit, in der die Teufel unterwegs sind –
nämlich zwischen den beiden letzten Gebeten –, nicht ins Bad zu gehen.
Für den Fall, daß man doch einen Teufel antrifft, solle man den *adhan* (Gebetsruf) anstimmen, „vor dem die Teufel unter lautem Furzen Reißaus
nehmen".[76]

6. Die verschleierte Botschaft

Da die Frau im islamischen Weltbild durch die unwiderstehliche Faszination, die von ihr ausgeht, Ursache von Unordnung und Chaos ist, erscheinen die islamische Stadt und ihre „Institutionen" auf den ersten Blick
konzipiert und erbaut nach der strengen Sexualmoral und den hierarchischen Strukturen des Islam – wie Fatima Mernissi es formuliert:
„Als Spiegelbild bzw. Ausdruck hierarchischer Beziehungen struktu-
riert die sexuelle Symbolik die islamische Gesellschaftsordnung. Die Auf-

teilung des sozialen Raumes in einen häuslichen und einen öffentlichen Bereich ist Ausdruck von Hierarchie- und Machtverhältnissen. Denn die islamische Welt ist strikt in zwei Einzelwelten unterteilt: das Universum der Männer, die *Umma,* der die Macht und die Religion zugeordnet werden, und das Universum der Frauen, dem Sexualität und Familie angehören."[77]

Die Struktur der islamischen Stadt symbolisiert also die Dominanz des Mannes und die Unterordnung der Frau – durch die Moschee, die sich ernst und majestätisch erhebt als Wahrzeichen der (ausschließlich von Männern verwalteten) religiösen Autorität, durch das von Männern dominierte Straßenbild der Stadt, durch die wohlüberwachten öffentlichen Räume, durch die verschleierten Frauen und verschlossenen Häuser, die ihr Geheimnis ängstlich hüten ...

Doch der Orient ist eine Welt des trügerischen Scheins. In den Luftspiegelungen seiner weiten Wüsten kann das Auge die Dinge nur schwer unterscheiden. Aus diesem Grund tut man gut daran, über das Vordergründige, mit dem bloßen Auge Erkennbare hinauszublicken. In den Werken vieler Sittenschilderer der klassischen Zeit – wie etwa bei al-Dschahiz, al-Tauhidi und vielen anderen –, vor allem aber in den ‚Erzählungen aus Tausendundeiner Nacht‘ erschließt sich uns eine andere Welt: Die sich tagsüber der Rechtsprechung und Frömmigkeit widmenden Imame, Kadis und Scheichs werfen bei Anbruch der Nacht ihre Turbane weg, um sich in leidenschaftlich-wilde Orgien zu stürzen, in alle Laster und Perversionen, die das islamische Gesetz verbietet ... In der berühmten Trilogie des ägyptischen Schriftstellers Nagib Mahfuz wird die Hauptfigur des Romans, der im ganzen Viertel als frommer Muslim und treuer Ehemann bekannte Abd al-Dschawab, von einem seiner Söhne in den Armen einer Dirne überrascht, die nicht älter ist als seine jüngste Tochter. Dem gleichen Muster des frommen Biedermannes entspricht Zi Zoubir, der tyrannische Vater aus dem Roman des algerischen Schriftstellers Rachid Boujedra, ‚Die Verstoßung‘. Auch Zi Zoubir zitiert unentwegt den Koran, steht morgens um vier Uhr auf zum Morgengebet und ist – trotz seiner unzähligen Mätressen – ein hochangesehener Mann. Und wenn er an der Moschee vorbeigeht, unterbricht der Muezzin seinen Gebetsruf, um sich nach seinem Befinden zu erkundigen ...

Wie die frommen Scheichs und die ehrenwerten Biedermänner, so vermittelt auch die islamische Stadt einen trügerischen Schein. Doch sobald wir versuchen, hinter der zur Schau getragenen Virilität ihre geheimen Codes, ihre verschlüsselte Sprache und ihre verborgenen Zeichen zu entziffern, so entdecken wir – auf jedem Platz, in jeder Gasse – die verborgene Gegenwart der Frau. Auch wenn sie physisch abwesend ist, so ist die Macht ihrer verdrängten Präsenz doch überall zu spüren, durch alle Mauern, Gitter und Schleier hindurch, die sie – wie alles Verbotene – nur noch begehrenswerter machen. Und wir erkennen mit Anaïs Nin: Die ganze Stadt ist eine Frau.

Früher oder später wird die orientalische Frau – wie Scheherezade über König Schehridschar – siegen. Ist dies nicht die verschleierte Botschaft aller orientalischen Märchen? Hat Katib Yacines ‚Nedschma‘ – eine moderne Scheherezade – mit anderen Worten nicht das gleiche ausgedrückt, indem sie sagte:

> Sie haben mich isoliert,
> um meiner leichter Herr zu werden [...]
> Aber da sie mich lieben,
> halte ich sie gefangen [...]
> Am Ende entscheidet die Gefangene [...].

XIV. Der vergebliche Kampf um Emanzipation

Der Islam war als sittenstrenge Religion in der rauhen arabischen Wüste entstanden. Die ersten Worte, die der Prophet Mohammed an die Mekkaner richtete, läuteten jenen langen und harten Kampf gegen das Heidentum und gegen die „unmoralische und korrumpierte" Gesellschaft der *Dschahiliya* ein. Doch schon dreißig Jahre nach dem Tod des Propheten war aus der Urgemeinde Mohammeds, der *Umma*, ein angehendes Weltreich entstanden, dessen Machtzentren sich bald vom Entstehungsort des Islam entfernten. Im Streit um die Nachfolge des Propheten zwischen den beiden rivalisierenden Clans – den Banu Hashim und den Omajjaden – um die Macht hatten sich bereits zwei gegensätzliche Visionen abgezeichnet, von denen die islamische Geschichte bis in unsere Tage hinein geprägt ist:

Ali, der vierte und letzte der „rechtgeleiteten Kalifen", Vetter, Schwiegersohn und engster Gefährte des Propheten, herangewachsen im Puritanismus der frühen Jahre, vertrat die Lehre eines rigiden, „reinen" Islam, der untrennbar mit dem Ort seiner Offenbarung, der arabischen Wüste, verbunden war. Sein Gegenspieler, Muawija, hingegen wurde zum Kalifen ausgerufen, als das junge Islamische Reich durch seine rasche Expansion bereits ein Schmelztiegel verschiedener Sprachen, Völker und Kulturen geworden war. Im Gegensatz zu seinem Rivalen Ali wußte der kühl abwägende Pragmatiker Muawija, wann es galt, Religion und Politik zu trennen. Unter seiner Herrschaft erreichte das Weltreich des Islam seine größte Ausdehnung, und es entstand eine Vision des Islam, die sowohl tolerant als auch anderen Kulturen gegenüber offen war. Mit dem Sieg Muawijas über Ali hatten Arabien und der Stamm der Quraish ihre politische Rolle ausgespielt.

Durch die Verlagerung der Machtzentren des Reiches und die Vermischung mit den unterworfenen Völkern veränderte sich der Islam selbst. Der Puritanismus der Frühzeit wich allmählich einem „urbanen" Islam und einer raffinierteren Lebensart. Mit diesem „städtischen Islam", der sich am Hof der Omajjaden und der Abbasiden in Damaskus und Bagdad wie auch im maurischen Spanien so reich entfalten konnte, erlebte die arabische Zivilisation ihr „Goldenes Zeitalter". Künstler, Gelehrte, Dichter und Prosaisten profitierten von diesem liberalen Klima und scheuten sich nicht länger, Kritik an der Religion zu üben und die Freuden des Lebens zu verherrlichen.

Durch die Zerstörung Bagdads im Jahre 1258 erlitt der urbane, tole-

rante und weltoffene Islam einen schweren Rückschlag. Die Horden
Dschingis-Chans legten die Stadt in Schutt und Asche, verbrannten Bi-
bliotheken und Paläste. Alles, was einst Symbol der Kultur, Kunst und
verfeinerten Lebensart war, wurde vernichtet. An die Stelle der Wissenschaftler und Künstler traten engstirnige Rechtsgelehrte, die sich in den
folgenden Jahrhunderten in sklavenhafter Buchstabentreue mit der Auslegung des Korans und der frommen Überlieferung beschäftigten – wie
etwa mit der Frage, ob der Geschlechtsverkehr „von hinten" erlaubt sei
oder nicht. Das Tor des *idschtihad*, der freien, individuellen Auslegung,
blieb für alle Zeiten geschlossen.

Bis heute hat sich die arabisch-muslimische Welt von diesem geistig-
kulturellen Niedergang nicht erholt. Die Konfrontation zwischen dem
orthodox-strengen und dem tolerant-weltoffenen Islam dauert bis in unsere Tage an und manifestiert sich immer wieder in den verschiedensten
Formen.

Nach Jahrhunderten der Lethargie und der kulturellen Öde kam es in
der Mitte des 19. Jahrhunderts erstmals zu Ansätzen einer geistigen „Renaissance", der sogenannten *Nahda*, deren frischer Wind sich bald über
die gesamte arabisch-muslimische Welt ausbreitete. Eines der wichtigsten
Probleme, mit denen sich die führenden Geister dieser Bewegung beschäftigten, war die Emanzipation der Frau. Sie waren sich darüber im
klaren, daß ohne die Befreiung der Frau aus den jahrhundertealten Fesseln
einer sich „hinter Gottes eigenem Willen" verschanzenden Gesellschaft
frömmlerischer Patriarchen keines ihrer Ziele zu erreichen war: tech-
nisch-wissenschaftlicher Fortschritt und Annäherung an die zivilisatori-
schen Errungenschaften des Westens.

Napoleons Ägypten-Expedition hatte in der arabischen Welt ein plötz-
liches Interesse an Europa ausgelöst. Die ersten Studiengruppen wurden
nach Paris geschickt, um Einblick in das Funktionieren eines modernen
Staates zu bekommen. Nach ihrer Rückkehr veröffentlichten sie coura-
gierte Bücher, die Furore machten. Kairo wurde zum Zentrum dieses
Aufbruchs, der bald auch die übrige arabische Welt erfassen sollte.

Doch trotz dieser Anzeichen eines allmählichen „Erwachens" lastete
das Gewicht der Vergangenheit schwer auf der islamischen Gesellschaft.
Die Masse des einfachen Volkes blieb von den neuen Ideen unberührt.
Das Beharrungsvermögen des traditionalistischen religiösen Establishments und der politischen Autokratien verhinderte jegliche Veränderung
der politischen, sozialen und intellektuellen Wirklichkeit. Die Literatur
war ihrerseits – nach Jahrhunderten der Dekadenz – eher ein Spiegel der
Vergangenheit als der Gegenwart, schreckte vor der Realität zurück, anstatt sich ihr anzunähern. Lyriker wie Prosaschriftsteller waren Gefangene
einer verkrusteten Sprache, die ihre Kraft und Vitalität längst eingebüßt
hatte. Der grandiose poetische Atem, der sich in den klassischen Werken

des „Goldenen Zeitalters" und in den Erzählungen aus ‚Tausendundeiner Nacht' so wunderbar manifestiert hatte, schien ein für allemal verbraucht.

Da diese fiktionale Literatur es gewagt hatte, sich über den durch strenge moralische und religiöse Normen kontrollierten Augenschein hinwegzusetzen, in die Geheimnisse der verschlossenen Häuser einzudringen, das Uneingestandene auszusprechen, die Sehnsüchte derer zu formulieren, die zum Schweigen verurteilt waren, und sich damit dem moralischen Zugriff einer scheinheiligen Gesellschaft entzog, war sie im Milieu der Konservativen und Orthodoxen auf Mißtrauen und Verdacht gestoßen. Die Hüter der Moral hatten gegen diese Literatur zu allen Zeiten einen gnadenlosen Krieg geführt – als wäre sie die Inkarnation jenes sich in ständiger Begierde verzehrenden Liebhaberphantoms, das sich in ihrer Abwesenheit bei ihren Frauen und Töchtern einschleicht, um deren „Ehre zu beschmutzen". Nur das einfache Volk hatte in dieser Literatur heitere Erbauung und eine Beschwichtigung der Verdrießlichkeiten des Alltagslebens gefunden. Grund genug für die städtische Bourgeoisie, sie als „Literatur der Briganten und des Plebses" zu verachten. Erst der große Erfolg von „Tausendundeiner Nacht" in Europa brachte dem schönsten Märchenbuch der Welt eine späte Rehabilitation als eines der bedeutendsten Zeugnisse arabischer Literatur.

Um die Jahrhundertwende veröffentlichte der Ägypter Qasim Amin (gest. 1908) zwei Bücher, die wie eine Bombe einschlugen. In diesen beiden Werken mit alarmierenden Titeln wie ‚Die Emanzipation der Frau' und ‚Die neue Frau' setzte sich Qasim Amin – unter Bezugnahme auf Koran und *Hadith* – mit allen frauenfeindlichen Tabus innerhalb der arabisch-muslimischen Gesellschaft auseinander, vor allem mit dem Symbol der Aussperrung des weiblichen Geschlechts, dem Schleier. Qasim Amin stellte die Frage:

„Wenn die Männer glauben, daß nur der Schleier die Gemeinschaft vor Zwietracht und Chaos schützen kann – warum schreiben sie sich nicht selber vor, ihr Gesicht vor den Frauen zu verstecken und sich ihren Blicken zu entziehen? Halten sie sich etwa für schwächer als die Frauen und daher unfähig, ihre Begierden zu kontrollieren, daß sie die Frauen zwingen, sich zu verhüllen?"

Qasim Amin war der Meinung, daß eine Gesellschaft „mit einer kranken Lunge" – nämlich der Frau – sich nicht entwickeln kann, und konstatierte: „Der Schleier ist, wie die Geschichte uns gezeigt hat, eine riesige Mauer, die man zwischen der Frau und ihrer Freiheit, zwischen dem weiblichen Geschlecht und seinem Fortschritt aufgerichtet hat."[1] In beiden Büchern ruft er zur Gleichberechtigung der Frau, zur Abschaffung der Polygamie, zur Einführung neuer Gesetze im Ehe- und Erbrecht auf und plädiert für das Recht der Frau auf Ausbildung und Arbeit.

Nach dem Ersten Weltkrieg wurde der Kampf um die Emanzipation der Frau in den städtischen Zentren der islamischen Welt – heftiger und effektiver als zuvor – wiederaufgenommen. Huda Sharawi, die erste Präsidentin der 1920 gegründeten ägyptischen ‚Union féministe‘ (‚Feministische Union‘), warf nach ihrer Rückkehr von einem Frauenkongreß in Rom zusammen mit ihren Mitstreiterinnen ihren Schleier demonstrativ ins Meer und ging in Alexandria mit unbedecktem Gesicht an Land.

Unmittelbar nachdem das osmanische Kalifat im Jahre 1924 offiziell abgeschafft worden war, erklärte Mustafa Kemal Atatürk, der Vater der ersten türkischen Republik, dem Fez und dem Schleier den Krieg. Ihm erschien eine Modernisierung der Gesellschaft nur dann möglich, wenn sie mit allem brach, was sie mit der Vergangenheit und dem Islam verband – Turban, Fez, Schleier und jegliche Art traditioneller Kleidung. Die neue kemalistische „Kleiderordnung" von 1925 verdrängte die Symbole des Islam mit unnachsichtiger Gewalt: per Todesstrafe! Und schließlich schaffte Atatürk im Jahre 1926 das islamische Gesetz – die *Scharia* – ab, zwei Jahre später – 1928 – ersetzte er das arabische Alphabet durch das lateinische.

Die modernistischen Ideen Kemal Atatürks griffen bald über auf andere islamische Länder. Die Frauen Irans erstritten sich in jahrelangen Kämpfen mit den schiitischen Mullahs das Recht, ohne den *Tschador* ins Theater, ins Kino, in die Geschäfte und Cafés der großen Boulevards gehen zu können. Im Jahre 1928 befahl der Schah von Afghanistan seiner schönen Frau Soraya, in aller Öffentlichkeit ihren Schleier abzulegen. König Mohammed V. von Marokko forderte im Jahre 1958 – unmittelbar nach der Unabhängigkeit – eine seiner Töchter vor seinen Ministern und dem Volk dazu auf, das gleiche zu tun. In Tunesien veröffentlichte ein junger Intellektueller, Tahar Haddad, ein Buch mit dem Titel ‚Die Frau im islamischen Recht und in der Gesellschaft‘, das für jahrelangen Gesprächsstoff und heftige Debatten zwischen Liberalen und Konservativen sorgte. Die orthodoxen Scheichs der theologischen Universität Zaituna in Tunis stachelten sogar einige Zeloten dazu an, den Autor auf offener Straße mit Steinen zu bewerfen. Einige unter ihnen sahen in diesem Buch die herannahende Apokalypse. Als der tunesische Präsident Bourguiba 1956 als erster und bislang einziger arabischer Staatschef die Polygamie abschaffte (was ihm die Ächtung aller übrigen arabischen Länder einbrachte), waren es vor allen Dingen die Ideen Tahar Haddads, die ihn zu seinem mutigen Schritt motivierten.

Die durch die *Nahda* ausgelöste gesellschaftliche Aufbruchsstimmung spiegelte sich wider in der Literatur. Ihr Thema war nicht mehr Erotik und Sexualität, nicht mehr die frivole Promiskuität des „Goldenen Zeitalters", sondern die Veränderung der Gesellschaft durch die Befreiung der Frau. In dieser Atmosphäre der Erneuerung entstanden die ersten Romane, die von der Sehnsucht nach Freiheit und Unabhängigkeit sprachen, einer Sehnsucht, die alle Ägypter am Vorabend der Revolution von 1919 empfanden – vor allem aber die Frauen. Viele Autoren wählten als Titel ihrer Romane den Namen einer Frau und beschrieben die politischen und moralischen Übel ihrer Gesellschaft aus der Perspektive weiblicher Protagonisten, wie etwa der algerische Schriftsteller Kateb Yacin in seinem berühmten Roman ‚Nedschma‘. Mit der berühmten ‚Trilogie‘[2] des ägyptischen Romanciers Nagib Mahfuz erhielt die gesellschaftskritische narrative Literatur ganz neue Impulse, die ihr erlaubten, die Ursachen des desolaten Zustands ihrer Gesellschaft bloßzulegen – nämlich die Versklavung der Frau und die religiöse Heuchelei.

Durch die Hauptfigur der ‚Trilogie‘, den ehrenwerten Kaufmann Ahmed Abd al-Dschawad, der sich unmittelbar nach dem Abendgebet in die Arme schöner *Alimat*[3] wirft, gibt uns der Autor Einblick in die Welt des städtischen Bürgertums, in eine Welt der Heuchelei, des Lasters und der sexuellen Perversionen. Abd al-Dschawad ist der Prototyp jener konservativen, scheinheiligen Männer, die sich unentwegt mit ihrer Frömmigkeit und Moral brüsten und damit nur ihre lasterhaften Neigungen zu verschleiern suchen. Seine sexuellen Obsessionen treiben ihn von einer Frau zur anderen auf der Suche nach einer Befriedigung, die er auf diese Weise nie erreichen kann. Denn die Frau ist für ihn nur ein Lustobjekt, eine Ware, die man konsumiert.

Mit der ‚Trilogie‘ hatte Nagib Mahfuz einen Bann gebrochen und damit die Schriftsteller seiner Generation dazu ermuntert, die soziale und politische Wirklichkeit ihrer Gesellschaft in realistischer Weise zu beschreiben, vor keinem Tabu mehr haltzumachen: Homosexualität, Prostitution, Eheskandale, sexuelle Perversionen und freie Liebe wurden zu beliebten Sujets der arabischen Literaten. Zu den Pionieren dieses neuen Realismus gehörten vor allem auch die Frauen, die aufsehenerregende Bücher schrieben, wie etwa die libanesische Schriftstellerin Laila Balabakki. Die Heldin ihres 1960 in Beirut erschienenen Romans ‚Ana ahya‘ (‚Ich lebe‘) rebelliert gegen das Schicksal der orientalischen Frau, die gesellschaftlichen Repressionen und die Bevormundung durch den Mann. Inspiriert durch Françoise Sagans ‚Bonjour Tristesse‘ beschrieb Laila Balabakki in einer präzisen und sehr poetischen Sprache die intimen Gefühle ihrer Protagonistin, ihre Wünsche, Träume und sexuellen Phantasien. Leila Baalabaki war die erste Frau, die sich schreibend selbst über die in der islamischen Kultur am tiefsten verwurzelten Tabus hinwegzusetzen wagte. Viele Schriftstellerinnen sollten ihrem Beispiel folgen: Die Ägypterinnen Nawal al-Saadawi und Alifa Rifaat, die Palästinenserin Sahar Khalifa, die Marokkanerin Fatima Mernissi, die Libanesin Hanan al-Shaikh, die kuweitische Novellistin Laila al-Othman – um nur einige von ihnen zu nennen.

Ende des Zweiten Weltkriegs war auch eine neue poetische Strömung

aufgekommen, die sich von der stereotypen Sprache der klassischen Poesie befreite und sich den eigentlichen Lebensfragen zuwandte. Die Gedichte des Syrers Nizar Qabbani, die unter Mißachtung herkömmlicher
Tabus die Religion und die traditionalistische Moral angriffen, wurden zu
Kampfparolen der Frauen. Wie ihr syrischer Kollege Nizar Qabbani, so
attackierte auch die irakische Dichterin Nazik al-Malaika in freien Versen
den an seiner „Virilität" krankenden Orient. Viele Lyriker ihres Landes –
wie Abdul Wahab al-Bayati und Badar Shaker as-Sayab (gest. 1964) – unterstützten Nazik al-Malaikas Revolte durch engagierte Gedichte, in denen der Aufschrei der Frau gegen ihre Versklavung eine Parabel des Auf-
begehrens der ganzen arabisch-islamischen Gesellschaft gegen Willkür
und die Verweigerung der Freiheitsrechte war.

Durch die Gruppe junger Dichter, die zum Kreis der avantgardisti-
schen Literaturzeitschrift *Shi'r* (,Poesie') gehörte, nahm der literarische
Kampf gegen die traditionalistische Gesellschaft und ihre in inhaltslosen
Formen erstarrte Sprache noch radikalere Formen an. Spiritus rector dieser Zeitschrift war Adonis, der größte zeitgenössische Lyriker der arabischen Welt, für den die Sprache „eine durch kreative und innovative
Kräfte geschwängerte Frau" ist.

In den sechziger Jahren waren es vor allem zwei Themen, auf die sich
das literarische Schaffen konzentrierte: Religion und Sexualität. Der vor
kurzem verstorbene Schriftsteller Yussuf Idriss machte in seinen Novellen
und Kurzgeschichten die religiöse Heuchelei für alle Verbrechen und alle
sexuellen Perversionen verantwortlich, die bezeichnend für die ägyptische Gesellschaft sind. Viele Denker und Philosophen unterstützten die
Schriftsteller durch mutige Essays, in denen sie offen aussprachen, daß
eine wirkliche Befreiung ihrer Länder nur durch die Emanzipation der
Frau und eine radikale Kritik an der religiösen Autorität – bzw. durch Sä-
kularisierung der arabischen Gesellschaft – zu erreichen sei. Es hatte den
Anschein, als befände sich die arabische Welt langsam, aber mit großer
Entschlossenheit auf dem Weg in eine neue Zukunft.

Viele arabische Intellektuelle sind der Meinung, daß die Erneuerungsbewegung, die nach dem Ersten Weltkrieg einen Aufschwung in Kunst
und Literatur und im Bewußtsein der Menschen eingeleitet hatte, durch
die katastrophale militärische Niederlage der Araber gegen Israel im Jahre
1967 zum Stillstand kam. Die Propheten der „neuen Frömmigkeit" nutz-
ten nach ihrer Ansicht das Elend und die politische Verzweiflung der Massen erfolgreich aus: Die religiöse Agitation unterwanderte alle Bereiche
des öffentlichen Lebens. Das Unvermögen der postkolonialen politischen
Regime, ihre Gesellschaften zu modernisieren und die sozialen Spannungen zwischen einer sich skrupellos bereichernden Oberschicht und den
zusehends verarmenden und verelendenden Massen auszugleichen,
führte zu einem neuen Erwachen des rigiden Islam, von dem sich ihre

Fürsprecher die magische Lösung aller unbewältigten gesellschaftlichen und politischen Probleme versprechen.

Der fundamentalistische Rigorismus breitete sich vor allem in Ägypten, Algerien, Tunesien, in Iran, im Libanon und selbst in der seit fast 70 Jahren säkularen Türkei aus – in Ländern also, die gestern noch die Hoffnungsträger einer Erneuerung der arabisch-islamischen Welt waren. Städte wie Teheran, Kairo, Algier, Tunis, Beirut und Ankara sind in den Augen fanatischer Islamisten Menetekel des moralischen und religiösen Morastes. Ziel ihrer Gewalttätigkeit sind die Symbole des „verwestlichten", modernen Lebens: Luxushotels, Diskotheken, Kinos und Cafés gingen in Flammen auf im Rachedurst der neuen Glaubenskrieger, die das Rad der Geschichte um über tausend Jahre zurückdrehen wollen. Um dies zu demonstrieren, defilieren sie in den gleichen Gewändern durch die Straßen, die einst die Gefährten des Propheten bei der Eroberung von Mekka (im Jahre 630!) getragen haben. Manche gehen in ihrer Weltvergessenheit sogar so weit, mit Schwertern und dem Koran gegen die Panzer und Maschinengewehre der Sicherheitskräfte vorzugehen. Viele Führer fanatischer isalmischer Gruppen gefallen sich darin, die Rolle derer zu spielen, die in ihren Augen den „reinen Islam" verkörperten. Einer von ihnen hält sich – wie einst Hassan Ibn as-Sabah, der Scheich einer militanten schiitischen Sekte, die Ende des 11. Jahrhunderts in Syrien auftrat, in den Bergen des Sinai auf und feuert seine Gefolgsleute an, die Städte – Wahrzeichen der „neuen *Dschahiliya*" – in Brand zu stecken. In Algerien spielt ein anderer die Rolle Bilals, des Gebetsrufers Mohammeds, indem er eine riesige Menge arbeitsloser Jugendlicher um sich schart und ihnen predigt, daß nur das Gebet sie aus ihrem Elend retten könne. Nach seiner Rückkehr aus dem Exil im Jahre 1979 war der Imam Khomeini wie eine Inkarnation des durch Muawija entmachteten Ali erschienen und hatte die Gläubigen mit maskenhaft entrücktem Gesicht unter finster drohenden Brauen ermuntert, den luxuriösen Palast seines Erzfeindes zu plündern. Seine Todesdrohung galt nicht nur dem Schah, dem „Abtrünnigen", und seinem „satanischen Beschützer" Amerika. Sie galt vor allem auch der Kaiserin Farah Diba. Diese schöne Frau mit den Gazellenaugen verkörperte für ihn und seine Anhänger niemand anderen als Aischa, jene bösartige und hinterlistige Person, die den Propheten „betrogen" hatte und gegen Ali in den Kampf gezogen war. Mehr noch: Die Kaiserin war der Prototyp der modernen Frau, frei und emanzipiert, mit anderen Worten: „ungehorsam" gegenüber der „islamischen Moral".

In den Auseinandersetzungen zwischen Fundamentalisten und Modernisten stand die Frau und die durch sie gefährdete „islamische (Sexual-) Moral" zu allen Zeiten im Fokus der Diskussion. Die freie, emanzipierte Frau ist für die islamischen Eiferer Sinnbild und Ausgeburt jener korrupten Systeme, die es als „Komplizen des sittlich verkommenen Westens" abzuschaffen gilt. In allen Ländern, die in den letzten fünfzig Jahren eine moderne Entwicklung durchlaufen hatten, rufen die Ewig-Gestrigen dazu auf, die Frauen wieder einzusperren, sie aus dem öffentlichen Leben zu entfernen. Diejenigen, die sich diesem Gebot „islamischen Wohlverhaltens" widersetzen, müssen „gezeichnet" werden: Studentinnen, die geschminkt sind, werden mit Messern angegriffen. Die Häuser alleinstehender oder geschiedener Frauen werden in Brand gesteckt, Schauspielerinnen erhalten Drohbriefe, Frauen, die aus dem *Hammam* kommen, werden ausgepeitscht, Bücher, die als „pornographisch" gelten, werden zerrissen oder verbrannt. All dies im Namen Allahs, des „barmherzigen und gnädigen Gottes", und seines Propheten, des „reinsten Menschen, der je erschaffen ward"!

Wie reagiert die Literatur auf diese repressive Entwicklung, auf die brutale Unterdrückung aller natürlichen Impulse und Bedürfnisse menschlicher Existenz? Gibt es in dieser dumpfen Atmosphäre der Prüderie noch so etwas wie eine „erotische Literatur"? Nur sehr wenige Dichter und Schriftsteller der Moderne haben es gewagt, im Sinne der großen Klassiker wie al-Dschahiz, al-Isfahani oder Abu Nuwas sich über die moralischen und religiösen Normen hinwegzusetzen und offen über das Sexualleben in der arabischen Gesellschaft von heute zu sprechen. Wo Sexualität als Thema der Literatur überhaupt noch vorkommt, hat sie mit den „duftenden Gärten" eines Scheich Nefzaui und der frivolen Sinnlichkeit eines Abu Nuwas nichts mehr gemein. Während die klassischen Rhapsoden des Eros die Freuden der Liebe und der gottgefälligen Sinnenlust in unschuldigem Entzücken priesen, wurde die Sexualität aus der jüngsten Gegenwartsliteratur entweder völlig verdrängt oder zur Metapher für Frustration, Brutalität und Gewalt. Wo das Leben als öde, grausam und häßlich empfunden wird, bedient sich auch die Literatur einer „Ästhetik des Häßlichen": der gesellschaftlich verordnete Puritanismus provoziert seine dialektische Entsprechung, die Obszönität.

Die männlichen Romanhelden masturbieren bis zum Exzeß – der politisch ohnmächtige oppositionelle Intellektuelle vor dem leeren Blatt auf seinem Schreibtisch (Sonallah Ibrahim: ‚Tilka r-ra'iha' – ‚Jener Geruch'), die sexuell frustrierten jungen Leute vor irgendeinem nackten Hintern, wie in Mohammed Shukris Roman ‚Das nackte Brot', und die verlassenen Frauen bereiten sich einen „einsamen Orgasmus" mit eigener Hand (Rachid Boudjedra: ‚Die Verstoßung'). „Liebe" wird nur im Bordell „gemacht" oder mit Huren, die ihre Schenkel „jedem Affen öffnen" (Mohamed Shukri ebd.). Der überdimensionale Penis des Überwachers in der Novelle des Ägypters Sonallah Ibrahim – ‚Der Ausschuß' (al-ladschna) – entpuppt sich am Ende als Revolver, den der Spitzel in seiner Unterhose versteckt hat: Symbol der Unterdrückung und der Gewalt.

Doch abgesehen von solchen Ansätzen zur Provokation und wenigen

Ausnahmen hat sich die Literatur zurückgezogen in Sprachlosigkeit oder Heuchelei. Der marokkanische Schriftsteller Zaf Zaf blickt auf diese Sprachlosigkeit zurück – nicht ohne Zorn: „Bei der Lektüre zeitgenössischer arabischer Gedichte, Novellen und Romane packt einen manchmal eine fürchterliche Wut. Warum? Weil kein einziger von diesen Lyrikern oder Schriftstellern den Mut gehabt hat, ganz direkt über das Intimste bei Mann und Frau zu sprechen, nämlich über ihren Körper. Es wird einfach so getan, als ob es in der heutigen Gesellschaft so etwas wie Geschlechtsverkehr nicht gäbe."[4]

Die meisten Schriftsteller machen sich heute zu Komplizen des neuen Puritanismus, betätigen sich als wachsame Hüter der Moral und Religion. Der algerische Schriftsteller Rashid Boudjedra vergleicht die Welle des Fundamentalismus, die in den siebziger Jahren über die gesamte arabische Welt hinwegrollte und jeden Anflug von frischem Wind, jegliche Spontaneität zerstörte, in treffender Weise mit einer Dampfwalze, die unbarmherzig alles niedermacht, was sich ihr in den Weg stellt. Er zieht daraus folgenden Schluß: „Der Preis, den die Frauen und die Jugend zu zahlen hatten, war schrecklich. Es kam schließlich so weit, daß man der Jugend und der Weiblichkeit jegliche Form der Lebensäußerung verweigerte, ja ihre Existenz selbst völlig ignorierte"[5].

Für den großen Lyriker Adonis steht eines fest: „Die derzeitigen Bewegungen, die man als Fundamentalismus bezeichnet, sind in keiner Weise an den Ursprüngen im Sinne der lebendigen Wurzeln unserer Kultur interessiert. Sie bedienen sich dieser „Fundamente" vielmehr, als handele es sich um unveränderliche Gesetze, die man weder überschreiten, noch ignorieren kann. Sie streben damit eine Gesellschaft an, in der es nur noch Theologen, Polizisten und Gouverneure gibt [...]. Wir erleben eine totale Abkehr von jeglicher Vernunft"[6].

Wann immer sich die islamische Welt in einer Krise befand, bemächtigten sich der Herrschenden der Sprache und des Worts – im Namen der Religion. Dichter, Denker und Philosophen wurden verfolgt als „Rebellen gegen die göttliche Ordnung". Auch heute wird die Freiheit des Individuums und des Wortes wieder im Namen Gottes „konfisziert", die Sprache in den Dienst der Macht genommen und die „Rebellen" ins – innere oder äußere – Exil getrieben.

Für Adonis, der als „Rebell" seit vielen Jahren im Exil lebt, gibt es nur einen Ausweg aus der Krise, die nicht zuletzt auch eine Krise der Sprache, der Literatur ist, nämlich das, was er „die schöne Zerstörung – *al-charab al-dschamil*" nennt: alles niederreißen, um es neu zu erschaffen. Denn: Solange das Alte nicht stirbt, kann das Neue nicht werden.

> Ich schreie nach diesem großen Schweigen,
> aus dem das Wort sich nicht hervorwagt.
> Ich schreie: Wer unter euch sähe mich denn,

o ihr blassen, gestaltlosen Wesen,
Abfall, der formlos vermodert.
O ihr, die ihr dahinsterbt
unter diesem großen Schweigen.
Ich schreie, auf daß meine Stimme
Winde erzeuge.
Auf daß die Morgendämmerung
Sprache werde
in meinem Blut
und in meinen Gesängen.

Ich schreie: Wer unter euch sähe mich denn
unter diesem großen Schweigen,
aus dem das Wort sich nicht hervorwagt.
Ich schreie, um mich zu versichern,
daß ich allein bin –
ich und die große Dunkelheit.

Als „Poet der verbrannten Kehlen" ruft Adonis in seinen Gedichten zur Ekstase auf, besingt den Körper der Frau als ein „neues Universum", stellt diesem neu zu entdeckenden Land den hohl gewordenen Körper des orientalischen Mannes gegenüber, der sein ganzes Liebesvermögen eingebüßt hat, und beschwört eine neue Vision in der Beziehung der Geschlechter.

Vielleicht werden die „Rebellen der Sprache", die heute Fremde und Exilanten ihrer eigenen Kultur sind, eines Tages – zusammen mit den um ihre Befreiung kämpfenden Frauen – aus der gelähmten Geschichte ausbrechen und die Propheten dieser neuen Vision für die islamische Welt sein – einer Vision, die sich nicht an der nostalgisch verklärten Vergangenheit, sondern an den Realitäten der Gegenwart und an der Zukunft orientiert, zu denen auch das Streben des Menschen nach Glück und sexueller Erfüllung gehört:

„Es ist Zeit, daß dieser arrogante Himmel aufhört,
uns unserem Körper zu entfremden,
ihn vor uns zu verbergen,
ihn zu spalten und aufzuteilen
zwischen Gut und Böse,
zwischen den Engeln und den Teufeln.

Es ist Zeit, daß unser Körper sich in Freiheit
und fern aller ihm auferlegten Zwänge
seinem Begehren hingeben kann."

Mohammed Bennis[7].

Anmerkungen

Einleitung

1 'Abd ar-Rahmān al-Barrak in der Zeitschrift ‚al-Muslimūn' vom 30. März 1985.
2 Ebd.
3 Šukrī Latīf Ghannūšī: ‚Al-islamiyūn wal-mar'a.' Ebd.
4 Le Maghreb Nr. 166. August 1989.
5 Die ersten vier Kalifen – Abū Bakr, Othmān, 'Omar und 'Ali – werden als die „rechtgeleiteten Kalifen" -al-chulafā' ar-rāšidūn- bezeichnet.
6 -al-Ghannūšī: A. a. O.
7 Bouhdiba: La sexualité en Islam. Paris 1975.
8 Ebd., S. 12. Der Koran ist die Offenbarungsschrift des Islam, der zusammen mit der *Sunna* die wichtigste Rechtsquelle darstellt. In der islamischen Terminologie versteht man unter *Sunna* (wörtlich: Pfad, Weg) die Lebensweise des Propheten, wie sie sich in seinen Aussprüchen, Handlungen und Gepflogenheiten zu erkennen gibt, die von den Prophetengefährten überliefert wurden und in den *Hadith*-Sammlungen festgehalten sind. Die *Sunna* (des Propheten) stellt eine authentische Erläuterung des Koran dar und ist das unfehlbare Vorbild für den Muslim in jeder Lebenslage. *Fiqh* bedeutet Recht bzw. die Wissenschaft vom Recht, im Islam also religiöses Recht. Daraus abgeleitet *faqīh*, Rechtsgelehrter (Plural: *fuqahā'*).
9 Bouhdiba: A. a. O., S. 12.
10 Shayegan: Le regard mutilé. Le Débat Nr. 42. Nov./Dez. 1986.

I. Liebe, Erotik und Sexualität in der vorislamischen Zeit

1 at-Tabarī: Tārīḫ. Bd. 1, S. 83. Mohammed Ibn Ǧarīr at-Tabarī (838–923) gilt als der bedeutendste arabische Historiker der klassischen Zeit. Berühmt sind vor allem seine beiden Monumentalwerke, der aus 30 Bänden bestehende Koran-Kommentar (Tafsīr) und seine 15-bändige Universalgeschichte ‚Tārīḫ ar-rusul wal-mulūk, Die Geschichte (Annalen) der Propheten und Könige'.
2 Ibn Manzūr: Lisān al-'arab. Bd. 11, S. 129–130.
3 Einer der mächtigsten Stämme Arabiens, dem auch die Sippe des Propheten, die Banū Hāšim, angehörte.
4 Tāhā Husain: Fī l-adab al-ǧāhilī. Kairo, o. J.
5 Im Arabischen wird die Bezeichnung Abū ... oder Ibn ... oft zur spöttischen Zuschreibung einer Eigenschaft an eine Person benützt – zum Beispiel: Abū naum, Vater des Schlafs, nämlich Schlafmütze, oder Ibn al-kalb, Sohn des Hundes, nämlich Hundesohn.

6 Siegreiche Schlacht Mohammeds und seiner Anhänger gegen die Mekkaner (624).

7 Islam bedeutet wörtlich „Unterwerfung unter den Willen Gottes".

8 Formuliert in Sure 112, Vers 1–4, wo es heißt: „Im Namen Gottes, des Barmherzigen, des Erbarmers! Sprich: ‚Er ist Gott, ein einziger, völliger Gott. Er hat nicht gezeugt, wurde nicht gezeugt. Niemand ist ihm ebenbürtig.'"

9 Ibn al-Kalbī: Kitāb al-asnān, S. 25.

10 Der Titel wird auch mit ‚Geschichte der Gottgesandten und Könige', ‚Geschichte der Völker und Könige' oder ‚Nachrichten von den Gottgesandten und Königen' übersetzt. Deutsch abgekürzt: Annalen.

11 at-Ṭabarī: Tārīḫ (Annalen). Bd. 1, S. 33 f.

12 at-Tarmanīnī: ‚az-Zawāǧ inda al-'arab fī l-ǧāhilīya wal-islām.'

13 al-Buḫārī (810–870): Zit. nach at-Tarmanīnī: A. a. O., S. 16 f.

14 Ibn Isḥāq (gest. 768): Mohammed. Das Leben des Propheten, S. 27.

15 al-Maidānī: Zit. nach at-Tarmanīnī: A. a. O., S. 19.

16 al-Maidānī: Kitāb al-amṯāl. Bd. 2, S. 93. – Siehe auch: al-Ǧauzīya: A. a. O., S. 315.

17 al-Buḫārī: Ṣaḥīḥ al-Buḫārī, S. 338.

18 Ebd., S. 338.

19 Ebd., S. 338.

20 Adonis ('Ali Aḥmad Sa'īd): Dīwān aš-ši'r al-'arabī. Bd. 1, S. 19.

21 Rückert: Hamāsa oder die ältesten arabischen Volkslieder, gesammelt von Abū Tammām, übersetzt und kommentiert. Stuttgart 1846.

22 Adonis: A. a. O.

23 al-Iṣfahānī: Kitāb al-aghānī. Bd. 9, S. 76–103.

24 Heraklios regierte von 610 bis 641, Justinian I., der Imru l-Qais an den Hof nach Konstantinopel eingeladen hatte, um ihn für ein Bündnis gegen die Sassaniden (persische Herrscherdynastie) zu gewinnen, regierte von 527 bis 567, nämlich zu einer Zeit, zu der sich der Dichter auch tatsächlich in Konstantinopel befand und wo er – ca. 450 – starb.

25 al-Ǧauzīya: Über die Frauen, S. 232 f.

26 Rückert: Amrilkais der Dichter und König, S. 121, 47–49, 35 und 130.

27 al-Iṣfahānī: A. a. O., Bd. 22, S. 245 f.

28 Rückert: A. a. O.

29 Bouhdiba: A. a. O., S. 52.

30 Ebd., S. 52.

31 az-Zailā'ī: Tabyīn al-ḥaqā'iq. Bd. 6. Zit. nach: Bouhdiba: A. a. O., S. 53.

32 al-Buḫārī: Ṣaḥīḥ, S. 348.

33 Epheser 5, 22 f. (Vgl. auch Korinther 11,3, Kolosser 3,18, 1. Petrus 3,1.)

II. Die Sexualität im Koran

1 al-Ghazālī: Wiederbelebung der Religionswissenschaften. Bd. 2: Von der Ehe. S. 55, 22 und 24.

2 Ebd., S. 28 und 24.

3 Eine der Ehefrauen Mohammeds.

4 al-Ġazālī: A. a. O., S. 26.

5 *Zinā* ist der Begriff für alle verbotenen sexuellen Beziehungen – also der Geschlechtsverkehr zwischen Personen, die nicht in einem legalen Verhältnis (Ehe oder Konkubinat) zueinander stehen. *Zinā* bedeutet sowohl Ehebruch als auch Unzucht (nicht verheirateter Personen) ganz allgemein.

6 Das arabische Verb *nakaḥa* (heiraten) hat den gleichen Wortstamm wie das Substantiv *nikāḥ* (Ehe) und bedeutet daher heiraten und den Koitus vollziehen zugleich.

7 Hierzu ist anzumerken, daß sich die islamische Auffassung hier nicht prinzipiell von der christlichen unterscheidet. Was es hier zu unterscheiden gilt, ist die Tatsache, daß es sich im Christentum lediglich um einen moralischen Imperativ, im Islam dagegen um ein Gesetz handelt, dessen Übertretung rechtliche Folgen hat – der Islam ist bekanntlich nicht nur Religion, sondern auch „Gesetz" *(šarīʿa)*.

8 In der 17. Sure des Korans (,Die nächtliche Reise') berichtet Mohammed von seiner nächtlichen Himmelsreise, die er auf dem geflügelten Pferd *Burāq* von Mekka zur *al-Aqṣā*-Moschee in Jerusalem am 17. Tag des Monats *Rabīʿ I* (der dritte Monat des islamischen Kalenderjahres) unternommen hat. Diese „Nachtreise" spielt in den Glaubensvorstellungen der Muslime eine große Rolle und wird bis heute als wichtiges Kalenderfest des islamischen Jahres gefeiert.

9 Eine Anspielung auf die in vorislamischer Zeit verbreitete Sitte, neugeborene Mädchen lebendig zu begraben.

10 al-Ġauzīya: Über die Frauen, S. 226–227.

11 al-Ġazālī: A. a. O., S. 6.

12 Zit. nach Bouhdiba, a. a. O., S. 152.

13 A. a. O., S. 22.

14 al-Buḫārī: A. a. O., S. 358.

15 al-Ġazālī: A. a. O., S. 90.

16 Nach islamischem Recht kann sich der Mann durch dreimaliges Aussprechen der Scheidungsformel „*muṭallaq*" oder „*ṭalaqt*" – du bist geschieden – von seiner Frau ohne Angabe eines Grundes trennen. Er muß dabei allerdings die vorgeschriebene Wartezeit einhalten, so wie sie in der Sure 65 des Koran festgelegt ist, wo es heißt: „Prophet! Wenn ihr Frauen entlaßt, dann tut das unter Berücksichtigung der Wartezeit, und berechnet die Wartezeit genau! [...] Ihr dürft sie nicht (vor Ablauf ihrer Wartezeit) aus ihrem Haus ausweisen, und sie brauchen (ihrerseits) nicht (vorher) auszuziehen, es sei denn, sie begehen etwas ausgesprochen Abscheuliches. Das sind die Gebote Gottes."
D. h., die Scheidung kann nur dann vollzogen werden, wenn die Ehefrau „rein" ist – also nicht während der Menstruation – und wenn zwischen den Eheleuten seit der letzten Menstruation kein Geschlechtsverkehr stattgefunden hat.

17 al-Ġazālī: A. a. O., S. 31, 32 und 10.

18 Ebd., S. 47f. Auf die Nennung des Namens Gottes, der Propheten und Prophetengefährten (oder besonders ehrwürdiger Personen) muß nach islamischer Tradition immer eine Segensformel stehen, hier im Text abgekürzt „d. A." (= der Allmächtige). Da die arabischen Eulogien wörtlich nicht wie-

dergegeben werden können, wurden sie von den Übersetzern al-Ghazālīs und anderer Autoren durch Formeln wie „der gottselige" oder „der gebenedeite" zu umschreiben versucht.

19 Ebd., S. 70.
20 Ebd., S. 113.
21 Ebd., S. 116.
22 Ebd., S. 34.
23 Ebd., S. 87.
24 Ebd., S. 111.
25 Ebd., S. 65.
26 al-Ḥarīrī: Die Makamen (des Ḥarīrī). S. 147–149.
27 Mernissi: Geschlecht, Ideologie, Islam. S. 125.
28 A. a. O., S. 88 f.
29 Zit. nach Walther: Die Frau im Islam. S. 47.
30 al-Ghazālī: A. a. O., S. 85.
31 al-Buḫārī: Ṣaḥīḥ (Nachrichten von Taten und Aussprüchen des Propheten Muhammad), S. 362.
32 Mernissi: A. a. O., S. 31. Da sich im Sprachgebrauch und bei den meisten zitierten Autoren der Begriff Polygamie im Zusammenhang mit dem islamischen Ehe-Recht eingebürgert hat, haben wir darauf verzichtet, die korrektere Form – nämlich Polygynie – zu verwenden. Polygamie bedeutet Vielehe, wobei es sich um eine eheliche Verbindung eines Mannes mit mehreren Frauen oder um eine Frau mit mehreren Ehemännern (wie es z. B. in der *ǧāhilīya* üblich war) handeln kann. Polygynie bedeutet dagegen die eheliche Verbindung eines Mannes mit mehreren Frauen und Polyandrie bezeichnet die entsprechende Eheform einer Frau mit mehreren Ehemännern.

III. Der Harem des Propheten

1 Ibn Isḥāq wurde in Medina geboren und starb 768 in Bagdad. Er unternahm ausgedehnte Reisen nach Ägypten und in den Irak, wo er sich vor allem der Aufgabe widmete, Daten über das Leben Mohammeds und die wichtigen Ereignisse der frühen Geschichte des Islam zu sammeln. Seine Vita Mohammeds gilt bis heute als das authentischste Werk, das über den Propheten geschrieben wurde. Die meisten späteren Biographen haben sich auf Ibn Isḥāq bezogen, dessen Werk von dem ägyptischen Gelehrten ʿAbd al-Malik Ibn Hišām bearbeitet und herausgegeben wurde.
2 Ibn Isḥāq: Mohammed. Das Leben des Propheten. S. 37–38.
3 Maxime Rodinson: Mohammed. S. 57 f.
4 ʿĀʾiša war die jüngste der Ehefrauen, die Mohammed nach dem Tod Ḥadīǧas heiratete.
5 al-Buḫārī: Ṣaḥīḥ, S. 361.
6 Aḥmad Ibn Ḥanbal (780–855), Begründer einer der vier Rechtsschulen, der zu den angesehensten Rechtsgelehrten seiner Zeit gehörte. Zit. nach: Walther. A. a. O., S. 77.
7 Zit. nach: Rodinson: A. a. O., S. 25 und 61.

8 Ebd., S. 222.
9 al-Buḫārī: Ṣaḥīḥ. S. 344.
10 aṭ-Ṭabarī: Tārīḫ ar-rusul wal-mulūk. Bd. 2, S. 411 f.
11 Rodinson: Mohammed, S. 267.
12 Ebd., S. 267.
13 al-Buḫārī gibt über den Vorfall einen ausführlichen Bericht: Ṣaḥīḥ, S. 354–
    357.
14 Zit. nach: Rodinson: Mohammed, S. 190.
15 Ibn Isḥāq: Mohammed, S. 184–186.
16 Abu l-Faradsch [al-Iṣfahānī]: Und der Kalif beschenkte ihn reichlich, S. 36–38.
17 al-Ghazālī: Über die Ehe, S. 72.
18 Ebd., S. 85.

IV. Die ewige Verführerin

1 Bouhdiba: A. a. O., S. 38.
2 Ibn Ḥazm al-Andalusī: Das Halsband der Taube, S. 158 f.
3 Bouhdiba: A. a. O., S. 143.
4 Ibn Ḥazm: A. a. O., S. 156.
5 Ebd., S. 166 f.
6 Ibn Qayyim al-Ǧauzīya: A. a. O., S. 63, 158.
7 Ebd., S. 158 f.
8 Niẓāmulmulk: Siyāsatnāma, S. 275–277. Niẓāmulmulk war 1063–1092 Reichs-
    kanzler der Seldschuken, eines nach dem Herrschergeschlecht benannten tür-
    kischen Volksstammes.
9 Schimmel (Hg.): Gärten der Erkenntnis, S. 210.
10 Lebte um 1450–1503, stammte aus einer Mystikerfamilie in Amasya. Hamdi
    war der erste, der das Thema ‚Yūssuf und Zulaiḫā‘ in türkischer Sprache auf-
    nahm. Zit. nach Schimmel: Mystische Dimensionen des Islam, S. 609.
11 Ibn Ḥazm: A. a. O., S. 151 f., 156.
12 Ebd., S. 156.
13 Ebd., S. 67.

V. Die Furcht der Patriarchen vor der Frau

1 Der zweite „rechtgeleitete" Kalif.
2 Ibn ‘Abbās: al-Isrā‘ wal-mi‘rāg, S. 33–36.
3 al-Buḫārī: Ṣaḥīḥ, S. 334.
4 Zit. nach: Mas‘ūd al-Qināwī: Kitāb fatḥ ar-Raḥmān, S. 14.
5 al-Ghazālī: A. a. O., S. 74.
6 Ebd., S. 74.
7 Ebd., S. 76.
8 Ebd., S. 78.
9 Mernissi: A. a. O., S. 14 f.
10 Niẓāmulmulk: A. a. O., S. 274–282.

11 al-Ġazālī: at-Tibr al-masbūk fī naṣīḥat al-mulūk. Zit. nach Bürgel: Allmacht und Mächtigkeit, S. 295 f.

12 Lerner (Hg.): Averroes on Plato's Republic, S. 59. Zit. nach: Bürgel: A. a. O., S. 297.

VI. Das doppelte Bild der Frau

1 Zit. nach: al-Ġazālī: A. a. O., S. 33. Wörtlich: „und die Kühlung meines Auges (Erquickung) im Gebet".

2 al-Buḫārī: A. a. O., S. 349.

3 al-Ġazālī: A. a. O., S. 73.

4 Ebd., S. 35.

5 Ibn Isḥāq: A. a. O., S. 31.

6 Maxime Rodinson: A. a. O., S. 50–52. Ibn Isḥāq: A. a. O., S. 28 f.

7 Ibn Isḥāq: A. a. O., S. 30 f.

8 Diese drei Ebenen gilt es bei der Beurteilung der Stellung der Frau im Islam zu unterscheiden. In der einschlägigen Literatur wird immer wieder darauf hingewiesen, daß der Islam z. B. die Rechtsstellung der Frau gegenüber der vorislamischen Zeit – vor allem im Erb- und Eherecht – verbessert habe. Das trifft zweifellos zu. Eine Behandlung dieser Frage geht jedoch über den Rahmen unseres Themas hinaus. Wir verweisen daher im Anhang auf die zu diesem Thema reichlich vorhandene Literatur.

9 Nizāmī: Persischer Dichter (1141–1209).

10 Abū l-Qāsim Manṣūr Firdauzī (939–1020), größter epischer Dichter der Perser, Autor der berühmten Geschichte des iranischen Reiches von den Uranfängen bis zum Untergang durch die arabische Eroberung im 7. Jahrhundert, eben dem ‚Shahname'.

VII. Die Liebe bei den Mystikern

1 Von Ṣūf, dem baumwollenen Gewand der Ṣūfis.

2 Der größte mystische Dichter Persiens (um 1325–1390).

3 Zit. nach: Idries Shah: Die Sufis, S. 132.

4 Ibn al-'Arabī (1165–1240), Theologe, Mystiker und Philosoph. Sein Ruhm als größter muslimischer Mystiker geht auf seine beiden Hauptwerke – ‚Al-Futūḥāt al-makkīya' (‚Die mekkanischen Eroberungen') und die ‚Fuṣūṣ al-ḥikam' (‚Edelsteine der Weisheiten') zurück.

5 Zit. nach: 'Atif Ġaudat Naṣr: ar-Ramz aš-ši'rī 'inda aṣ-ṣūfiya, S. 150.

6 Sie wurde in allen Handbüchern über Liebe behandelt, und aṣ-Sarrağ (1226–1306) widmete ihr ein umfangreiches Werk mit dem Titel ‚Die tödlichen Heimsuchungen der Liebenden' (Maṣāriğ al-'uššāq).

7 A. a. O., Bd. III, 2, S. 433 f.

8 Nizāmī: Laila wa-Maǧnūn, S. 287 f.

9 Heinrich Heine: Sämtl. Schriften. Bd. 11, S. 41.

10 Zit. nach: 'Atif Ġaudat Naṣr: A. a. O., S. 142.

11 Noch heute – nach 700 Jahren – ist Ibn al-'Arabī den Islamisten zutiefst verhaßt. Vor wenigen Jahren versuchten sie, die Publikationen seines Gesamtwerks zu verbieten.

VIII. Das Verhör des Teufels

1 Nach Ibn Manzūr: Lisān al-'Arab, sind beide Begriffe praktisch gleichbedeutend. Der Name *Iblīs* ist abgeleitet vom Verb *ablasa*, „das Mitgefühl bzw. das Gottvertrauen verlieren". Derjenige, der sich in diesem Zustand befindet, ist aus Verzweiflung bereit, jegliches Verbrechen zu begehen.
2 Mohammed Efendi Mustafa: La vie du Prophète Mohammed. S. 27–32. Zit. nach: Bouhdiba: A. a. O., S. 152 ff.
3 al-Buḫārī: A. a. O., S. 348.
4 al-Ghazālī: A. a. O., S. 90.
5 al-Qurtubī: Ḥalq al-ǧanīn wa-tadbīr al-habāla wal-maulūdīn. Bd. 10, S. 23. Zit. nach: Bouhdiba: A. a. O., S. 77.
6 Bouhdiba: A. a. O., S. 59.

IX. Reinheit und Unreinheit

1 al-Buḫārī: A. a. O., S. 61 f.
2 al-Fatāwā al-Hindīya. Bd. 1, S. 47 f.
3 Ebd., S. 48.
4 Lisān al-'arab. Bd. 11, S. 495.
5 al-Fatāwā al-Hindīya: Bd. 1, S. 14–16.
6 Ebd., S. 36 f.
7 al-Buḫārī: A. a. O., S. 80.
8 Ebd., S. 81.
9 Ebd., S. 82.
10 Ebd., S. 85.
11 al-Ghazālī: Iḥyā'. Bd. 1, S. 22.
12 Bouhdiba: A. a. O., S. 73 f.
13 al-Ghazālī: A. a. O. (Iḥyā'). Bd. 1, S. 117.
14 Ebd., S. 118 f.

X. Der Schleier und die Verbote des Islam

1 In: Nouvelle Observateur Nr. 3. Dezember 1990.
2 Ebd. Nr. 1303. Oktober/November 1989.
3 Zit. in: Kepel: Les banlieues de l'Islam, S. 31.
4 In der Revue ‚Detours d'écriture', Spezial-Nr. ‚Adonis', 1. Trimester 1992, S. 45 ff.
5 Ebd., S. 47.
6 Eine der vielen Bezeichnungen für Schleier. Der Begriff *ḥiǧāb* hat mehrere

Dimensionen, die sich überschneiden. Die erste Dimension ist die visuelle, abgeleitet aus der Wurzel des Verbs *ḥaǧaba,* „dem Blick entziehen", „verstecken".
Die zweite Dimension ist eine räumliche, nämlich „trennen", „eine Grenze
ziehen", „eine Wand errichten". Und schließlich hat das Wort auch noch eine
moralische Nuance, die sich auf etwas sittlich „Verbotenes" bezieht: Der
visuell und räumlich abgegrenzte „Raum" ist ein verbotener Raum – er ist
ḥarām.

7 Bodley, A. F.: ar-Rasūl. Hayāt Moḥammed, S. 166 f.
8 Talbi: Battre les femmes. In: Le Maghreb Nr. 182. Dezember 1989. Als *anṣār*
wurden die „Helfer" (d. h. Anhänger) Mohammeds in Medina bezeichnet.
9 al-Buḫārī: A. a. O., S. 354.
10 Zit. nach: F. Mernissi: Der politische Harem, S. 211.
11 ar-Rāzī: at-Tafsīr. Bd. 10, S. 90.
12 al-Buḫārī: Ṣaḥīḥ, S. 448. Zit. nach: F. Mernissi: Geschlecht, Ideologie, Islam,
S. 120.
13 al-Ghazālī: A. a. O., S. 101.
14 Ebd., S. 101.
15 Ibn Taimīya: Ḥiǧāb al-mar'a wa-libāsuhā fī ṣ-ṣalāt, S. 11.

XI. Das vorweggenommene Paradies

1 Ibn Ḫaldūn (1332–1406), eine der hervorragendsten Gestalten der arabischen
Geisteswelt, Verfasser eines monumentalen Geschichtswerks, dessen Einleitung unter dem Titel ‚al-Muqaddima' weltberühmt wurde.
2 (Pseudo-) al-Balḫī: al-Bad'. Bd. 1, S. 202 f. Zit. nach: Tilman Nagel: Der
Koran, S. 155.
3 Daqā'iq al-aḫbār al-kabīra fī dhikr al-ǧanna wa-n-nār.
4 Kitāb ad-durar al-ḥisān.
5 as-Suyūtī: Ebd. Zit. nach: Bouhdiba: A. a. O., S. 94.
6 Ebd., S. 29.
7 al-Buḫārī gibt diesen *Ḥadīth* folgendermaßen wieder: „Wenn ich meinen Auftrag als Prophet erfüllt habe, wird es in dieser Welt keine Versuchung mehr geben, die für die Männer verhängnisvoller sein kann als die Frauen" (a. a. O.,
S. 334). Vgl. auch Kap. V.
8 Taftazānī: Šarḥ al-arba'īn an-nawawīya, S. 115 ff. Zit. nach: Bouhdiba: A. a. O.,
S. 114.
9 Bouhdiba: A. a. O., S. 114.
10 al-Ghazālī: A. a. O., S. 113.
11 Bouhdiba: Ebd., S. 122.
12 al-Ghazālī: Ebd., S. 414.
13 Zit. nach: Grotzfeld: Das Bad im Arabisch-Islamischen Mittelalter, S. 77. *Nūra*
ist eine aus Kalk und Arsentrisulfat zusammengesetzte Paste.
14 al-Ghazālī: A. a. O., S. 5.
15 Abu l-Faradsch (Abū l-Faraǧ al-Iṣfahānī): Und der Kalif beschenkte ihn reichlich, S. 33.
16 Ebd., S. 34.

17 Al-Husain fand am 10. Oktober 680 bei Kerbela im Kampf gegen seinen Rivalen Yazīd den Tod. Sein Todestag wird von den Schiʻiten bis heute mit großen Trauerfeierlichkeiten begangen.

18 A. a. O., S. 31.

19 Während al-Buḫārī die Zahl der Propheten-Gattinnen mit 11 angibt, spricht al-Ghazālī von neun: nämlich Sauda, ʼAʼiša, Hafsa, Umm Salma, Zainab, Umm Habība, Ǧuwairīya, Ṣafīya und Maimūna. Al-Buḫāri hat vermutlich die Konkubinen Marja und Raihāna mitgerechnet. Fatima Mernissi gibt die Zahl der Frauen mit zwölf an: „In einem Zeitraum von zwölf Jahren (620–632) heiratete er zwölf Frauen, verheiratete sich dreimal, ohne daß die Ehe vollzogen wurde, und wies mehrere Frauen ab, die ihm die Ehe antrugen oder besser: ‚sich ihm hingaben‘.“ Geschlecht, Ideologie, Islam, S. 39.

20 al-Ghazālī: A. a. O., S. 86.

21 al-Ǧāḥiz: Risālat al-Qiyān, S. 93.

22 Scheich Nefzaui: Die arabische Liebeskunst, S. 84–89, 100.

23 al-Ǧāḥiz: Arabische Geisteswelt, S. 434 f.

24 Scheich Nefzaui: A. a. O., S. 139.

25 Ebd., S. 159.

26 Zit. nach: Rodinson: A. a. O., S. 25.

27 al-Iṣfahānī: Kitāb al-aghānī. Bd. 11, S. 165–185.

28 Tausendundeine Nacht: A. a. O., Bd. III, 2, S. 445 f.

29 al-Iṣfahānī: A. a. O., S. 54.

30 al-Ǧāḥiz: Risālat al-Qiyān, S. 93.

31 Ebd., S. 98 f.

32 as-Suyūṭī: Kitāb al-ʻidda fī ʻilm an-nikāḥ‘, S. 1.

33 Eine nach den Banū Hafs benannte Dynastie.

34 Scheich Nefzaui: A. a. O., S. 15.

35 Ebd., S. 78–81.

36 Ebd., S. 13, 227.

37 Ebd., S. 7–9.

XII. Erotik und Sexualität im „Goldenen Zeitalter“

1 Muʻāwiya, der damals Statthalter von Syrien war, hatte ʼAlī nach dessen Ernennung zum Kalifen den Treueid verweigert, weil er ihn der Mittäterschaft an der Ermordung Uthmāns beschuldigte, der, wie er selbst, ein Angehöriger der Banū Omajja, der Omajjaden, war. Muʻāwiya rief zur Rache für Uthmān auf und entfesselte einen sechsjährigen Bürgerkrieg, der zum großen Schisma des Islam, zur Trennung in Sunniten und Schiʻiten führte.

2 al-Muqaddasī: Aḥsan al-taqāsīm fī maʻrifat al-aqālīm, S. 165 f.

3 Aly Mazaheri: La vie quotidienne des Musulmans en Moyen Age, S. 177 f.

4 Ibn Hazm: Das Halsband der Taube, S. 9.

5 al-Iṣfahānī: Kitāb al-aghānī. Bd. 7, S. 47.

6 Ebd., S. 47.

7 Ebd., Bd. 2, S. 192.

8 Ders. Hier zitiert nach: Gernot Rotter: A. a. O., S. 120, 119.

9 al-Ǧāḥiẓ: Risālat al-Qiyān, S. 106f.

10 Aḥmad Amīn: Dhū l-islām. Bd. 1, S. 98f. Zit. nach: Bouhdiba: A. a. O., S. 133.

11 al-Ǧāḥiẓ: Arabische Geisteswelt, S. 415–416.

12 Aḥmad Amīn: Ebd., S. 133.

13 al-Ǧāḥiẓ: Arabische Geisteswelt, S. 420.

14 Tausendundeine Nacht: A. a. O. Bd. III, 1. 310. Nacht, S. 213.

15 al-Ǧāḥiẓ: A. a. O., S. 427.

16 al-Iṣfahānī: Kitāb al-aghānī. Bd. 18, S. 185.

17 Ibn al-Waššā': A. a. O. Aus dem Arabischen übersetzt und herausgegeben von Dieter Bellmann, S. 7, 22, 23.

18 al-Ǧāḥiẓ: A. a. O., S. 430f.

19 al-Iṣfahānī: Kitāb al-aghānī. Bd. 11, S. 289. (Für Zitate aus dem ‚Buch der Lieder' wurde für die von Gernot Rotter übersetzten Auszüge die deutsche Fassung verwendet, für alle anderen das arabische Original).

20 Zwei babylonische Engel, deren Bestreben es ist, die Menschen zu verführen.

21 al-Ǧāḥiẓ: A. a. O., S. 429f.

22 Tausendundeine Nacht. Bd. III, 2, S. 432f.

23 'Umar Ibn Abī Rabī'a (644–712) stammte aus einer reichen und vornehmen qoreischitischen Familie in Mekka und wurde als Inbegriff des galanten Abenteurers eine Art arabischer Don Juan.

24 Abu l-Faradsch (Abū l-Faraǧ al-Iṣfahānī): Und der Kalif beschenkte ihn reichlich, S. 65.

25 Ders., S. 67.

26 Ibn Ḥazm: A. a. O., S. 164.

27 Abu l-Faradsch: A. a. O., S. 62.

28 al-Ǧāḥiẓ: A. a. O., S. 416.

29 Ibn Qayyim al-Ǧauzīya: A. a. O., S. 326, 331, 335.

30 Ebd., S. 338.

31 Ebd., S. 334.

32 Ebd., S. 346.

33 As-Suyūṭī: Kitāb al-idhāḥ, S. 78. Zit. nach: Bouhdiba: A. a. O., S. 189.

34 Ibn Ḥazm: A. a. O., S. 40f.

35 al-Ǧāḥiẓ: A. a. O., S. 420f.

36 A. a. O. Bd. III, 2, S. 631ff. (438. Nacht).

37 Zit. nach: Bouhdiba: A. a. O., S. 132.

38 Historiker und Geograph, ursprünglich christlicher Herkunft.

39 Schi'itische Dynastie iranischer Herkunft, die über 100 Jahre lang (945–1055) über Teile des Abassidenreiches herrschte.

40 Yāqūt al-Hamāwī: Mu'ǧam al-udabā'. Bd. 3, S. 186. Zit. nach: Bouhdiba: A. a. O., S. 159f.

41 Mu'taziliten, sinngemäß „die sich Absondernden" oder „Sezessionisten". Die Mu'taziliten waren Anhänger einer theologischen Denkrichtung bzw. Sekte, die im 8. Jahrhundert aufgekommen war und in scharfem Gegensatz zur herrschenden theologischen Lehrmeinung stand, vor allem im Hinblick auf die Koran-Exegese und die Frage der „Unerschaffenheit" des Korans.

42 In der Ablehnung der christlichen Dreifaltigkeitslehre liegt einer der wichtig-

sten Unterschiede zwischen Christentum und Islam. Der Islam erkennt nur den einzigen Gott – Allah – als höchstes Wesen an.

43 Zit. nach: Ibn Ḥazm: A. a. O., S. 161 f.

44 Ders., S. 160 f.

45 Zit. nach: Walther: Die Frau im Islam, S. 120.

46 Tausendundeine Nacht. Bd. III, 2, S. 429.

47 Ebd., S. 425–431.

48 Ebd., S. 589.

49 Tausendundeine Nacht. Bd. III, 2, S. 588.

50 Chardin, J.: Voyages du Chevalier Chardi en Perse et autres lieux de l'Orient. Bd. 2, S. 211.

51 Adam Olearius. Vermehrte Newe Beschreibung, S. 482 f.

52 Die Beduinen sprachen angeblich das reinste Arabisch; viele Dichter hielten sich eine Zeitlang bei ihnen auf, um ihre poetische Sprache zu vervollkommnen.

53 Marc Bergé: Les Arabes, S. 224.

54 Ebd., S. 202.

55 Adonis: A. a. O., S. 19.

56 Zit. nach: Ibrahim Najar: Recherches. Bd. 5, S. 11.

57 H. Pérès: A. a. O., S. 55.

58 Traditionelles arabisches Gewand.

59 Gebirge in der Nähe von Mekka.

60 Ritueller Umlauf um die Kaaba.

61 al-Ǧāḥiẓ: Risālat al-Qiyān, S. 98 f.

62 al-Iṣfahānī: Kitāb al-aghānī. Bd. 16, S. 374.

63 Ebd., Bd. 6, S. 168 f.

64 Ebd., Bd. 6, S. 210 ff.

65 Deutsch von Max Weisweiler.

66 Das Halsband der Taube, S. 76, 79, 90.

67 Ebd., S. 91 f.

68 Einem Mitglied der Dynastie der Omajjaden, ʿAbd ar-Raḥmān Ibn Muʿāwiya, der das Massaker überlebt hatte, das die Abbasiden bei ihrer Machtübernahme unter den Omajjaden angerichtet hatten, war es gelungen, nach Spanien zu fliehen. Im Jahre 929 errichtete er in Cordoba ein Gegen-Kalifat, das unabhängig von der Zentralregierung in Bagdad bis 1031 über Andalusien herrschte.

69 Zit. nach: E. Dermenghem: Les plus beaux textes Arabes, S. 140.

70 A. a. O., S. 143 f. (frei übersetzt aus dem Französischen).

71 Arabischer Plural von faqīh (Rechtsgelehrter).

72 Hasan Ḥusnī ʿAbd al-Wahhāb: Waraqāt. Bd. 2, S. 183.

73 Arabischer Titel: Ar-raud al-athīr fī nuzhat al-khātir. Deutsch u. d. T.: Die Arabische Liebeskunst – Der blühende Garten.

74 Nefzaui selbst gibt zwar im Vorwort seines Buches eine andere Version zur Entstehungsgeschichte an, doch dafür gab es vermutlich Gründe.

75 Marc Bergé: A. a. O., S. 531.

76 al-Antakī: Tazyīn al-ašwāq, S. 8.

77 Ebd., S. 331, 333 f., 354 f., 362 f.

XIII. Die Erotik des islamischen Raumes

1 Zit. nach: Güse (Hg.): Die Tunesienreise, S. 77.

2 Duvignaud: Klee en Tunisie, S. 37.

3 Güse: A. a. O., S. 37, 46, 38.

4 Arabischer Plural von *ḥammām (hammamāt)*.

5 Duvignaud: A. a. O., S. 35.

6 Güse: A. a. O., S. 49.

7 Ebd., S. 40.

8 Anaïs Nin wurde 1903 als Tochter eines spanischen Komponisten und einer französisch-dänischen Sängerin geboren und lebte von 1940 bis zu ihrem Tod im Jahre 1977 in Amerika.

9 Anaïs Nin: Die Tagebücher. Bd. 2 (1934–1939), S. 82.

10 Ebd., S. 78 und 76.

11 Ebd., S. 78 f.

12 Ebd., S. 80 f.

13 Canetti: Die Stimmen von Marrakesch, S. 23.

14 Hofmannsthal: Fez.

15 A. a. O., S. 83.

16 Gaspard: Sol absolu, S. 22.

17 Bianca: Hofhaus und Paradiesgarten, S. 186 f.

18 Zannad: Symboliques corporelles et espaces musulmans, S. 25 f.

19 Ebd., S. 54.

20 Ebd., S. 55.

21 Metalsi: Medine, ville essentielle, S. 40.

22 Canetti: A. a. O., S. 33 f.

23 Bianca: A. a. O., S. 207 f.

24 Bourdieu: Esquisse d'une théorie de la Pratique, S. 59.

25 Bourdieu: Le Corps dans la tradition au Maghreb, S. 58.

26 Ebd., S. 55.

27 Mit Holzjalousien verkleidete Erker.

28 Chebel: A. a. O., S. 132.

29 Eine Sammlung von sieben Oden (Qasiden) vorislamischer Dichter. Die Bezeichnung *Mu'allaqāt* kam jedoch erst später auf, ist also viel jüngeren Datums als die Gedichte und die Sammlung selbst.

30 Canetti: A. a. O., S. 17.

31 Ebd., S. 19.

32 Mit ihren Leuten, d. h. mit ihrem Clan.

33 Scheich Nefzaui: A. a. O., S. 19 f.

34 Ebd., S. 20 f.

35 Zit. nach: Bouhdiba: A. a. O., S. 184.

36 Scheich Nefzaui: A. a. O., S. 247.

37 Ebd., S. 231 f.

38 Ebd., S. 237 f.

39 Zit. nach: Bouhdiba: A. a. O., S. 186.

40 Bezeichnung für islamische Heilige, im westlichen Sprachgebrauch aber auch

für die Grabstätte eines heiligen Mannes (arabisch: zāwiya). Marabut ist die verwestlichte Form des arabischen Wortes *murābiṭ*. Als *murābiṭun* bezeichnete man die Mitglieder militärisch-religiöser Orden, also eine Art Krieger-Mönche.

41 A. a. O., Bd. VI. 1, S. 163.

42 Eine Dynastie arabischer Emire, die von 800 bis 909 über Teile des heutigen Libyen, Tunesien, über Ostalgerien und Sizilien herrschten, kurze Zeit auch über Malta und einige Regionen Unteritaliens.

43 Zit. nach: Grotzfeld: Das Bad im arabisch-islamischen Mittelalter, S. 144 f.

44 Ebd., S. 141–143.

45 Bouhdiba: A. a. O., S. 203.

46 A. a. O., Bd. III, 1, S. 276 f. (333. Nacht).

47 Ebd. Bd. IV. 1, S. 269 (580. Nacht).

48 Grotzfeld: A. a. O., S. 21.

49 Zit. nach: Grotzfeld: A. a. O., S. 95.

50 Ebd., S. 24.

51 Ebd., S. 24.

52 A. a. O., Bd. II, 1. S. 94.

53 Grotzfeld: A. a. O., S. 8.

54 Zit. nach: Grotzfeld: A. a. O., S. 4.

55 A. a. O., Bd. II, 1, S. 93.

56 Zit. nach: Grotzfeld: A. a. O., S. 89.

57 Ebd., S. 89.

58 Ebd., S. 90.

59 Ebd., S. 94.

60 Ebd., S. 93.

61 A. a. O., Bd. VI, 1, S. 164 (935. Nacht).

62 Der arabische Ausdruck man *yuḥibbuh* läßt offen, ob es sich um eine männliche oder eine weibliche Person handelt.

63 Zit. nach: Grotzfeld: A. a. O., S. 147.

64 Ebd., S. 77.

65 Ebd., S. 77.

66 Zit. nach: Grotzfeld. A. a. O., S. 94.

67 Ebd., S. 94.

68 Ebd., S. 94.

69 A. a. O., Bd. V, 2, S. 379.

70 Zit. nach: Grotzfeld: A. a. O., S. 101.

71 Charles Jervas, bekannter englischer Porträtmaler (1675–1739).

72 Mantagu: Briefe aus dem Orient, S. 98 f. (Brief an Lady Rich vom 1. April 1717).

73 Ebd., S. 197 f.

74 Basmala: Anrufung Gottes (Invokation) am Beginn jeder Sure – nämlich die Abkürzung für die Formel „bismi llāhi r-raḥmānī r-raḥīmī", „im Namen des barmherzigen und gütigen Gottes".

75 Grotzfeld: A. a. O., S. 130.

76 Ebd., S. 130.

77 Mernissi: Geschlecht, Ideologie, Islam, S. 155.

XIV. Der vergebliche Kampf um Emanzipation

1 Qāsim Amīn: Taḥrīr al-marʾa, S. 50.
2 In diesem Romanzyklus beschreibt der Autor die Veränderung der ägyptischen Gesellschaft zwischen den beiden Weltkriegen am Beispiel einer Kairiner Familie. Naǧīb Maḥfūẓ' Generationenroman wurde von der Literatur-Kritik immer wieder verglichen mit Thomas Manns ‚Buddenbrooks' und der ‚Forsyte Saga' von John Galsworthy.
3 Animierdamen.
4 Zit. nach einem bisher unveröffentlichten Interview Hassouna Mosbahis mit dem Schriftsteller.
5 Boudjedra: A. a. O., S. 281.
6 Adonis: Culture et démocratie dans la société arabe. In: „Revue Détours d'écriture".
7 Mohammed Bennis (marokkanischer Dichter) in seiner Einführung in die arabische Übersetzung des Buches von A. Khatibi: ‚La blessure du nom arabe'.

Literaturverzeichnis

Abū Nuwās: Diwān. Beirut o. J.

Adonis: Dīwān aš-ši'r al-'arabī. 3 Bde. Beirut 1964.

–: al A'māl al-kāmila. 2 Bde. Beirut 1985.

al-'Aqqād, 'Abbās Maḥmūd: Iblīs. Beirut 1969.

Alf laila wa-laila. 2 Bde. Beirut o. J.

Amīn, Aḥmad: Dhū l-islām. Beirut 1969.

al-Antakī, Dā'ūd: Tazyīn al-ašwāq fī aḫbār al-'uššāq. Beirut o. J.

Balabakki, Laila: Ana aḥya. Beirut 1963.

Baššar Ibn Burd: Diwān. Beirut 1963.

Bellmann, Dieter: Ibn al-Waššā', Abū ṭ-Ṭayyib Muhammad: Das Buch des bunt-bestickten Kleides. Aus dem Arabischen übersetzt und herausgegeben. Leipzig und Weimar 1984.

Belrithi, Mohamed Alaoui: Fez – lieu d'écriture. Casablanca o. J.

Bergé, Marc: Les Arabes. Histoire et civilisation des Arabes et du monde musulman des origines à la chute du royaume de Grenade. Paris 1978.

Berques, Jacques: Les Arabes d'hier à demain. Paris 1960.

Bianca, Stefano: Hofhaus und Paradiesgarten. Architektur und Lebensformen in der islamischen Welt. München 1991.

Boudjedra, Rachid: La Répudiation. Paris 1969. Deutsch: Die Verstoßung. Zürich 1991.

Bouhdiba, Abdelwahab: La sexualité en Islam. Paris 1975.

al-Buḫārī: Ṣaḥīḥ. 9 Bde. Kairo 1312/1894.

–: Ṣaḥīḥ al-Buḫārī. Nachrichten von Taten und Aussprüchen des Propheten Muḥammad. Ausgewählt, aus dem Arabischen übersetzt und herausgegeben von Dieter Ferchl. Stuttgart 1991.

Bürgel, Johann Christoph: Allmacht und Mächtigkeit. Religion und Welt im Islam. München 1991.

Caillois, Roger: L'homme et le Sacré. Paris 1950.

Canetti, Elias: Die Stimmen von Marrakesch. München 1978.

Chardin, J.: Voyages du Chevalier Chardin en Perse et autres lieux de l'Orient. Paris 1811.

Chebel, Malek: Le corps dans la tradition au Maghreb. Paris 1984.

Chodkiewicz, Michel: Un océan sans servitude. Ibn Arabi, le livre et la loi. Paris 1992.

Dermenghem, E.: Le culte des saints dans l'islam maghrébin. Paris 1954.

Djait, Hishem: La grande discorde. Paris 1990.

Duvignaud, Jean: Klee en Tunisie. Tunis 1980.

al-Fatāwā al-Hindīya. 6 Bde. Kairo (Bulāq), 1310/1955.

Fleischhammer, Manfred (Hg.): Altarabische Prosa. Leipzig 1988, 1990.

Foucault, Michel: Der Gebrauch der Lüste. Sexualität und Wahrheit 2. Frankfurt/ Main 1986.

al-Ǧāḥiẓ (Dschahiz): S. Pellat, C.

al-Ghazālī, Abū Ḥāmid Muḥammad: Iḥyā' 'ulūm ad-dīn. 5 Bde. Beirut 1992.

–: Von der Ehe. Das 12. Buch von al-Ghazalis Hauptwerk. Übersetzt und erläutert von Hans Bauer. Halle 1917.

Grotzfeld, Heinz: Das Bad im arabisch-islamischen Mittelalter. Wiesbaden 1970.

Güse, Ernst-Gerhard: Die Tunesienreise. Klee, Macke, Moilliet. Stuttgart 1982.

Ḥaddād, Ṭāhir: Imra'tunā fī š-šarī'a wal-muġtama'. Tunis 1930.

al-Ḥarīrī: Sarḥ Maqāmāt al-Ḥarīrī. Beirut 1968.

–: S. Rückert, Friedrich.

al-Ḥūt, Maḥmūd Salīm: al Mīthulūǧīya 'inda al-'arab. Beirut 1983.

Ibn 'Arabī, Muḥyī ad-Dīn: Tarǧumān al-ašwāq. Beirut, o. J.

–: al-Futūḥāt al-Makkiya. 4 Bde. Beirut, o. J.

–: Fuṣūṣ al-ḥikam. Kairo 1956.

–: L'Arbre du Monde. Übers. und erläutert von Maurice Gloton. Paris 1982.

Ibn Ḥazm al-Andalusī ('Alī Ibn Aḥmed): Ṭauq al-hamāma. Tunis 1986.

–: Deutsch: Das Halsband der Taube. Über die Liebe und die Liebenden. Herausgegeben und übersetzt von Max Weisweiler. Frankfurt am Main, 1961.

Ibn Qayyim al-Ǧauzīya (Dschauzīyya): Aḫbār an-nisā'. Beirut 1985.

– Deutsch: Über die Frauen. Liebeshistorien und Liebeserfahrung aus dem arabischen Mittelalter. Herausgegeben, übersetzt und kommentiert von Dieter Bellmann. München 1986.

Ibn Isḥāq, Mohammed: Mohammed. Das Leben des Propheten. Übersetzung und Bearbeitung der Sīrat Rasūl Allāh Ibn Isḥāqs von Gernot Rotter.

Ibn Manẓur, Muḥammad Ibn Mukarram: Lisān al-'arab. 15 Bde. Beirut, o. J.

Ibn 'Abd Rabbīh: al-'Iqd al-farīd. Hg. von A. Amin u. a. Kairo 1948 ff.

Ibn Taimīya, Taqī ad-Dīn Aḥmad: Ḥiǧāb al-mar'a wa-libāsuhā fī ṣ-ṣalāt. Beirut 1985.

Ibn al-Waššā': S. Bellmann, D.

Idries Shah: Die Sufis. Botschaft der Derwische, Weisheit der Magier. Düsseldorf, Köln, 1982.

al-Iṣfahānī, Abu l'Faraǧ: Kitāb al-aghānī. 24 Bde. Kairo 1383 ff./1963 ff.

–: Auszüge aus dem ‚Buch der Lieder', s. Rotter, G.

Kepel, Gilles: Les banlieus de l'Islam. Paris 1991.

Ḫān, Muḥammad 'Abd al-Mu'izz: al-Asāṭīr wal-ḫurāfāt 'inda al-'arab. Beirut 1980.

Labidi, Lilia/Çabra Hachma: Sexualité et tradition. Tunis 1989.

Laroui, Abdallah: La crise des intellectuels arabes. Paris 1974.

Lerner (Hg.): Averroes on Plato's Republic.

Littmann, Enno: Die Erzählungen aus den Tausendundein Nächten. Vollst. dt. Ausgabe in 12 Bänden nach dem arabischen Urtext der Calcuttaer Ausgabe aus dem Jahre 1830 übertragen. Wiesbaden 1989.

Maḥfūẓ, Naǧīb: al-A'māl al-kāmila. Kairo 1988.

Massignon, Louis: Parole donnée. Paris 1983.

Mazahery, Aly: La vie quotidienne des musulmans au Moyen Age. Paris 1951.

Mernissi, Fatima: Geschlecht, Ideologie, Islam. München 1987.

–: Der politische Harem. Mohammed und die Frauen. Frankfurt/Main 1989.

–: L'amour dans les pays musulmans. Casablanca o. J.

Metalsi, M.: Medine, ville essentielle. Casablanca, 1980.

Miquel, André/Kemp, Percy: Majnūn et Laylā: l'amour fou. Paris 1984.

Mohamed Efendi Mustafa: La vie du prophet Mohammed. o. O. und J.

Montagu, Mary: Briefe aus dem Orient. Stuttgart 1962.

Müller, Klaus: Die bessere und die schlechtere Hälfte. Ethnologie des Geschlechterkonflikts. Frankfurt/Main, New York 1984.

al-Munaǧǧid, Salāḥ ad-Dīn: al-Ḥayāt al-ǧinsīya 'inda al-'arab. Beirut 1958.

Naṣr, 'Aṭif Ǧaudat: ar-Ramz aš-ši'rī 'inda aṣ-ṣūfīya. Beirut 1983.

Nagel, Tilmann: Der Koran. Einführung, Texte, Erläuterungen. München 1983.

an-Nawawī: al-Arba 'īn an-nawawīya. Ed. Taftazani. Tunis 1295/1940.

an-Nafzāwī, 'Umar Ibn Muḥammad: ar-Raud al-athīr. London/Zypern 1990.

–: Deutsch: Scheich Nefzaui: Die arabische Liebeskunst. Der blühende Garten. Aus dem Arabischen übertragen von Jochen Wilkat. München 1966.

Nicholson, R. A.: The Mystics of Islam. London 1914.

Nin, Anaïs: Die Tagebücher. Bd. 2 (1934–1939). München 1991.

Nizāmī, Ilyās: Leila und Madschnun. Zürich 1963. Aus dem Persischen übertragen von Rudolf Gelpke.

Nizāmulmulk: Siyāsatnāma. Gedanken und Geschichten. Aus dem Persischen übersetzt und eingeleitet von Karl Emil Schabinger. Freiburg 1960.

Olearius, Adam: Vermehrte Newe Beschreibung der Muscowitischen und Persischen Reyse. Schleswig 1656. Hg. von Dieter Lohmeier. Tübingen 1971.

Paret, Rudi: Der Koran. Kommentar und Konkordanz. Stuttgart 1971.

Pellat, Charles (Hg.): Arabische Geisteswelt. Dargestellt aufgrund der Schriften von al-Ǧāḥiẓ 777–869. Ausgewählte und übersetzte Texte. Zürich 1967.

Pérès, H.: La poésie andalouse en arabe classique au XI siècle. Paris, Algier 1953.

al-Qur'ān al-karīm. Tafsīr wa-bayān. Beirut 1987.

al-Qāḍī, 'Abd ar-Raḥīm: Daqā'iq al-aḫbār al-kabīra. Tunis o. J.

Rāzī, Faḫr ed-Dīn: at-Tafsīr al-kabīr. 8 Bde. Būlāq 1270–1289 h.

Rodinson, Maxime: Mohammed. Luzern und Frankfurt/M. 1975.

Rotter, Gernot: Abu l-Faradsch. Und der Kalif beschenkte ihn reichlich. Auszüge aus dem ‚Buch der Lieder'. Aus dem Arabischen übertragen und bearbeitet.

Rückert, F.: Hamasa oder die ältesten arabischen Volkslieder, gesammelt von Abū Tammām, übersetzt und erläutert. Stuttgart 1846.

–: Die Verwandlungen des Abu Seid von Serug oder die Makamen des Hariri. Stuttgart 1878.

Rushdie, Salman: Die Satanischen Verse. 1989 (Artikel 19 Verlag) o. Ort.

Shayegan, Daryush. Le regard mutilé. Paris 1989.

Schimmel, Annemarie: Mystische Dimensionen des Islam. Die Geschichte des Sufismus. München 1985.

–: Gärten der Erkenntnis. Texte aus der islamischen Mystik. Übertragen und kommentiert.

Schubart, Walter: Religion und Eros. München 1989.

as-Suyūṭī, Ǧalāl ad-Dīn: Kitāb al-iḍāḥ fī 'ilm an-nikāḥ. Tunis o. J.

–: Kitāb ar-raḥma. Kairo o. J.

aṭ-Ṭabarī, Abū Ǧa'far Muḥammad Ibn Ǧarīr: Tārīḫ ar-rusul wal-mulūk. 8 Bde. Beirut o. J.

at-Tauḥīdī, Abū Hayān: Kitāb al-imta' wal-mu'annasa. Beirut o. J.

at-Tarmanīnī, 'Abd as-Salām: as-Zawāǧ 'inda al-'arab fī l-ǧāhilīya wal-islām. Kuweit 1984.

at-Tifāšī, Šihāb ad-Dīn: Nuzhat al-albāb fimā lā juǧadu fī l-kitāb. London/Zypern 1992.

at-Tiǧānī, Muḥammad Ibn Aḥmad: Tuḥfat al-'arūs fī mut'at an-nufūs. London/ Zypern 1992.

Walther, Wiebke: Die Frau im Islam. Leipzig 1980.

Kateb Yacine: Nedschma. Frankfurt/Main 1958.

az-Zailā'ī, Faḫr ad-Dīn: Tabyīn al-ḥaqā'iq. Šarḥ kanz ad-daqā'iq. Būlāq 1313/1958.

Zannad, Traki: Symboliques corporelles et espaces musulmans. Tunis 1984.

Zéghidour, Slimane: Le voile et la bannière. Paris 1990.

Islam bei C. H. Beck

Erdmute Heller
Arabesken und Talismane
Geschichte und Geschichten des Morgenlandes
in der Kultur des Abendlandes
2., durchgesehene Auflage. 1993. 157 Seiten. Paperback
Beck'sche Reihe Band 474

Gerhard Endreß
Der Islam
Eine Einführung in seine Geschichte
2., überarbeitete Auflage. 1991. 320 Seiten. Broschiert

Maria Haarmann (Hrsg.)
Der Islam
Ein Lesebuch
1992. 380 Seiten mit 11 Abbildungen. Paperback
Beck'sche Reihe Band 479

Ulrich Haarmann (Hrsg.)
Geschichte der arabischen Welt
3., durchgesehene Auflage. 1994. 720 Seiten. Leinen
Beck's Historische Bibliothek

Maxime Rodinson
Die Faszination des Islam
Aus dem Französischen von Irene Riesen
2. Auflage. 1991. 175 Seiten. Paperback
Beck'sche Reihe Band 290

Bassam Tibi
Die fundamentalistische Herausforderung
Der Islam und die Weltpolitik
2., unveränderte Auflage. 1993. 274 Seiten. Paperback
Beck'sche Reihe Band 484

Verlag C. H. Beck München

Islam bei C. H. Beck

Stefano Bianca
Hofhaus und Paradiesgarten
Architektur und Lebensformen in der islamischen Welt
1991. 307 Seiten mit 221 Abbildungen, davon 13 in Farbe. Leinen

Johann Christoph Bürgel
Allmacht und Mächtigkeit
Religion und Welt im Islam
1991. 416 Seiten. Leinen

Werner Ende/Udo Steinbach
Der Islam in der Gegenwart
4., überarbeitete Auflage 1994. Etwa 770 Seiten mit Abbildungen. Leinen

Heinz Halm
Im Reich des Mahdi
Der Aufstieg der Fatimiden (875–973)
1991. 470 Seiten. Leinen

Tilman Nagel
Die Festung des Glaubens
Triumph und Scheitern des islamischen Rationalismus im 11. Jahrhundert
1988. 423 Seiten. Leinen

Tilman Nagel
Timur der Eroberer
und die islamische Welt des späten Mittelalters
1993. 531 Seiten und 1 Karte. Leinen

Verlag C. H. Beck München